Forschungen zu
Burgen und Schlössern
Band 2

Forschungen zu Burgen und Schlössern

Band 2

Burgenbau im späten Mittelalter

Herausgegeben von der Wartburg-Gesellschaft
zur Erforschung von Burgen und Schlössern

Deutscher Kunstverlag

Die Deutsche Bibliothek – CIP-Einheitsaufnahme

Forschungen zu Burgen und Schlössern / hrsg. von der
Wartburg-Gesellschaft zur Erforschung von Burgen und
Schlössern. – München ; Berlin : Dt. Kunstverl.
Erscheint unregelmässig. – Aufnahme nach Bd. 2 (1996)
ISSN 0947-9708

Bd. 2. Burgenbau im späten Mittelalter. – 1996

Burgenbau im späten Mittelalter / hrsg. von der Wartburg-
Gesellschaft zur Erforschung von Burgen und Schlössern.
[Red.: Hartmut Hofrichter ; G. Ulrich Großmann]. –
München ; Berlin : Dt. Kunstverl., 1996
(Forschungen zu Burgen und Schössern ; Bd. 2)
ISBN 3-422-06187-8
NE: Hofrichter, Hartmut [Red.]; Wartburg-Gesellschaft zur Erforschung
von Burgen und Schlössern

Redaktion: Hartmut Hofrichter, G. Ulrich Großmann

Abbildung auf dem Umschlag:
William Turner, Bernkastel an der Mosel
(Mit freundlicher Genehmigung des KURATORIUMS WEINKULTUR)
Satz: Filmsatz Schröter, München
Reproduktionen: Müller Offsetreproduktionen, Eppertshausen
Druck: Philipp von Zabern, Mainz
Großbuchbinderei Monheim, Monheim

© 1996 Deutscher Kunstverlag GmbH München Berlin
ISBN 3-422-06187-8

Inhalt

Vorwort

Das späte Mittelalter bestimmte die Mehrzahl der Referate der 2. Tagung der Wartburg-Gesellschaft, die auf Anregung aus Rheinland-Pfalz, namentlich von Udo Liessem, in Kobern-Gondorf stattfand. Der äußere Rahmen ähnelte der ersten Tagung 1993 auf der Wartburg, zweieinhalb Referatstage wurden nur durch einen kurzen Rundgang zur Oberburg in Kobern bzw. der Matthiaskapelle unterbrochen, was Anlaß zu ausführlichen baugeschichtlichen Diskussionen wurde, etwa was die Einbindung der Apsis der Matthiaskapelle in die Rotunde betrifft. Selbstverständlich gehört die Burgkapelle zu Liegnitz, über die Dieter Großmann sprach, auch in diesen Zusammenhang.

Vorträge und Diskussionen bestimmten den Tagungsablauf in fast schon gewohnt lockerer Atmosphäre und mit einem hohen Anteil junger Teilnehmer, was für die Zukunft der Burgenforschung sehr hoffnungsfroh stimmt. Der vorliegende Band spiegelt zudem die wachsende internationale Beteiligung von Zuhörern und Referenten aus Frankreich, den Niederlanden, Polen, der Tschechischen Republik und Ungarn. Damit sind wesentliche Überlegungen und Erwartungen der Wartburg-Gesellschaft bei deren Gründung in Erfüllung gegangen. Die Internationalisierung der Arbeit, die sich allerdings nicht nach den Zufälligkeiten der europäischen Einigung im späten 20. Jahrhundert richtet, sondern stärker auch die ostmitteleuropäischen Verbindungen und Zusammenhänge im Blickwinkel hat, ist nicht nur, um eine gern zitierte Floskel aufzugreifen, »das Gebot der Stunde«, sondern auch eine wesentliche jetzt zu ergreifende Chance in den Jahren nach dem Fall des »Eisernen Vorhangs«. Erstmals seit langem gibt es die Möglichkeiten der wissenschaftlichen Kontakte zu den ostmitteleuropäischen Nachbarn, mit denen die Notwendigkeit der engen Zusammenarbeit einhergeht. Wer frühzeitig Augen und Ohren auftat, wird dabei bemerkt haben, daß er den Nachbarn vom Baltikum bis Ungarn keineswegs erst die

Forschungsmethoden beibringen mußte, auch wenn sich mancher nach 1989 in der Rolle des Lehrmeisters zu sehen glaubte. Vor allem konnte man lernen: sowohl Inhaltliches als auch Methodisches! Beides demonstrierte eindrucksvoll beispielsweise die Renaissance-Tagung im ungarischen Sárospatak im Herbst 1991. Die Einbindung der Bauforschung, um nur diesen Aspekt herauszugreifen, in Deutschland noch immer nicht zum Standard geworden, war hier selbstverständliche Grundlage, ebenso die über das eigene Fach greifende Behandlung der Themen. Was mit der Wartburg-Gesellschaft in Mitteleuropa außerhalb der Archäologie angestrebt wird, nämlich fächerübergreifende und internationale Tagungen zur Erforschung von Burgen und Schlössern, erproben Ungarn und Ostsee-Anrainer schon seit mehreren Jahren mit Erfolg. Wir dürfen dankbar sein, aus diesen Erfahrungen und Anregungen schöpfen zu können und freuen uns auf die inzwischen (1996) erkennbare Kontinuität dieser Bemühungen. Zu den Aufgaben der Wartburg-Gesellschaft gehört es daher, diese Kontakte für die Forschung in allen beteiligten Staaten nutzbar zu machen und die Beteiligten einander näher zu bringen.

Auf der 2. Tagung der Wartburg-Gesellschaft in Kobern wurden in besonderem Maße Baubefunde vorgestellt, da hier wohl der größte Nachholbedarf festzustellen ist. Es ist zwar inzwischen eine grundsätzliche Erfahrung, daß selbst in weitgehenden Neubauten von Burgen und Schlössern ältere Kerne enthalten sind, doch während historische Arbeiten oft sichere Erkenntnisse über die Bedeutung hoch- und spätmittelalterlicher Bauten zu liefern scheinen, ist von der baulichen Überlieferung dieser jeweiligen Zeit wesentlich seltener etwas bekannt. Hier wirken die von den Autoren vorgestellten Untersuchungen beispielhaft, zumal ihre Herangehensweise von ganz unterschiedlichen Standpunkten erfolgt, sei es vom kunsthistorischen, vom historischen, vom archäologischen oder baukundlichen. Zeitliche »Eckwerte« liefern einerseits Beiträge über Palatien spätstaufischer Zeit und zum Deutschen Orden sowie andererseits über die Burgenromantik an der Mosel zur letzten Jahrhundertwende. Trotz eines Tagungs- (und Aufsatz-) Schwerpunktes ergibt sich damit auch eine lesenswerte Vielfalt der Aufsätze.

Der Dank der Wartburg-Gesellschaft ist an dieser Stelle den Kollegen aus Rheinland-Pfalz für die örtliche Organisation sowie den Kollegen des Vorstandes für Planung und Durchführung der Tagung zu äußern. Hartmut Hofrichter übernahm die Redaktion mit gewohntermaßen vielfältigen und ausufernden Aufgaben in dankenswerter Weise. Besonders dankbar sind wir der Hessisch-Thüringischen Sparkassenstiftung und Geschäftsführer Dr. Thomas Wurzel, die mit einem namhaften finanziellen Beitrag den ersten Band der Forschungen zu Burgen und Schlössern unterstützten und damit die Herausgabe der Schriftenreihe insgesamt sehr gefördert haben. In diesem 2. Band konnten einige Abbildungskosten durch eine Spende gedeckt werden. Nicht zuletzt gilt der Dank erneut dem renommierten Deutschen Kunstverlag in München für die Veröffentlichung des Bandes in einer eigenen Schriftenreihe.

G. Ulrich Großmann

KLAUS FRECKMANN

Einführung in die Geschichte der Burgen und Schlösser an der Mosel

DIE TERRITORIALEN GEGEBENHEITEN

Bekannt, wenn nicht sogar als Synonyme der Mo-sel-Region angesehen, sind landschaftsbestimmende Burgen wie etwa die Landsburg über Bernkastel, die ehemalige Reichsburg bei Cochem oder die Burg Thurandt bei Alken. Sie stellen sich dem am Fluß Vorbeireisenden ohne weiteres als sprechende Beispiele einer bedeutenden mittelalterlichen Vergangenheit dar. Daneben gibt es aber eine Reihe weniger spektakulärer, bescheidenerer Anlagen, die, wie der um 1100 oder um die Mitte des 12. Jahrhunderts angenommene, aber noch nicht eindeutig datierte Frankenturm in Trier, als turmartige Burghäuser errichtet worden sind und als Rückzugsorte bei innerstädtischen Fehden dienten. Wie historische Abbildungen darlegen, Grabungen und erhaltene Keller beweisen, war Trier einst reich an solchen kleineren, mehrgeschossigen und im Grundriß rechteckigen oder quadratischen fortifikatorischen Bauten, die vermutlich eher Wohntürme als Turmhäuser waren. Diese Zeugnisse eines angespannten Stadtlebens, in dessen Mittelpunkt sicherlich die Auseinandersetzungen zwischen der Nobilität und dem Bischof als Stadt- und Landesherrn standen, konzentrierten sich um den Bering der einstigen Domimmunität mit dem Hauptmarkt und der Simeonstraße[1]. Wohntürme sind keine singulären Erscheinungen der Urbanitas, sondern sind auch vom Land überliefert und haben sich in Lehmen bei Ediger-Eller an der mittleren Mosel und unweit davon in Senheim sogar erhalten – der erste dendrochronologisch im Kern 1237, der zweite, das sogenannte Vogtei-Haus, um 1240 datiert? Außerdem existieren mehrere Wohntürme des 14./15. Jahrhunderts, die kürzlich untersucht worden sind, und noch nicht altersmäßig präzise bestimmte Anlagen, die entweder – wie Zell-Merl – nach Auffassungen des 18. oder – wie im Bereich der Gondorfer Nieder-

burg – nach solchen des 19. Jahrhunderts überformt worden sind[3].

Wohntürme in landesherrlicher Hand unterstrichen die Präsenz des trierischen Bischofs und seiner Verwaltung. Gleiches gilt für die stattlicheren Burghäuser, für die Neef als ein frühes Beispiel von 1246 angeführt sei. Die Fenstergliederung des Baues ist spätromanisch geprägt. Wie in diesem Fall wird auch in Karden der kurtrierische Amtssitz als »Burghaus« bezeichnet, obschon er erst in die Zeit von 1562 datiert. »Alte Burg« heißt ein bauliches Ensemble in Longuich aus den Jahren um 1500. Dieses Mal handelt es sich allerdings um den Sitz eines kleineren Adelsgeschlechtes; es übte keine nennenswerten hoheitlichen Funktionen aus, wie man sie vielleicht mit einer Burg verbindet. Das wäre eine Verwechslung mit der Herrenburg, deren der Kurfürst in dem territorial unbestrittenen Umfeld seiner Residenz Trier auch nicht bedurft hätte.

Ein Blick auf die Territorialkarte zeigt, daß das Gebiet zwischen Konz und Trittenheim einerseits und Merzig sowie Welschbillig andererseits das älteste geschlossene Kernland umfaßt, das bereits bis 1225 nahezu geschlossen trierisch war. Die Mosel durchfloß weitgehend das eigene Land, und ihre Ufer mußten kaum gesichert werden. Das ist vermutlich der Grund dafür, daß sich auf dieser Strecke, abgesehen von Pfalzel als Refugium der Erzbischöfe in den Auseinandersetzungen mit der Trierer Bürgerschaft, keine nennenswerte Burg befindet. Über Konz hinaus, flußaufwärts, befand man sich zur Zeit des Alten Reiches gleich im Herzogtum Luxemburg, das dort streckenweise auch über das östliche Moselufer ragte. Einige zum Teil schloßartig ausgebaute Höhen- und Wasserburgen haben sich erhalten – die Burgen Berg, Thorn, Bübingen und Wincheringen; sie besitzen aber – sei es wegen der Grenzlage und der zu großen Entfernung von den rheinischen Ballungs-

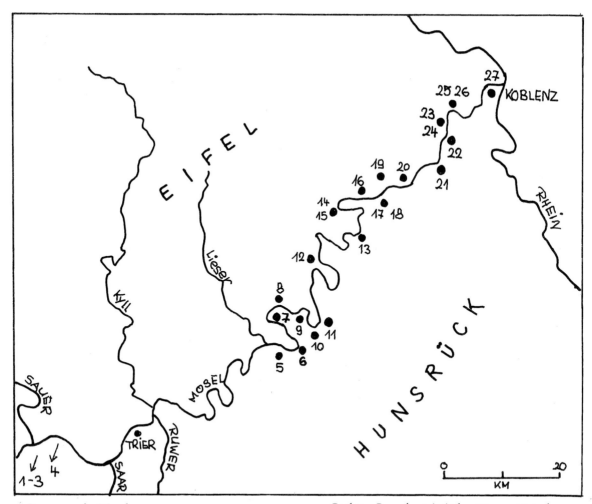

1. Burgen an der Mosel

1. Berg, Oberburg und Niederburg, mehrere Geschlechter
2. Bübingen, Burg und Schloß, von Maringh
3. Thorn, Burg, von Musiel/von Hoiningen
4. Wincheringen, Burg, von Warsberg
5. Veldenz, Burg, veldenzisch-pfälz.-zweibrückisch, 1680 zerstört
6. Bernkastel, Burg Landshut, kurtrierisch, 1693 zerstört
7. Zeltingen, Kunibertsburg, kurkölnisch, 17. Jh. untergegangen (?)
8. Ürzig, Burg zur Leyen, kurtrierisch, 17. Jh. aufgegeben (?)
9. Lösnich, Burg und Schloß, gräfl. kesselstattisch, 1675 zerstört
10. Trarbach, Grevenburg, sponheimisch, 1735 zerstört
11. Starkenburg, sponheimisch, bis 15./16. Jh. (?)
12. Alf, Burg Arras, kurtrierisch, ab 1907 Wiederaufbau
13. Beilstein, Burg Metternich, 1689 zerstört

14. Cochem, Burg, kurtrierisch, 1689 zerstört, ab 1874 Wiederaufbau
15. Cochem, Winneburg, v. Metternich, 1689 zerstört
16. Klotten, Coreidelstein, kurtrierisch-gräfl. kesselstattisch, um 1830 zerfallen
17. Treis, Burg, kurtrierisch u.a., bis 1804/1811
18. Treis, Wildburg, kurtrierisch u.a., bis 1804/1811
19. Eltz, Burg, Grafen Eltz
20. Lasserg, Burg Bischofstein, kurtrierisch, 1689 zerstört, um 1960 Ausbau
21. Brodenbach, Ehrenburg, kurtrierisch, 1689 zerstört, ab 1960 Ausbau
22. Alken, Burg Thurandt, kurtrierisch-kurkölnisch, 1689 zerstört, ab 1915 Wiederaufbau
23. Gondorf, Oberburg, von der Leyen, im 19./20. Jh. durch Eisenbahn- und Straßenbau beeinträchtigt
24. Gondorf, Niederburg, mehrere Burgmannenfamilien, ab 1859 Ausbau
25. Kobern, Oberburg, kurtrierisch, 1688/89 zerstört
26. Kobern, Niederburg, kurtrierisch, 1688/89 zerstört
27. Koblenz, Kurfürstliche Burg

gebieten – keineswegs den Bekanntheitsgrad wie die Anlagen an der mittleren und unteren Mosel. Im Bewußtsein der Touristen, wenigstens der deutschen, beginnt die Burgenregion erst mit Bernkastel und der um 1320 fertiggestellten Landsburg. Sie ist aller Wahrscheinlichkeit nach als eine Antwort auf Burg Veldenz zu verstehen, die Vorposten der gleichnamigen Grafschaft war und die zugehörigen Moseldörfer Dusemond (jetzt Brauneberg) und Mülheim sicherte. Veldenz – ab 1444 pfälzisch-zweibrückisch – wurde insofern indes neutralisiert, als es auf dem Hunsrück von den kurtrierischen Ämtern Hunolstein, Baldenau und Bernkastel blockiert werden konnte. Dort auf dem Hunsrück liegt bei Bischofsdhron die Ruine Baldenau, die einst diese kurtrierische Grenze bewachte und mißtrauisch von den benachbarten, an der Nahe beheimateten Wild- und Rheingrafen beäugt wurde. Moselabwärts, von Bernkastel aus gesehen, war in das Kurtrierische mit Zeltingen und der Kunibertsburg eine Kurkölner Enklave eingesprengt. Im folgenden Ürzig besaß Trier die Burg oder die Burgen zur Leyen – Grenzposition zu dem kurtrierisch-sponheimischen Kondominium des »Kröver Reiches« und zu Trarbach, Hauptort der Hinteren Grafschaft Sponheim, die hier die Grevenburg und die benachbarte Starkenburg besaß und das kurtrierische Territorium, wenigstens am Moselauf durchschnitt. Eindeutig wurde dessen Stellung erst wieder in oder bei Alf, wo der geistliche Kurfürst oberhalb des Zusammenflusses von Alf- und Ueßbach die Burg Arras besaß und mit ihrer Hilfe den Zugang in das Moseltal sperren konnte. Rechts des Flusses, auf der Hunsrückseite, war die Situation aber weniger vorteilhaft; denn das dortige dreiherrische Amt Baldeneck wurde bis zu einer Bereinigung von 1781 zwischen Kurtrier, den Reichsfreiherrn von Metternich sowie den Erben der Sponheimer Grafen gemeinschaftlich verwaltet. Die Metternich waren Burgherren in Beilstein und befanden sich seit 1652 auch im Besitz der Winneburg über dem Endertbachtal bei Cochem – einem Aufgang in Richtung Eifel/Kaisersesch. Die kurtrierische Amtsstadt Cochem war mit einer starken Burg – einer früheren Reichsburg – gesichert. Es folgten stromwärts die jüngeren, unter Erzbischof Balduin (1307 bis 1354) erworbenen Gebiete, die als Nieder-Erzstift-Trier zusammengefaßt und zur Nebenresidenz – seit dem späten 17. Jahrhundert aber faktischem Verwaltungs- und Repräsentationssitz – Koblenz orientiert waren. Allerdings war auch in diesem unteren Flußverlauf Kurtriers Vormachtstellung nicht ungetrübt. Zwar unterstanden dem geistlichen Landesherrn die Burg Coraidelstein bei Klotten – gemeinschaftlich mit den kurtrierischen Grafen von Kesselstatt –, die Burg Treis und die benachbarte Wildburg, der Bischofstein auf der Eifelseite und die Ehrenburg im Hunsrücker Ehrbachtal, aber die wohl wichtigste Burg, die Thurandt bei Alken, war mit dem zugehörigen Amt seit 1248 nur halb im trierischen und halb im kurkölnischen Besitz.

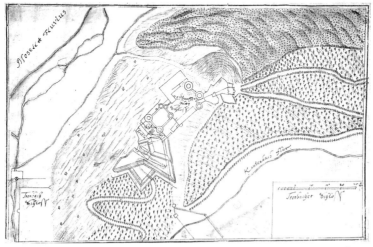

2. Die Grevenburg über Trarbach als Festung unter Vauban ausgebaut, um 1687/1690

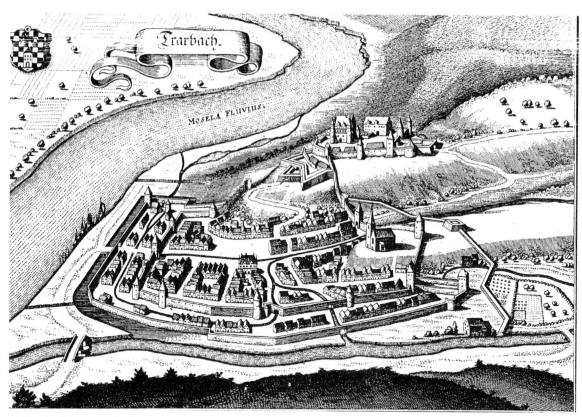

3. Trarbach mit Stadtbefestigung und Burg, um 1645 (nach Merian)

Eindeutigkeit war damit auch in diesem Falle nicht gegeben. Einen besonderen Rang nahm, der Strecke nach Koblenz folgend, die Wasserburg Gondorf ein, deren Geschlecht der von der Leyen sowohl in Kurtrier als auch in Kurmainz höchste Ämter bis hin zum Landesherrn besetzte. Dieser fürstlichen Oberburg entspricht die am Ortsende gelegene Niederburg, die im Kern mittelalterlich ist, in der zweiten Hälfte des 19. Jahrhunderts allerdings so vollständig umgestaltet wurde, daß sie sich eher als ein Landsitz im historistischen Gewande zeigt. In Kobern folgt, wiederum als Niederburg und Oberburg, ein weiteres Burgen- oder Ruinenpaar, dessen Geschichte sich im Dunkel verliert. Gewiß ist indes, daß schon im späten 12. oder im 13. Jahrhundert eine Abhängigkeit vom Trierer Bischof bestand, was bei der Nähe zu Koblenz auch nicht erstaunt. Am dortigen Mosel- ufer unterhielt er seine »Kurfürstliche Burg«, de- ren Bau sich bis in die zweite Hälfte des 13. Jahr- hunderts zurückführen läßt. Kurtrierisches Boll-

werk am Mittelrhein, etwa gegenüber der Mosel- mündung, war die einstige Burg Hermannstein, die im Laufe der Jahrhunderte zur Festung Ehren- breitstein ausgebaut wurde. Zu ihren Füßen be- fand sich die unter dem Kurfürsten Philipp Chri- stoph von Sötern (1623 bis 1652) errichtete Phi- lippsburg, die im späten 18. Jahrhundert nach Vollendung des neuen Schlosses aufgegeben wor- den ist.

Im Hinblick auf die Lage der Burgen sind die Situation am Moselufer oder auf den Höhen der Moselberge sowie eine Position in einem Seitental des Flusses zu unterscheiden. Bei den ersten Bei- spielen handelt es sich in der Regel um die Konkur- renz kurtrierischer Anlagen mit solchen angren- zender Landesherren oder kleinerer Dynasten. Die auffallende Dichte von Befestigungswerken an der oberen Mosel, in der Nachbarschaft des Herzog- tums Luxemburg, und am mittleren wie am unte- ren Flußverlauf – dort vor allem gegen Veldenz und Sponheim ausgerichtet – hat etwas mit dieser

Strategie zu tun. Bei dem zweiten Beispiel steht die Überlegung dahinter, die Flußzone sozusagen durch Riegel in den Tälern der Nebenbäche abzusichern, um auf diese Weise einen Zugang bereits im Vorfeld zu unterbinden. Burg Balduinseck am Mörsdorfer Bach bei Bell auf dem Hunsrück spricht für eine solche Haltung. Eine besondere Bedeutung kam auch dem etwas östlicher gelegenen Ehrbachtal zu, das von den Burgen Schöneck, Rauschenburg und Ehrenburg gesäumt wird. Sie sind entweder kurtrierische Gründungen oder wurden von Erzbischof Balduin in seine Botmäßigkeit gezwungen. Damit war der Vordere Hunsrück mit seinen Verbindungen in das Mosel- und Rheintal befriedet. Widersetzten sich kleinere Geschlechter einem solchen Landesausbau, so wußte sie der trierische Bischof mit Hilfe von Gegenburgen zur Räson zu bringen, wie die Rauschenburg gegen Schöneck 1332 oder die Trutzeltz gegen die Burg Eltz während der sogenannten Eltzer Fehde zeigen. Auf der anderen Seite kannte man auch Gegenburgen gegen trierische Anlagen, wie die Entersburg in der Eifel bei Hontheim beweist. Sie sollte die erzbischöfliche Burg unter Druck setzen, wurde aber von Erzbischof Albero erobert, 1138 zerstört und danach nicht mehr aufgebaut[4].

DER BURGENBAU – MITTELALTER

Der gegenwärtige Forschungsstand des mosselländischen Burgenbaues basiert – bis auf wenige Ausnahmen – auf der älteren Literatur, wie sie sich etwa in den entsprechenden Kunstdenkmäler-Topographien widerspiegelt[5]. Als Höhepunkt wird häufig die Amtszeit des Erzbischofs Balduin von Luxemburg ab 1307 angesehen, der in der Tat das kurtrierische Territorium weitgehend an der unteren Mosel zwischen Cochem-Zell und Koblenz arrondierte. Aber schon Balduins Vorgänger hatten entschieden die moselländische Burgenpolitik geprägt; sie läßt sich bis in das 10. Jahrhundert verfolgen. So konnte der Amtsnachfolger Begonnenes fort- und seine Strategie der Gegenburgen erfolgreich einsetzen, mit der er dem angestammten Adel die Möglichkeit einer eigenständigen Aktivität nahm. Mit einem zweiten Hilfsmittel, der Lehnspolitik, gelang es dem Erzbischof, Burgen anderer Herren gegen Lehngeld an sich zu ziehen, um sie anschließend an den früheren Eigentümer

zurückzuverlehnen. Das war ein probates Rezept, den Adel an den Erzbischof zu binden[6].

Zeitliche Unterschiede in der Entstehungsgeschichte der Burgen und diverse dynastische Voraussetzungen bedingten heterogene Entwicklungszustände, die unter Balduins Leitung zumindest teilweise ausgeglichen wurden. In welcher Form, läßt sich allerdings nicht immer mit Bestimmtheit sagen. So scheint sich der Erzbischof bei dem Bau seiner Hunsrücker Baldenau, deren Grundriß in einem abgestumpften keilförmigen Dreieck mit einbezogenem Rundturm in der Mauer ausläuft, an der Bernkasteler Burg Landshut orientiert zu haben, die über einen älteren Kern verfügt, in der zweiten Hälfte des 13. Jahrhunderts ausgebaut und zu Balduins Zeiten vollendet wurde. Die Disposition des Grundrisses der beiden Anlagen ist so ähnlich, daß man kaum an einen Zufall glauben kann. Über runde Bergfriede verfügen auch die Winneburg bei Cochem, Bischofstein, deren Bau in das 12./13. Jahrhundert weist, die wohl gleichalte Thurandt mit ihren beiden Türmen oder die Ehrenburg mit ihren zu einem Paar gekoppelten Türmen des 14. Jahrhunderts. Neben diesen Einzelbeispielen findet sich ebenso häufig, wenn nicht noch häufiger, der quadratische bis rechteckige Bergfried – auf der Arras noch mit Buckelquadern staufischer Art bekleidet –, so wie die Burganlage auch insgesamt eher dem Viereckschema entspricht, etwa die sponheimische Starkenburg, die Wildburg bei Treis, der Kern von Veldenz, die Koberner Oberburg oder auch weitgehend Burg Metternich oberhalb von Beilstein. Ihr Bergfried ist allerdings fünfseitig und keilförmig ausgebildet. Besonders hervorhebenswert ist die Vereinigung von Turm und Wohnhaus in der Art eines Donjons, wie er sich auf der Baldeneck oder Balduinseck präsentiert. Der viergeschossige Bau ist untergliedert, enthält in einer Mauerecke eine Wendeltreppe und hat an allen Ecken vorkragende Rundtürmchen – insgesamt ein hoher wohnlicher Komfort in einer überaus einsamen Hunsrücklage, die allerdings, gegen das sponheimische Kastellaun gerichtet, auch strategisch sinnvoll war. Noch augenfälliger wird eine solche Überlegung bei der Baldenau, die tief im Dhrontal gelegen, über den Wartturm des »Stumpfen Turms« optisch auch mit dem Höhenzug kommunizierte (an der heutigen Hunsrückhöhenstraße). Reale Verbindungen zwischen Burg und Siedlung – Flecken oder Kleinstadt – waren

4. Gondorf, Oberburg mit Galerie und dem für die Bundesstraße durchbrochenen Palas, 1990

Abgesehen von der Trierer Residenz, die ab 1615 vermutlich von Georg Ri(e)dinger im Auftrag des Kurfürsten Lothar von Metternich gebaut wurde, und abgesehen von der Philippsburg am Rheinufer unterhalb der Festung Ehrenbreitstein – vermutlich auch von demselben Baumeister –, wurde an der Mosel vor dem Dreißigjährigen Krieg kein Schloß errichtet. Allerdings hatte man bereits im 16. Jahrhundert die eine oder andere Anlage geschaffen, die zwar noch an den Türmen der Burg festhält, aber keinen wehrhaften Charakter mehr besitzt. Anführen läßt sich beispielsweise der als »Schloß« apostrophierte Sitz des kurtrierischen Amtmannes in Zell von 1530 bis 1542. Die Türme dieser Anlage unterstreichen eher die Repräsentation, als daß sie einen kriegerischen Habitus hätten. Die Architekturgliederungen sind noch ganz von der spätgotischen Formensprache geprägt.

Im 16. und frühen 17. Jahrhundert wurden auch einige Burgen ausgebaut und schloßartig erweitert. Am aufwendigsten ist dies in Gondorf geschehen, indem Kurfürst Johann VI. von der Leyen (1556 bis 1567) an den Bergfried der Oberburg den sogenannten »Neuen Bau« in Renaissance-Formen anfügte. Ebenfalls wurde der Palas umgestaltet – mit axial ausgerichteten Kreuzstockfenstern, mit Ecktürmchen in der Dachzone und einem geschweiften Giebel. Süd- und Nordbau der Oberburg sind mit einer Holzgalerie verbunden, die von reliefierten Steinkonsolen getragen und deren Dach von Rundsäulen und Viereckpfeilern mit Laubkapitellen gestützt wird. Die Ornamente, vor allem der Konsolen, entsprechen dem Schmuck des einheimischen Fachwerks der zweiten Hälfte des 16. Jahrhunderts. Der massive Schweifgiebel des ehemaligen Palas hat ebenfalls Parallelen im Fachwerkbau. Die Ecktürmchen finden sich bei manchem Amtshaus aus dieser Zeit, etwa am kurtrierischen »Burghaus« in Karden von 1562 oder in Dieblich bei der sogenannten »Heesenburg«, die möglicherweise einige Jahrzehnte älter ist. Auffallend ist jedenfalls die im Formalen zu beobachtende Verwandtschaft zwischen der feudalen und der sonstigen gehobenen ländlichen Architektur. Dabei läßt sich nicht immer eindeutig die Frage beantworten, ob es sich nur um einen einseitigen Einfluß, um eine hierarchische Weitergabe von Bauvorstellungen handelt – Spiegel einer

keine Seltenheit, sind heute indes nur noch rudimentär erhalten. In den Befestigungsring von Trarbach, Cochem oder Beilstein waren Ort und Burg eingebunden. Gut erkennbar ist noch der Mauerverlauf an der Thurandt, wie er beidseitig der Burg sich über steile Weinbergslagen um Alken bis hin an die Mosel zieht.

Als am Ende des Mittelalters auf Grund der verbesserten Wehrtechnik mit weiterreichenden Kanonen das Ende der Burgenzeit überaus deutlich wurde, entfalteten kurtrierische Burgenbauer nochmals ihr ganzes Können, indem sie in der Vorburg der Ehrenburg den sogenannten »Rampenturm« mit spiralförmiger Auffahrt errichteten, über die man Kanonen hochziehen konnte. Sicherlich eine technische Meisterschaft, die den Übergang zur nächsten Phase des fortifikatorischen Bauens einleitet, nämlich der Festung.

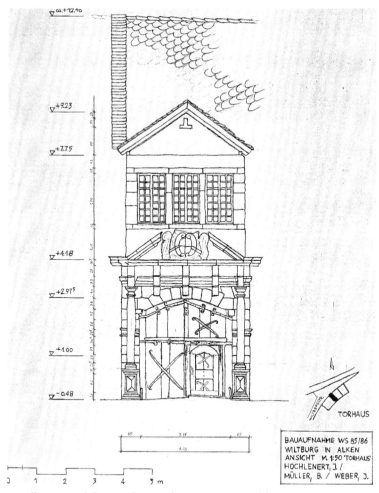

BAUAUFNAHME WS 85/86
WILTBURG IN ALKEN
ANSICHT M.1:50 'TORHAUS'
HOCHLENERT, I /
MÜLLER, B. / WEBER, J.

5. Alken, Portal des Burghauses der Herren von Wildberg, 1676

ständischen Gesellschaft –, oder ob es auch eine gegenseitige Befruchtung gegeben hat. Wenigstens verschwimmen die Grenzen.

Wirtschaftlich gesehen hebt sich das Wohnhaus des Landadels, läßt man bedeutende Geschlechter wie der Grafen von der Leyen, der Grafen von Kesselstatt oder auch der Grafen von Eltz außer acht, kaum von den Bauten des wohlhabenden Bürgertums ab. Mit dem Burghaus der Herren von Wildberg zu Alken, das sich auf Grund einiger Zahlen mit 1585 und 1616 datieren läßt und das 1676 ein hochherrschaftliches Portal mit Säulen, Giebelkrönung und Wappen erhielt, kann etwa ohne weiteres das Haus des sponheimischen Ge-

richtsschultheißen in Bruttig von 1659 konkurrieren; es ist ihm, was die Ausstattung betrifft, sogar weit überlegen. Dieses Beispiel verdeutlicht im hohen Maße eine Affinität mit einem feudalen Lebensstil, den sich selbstverständlich nur eine kleine Bürgerschicht leisten konnte. Aber die Tendenz zeichnet sich ab. Auf der anderen Seite wirken Amtsbauten von Kurtrier durchaus »bürgerlich«, wenn man zum Beispiel die ehemalige Wasserburg in Klüsserath betrachtet. Sie mag im Kern noch spätmittelalterlich sein; ihr vom 18. Jahrhundert geprägtes schlichtes Äußere zeigt sich in ähnlicher Auffassung bei zahlreichen moselländischen Massivbauten dieser Zeit.

6. Klüsserath, ehem. kurtrierische Wasserburg, im 18. Jahrhundert umgebaut, um 1980

SCHLÖSSER

Die Jahrzehnte vor dem Frieden von Rijswijk (1697) durchlebte Kurtrier als eine überaus krisenreiche Zeit. Es war ein Spielball der habsburgisch-bourbonischen Interessenkonflikte, an eine eigenständige Politik war nicht mehr zu denken. Erst unter Kurfürst Franz Ludwig von Pfalz-Neuburg (1716 bis 1729) verbesserte sich die Lage, und eine rege bauliche Tätigkeit entfaltete sich, die unter Franz Georg von Schönborn weiter blühte. Sein Architekt, Balthasar Neumann, lieferte die Pläne für das schloßartige Dikasterialgebäude in Koblenz-Ehrenbreitstein (1739), für das Schloß Schönbornslust (1751) und befaßte sich mit dem Umbau des unweit gelegenen Schlosses Kärlich. Die Bauleitung oblag in der Regel Neumanns Schüler Johannes Seiz, welcher der bevorzugte Architekt des folgenden Kurfürsten, von Johann Philipp von Walderdorff (1756 bis 1768), werden sollte. Er ist der Bauherr des Südflügels des Trierer Schlosses (1756 bis 1762) – Höhepunkt der Ro-

koko-Architektur an der Mosel. Noch zur Regierungszeit dieses Kurfürsten zeichnete sich eine künstlerische Wende ab, die von der bewegten, opulenten Form zur klassischen Ruhe und zu einem strengeren Gesamtkonzept führte. Ausdruck einer solchen Haltung war das Schloß zu Wittlich, das Anfang der sechziger Jahre nach den Plänen des Franzosen Jean Antoine ausgeführt worden ist[7]. Es war ein Konkurrenzentwurf zu demjenigen von Johannes Seiz. Auch bei dem nächsten großen kurtrierischen Schloßbau – dem Koblenzer Schloß, Lieblingsresidenz von Clemens Wenzeslaus, des letzten Kurfürsten – gab es eine Art Architekturwettbewerb, an dem sich – außer Seiz – der Franzose Michel d'Ixnard beteiligte. Seine klassizistische Auffassung wurde realisiert – allerdings modifiziert und im Aufmaß reduziert von François Peyre[8].

Neben dem Kurfürsten vergaben auch andere Bauherren aus dem kurtrierischen Adel große Bauaufträge – so an erster Stelle die Grafen von Kesselstatt, die sich zwischen 1740 und 1746 in Trier, in unmittelbarer Nähe des Domes, von dem aus Mainz bekannten Baumeister Valentin Thomann ihr Stadtpalais errichten ließen. Es setzt – elegant in einen Straßenknick eingefügt – in großzügigerer Form und in neuzeitlichem Verständnis die Tradition der Trierer Adelshöfe und Kurien fort, die der einheimische Adel seit alters her im Bereich der Domimmunität unterhielt. Die Grafen von Kesselstatt bauten im 18. Jahrhundert auch ihre Landschlösser im Trierischen um, die wie Föhren und Dodenburg aus Wasserschlössern hervorgegangen waren, oder errichteten – wie Bekond – eine Neuanlage. Ihr Architekt war der kurtrierische Baumeister Philipp Joseph Honorius Ravensteyn, der bei der Ausführung auch Kurmainzer Künstler heranzog. Diese fruchtbare Beziehung zwischen den beiden kurfürstlichen Residenzen kam auch bei dem Bau des Schlosses Monaise zum Tragen, das sich der Domprobst Philipp Nikolaus von Walderdorff von François Ignace Mangin errichten ließ (1779 bis 1783). Vor den Toren Triers gelegen, stellt es, allerdings in bescheideneren Dimensionen, ein Pendant zum Koblenzer Schloß dar und verkörpert mit ihm am reinsten den Geist der Aufklärung. Daß sich eine solche Baugesinnung indes nicht allerorten durchsetzte, belegt das spätbarocke Jagdschloß Dreis bei Wittlich, das der mit dem Kloster Echternach eng verbundene, aus Tirol stammende Architekt Paul Mungenast für

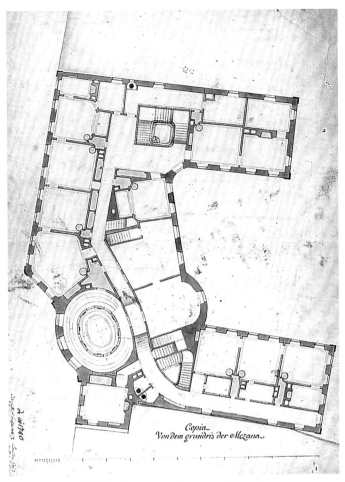

Copia
Von dem grundris der Mezana

7. Trier, Grundriß des Palais der Grafen von Kesselstatt

einen der Äbte ausführte. Diese Abtei, die sich auch als Eisenhüttenunternehmen betätigte und wirtschaftlich sehr gut gestellt war, ließ sich zwischen 1770 und 1780 in Weilerbach bei Echternacherbrück von demselben Architekten auch eine Sommerresidenz bauen, die noch ganz aus dem Rokoko lebt[9]. Ein anderer Hüttenherr, allerdings ein weltlicher, hatte seine Arbeit bereits um 1760 mit einem Schloß krönen lassen – Quint bei Trier, ein Entwurf von Johannes Seiz. Diese stattliche Dreiflügelanlage mit Ehrenhof vereinigte in sich Wohn- und Verwaltungsfunktionen und erhebt, analog zum Trierer Schloß, durchaus einen repräsentativen Anspruch. Daneben gab es in jener Zeit des ausklingenden Alten Reiches auch an der Mosel einfachere bauliche Lösungen, wie den Landsitz der Trierer Deutschordenskommende in Temmels am oberen Flußlauf. Der 1785/86 errichtete Rechteckbau hat Fenster mit gerade geschnittenen Gewänden und betont damit seine Sachlichkeit. Ein leicht angedeuteter Mittelrisalit mit Dreieckgiebel ist das einzige Bauglied von einer gewissen Repräsentanz. Der Bau, der schon im Zweiten Weltkrieg sehr gelitten hat, ist in den letzten Jahrzehnten unverantwortlicherweise zu einer Ruine verkommen.

8. Trier, Schloß Monaise, um 1900

DIE ZERSTÖRUNGSWELLEN – 17. BIS 19. JAHRHUNDERT

Ein großer Teil der Burgen und Schlösser, die einst das Moseltal bewachten oder schmückten, steht nicht mehr. Schon im Mittelalter wurden Burgen aufgegeben, wenn sie ihren militärischen Zweck erfüllt hatten, wie die Gegenburg der Eltz, die Trutzeltz. Die ebenfalls nicht mehr benötigte Baldeneck verwahrloste im 17./18. Jahrhundert. Neben diesem natürlichen Zerfall war es in erster Linie doch die bewußte Zerstörung – entweder in kleineren, sozusagen internen Kriegen, als etwa 1675 die Burg Lösnich zerstört wurde, oder in größeren Auseinandersetzungen mitteleuropäischen Ausmaßes, als Kurtrier – wie die Nachbarländer – von der Reunionspolitik Ludwigs XIV. heimgesucht wurde. Frankreich hatte sich mit dem Mont-Royal oberhalb von Traben, über einer Moselschleife, eine Festung errichtet und sich damit im Kurtrierischen eingenistet, um von diesem strategischen Punkt aus das Rheinland in seinen Griff zu bekommen. Im Jahre 1689 holten die französischen Eroberer zu einem vernichtenden Schlag aus, indem sie die meisten Burgen an der Mosel und am Rhein zerstörten und so das Land entfestigten. Zu nennen sind die Burg Metternich bei Beilstein, Burg Cochem und die benachbarte Win-

9. Weilerbach, Schloß, um 1980 (vor der Renovierung)

10. Trier-Quint, Schloß, um 1980

11. Temmels, Schloß der ehem. Deutschordenskommende, um 1980

neburg, vermutlich Bischofstein, dann die Thurandt, die Ehrenburg und die Treiser Burgen. Burg Landshut bei Bernkastel wurde 1693 niedergelegt.

Wie dieses Zerstörungswerk inszeniert wurde, läßt sich im Falle von Cochem gut anhand der 1726 herausgegebenen französischen Militärgeschichte des Marquis de Quincy nachvollziehen[10]. Der französische Text sei nachstehend in deutscher Sprache und in freier Übersetzung zitiert:

»Prinz Karl von Lothringen hatte sich im Mai (1689) eines Teiles der Orte bemächtigt, die wir im Trierer Land hatten besetzen lassen, unter anderem die Stadt und die Burg Cocheim (= Cochem), üblicherweise Cokum genannt – an der Mosel auf der halben Strecke zwischen dem Mont-Royal und Koblenz gelegen. Die Garnison, die aus sechzehnhundert Mann sowohl kaiserlicher und kurtrierischer Truppen als auch aus Miliz- und bürgerlichen Mannschaften bestand, unternahm oft Ausfälle in das Land. Das ließ den Entschluß reifen, diese Störenfriede zu vertreiben; deswegen brach

der Marquis de Bouflers am 24. August von Montkelifeld (= Monzelfeld) bei Bernkastel auf, wo er sich vierzehn Tage mit seinem Streifkorps – sechs Schwadronen an Kavallerie und an Dragonern – aufgehalten hatte. Der Marquis erhielt zweitausendvierhundert Infanteristen dazu, die von den zwölf auf dem Mont-Royal stationierten Bataillonen abgezogen wurden«.

Die Franzosen marschierten gegen Cochem, belagerten die Stadt, zerschossen ein Stadt- und ein Burgtor und drangen in die Burg ein, die von den Deutschen aber schon geräumt war. Sie hatten sich im Kapuzinerkloster und in einigen Stadttürmen verschanzt. Und dann wieder im Text:

»Da der Feind die Flankentürme und seine Stellung hinter den Verschanzungen hielt, die er für die Stadtverteidigung angelegt hatte, mußten unsere Truppen ein sehr großes Feuer entzünden. Erst dann war an eine Erstürmung zu denken, was nicht ohne Verluste zu schaffen war. Alle Befestigungswerke der Stadt wurden so niedergemacht, daß der Feind gezwungen war, alle anderen von ihm im Trierer Land gehaltenen Posten aufzugeben. Man tötete dreizehnhundert Mann des Feindes, die noch leben könnten, wenn ihr Kommandeur nicht so hartnäckigen Widerstand geleistet hätte. So wurden nur siebenhundert Gefangene gemacht [...]«.

Erhoffte man in Kurtrier nach dem Frieden von Rijswijk eine Zeit der Sicherheit und der Stabilität, so sah man sich bei den großen Auseinandersetzungen des 18. Jahrhunderts – dem Spanischen und dem späteren Polnischen Erbfolgekrieg – wiederum den Durchzügen französischer und alliierter Truppen ausgesetzt. Im Jahre 1734 eroberten die Franzosen die unter der Leitung von Vauban 1687 zur Festung ausgebaute Grevenburg über Trarbach und sprengten sie anschließend. Im Visier hatten die Okkupanten die kurtrierische Festung Ehrenbreitstein, gegen die sie alles strategische Kalkül richteten[11]. Sie kapitulierte aber erst 1799 vor den französischen Revolutionstruppen.

In der Folgezeit, als das Rheinland förmlich mit dem napoleonischen Frankreich vereinigt war, hob eine nächste Zerstörungswelle an, die nicht nur den säkularisierten Kirchenbesitz erfaßte, sondern auch etliche der einstigen kurtrierischen Schlösser mit sich riß.

RUINENROMANTIK UND WIEDERAUFBAU – 19./20. JAHRHUNDERT

Die vielzitierte Rheinromantik, die sich bereits Ende des 18. Jahrhunderts zeigte und die zunächst von englischen Reisenden und Künstlern getragen wurde, rückte auch eine Landschaft wie die der Mosel in ein neues Licht[12]. Die Kleinstädte und Dörfer mit ihren verträumten Winkeln und dem als ungestört angesehenen Volksleben gewannen eine besondere Qualität. Maler, wie Clarkson Stanfield (1793 bis 1867), William Tombleson (um 1795 bis um 1860) oder Joseph Mallord William Turner (1775 bis 1851) bereisten das Rheinland und überlieferten auch manche Vedute der Moselorte. Als Motive schätzen sie ebenso die Burgen und ihre Ruinen, die sie gerne in romantischer Landschaft vorstellten[13]. Hervorgehoben sei William Turners Gemälde »Bernkastel an der Mosel«, das im dritten oder vierten Jahrzehnt des 19. Jahrhunderts entstanden und beispielhaft für den vorimpressionistischen, lichtdurchfluteten

12. Lösnich: »Abbildung Der lehenbarer Burg zo Lösnich wie selbige nach Dem sie von Chur Cölln undt Trier demolirt worden sich im stand befunden hatt, im Jahr 1675«

und gleichsam sphärischen Stil dieses Künstlers ist (vgl. Titelbild). Die in Helligkeit getauchte und leicht überhöhte Burg Landshut ist kaum mehr dem Boden verhaftet, sondern verschmilzt förmlich mit dem Himmel. Eine solche transparente Leichtigkeit ist von keinem der Malerkollegen Turners erreicht worden, obschon sie auch überaus überzeugende Mosellandschaften festgehalten haben. Erwähnt sei, weil weniger bekannt, der dänische Maler und Musiker Laurenz P. Trelde, der um 1850 an die Mosel kam und unter anderem in romantischer Auffassung ein Gemälde von Traben und Trarbach mit der Ruine der Grevenburg geschaffen hat[14].

13. Burg Bischofstein, 1986

14. Burg Bischofstein, Bleistiftzeichnung von August von Wille, 1863

Erinnert sei auch an die Düsseldorfer Maler-schule, deren Meistern und Schülern wir ebenfalls etliche Moselansichten verdanken. Von August von Wille (1829 bis 1897) sind einige Blätter eines Skizzenbuches aus dem Jahre 1863 erhalten, die den Ruinen Ehrenburg und Bischofstein gewidmet sind. Diese akribisch-genauen Zeichnungen haben für den Burgenforscher Quellenwert.

Eng verschwistert mit der Romantik ist be-kanntlich der Nationalismus, der auch an der Mosel seinen Widerhall fand. Der eine oder andere Burgenfreund mochte sich mit den Ruinen aus

15. Ehrenburg, 1981

16. Ehrenburg, Bleistiftzeichnung von August von Wille, 1863

großer mittelalterlicher Zeit nicht abfinden, sah die Zerstörungen aus der Ära der französischen Reunionspolitik als eine nationale Schande an und sann nach Mitteln, Burgen in ihrer alten Größe und Schönheit wiederentstehen zu lassen. So schritt der Berliner Großkaufmann Jakob Louis Ravené in den siebziger Jahren des vorigen Jahrhunderts zur Tat, erwarb die Ruine der Burg Cochem und ließ sie – angeleitet von Abbildungen des 16. Jahrhunderts – wiederaufbauen. Architekt war Julius Raschdorff (1823 bis 1914), der sich als

Verfechter der Neo-Renaissance einen Namen gemacht hatte. Die Burg Cochem stand 1877 wieder in alter Pracht – äußerlich als ein Ensemble mittelalterlichen Geistes oder wenigstens so, wie das 19. Jahrhundert ihn verinnerlicht hatte, und im Inneren in den Formen der niederländischen Renaissance – ganz, wie es Bauherr und Architekt gewünscht hatten[15].

Der Wiederaufbau von Cochem ist die am konsequentesten durchgeführte Burgenrekonstruktion an der Mosel. Der Ausbau von Thurandt – die

17. Burg Cochem, 1981

Burg Cochem an der Mosel.
(Besitz des Geh Comm Rath Ravené)

18. Burg Cochem. Julius Carl Raschdorff

24

19. Alken, Burg Thurandt, 1980

nächstbedeutende Wiederbelebung aus den Jahren 1914/15 und 1933 – ist ebenso vom Historismus geprägt; allerdings handelt es sich um frei erfundene Formen, die sich wohl an mittelalterlichen Vorlagen des Umlandes orientieren, aber keine Rekonstruktion sind.

Pförtnerhaus (1915) und Rittersaal (1933) – entworfen von dem Düsseldorfer Architektenteam Brand und Stahl oder von Ernst Stahl alleine – sind als »altdeutsche« Konzeption zu interpretieren, die noch im Wilhelminismus verhaftet ist.

Als dritte bemerkenswerte Burgenneuschöpfung des 19. Jahrhunderts ist die Niederburg in Gondorf an der unteren Mosel zu nennen. Ihr Eigentümer, der Bankier J. P. Clemens, beauftragte den Kölner Baumeister Vincenz Statz (1819 bis 1898) mit einem Erweiterungsbau der Ruine. Es entstand ein großzügiger Landsitz mit neogotischen Fassaden, der nach der Tochter des Bauherrn »Schloß Liebig« benannt wurde. 1900 wurde die Anlage nochmals vergrößert[16].

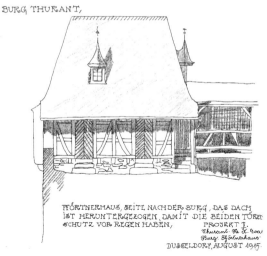

20. Alken, Burg Thurandt, Wiederaufbau 1915–1933

EXKURS: HAUS – SCHLOSS – BURG

Der Bauherr der neuen Niederburg zu Gondorf war bürgerlicher Herkunft. Er sah, was im 19. Jahrhundert keine Seltenheit war, seinen Erwerb und dessen Ausbau offensichtlich als die Chance an, sich mit einem feudalen Rahmen zu umgeben und eine noble Lebensform zu pflegen. Indem er

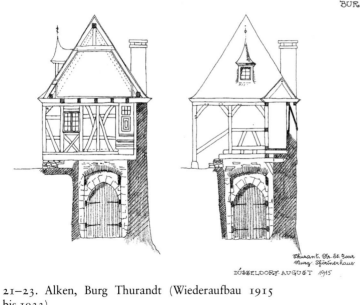

Thurant. Kr. St. Goar
Burg. Pförtnerhaus
DÜSSELDORF AUGUST 1915

21–23. Alken, Burg Thurandt (Wiederaufbau 1915
bis 1933)

Thurant · Kreis St. Goar
Burg. Pförtnerhaus.
DÜSSELDORF AUGUST 1915.

22.

Düsseldorf · 8 · Dez. 1933.
Architekt · B·D·A · Reg. Baumstr.   Der Bauherr.

23.

24. Gondorf, Niederburg, 1979

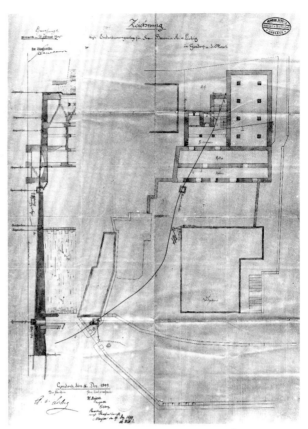

25. Gondorf, Niederburg (1899, Erdgeschoßplan, im Vordergrund als »Wohnhaus« der Bau von V. Statz, dahinter der Neubau des Koblenzer Architekten Heinrich Beyerle)

seinen »Bürgertraum vom Adelsschloß«[17] realisierte, entrückte er der alltäglichen Welt einer immer stärker von der Industrie geprägten Gesellschaft. Es bedurfte einer »aristokratischen« Architektur, was wichtig für die persönliche Einschätzung war, was aber auch nach außen ein Signal setzte.

Ambitionierte Aufsteiger in eine neue Klasse entwickelten sich häufig zu leidenschaftlichen und kenntnisreichen Sammlern erlesener Antiquitäten und Pretiosen. Davon zeugte einst die Sammlung Liebig in Gondorf und auch die des Burgherrn Ravené in Cochem. Beide Kollektionen sind leider nicht mehr oder nur noch rudimentär erhalten. Deswegen erschließt sich uns die Lebenswelt des 19. Jahrhunderts, das an historische Größe an-

knüpfen wollte, indem es sich mit ihrem materialisierten Geist – mit kostbaren überkommenen Interieurs – umgab, in vielen Fällen fast nur noch aus den verbliebenen Bauten. Historistisch, wie sie vor allem in der zweiten Hälfte des 19. Jahrhunderts sind, ist auch ein dritter für die Moselregion wichtiger Bau: das Schloß Lieser bei Bernkastel. Sein Bauherr, Eduard Puricelli, war Industrieller und Gutsbesitzer; er ließ sich von dem Frankfurter Architekten Heinrich Theodor Schmidt zwischen 1885 und 1887 ein »Familienhaus« an der Mosel errichten, das aber eher als ein Landsitz in der Art der Neo-Renaissance zu verstehen ist. Der nächsten Generation, die sich adelig verbunden hatte, war das Haus zu klein. Man benötigte einen noch großzügigeren, repräsentativeren Zuschnitt und

27

Grundriss vom Hauptgeschoss. 1. Vorhalle. 2. Halle. 3. Haupttreppe. 4. Empfange. 5. K. d. Herrn. 6. Speisesaal. 7. Wohns. (Speisez. d. Familie). 8. Gedeckter Sitzplatz (Veranda). 9. Billiard- u. Garnzen. 10. Fremdenz. 11. Nebentreppe. 12. Küche. 13. Küchenz. 14. Hauzgang (Jagdhalle). 15. Dienerz. 16. Sakristei. 17. Hauskapelle.

FAMILIENHAUS DES HERRN EDUARD PURICELLI ZU LIESER A. D. MOSEL.

26. Lieser »Familienhaus des Herrn Eduard Puricelli...«

27. Lehmen, Burgstr. 22, »Burg Weckbecker«, 1994

fügte um die Jahrhundertwende dem Altbau einen ebenso großen Trakt an. Damit wandelte sich das »Familienhaus« zum Schloß – auch im öffentlichen Bewußtsein; und als solches gilt es noch in der heutigen Wertschätzung.

Wie nach einer veränderten sozialen Situation der Begriff Haus in den des Schlosses aufgeht, dafür ist Lieser ein gutes Beispiel. Aber Ähnliches läßt sich – wie eingangs dargelegt – auch bei dem Terminus »Burg« beobachten. Eine »Alte Burg« an der Mosel bedeutete nicht unbedingt einen Herrensitz, sondern konnte auch das Amtshaus des kurfürstlichen Verwalters oder eines anderen

Landesherrn sein. Vermutlich lebt in Lehmen diese Erinnerung fort. In der dortigen Bergstraße stößt man auf die »Burg Weckbecker«. Ihr Name weist einerseits offensichtlich auf ein ehemaliges mittelalterliches Burghaus hin, das hier einmal gestanden hat; andererseits handelt es sich um eine bürgerliche Familie, deren Haus sich anhand der Architekturformen als ein Neubau oder Umbau des mittleren 19. Jahrhunderts erklärt. Ein Belvedere über dem das Dach überragenden Treppenturm legt nahe, daß man sich von bäuerlich-ländlichen Lebensformen abheben wollte.

ANMERKUNGEN

1 *Freckmann, Klaus*: Das Bürgerhaus in Trier und an der Mosel, mit einem Beitrag von Reinhold Schommers (Das deutsche Bürgerhaus 32), Tübingen 1984, S. 12 ff.; *Wiedenau, Anita*: Katalog der romanischen Wohnbauten in westdeutschen Städten und Siedlungen (Das deutsche Bürgerhaus 34), Tübingen 1983, S. 247 ff.

2 *Freckmann, Klaus / Schmidt, Burghart*: Untersuchungen mittelalterlicher Profanbauten an der Mosel, in: Jb. f. Hausforschung, Hausbau im Mittelalter II, Sonderbd. 1985, S. 229–264; *dies.*: Untersuchungen mittelalterlicher Profanbauten an der Mosel II, in: Jb. f. Hausforschung, Hausbau im Mittelalter III, Sonderbd. 1988, S. 279–304.

3 Zu den Wohntürmen des 14./15. Jahrhunderts: *Herrmann, Christofer*: Wohntürme des späten Mittelalters auf Burgen im Rhein-Mosel-Gebiet (hrsg. v. *Deutsche Burgenvereinigung* 1995). – Vgl. zu Zell-Merl: *Schmidt, Burghart/Köhren-Jansen, Helmtraud/Freckmann, Klaus*: Kleine Hausgeschichte der Mosellandschaft (Schriftenreihe zur Dendrochronologie und Bauforschung, 1), Köln 1989, S. 48–50. – Zu Gondorf: *Adenauer, Hanna/Busley, Josef/Neu, Heinrich*: Die Kunstdenkmäler des Kreises Mayen, Düsseldorf 1943/1985, S. 81 ff.

4 *Böhme, Horst Wolfgang*: Burgen der Salierzeit in Hessen, in Rheinland-Pfalz und im Saarland (Burgen der Salierzeit, Tl. 2, In den südlichen Landschaften des Reiches; Monographien des Römisch-Germanischen Zentralmuseums Mainz, 26), Sigmaringen 1991, S. 53 f. Dort auch weiterführende Literatur.

5 *Bornheim gen. Schilling, Werner*: Rheinische Höhenburgen (Rhein. Verein f. Denkmalpflege u. Heimatschutz, Jb. 1961–1963), Neuß 1964; *ders.*: Burgen und Schlösser des Mittelalters, der Renaissance und des frühen Barock (Burgen und Schlösser – Kunst und Kultur in Rheinland-Pfalz), Bad Neuenahr-Ahrweiler 1981, S. 154–164; *Schellack, Gustav/Wagner, Willi*: Burgen und Schlösser im Hunsrück-, Nahe- und Moselland, Kastellaun 1976.

6 *Berns, Wolf-Rüdiger*: Beobachtungen zur Burgenpolitik Balduins (Balduin von Luxemburg. Erzbischof von Trier – Kurfürst des Reiches, 1285–1354. Festschrift aus Anlaß des 700. Geburtsjahres; Quellen und Abh. z. Mittelrhein. Kirchengesch. 53). Mainz 1985, S. 303–315.

7 *Lohmeyer, Karl*: Johannes Seiz, Kurtrierischer Hofarchitekt, Ingenieur sowie Obristwachtmeister und Kommandant der Artillerie 1717–1779. Die Bautätigkeit eines rheinischen Kurstaates in der Barockzeit (Heidelberger Kunstgeschichtl. Abh. 1), Heidelberg 1914, S. 25, 168–170.

8 Ausstellungskatalog: 200 Jahre Residenz Koblenz. Ausstellung im Schloß zu Koblenz 6.8.–2.10.1986 (Hrsg.: *Landesarchivverwaltung Rheinland-Pfalz*, Landeshauptarchiv Koblenz).

9 *Schmitt/Michel*: Die Bautätigkeit der Abtei Echternach im 18. Jahrhundert (1728–1793). Ein Beitrag zur Geschichte des luxemburgischen Bauwesens im Barockzeitalter, Luxembourg 1970, S. 194 ff.

10 Histoire Militaire du Règne de Louis Le Grand, Roy de France [...], Bd. 2, Paris 1722, S. 206–209.

11 *Freckmann, Klaus*: Die kurtrierische Festung Ehrenbreitstein aus französischer Sicht, in: Koblenzer Beiträge zur Geschichte und Kultur (N.F. 2/1992), S. 133–153.

12 Ausstellungskatalog: *Honnef, Klaus / Weschenfelder, Klaus / Haberland, Irene* (Hrsg.): Vom Zauber des Rheins ergriffen [...]. Zur Entdeckung der Rheinlandschaft vom 17. bis 19. Jahrhundert. Ausstellungen Rheinisches Landesmuseum Bonn 11.9.–29.11.1992 u. Mittelrhein-Museum Koblenz 10.9.–25.10.1992.

13 *Dieck, Walter* (Hrsg.): Wir und die Mosel. Ansichten aus alter Zeit, Honnef 1962.

14 *Schommers, Reinhold*: Laurenz P. Trelde, ein Zeichner der Romantik an der Mosel, in: Jb. d. Kreises Bernkastel-Wittlich 1988, S. 386–389; *Freckmann, Klaus*: Alte Ansichten und Pläne von Traben-Trarbach, in: Jb. d. Kreises Bernkastel-Wittlich 1991, S. 132–136.

15 *Freckmann, Klaus:* Julius Carl Raschdorffs Bauten an der Mosel, in: Schriften des Weserrenaissance-Museums Schloß Brake, 6. Renaissance der Renaissance. Ein bürgerlicher Kunststil im 19. Jahrhundert), München/Berlin 1992, S. 378–389.

16 *Rathke, Ursula:* Schloß- und Burgenbauten (Kunst des 19. Jahrhunderts, Bd. 2, Architektur II, Profane Bauten und Städtebau; hrsg. v. *E. Trier* u. *W. Weyres*), Düsseldorf 1980, S. 343–362, insb. S. 354.

17 *Richter, Wolfgang / Zänker, Jürgen:* Der Bürgertraum vom Adelsschloß. Aristokratische Bauformen im 19. und 20. Jahrhundert, Hamburg 1988.

18 *Freckmann, Klaus:* Das »Familienhaus des Herrn Eduard Puricelli zu Lieser an der Mosel«, in: Schriften des Weserrenaissance-Museums Schloß Brake, 8. Renaissance der Renaissance. Ein bürgerlicher Kunststil im 19. Jahrhundert. Nachtrag, München/Berlin 1995, S. 106–112.

ABBILDUNGSNACHWEIS

Zeichnung Verfasser: 1; Plans de différentes villes fortifiées d'Allemagne, 18. Jh. (im Archiv von Vincennes, Bibliothèque du Génie, 1072), Bd. 3, S. 54 f., 61 f.: 2; Mattheus Merian: Topographia Palatinatus Rheni et Vicinarum Regionum, Repr. d. vermutlich 2. Ausg. von 1672, Kassel 1963, Nr. 45: 3; Rheinland-pfälzisches Landesmedienzentrum Koblenz: 4, 13, 15, 17, 19; Bauaufnahme Fachhochschule Rheinland-Pfalz, Abt. Mainz I, Fachbereich Architektur 1985/86; D.-B. Steinicke, Wittlich: 6, 8–11; Stadtbibliothek/Stadtarchiv Trier, Depositum Kesselstatt 3916–3919: 7, 12; Architektonisches Skizzenbuch, Jg. 1874, H. IV: 18; Nachzeichnungen von Heinz Bölling, Wittlich nach den Originalen im Landesamt für Denkmalpflege Rheinland-Pfalz, Mainz: 20–23; Landeshauptarchiv Koblenz, Best. 655, 26 Nr. 302: 25; Deutsche Bauzeitung, Jg. 23/1989, Nr. 36, S. 209 f., Deutsches Baugewerkblatt, Jg. 9/1890, Sp. 199–204: 26; Foto Verfasser: 27.

DIETER GROSSMANN

Liegnitz und Kobern – Vergleich zweier Burgkapellen

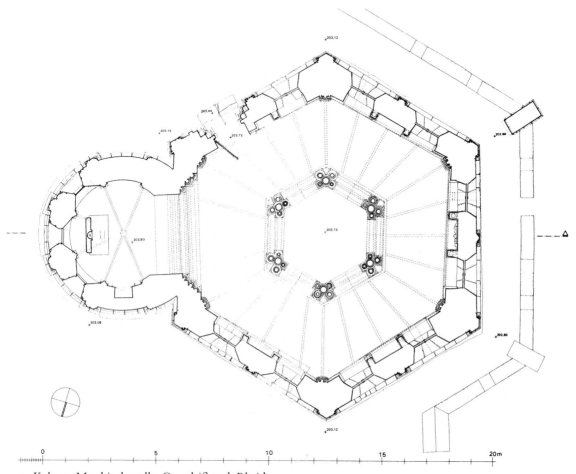

1. Kobern, Matthiaskapelle. Grundriß nach Rheidt

1. DIE MATTHIASKAPELLE ÜBER KOBERN

Im September des Jahres 1947 unternahm das Kunstgeschichtliche Seminar der Universität Marburg unter Leitung von Richard Hamann-Mac-Lean eine Exkursion in die französische Zone, damals noch (fast) ein Abenteuer. Bei dieser Gelegenheit hielt ich mein erstes Exkursionsreferat: Es galt der Matthiaskapelle über Kobern.

Die im Mauerbereich der Oberburg befindliche Kapelle ist ein sechseckiger Zentralbau mit ebenfalls sechseckigem Umgang (Abb. 1), im Querschnitt basilikal, nicht genau geostet (die Angaben der Himmelsrichtungen sind widersprüchlich eingezeichnet); anscheinend liegt die Altarseite nach annähernd Nordosten. Hier wird der Raum durch eine auffallend hufeisenförmige Apsis erweitert. – Die Gesamtlänge beträgt 19,28 m, der Außen-

2. Kobern, Matthiaskapelle. Äußeres von Südosten

durchmesser des Hexagons etwa 16,15¹, der innere des Mittelraums etwa 3,65 m².

Im äußeren Aufbau zeigt der Umgang ein hohes untersockeltes Erdgeschoß mit einer asymmetrisch sitzenden Tür auf der Südostseite (Abb. 2); daneben und in weiteren Wandflächen des Polygons befinden sich Fenster von Kleeblattform (Dreipaßform) mit kurzem unterem Stutzen[3]. Die einzelnen Seiten sind von je zwei Blenden gerahmt, die oben in doppelte Kleeblattbögen auslaufen; in die Winkel sind Säulchen mit Archivolten-Rundstäben eingelegt. Ein niedriges Aufsatzgeschoß; das an eine Zwerchgalerie erinnert, zeigt auf der Südost- sowie auf der Nordseite ein halbes Speichenradfenster mit kleeblattförmigen Endungen innerhalb einer Halbkreisblende, begleitet von Rundbogenblenden, die je zwei Rechteckblenden

enthalten. An den anderen drei freien Seiten stehen anstelle des Halbrades je zwei rundbogige Doppelöffnungen in Rundbogenblende. An der Apsisseite befinden sich zwei Vierpaß-Öffnungen – eine liegend, die andere stehend –, deren Gewände vom Apsisdach teilweise überschnitten werden.

Aus dem Dach des Umganges erhebt sich der mittlere Zentralraum fast nur im Umfang eines kleineren Turmaufsatzes. Unter dem Hauptgesims wird er durch einen Rundbogenfries auf Konsölchen abgeschlossen. In einer fast parabelförmigen Rundbogenblende sitzt je ein Fenster mit breiter Stufe, in die ein Rundstab eingelegt ist. Ein Zeltdach bekrönt diesen Bauteil.

Innen wird die Wand des Umganges von je einer dreifachen Kleeblattbogenstellung[4] auf Säulchen gegliedert, die ihrerseits auf einer umlaufenden

3. Kobern, Matthiaskapelle. Inneres gegen Westen

Bank stehen (Abb. 3). Über einem kurzen Zwischenstück liegt ein Rundbogenfries, dessen Anfänger sich jeweils über den Bogenscheiteln befinden. Über diesen Anfängern beginnt zugleich das Gewölbe mit einer Fülle von einzelnen Rippen, insgesamt 24, die ohne Verbindung miteinander zum mittleren Sechseck aufsteigen, wo sie zwischen den Anfängern eines kleeblattförmigen Rundbogenfrieses enden. Insgesamt könnte man die komplizierte Form des Umgangsgewölbes bezeichnen als eine zur Mitte hin ansteigende Viertelkreisringtonne mit gebusten Einzelkappen. In den Winkeln tragen dreiteilige Säulenbündel sowohl die Blendenanfänger als auch die hier aufsteigenden Rippen.

Das mittlere Hexagon stützt sich auf Bündel von je fünf ungleich starken Säulen, von denen viele unregelmäßig, aber z. T. in Paaren von je ein oder zwei Schaftringen unterbrochen sind. Die Bündel tragen Spitzbogenarkaden mit einem unterlegten und einem außenseitig eingelegten Rundwulst; der zum Chor hin gerichtete Bogen ist deutlich gestelzt. Das Innere des Hexagons wächst schachtartig empor (Abb. 4); in erheblicher Höhe tragen figürliche Konsolen sechs Rippen, die sich in einem Ringschlußstein vereinigen.

Die Wände des Obergeschosses werden von je einem Rundbogenfenster – wie außen beschrieben – durchbrochen.

Der Bauschmuck zeigt in den attischen Basen der Bündelsäulen tief eingesenkte Kehlen, an den Kapitellen bevorzugt Knollen- und Knospenschmuck. Die Gewölbekonsolen des Obergeschosses sind besetzt mit Figuren: zwei Adler, ein Stier,

33

4. Kobern, Matthiaskapelle. Hexagon, Aufblick

männliche Personen (ein bzw. zwei) – eine Deutung auf Evangelistensymbole wird, zumal wegen des fehlenden Löwen, mit Recht abgelehnt[5].

Die Matthiaskapelle ist nicht ohne eingreifende Restaurierungen des 19. und 20. Jahrhunderts auf uns gekommen. Vor allem scheint aus den Zeichnungen des Joh. Claudius v. Lassaulx (1820)[6] hervorzugehen, daß sich im Umgang-Erdgeschoß nur wenige Fenster, und zwar in Kreisform, öffneten (Abb. 5). Bei seiner umfangreichen Restaurierung 1836/37, die durch den damaligen preußischen Kronprinzen Friedrich Wilhelm (IV.) ermöglicht wurde[7], veränderte Lassaulx jene nicht nur in Kleeblattfenster[8], sondern fügte auch weitere hinzu, so daß sich jetzt zwei in jedem freien Wandabschnitt befinden. Indes zeigt eine Ansicht von Hundeshagen, die bereits 1818 entstand, in der Südostwand (neben dem Portal) ein Kleeblattfenster, freilich ohne unteren Stutzen[9] – also ein (geometrisch indes nicht exaktes) Dreipaßfenster. Es ist möglich oder sogar wahrscheinlich, daß v. Lassaulx nur ursprünglich vorhandene, vielleicht erst jüngst veränderte oder ersetzte Kleeblattfenster wiederherstellte, zumal sich diese vollkommen in die Kleeblattblenden des Innenraumes einfügen. Das Radspeichenfenster ist wohl ursprünglich, nur mußten Ansatz und Speichen ergänzt werden.

Selbst wenn man an der Ursprünglichkeit der Kleeblattfenster zweifelte, zeigte sich doch ein deutlich »rheinischer« Charakter in der Gesamterscheinung und den Details dieses Hexagons. So läßt sich die enge Folge der Rippen im Umgang mit dem Kapitelsaal von St. Pantaleon zu Köln (um 1216?) und den Langhausgewölben in Boppard (vor 1234) vergleichen. Auch die kleine Apsiskapelle von St. Severin zu Köln (Weihe 1237) läßt sich nennen (Abb. 6). Rechteckfenster mit Abstand von der umgebenden Blende finden sich ebenfalls am Kapitelsaal von St. Pantaleon. Langgezogene Kleeblattblenden bieten die Türme von St. Severus zu Boppard: am Untergeschoß doppelt wie in Kobern, am dritten Geschoß einfach und flacher. Mit eingelegten Stäben zeigen sie die dritten Geschosse der Osttürme von St. Kunibert zu Köln. Für die von Blenden frei umrahmten Fenster des Obergeschosses in Kobern ließe sich im Vergleich die Apsis von St. Severin zu Köln nennen.

5. Kobern, Matthiaskapelle. Sogenannter Plan des restaurierten Zustandes
1837, J. C. von Lassaulx

Die Schaftringe sind ein so allgemeines Motiv der Übergangszeit zwischen Romanik und Gotik, daß ihr häufigeres Vorkommen in der rheinischen Kunst hier nicht betont werden soll.

Für die Datierung der Matthiaskapelle gibt es keine schriftlichen Nachweise. Zumeist hat man eine Entstehung zwischen 1220 und 1240 oder im zweiten Viertel des 13. Jahrhunderts angenom-

men. Hierfür spielen allerdings auch Vermutungen über die ursprüngliche Zweckbestimmung der Kapelle eine Rolle. Ihre Funktion als – »einfache« – Burgkapelle ist angezweifelt worden, ja, man hat bei ihrer Bestimmung sogar einer anderen Funktion absoluten Vorrang zugemessen. Hier war nämlich – wie man annimmt – eine überaus kostbare Reliquie, das Haupt des hl. Matthias, aufbe-

6. Köln, St. Severin. Apsis-Kapelle, Gewölbe, vor 1237

wahrt[10]. Wie und wann diese Reliquie nach Kobern gelangte, ist nicht bekannt, um so weniger, als man nicht weiß, wo sie sich vorher befunden hat. Und so gibt es drei verschiedene Vermutungen: Entweder fiel die Reliquie 1204 den »lateinischen« Eroberern von Konstantinopel in die Hände und gelangte auf unbekannte Weise hierher, oder Heinrich I. von Isenburg nahm 1218 bis 1221 am fünften Kreuzzug teil (was ebenfalls nicht belegt ist) und brachte die Reliquie von dorther mit[11]. Warum allerdings das Haupt des Apostels erst im 13. Jahrhundert von irgendwoher im Osten an die Mosel gekommen sein soll, obwohl sich doch die Matthias-Reliquien bereits seit den Zeiten der Kaiserin Helena in Trier befunden haben sollen[12], das ist meines Wissens noch nie erörtert worden.

Nach der gegenwärtigen Forschungsmeinung ist indes die Koberner Kapelle erst nach 1221 zu datieren. Bei der stilistischen Bestimmung hat man zu beachten, daß durch die dendrochronologische Datierung des Limburger Domes – 1206 wurde im Langhaus die Triforienhöhe erreicht – das chronologische Gerüst der mittelrheinisch-spätromanischen Architektur ins Wanken geraten ist; wenn Limburg schon vor 1200 begonnen wurde[13], kann man wohl auch für Andernach nicht mehr an dem auf rein historischen Schlußfolgerungen beruhenden Datum »nach 1198« festhalten[14]. Und da Kobern u. a. Beziehungen zur sogenannten »Andernacher Bauschule« zugeschrieben werden, bedarf es hier einer Überprüfung.

Doch ohne daß wir die künstlerische Herkunft der Matthiaskapelle jetzt genauer erörtern, ist auf den hufeisenförmigen Chor einzugehen. Ein breiter dreistufiger Rundbogen mit Archivolten, von je drei Säulen getragen, öffnet in der (nord-)östlichen Polygonseite den Zugang (Abb. 7). Das Innere wird von einem siebenteiligen kuppeligen Rippengewölbe überdeckt, indem eine Scheitelrippe gegen die Rückseite des Chorbogens stößt. Fast böte sich hier Platz für drei statt der gewählten zwei Gewölbekappen. Die Rippen wachsen über einer Folge von flachen Dreibogen-Blenden einfach aus der Wand heraus. Die Blenden ihrerseits fußen auf Lisenen, die aber zwischen den Fenstern den Boden nicht erreichen. – Die Freilegung der unteren Wandschichten während der Restaurierung 1993 bis 1994 gestattet(e) zu beobachten, daß die Lisenen mit etwas breiteren Mauerpfeilern wohl im Verband stehen. Die Pfeiler sind zunächst selbständig gemauert, bevor das Mauerwerk der Fensterachsen zwischen sie eingefügt wurde. Dies ist aber offenbar kein baugeschichtlicher, sondern ein bautechnischer Vorgang gewesen.

Das Äußere zeigt eine Folge von Blenden, deren Rahmung von Rundstäben begleitete Lisenen bilden, die nahtlos in einen aus einzelnen Quadern gebildeten Rundbogenfries übergehen. Dieser weist in den drei mittleren Feldern einen eng gestelzten Bogen zwischen sonst gleichmäßigen Bögen auf[15].

In diesen drei östlichen Abschnitten befindet sich je ein »Drei(paß)-Bogenfenster«[16] mit durch geschärften Rundstab und Schräge profiliertem Gewände. Den Abschluß bildet ein Zahnschnitt (»Deutsches Band«), darüber ein kräftiges Hauptgesims und ein Kegeldach.

Die hier auftretende Form des Rundbogenfrieses, gepaart mit dem Deutschen Band, ist nicht mittel-, sondern oberrheinisch; ihr Ausgangspunkt ist der Dom zu Worms (Ostchor). Wurde früher meist die Apsis für einen – eventuell nachträglichen – Anbau an das Hexagon gehalten, so kann dies auf Grund der dendrochronologischen Datierung des Wormser Domes (nach 1122 bis 1181) und angesichts der Verbreitung seines Formenapparates kaum aufrecht erhalten werden. Dreibogen-Fenster und im Inneren die Dreibogen-Blenden lassen sich allerdings am Oberrhein nicht nachweisen; dagegen bietet der Mittelrhein Beispiele, vorwiegend zwar erst seit der Zeit um 1200 entstanden, in einem Falle aber deutlich früher: die Dreibogen-Blenden an der Apsis von St. Castor in Koblenz, vor 1158. Für die spezielle Fensterform in Kobern gibt es allerdings, wie es scheint, kein einziges Parallelbeispiel und auch keine einleuchtende Ableitung[17].

Eine lange Reihe von monographischen oder allgemein-kunstgeschichtlichen Beurteilungen ist der Matthiaskapelle zuteil geworden[18]. Die letzte unter ihnen stammt von Klaus Rheidt und Ulrike Wulf; sie ist an der Universität Karlsruhe auf der Grundlage genauer Bauforschung unter Berücksichtigung von Grabungen, Mauerwerks-Aufmessung und weiterer Untersuchungen entstanden. Sie ist hier bereits mehrfach zitiert worden. Wulf kommt, dem Vorgang von Untermann folgend, zu dem einleuchtenden Ergebnis, daß die Hufeisenapsis das Überbleibsel eines älteren, wahrscheinlich kreisrunden Zentralbaues darstellt[19]. Die Außenmauer der Oberburg ist nachträglich ausgeklinkt worden, um für die Erweiterung durch das Hexagon Platz zu machen. Ein Kaplan wird auf der Oberburg bereits 1189 erwähnt[20]. Treffen diese Beobachtungen und Schlußfolgerungen zu, so haben wir also mit folgender Entwicklung zu rechnen: Im späteren 12. Jahrhundert, etwa um 1185, wurde in der Oberburg eine Rundkapelle in wormsischen Formen, allerdings unter mittelrheinischem Einfluß errichtet. Zentralkapellen sind als Burgkapellen durchaus geläufig, auch in Rundform, wofür sich in Deutschland bereits Beispiele in karolingischer Zeit beibringen lassen – »Höfe« bei Dreihausen, unweit von Marburg a. d. Lahn –, in anderen Gegenden (Großmähren) noch früher. Die Koberner Rundkapelle wurde, vielleicht nach 1221 im Zusammenhang mit einem Erwerb der Matthiasreliquie, durch einen größeren Neubau in mittelrheinischen Formen ersetzt, der den größten Teil des Vorgängers unter entsprechendem Umbau als Altarraum beibehielt.

Es gibt freilich gegenüber dieser Auffassung auch einige Bedenken. Ungewöhnlich erscheint, daß die zur Apsis gewordene ursprüngliche Rundkapelle ihrerseits keine Apsis besessen hätte. Sieht man von kreisförmigen Bauten ab, bei denen der Altar in einer Wandnische zu stehen kam, so bildet Untermann nur zwei anscheinend reine Rundkirchen ab, nämlich die von Ludwig dem Frommen um 815 gestiftete Marienrotunde in Hildesheim[21] und den Grundriß der ehemaligen Pfarrkirche von Hausbach bei Vilshofen[22]. Zu erwägen ist ferner, daß das Gewölbe in seiner jetzigen Form nicht gleichmäßig über den Raum verteilt ist; es müßte beim Anschluß des Hexagons umgebaut oder gar

7. Kobern, Matthiaskapelle. Blick aus dem Hexagon in den Chor

völlig neu eingefügt worden sein. Und schließlich ist die mögliche früheste Datierung an Hand der Detailform der Dreibogen-Fenster zu vergleichen. Doch bleibt die Feststellung, daß der *wormsische* Anteil am Chor der Matthiaskapelle deutlich frühere Züge aufweist als der rheinisch-spätestromanische Charakter des Hexagons.

Neueste Ergebnisse: Anläßlich der Restaurierung der Jahre 1993 bis 1994 wurden in der Apsis bis zum Triumphbogen hin die unteren Mauerschichten entputzt. Bei der anläßlich der Tagung erfolgenden Besichtigung ließ sich feststellen, daß im Inneren des Chores auf der Südseite keine Baufuge existiert und auf der Nordseite zumindest nichts darauf hinweist, daß eine solche existiere oder existiert hätte. Der enge Winkel des Maueranschlusses auf der Außenseite gestattet keine ganz eindeutigen Feststellungen; gleichzeitige Entstehung der beiden so heterogenen Teile, Anschluß des Hexagons an einen bereits vorhandenen

Rundbau, oder aber die gegenteilige Baufolge – nichts erscheint hier von vornherein als gänzlich unmöglich. Nur durch ein Aufstemmen des Mauerwerks würde man ein eindeutiges Bild gewinnen können. Will man aber nicht annehmen, daß die Koberner Apsis ursprünglich mit einem riesigen offenen Bogen im Westen frei gestanden hätte, so muß man sich damit abfinden, daß zwischen diesem Bogen – der einen westlich anschließenden Baukörper voraussetzt – und der Apsis selbst keine Baufuge zu erkennen ist.

2. DIE SCHLOSSKAPELLE HEINRICHS DES BÄRTIGEN IN LIEGNITZ

Im Jahre 1201 kam in Niederschlesien Herzog Heinrich I., der Bärtige, zur Regierung (bis 1238). Seine Gemahlin Hedwig stammte aus dem damals hochangesehenen Herzogshause Andechs-Meranien[23]. Gleich nach dem Regierungsantritt ihres Gemahls gründete Hedwig, die später heiliggesprochene Patronin Schlesiens und Tante der hl. Elisabeth, ein Kloster in Trebnitz, in das sie Zisterzienserinnen aus St. Theodor in Bamberg[24] berief (1202/03). Die Krypta war spätestens 1214 fertig, wahrscheinlich schon früher; die feierliche Weihe von 1219 betraf nach Rozpędowski bereits den gesamten Bau. Die Krypta zeichnet sich durch einen hängenden Schlußstein aus (Abb. 8); solche Schlußsteine kennen wir in breiterer Verwendung in der spätromanischen Baukunst des Mittel- und Niederrheins (Köln, St. Pantaleon, Kapitelsaal, um 1216; Köln, St. Severin, Apsisnische, vor 1237; Bacharach, St. Peter, Seitenschiffe, von der Forschung ins zweite Viertel des 13. Jahrhunderts datiert).

Eine bedeutende Burganlage läßt sich in Liegnitz bereits für die Zeit um 1000 nachweisen; sie hatte ovale Grundform und maß rund 120 m in der Längsachse. Später schloß man einen kleinen Burgwall im Osten daran an. Hier wird 1149 die St. Benedikt-Kapelle erwähnt. Als weiteres Patrozinium erscheint noch vor 1201 das des hl. Laurentius. 1253 wird die Kapelle mit beiden Patrozinien genannt; aus einer Urkunde von 1409 geht hervor, daß es sich bei der Kapelle St. Laurentius um die Schloßkapelle handelte[25]. Rozpędowski weist darauf hin, daß die Hedwigs-Vita in der Fassung von Baumgarten (1504) erwähnt, daß in der Kapelle St. Benedikt unter der Kapelle St.

8. Trebnitz, Zisterzienserinnenkirche. Kryptengewölbe, 1214

Laurentius auf dem Schlosse Liegnitz ein Kruzifix aufbewahrt werde, vor dem St. Hedwig gebetet habe[26]. Schon im 12. Jahrhundert gehörte Liegnitz zu den Hauptresidenzen Schlesiens, vielleicht war es sogar der zentrale Regierungssitz Heinrichs I. Hier erbaute der Herzog eine Pfalz mit Ringmauer, Palas und Schloßkapelle; diese Burg[27] erlebte umfängliche Ausbauten, Änderungen und Restaurierungen namentlich in der Spätgotik, in der Renaissance, im 19. Jahrhundert und nach den Kriegszerstörungen von 1945[28].

Durch Untersuchungen konnten 1958 bis 1964 die ältesten, spätromanischen Teile der Burg bestimmt werden: die drei Wehrtürme (Peters-, Hedwigs- und Lübener Turm), die Nordmauer, die aus Erde und Holz gebauten Wälle, der Palas und die Kapelle (Abb. 9). Das Hauptgebäude Heinrichs war ein langgestreckter Baukörper an der Südfront des Burgareals, der Palas. Er erhielt in der Renaissance eine neue Gestalt[29] und wurde vor allem nach einem Brand des Jahres 1835 für die Zwecke der preußischen Verwaltung umgestaltet[30]. 1945 brannte er aus. Bei den nachfolgenden Untersuchungen ergab sich, daß dieses »Regierungsgebäude« in erheblichem Umfange, bis hinauf zum dritten Geschoß, noch das Palatium Heinrichs I. war.

1621 war die Schloßkapelle abgebrochen worden[31], doch ist sie auf einem Kupferstich von Braun und Hogenberg (um 1560/80) zu sehen[32]. Der kleine Bau ragt mit Zeltdach und Laterne über einen westlichen Quertrakt hinaus. Seine ursprüngliche Position konnte danach bestimmt und im Jahre 1963 ergraben werden[33]. Außer einem Teil der Fundamente fand man Pfeiler- und Säulenbasen in situ, des weiteren eine Reihe von Pfeilerquadern und einige zum Teil hervorragend erhaltene Stücke des originalen Bauschmucks[34]: Fries-, Gesims- und Archivoltenstücke, Kapitelle, Rippenprofile und hängende Schlußsteine (Abb. 10). Auf Grund dieser Funde konnte Rozpędowski

10. Liegnitz, Schloßkapelle. Hängender Schlußstein

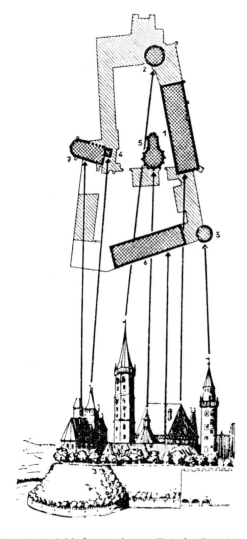

9. Liegnitz, Schloß. Ansicht zur Zeit der Renaissance, nach dem Stich von Braun und Hogenberg, von J. Rozpędowski auf den Grundriß übertrtagen. 1 – Palais, 2 – Petersturm, 3 – Hedwigsturm, 4 – Lübener Torturm?, 5 – Kapelle Heinrichs I., 6 – Wirtschaftsgebäude, 7 – Bastion

eine zeichnerische Rekonstruktion des Gebäudes erstellen; mit den Fundstücken gelang es überdies, einen Teil der zentralen Pfeiler wieder aufzumauern (Abb. 11). 1976 bis 1978 wurde im Zusammenhang damit ein Schutzpavillon über den Ausgrabungen und rekonstruierten Teilen errichtet.

Die Schloßkapelle in Liegnitz war ein sechseckiger Zentralraum mit Umgang, im Querschnitt basilikal. Die Zahl der Umgangsseiten ist zur Zwölfzahl verdoppelt. Den Umgang rekonstruiert Rozpędowski zweigeschossig; eine Gegenthese, nach der er nur eingeschossig gewesen sei[35], widerlegt er mit Hinweis auf die oben zitierte Stelle in der Hedwigs-Vita[36]. Es geht daraus hervor, daß die Oberkapelle dem hl. Laurentius, die Unterkapelle dem hl. Benedikt geweiht war. Der anschließende Altarraum war quadratisch mit eingezogenem kleinem Vorchor und nochmals eingezogener Apsis, die nach außen polygonal schloß[37] (Abb. 12).

11. Liegnitz, Schloßkapelle. Zentralraum mit wiederaufgerichteten Pfeilern, von Süden (Zustand 1987)

12. Liegnitz, Schloßkapelle. Apsis von Südwesten, aufgehendes Mauerwerk in geringen Teilen rekonstruiert (Zustand 1994)

Erhalten haben sich Fundament und Basis eines mittleren Trennpfeilers unter dem Chorbogen sowie das Fundament des Altars in der Apsis. Rozpędowski vermutet, daß das Presbyterium nur eingeschossig gewesen sei; indessen halte ich das für unwahrscheinlich. Der Laurentius-Altar in der Oberkapelle wird doch eher in senkrechter Achse über dem ergrabenen Benedikt-Altar gestanden haben. Vermutlich war die Oberkapelle durch eine Holzbrücke mit dem Wohngeschoß des Palas verbunden.

Der Umgang war außen von eng anliegenden Strebepfeilern an allen Ecken umgeben; für die Apsis wird eine Folge von vier Halbsäulen angenommen[38]. Die kräftigen Pfeiler des Mittelraumes laufen nach innen konisch zu; sie folgen an ihren Stirnseiten dem sechseckigen Grundriß, sind also außen vorgekantet und innen eingewinkelt. Für den Umgang ergibt sich folgende Gewölberekonstruktion: Alle Winkel des Umganges waren mit fünfteiligen Dienstbündeln (mit je einem durchgehenden Schaftring) besetzt, von deren Kapitellen aus Gurtbögen zur Mitte führten; sie endeten dort auf längeren oder kürzeren Konsolgruppen, die entweder über der Pfeilerkante oder über der Bogenmitte angebracht waren. Diagonalrippen verbanden die Kapitell- und Konsolgruppen in Kreuzform miteinander. Sowohl die Schlußsteine der Diagonalkreuzungen als auch diejenigen der leicht zugespitzten Gurtbögen hatten Schlußsteine von z. T. erheblichem Ausmaß, die an herabgebogenen Rippen hingen (Abb. 13).

Rozpędowski identifiziert die Werkstatt, welche die Schloßkapelle ausführte, vermutungsweise mit derjenigen von Trebnitz. Hierfür scheint Walicki einen überzeugenden Formvergleich zu bieten, allein das abgebildete angebliche Fundstück aus der Schloßkapelle ist in Wirklichkeit nur eine andere *Foto-Aufnahme* des Sturzes unter dem berühmten Davids-Tympanon von Trebnitz[39]. Gleichwohl kann ein Zusammenhang der Werkstätten angenommen werden. Auf jeden Fall treffen wir bei beiden Bauten hängende Schlußsteine an, dieses bereits mehrfach erwähnte rheinische Motiv. Einer der einfacheren Liegnitzer Schlußsteine ist denn auch mit dem Trebnitzer Kryptenschlußstein verwandt[40].

Zu Recht geht Rozpędowski davon aus, daß die Liegnitzer Disposition wie die vieler anderer Burg- und Schloßkapellen letztlich auf die Pfalzkapelle Karls des Großen in Aachen zurückweist. Insbesondere ist es die Verdoppelung der Seitenzahl des Umganges, die Liegnitz mit Aachen verbindet; daß im einen Falle die Zahlen 8 und 16, im anderen 6 und 12 lauten, ist dabei nicht wesentlich. Doch sucht Rozpędowski nach näher gelegenen Vorbildern; er glaubt sie in der französischen Baukunst zu finden und nennt besonders die Templerkapelle in Paris: ein Hinweis, den Marian Kutzner noch unterstrichen hat[41]. Es läßt sich freilich bereits seit den romantischen Anfängen der Kunstgeschichte im 19. Jahrhundert ein Gedanke über lange Zeit hin verfolgen: die Verbindung von Zentralgrundrissen mit den Templern[42]. In der Tat haben diese in Anlehnung an die Grabeskirche in Jerusalem Zentralbauten mit Umgang errichtet, wie es ja die genannten englischen und französischen Beispiele zeigen, wie es aber auch von anderen, nicht templerischen Bauten her bekannt ist (man denke nur

13. Liegnitz, Schloßkapelle. Inneres, Umgang, Rekonstruktion nach Rozpędowski

an die karolingisch-ottonische Michaelskapelle in Fulda). Ebenso gibt es bei den Templern durchaus Bauten von anderem Grundrißcharakter[43].

Dagegen hat Ursula Zänker-Lehfeldt Liegnitz zusammen mit Kobern in einen »Turm-Baldachintyp«[44] mittelalterlicher Reliquienkapellen eingeordnet[45], wobei sie als weitere enge Verwandte die Burgkapelle von Vianden (Abb. 14) sowie die Heilig-Grab-Kirchen von Tomar in Portugal und von Segovia nennt. Letztere gehören indes mit anderen Heilig-Grab-Kirchen in einen anderen Zusammenhang, wie Untermann gezeigt hat[46]. Doch hat sich Andrzej Grzybkowski an die Vorstellungen Zänker-Lehfeldts angeschlossen, wobei er zwar Kobern als den Liegnitz typologisch am nächsten stehenden Bau bezeichnet, aber, nachdem er die innere »sechseckige Säulenstellung« in Liegnitz von Vianden hergeleitet hat, bemerkt, daß die Liegnitzer Kapelle »als Reliquiengehäuse nach dem Vorbild der zeitgenössischen rheinischen Baukunst gedacht« gewesen sei, »wobei ein Einfluß iberischer Templerkapellen denkbar« sei[47].

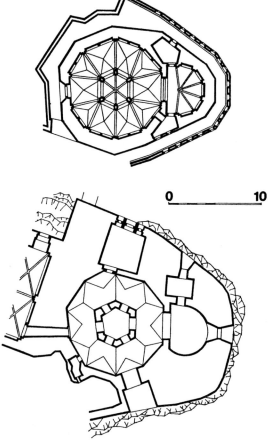

14. Vianden, Schloßkapelle. Grundrisse von Ober- und Erdgeschoß

Ungewöhnlich ist die Anordnung eines Mittelpfeilers am Choreingang; Rozpędowski kennt nur zwei weitere Beispiele: die Ägidiuskirche in Breslau und die Templerkapelle in Paris. In Paris und Liegnitz geht diese Anordnung auf den Umstand zurück, daß die Verdoppelung der Umgangsseiten (6:12 bzw. 8:16) bei der jeweils vorgesehenen Gewölbekonstruktion (unterschiedlichen Charakters) eine Gewölbestütze in der Mittelachse erforderlich machte.

3. Liegnitz und Kobern – ein Zusammenhang?

Welche Möglichkeiten gibt es nun, die ungewöhnliche Form der Liegnitzer Schloßkapelle herzulei-

ten und zu deuten? An erster Stelle ist wohl festzuhalten: Diese Kapelle gehört als, soweit wir wissen, einziger Kirchenbau unmittelbar zur Liegnitzer Burg und war demnach die Burg- bzw. Schloßkapelle[48]. Ausschlaggebender Vorbildbau für mittelalterliche und selbst noch nachmittelalterliche Herrschaftskapellen war aber die Aachener Pfalzkapelle Karls des Großen. Wenngleich (selbstverständlich) keineswegs für alle, vielleicht nicht einmal für die Mehrzahl derartiger Bauaufgaben bewußt auf Aachen zurückgegriffen worden ist, muß diese Möglichkeit doch stets in Betracht gezogen werden. Die mögliche Ähnlichkeit mit anderen Bautypen entbindet nicht von der Auseinandersetzung mit diesem Thema. Die Grundanlage ist zunächst einmal die gleiche: ein vieleckiger Zentralraum mit einem Umgang aus der doppelten Seitenzahl, dazu eine Erweiterung nach Osten für den Altar. Anders ist in Liegnitz die eng geschlossene Gestalt des Zentralraums, in dessen Untergeschoß verhältnismäßig niedrige und schmale Öffnungen führten im Vergleich zum räumlichen Umfang des Umganges selbst.

Worauf aber ist die Wahl des Sechsecks in Liegnitz zurückzuführen? Zwar meint Rozpędowski[49], daß es für diese Form als eine der einfachsten geometrischen Figuren keiner Analogie bedürfe, doch kann ich mich dieser Annahme nicht anschließen. Gerade die relative Seltenheit der sechsteiligen Form veranlaßt dazu, nach Zusammenhängen zu suchen.

Sechseckig mit zwölfeckigem Umgang sind bzw. waren die Marienkirche in Centula (799 geweiht) und eine Kapelle unter der Servatiuskirche in Maastricht (frühmittelalterlich) sowie St. Peter zu Wimpfen im Tal (jetzt meist in die Mitte des 11. Jahrhunderts datiert)[50]. Eine sechsteilige Rotunde war die Templerkapelle in Paris; auch das Zentrum der Templerkirche in London war als sechsteilige Rotunde gestaltet[51]. Aber wenn auch Niederlassungen des Templerordens in Schlesien in die Zeit Heinrichs I. fallen, gibt es hier doch keinen Hinweis auf nähere Zusammenhänge zwischen dem Orden und dem Bau der Liegnitzer Schloßkapelle.

Mehrfach ist eine Anlehnung des Liegnitzer Baues an Heilig-Grab-Kirchen erörtert worden. Genannt werden vor allem die Kirche in Segovia (Spanien) und die Templerkirche in Tomar (Portugal)[52]. In beiden Fällen ist der Zentralraum weitgehend vom Umgang isoliert. In Segovia wirkt die

15. Vianden, Schloßkapelle. Oberkirche, Inneres gegen Westen

Heilig-Grab-Kapelle in der Mitte wie ein fremdartiger Einbau, aber auch in Tomar gewinnt man den Eindruck einer weitgehend selbständigen Zentralarchitektur. Zänker-Lehfeldt hat diesen Typus als »Turm-Baldachin-Typus« bezeichnet (richtig wäre »Turm-Ziborien-Typus«)[44] und weitere Beispiele dafür aufgeführt. In beiden Fällen senkt sich das Umgangsgewölbe zur Mitte wieder herab und wirkt auch dadurch isolierend. War der Eindruck in Liegnitz ähnlich? Man müßte eine Verdoppelung der Skizze Rozpędowskis mit dem dabei noch fehlenden Mittelstück zeichnen. Jedenfalls rechnet Rozpędowski nach den vorhandenen Maßen und Fundstücken mit einem ziemlich hohen Umgang bei vergleichsweise kleinen Durchgangsöffnungen in den Zentralraum.

Doch wenn Grzybkowski die Liegnitzer Kapelle als einen entsprechenden Ziborien-Turmbau[53] ansieht, als ein »monumentales Reliquiar«[54], so benötigt er dafür Reliquien und einen Altar, der in der Mitte des Gebäudes gestanden haben müßte. Spuren eines derartigen Altares sind aber in Liegnitz nicht gefunden worden. Und so kommt Grzybkowski auf den Gedanken, es könnten Reli-

quien – entweder solche der Titelheiligen oder aber Reliquien, welche die hl. Hedwig in Liegnitz deponiert hätte – in den Wänden der Kapelle beigesetzt gewesen sein[55]. Dies ist indes eine reine Hypothese, und ob sie ausreicht, die Form der Liegnitzer Schloßkapelle zu erklären, muß bezweifelt werden.

Es bleibt als Element, das wir noch nicht abschließend besprochen haben, die Sechseckform des Kapellenzentrums. Sechseckig ist auch die Burgkapelle von Vianden[56]. Sie hat ebenfalls einen Umgang in erhöhter Flächenzahl; aber durch ein kompliziertes System sind es hier zehn Umgangsseiten auf die sechs Seiten des inneren Hexagons. Eine solche Anlage finden wir bereits in Benevent in der vor 768 geweihten Kirche S. Sofia. Doch sind die Gewölbeformen nicht unmittelbar zu vergleichen. Der Bau in Vianden ist eine Doppelkapelle, deren vielleicht älterer[57] Unterbau wenig differenziert ist, während die Oberkapelle eine sehr steile Halle bildet. Heute tragen Säulenbündel mit Schaftringen die zwischen runden Gurten sitzenden gratigen Kreuz- und Dreiecksgewölbe[58]. Der Bauschmuck ist äußerst zurückhaltend. In

43

Vianden spielt für den Oberraum die Unterkirche gar keine Rolle (Abb. 15), während in Liegnitz der Umgang des Erdgeschosses räumlich sehr ausgeprägt erscheint; eine engere Beziehung ist kaum gegeben[59].

Und so richtet sich der Blick von Liegnitz aus auf *Kobern*. Hier entspricht zwar die Zahl der Umgangsseiten derjenigen des Mittelraumes (6:6 statt 6:12), aber – davon abgesehen – stehen sich beide Bauten wohl näher.

Zunächst im Querschnitt, der basilikal ist mit engem Mittelraum. Vor allem die Proportionen der Grundrisse sind vergleichbar – in Kobern ca. 16,15 m im äußeren Durchmesser zu 4,35 m im Lichten des Mittelraumes, in Liegnitz ca. 12 m zu ca. 2,5 im Lichten, wobei allerdings die Pfeiler weit in diesen hinein vorspringen[60]. Daß der Chorschluß anders aussieht, ist in Kobern ohne weiteres durch die Übernahme des älteren Rundbaues zu erklären[61].

Die ganz eigenwillige Gewölbeform des Koberner Umganges findet in Liegnitz keine Parallele. Die Bauornamentik stimmt nicht überein; insbesondere das auffälligste Element des Liegnitzer Bauschmucks, die hängenden Schlußsteine, treffen wir in Kobern nicht an. Sie kommen in diesem Reichtum selbst im Rheinland nirgends vor, sind

aber doch wohl nur als von dorther angeregt zu denken. Die Beziehungen von Liegnitz zum Rheinland scheinen also deutlich; es müssen dabei nicht *unmittelbare* Beziehungen zu Kobern gewesen sein.

Geht man von den uns bekannten Tatsachen aus, so ist festzuhalten: Keine der drei Kapellen – Kobern, Liegnitz und Vianden – hatte einen zentralen Altar zur Aufbewahrung von Reliquien[62]. Mag auch die Gestaltbildung des Mittelraumes zu Vergleichen mit Heilig-Grab-Kirchen wie Segovia und Tomar anregen, nachweisbar ist dergleichen bei unseren drei Bauten nicht. Nur eines steht fest: In allen drei Fällen handelt es sich um Burgkapellen. Gerade diejenige Anlage, bei der am ehesten an ein Reliquienzentrum zu denken wäre, Kobern, hat den einheitlichsten, am stärksten durchlichteten Raum; gerade Liegnitz (Abb. 16), wo die unverzichtbare Funktion als Schloßkapelle am eindeutigsten ist, weist die vergleichsweise größere Ähnlichkeit zu den »Turm-Ziborien« auf, wie Zänker-Lehfeldt sie definiert hat[63]. Für die tatsächliche Herleitung der drei Kapellen aus dem »Turm-Ziborien-Typ« fehlen aber echte Hinweise. Vergessen wir auch nicht, daß die Errichtung der Koberner Kapelle für das Haupt des Apostels Matthias zwar wahrscheinlich, aber

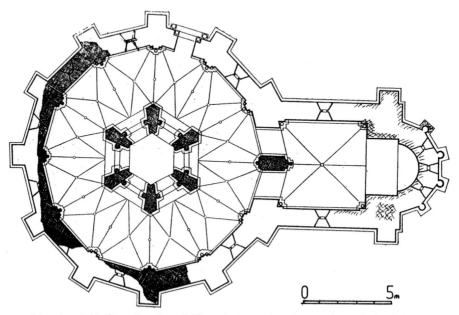

16. Liegnitz, Schloßkapelle. Grundriß nach Rozpędowski (Grabungsbefund der Apsis nach Augenschein hinzugefügt)

nicht gesichert ist[64]. Das Matthias-Patrozinium ist, wenn ich recht sehe, erst 1362 bezeugt[65]; damals befand sich die Reliquie seit mehr als einem halben Jahrhundert in der Niederburg. Wann und woher sie nach Kobern gekommen ist, wissen wir nicht; kam sie überhaupt, wie die Forschung seit jeher annimmt, aus dem Heiligen Land, oder kam sie vielleicht aus dem Ort, wo sich die übrigen Matthias-Reliquien befanden, kam sie aus *Trier*? Es ist eine lange Kette von ersten Hypothesen eines »es könnte vielleicht« über »vermutlich«, »wahrscheinlich«, »offenbar« bis zu einem »gewiß«, von einer ersten Hypothese bis zu einer scheinbar gesicherten Tatsache.

Hängen denn die genannten drei Bauten überhaupt so eng zusammen, wie es die Forschung[66] durch ihre Vergleiche suggeriert? Darf man, wie es immer wieder geschieht, die Beziehungen so direkt sehen, als habe gerade Kobern auf Vianden, Kobern auf Liegnitz, vielleicht gar Vianden auf Liegnitz gewirkt? Sind doch überhaupt die Unterschiede zwischen Vianden und Kobern so groß[67], daß mir ein engerer Zusammenhang nicht nahezuliegen scheint. Müssen wir nicht vielmehr mit einer Vielzahl von einstigen Schloßkapellen im Raum von Rhein, Maas, Mosel und unterer Lahn rechnen, von denen so manche mit einzelnen dieser drei erhaltenen bzw. ergrabenen Kapellen in engerer Beziehung gestanden haben könnten? Wären statt dieser *zwei* rheinischen Burgkapellen mit zentralem Grundriß deren zehn erhalten – und warum sollte es nicht so viele gegeben haben? –, so würde man vielleicht keinen Anlaß mehr sehen, gerade diese beiden Burgkapellen miteinander zu vergleichen. Es ist doch nur der Zufall der Erhaltung, der uns diese Vergleiche ermöglicht, der »Zufall« der Zerstörung, der uns andere Vergleiche unmöglich macht.

Bescheiden wir uns also. Im Ergebnis halte ich es für wahrscheinlich, daß die Schloßkapelle von Liegnitz auf rheinische Anregungen zurückgeht, vielleicht sogar auf ein bestimmtes (verlorenes) Vorbild, dem auch Kobern verpflichtet sein könnte. Anregungen eines solchen Vorbildes könnten sich mit weiteren Bau- und Formgedanken aus dem Rheinland, aber auch aus anderen Gegenden (Frankreich, Lothringen, Oberitalien, Sachsen, Schlesien, Polen?) zu einem Neuen von besonderer Gestaltungskraft verbunden haben, wie sie an den Resten in Liegnitz noch erkennbar ist. Die nächste Verwandte der Liegnitzer Schloßkapelle aber, die wir *kennen*, steht in Kobern.

Und so schließt sich der Kreis. Nicht ohne Bewegung habe ich die Gelegenheit wahrgenommen, mit diesem Referat über ein schlesisches Bauwerk von hohem Rang an einen Ort zurückzukehren, der mit am Anfang meiner wissenschaftlichen Laufbahn gestanden hat.

4. Nachtrag

Auf der Koberner Tagung hielt am folgenden Tage (20.3.94) Dankwart Leistikow einen Vortrag über Burgkapellen in Syrien und Palästina (siehe an anderer Stelle dieses Bandes). Hierin wies Leistikow nicht nur das Vorkommen von Prothesis und Diakonikon bei verschiedenen Burgkapellen der Ritterorden in dem behandelten Gebiet nach, sondern stellte auch fest, daß sich eine gleichartige Anlage in *Vianden* findet. Eine direkte Einwirkung vom Orient auf Vianden kann also wohl angenommen werden. Die Bedeutung der Kreuzfahrer-Baukunst für die Architektur in ihrer Heimat findet damit einen weiteren Beleg. Vergleichbar wirkt etwa die Apsisanlage von Qalaat Marqab (Markab).

Im Anschluß an die Tagung erläuterte mir Prof. Kutzner einige seiner Bedenken, die er nach wie vor den Thesen Rozpędowskis gegenüber hat. Er nimmt an, daß sich im Palas von Liegnitz selbst ebenfalls eine Kapelle befunden habe, worauf auch die Nennung zweier Patrozinien zurückzuführen sei (hier ist allerdings einzuwenden, daß die Baumgartensche Hedwigs-Vita ja von den zwei Kapellen übereinander ausdrücklich berichtet). Die von Lutsch veröffentlichten plastischen Elemente, die heute zum Teil der Schloßkapelle zugeschrieben werden, stammten nicht von ihr, sondern vom Heiligen Grab. Zu Kobern äußerte Herr Kutzner den bemerkenswerten Gedanken, die Kapelle könne sowohl ein Denkmal für eine Reise ins Heilige Land darstellen als auch einen Ersatz für eine dorthin *nicht* durchgeführte Reise.

45

1 Institut für Baugeschichte der Universität Karlsruhe, Materialien zu Bauforschung und Baugeschichte, 2: *Rheidt, Klaus/Wulf, Ulrike*: Die Matthias-Kapelle auf der Oberburg zu Kobern; *Borrmann, Michael*: Evangelische Friedenskirchen in Jauer und Schweidnitz, Karlsruhe 1991.

2 *Zänker-Lehfeldt, Ursula*: Die Matthias-Kapelle auf der Altenburg bei Kobern, Diss. Bonn 1968, Bonn 1970, hier S. 23.

3 Die Bezeichnung dieser Fensterform ist in der Literatur höchst unterschiedlich. Von altersher ist der Name »Kleeblattfenster« gebräuchlich, der aber unterschiedliche Deutungen zuläßt. *Marianne Kroh* (Die spätromanischen Fensterformen im Kichenbau des Rheinlandes, Diss. Mainz 1960) hat daher den Namen »Dreipaßfenster mit Schaft« gewählt (S. 20–30). – *Kubach, Hans Erich/Verbeek, Albert* (Romanische Baukunst an Rhein und Maas, Bd. 1–3 [Berlin 1976], hier S. 477–479; Bd. 4 [Berlin 1989], bes. S. 436–438) sprechen abweichend von »gestielten Dreipaßfenstern« (S. 832, zitiert nach Barbknecht Anm. 42). – *Monika Barbknecht* (Die Fensterformen im rheinisch-spätromanischen Kirchenbau, Köln 1986, hier S. 31) schlägt verschiedene Begriffs-Korrekturen vor und spricht hier von einem »dreipassigen Fächerfenster mit Schaft«.

4 Man kommt in Verlegenheit, wenn man nun die ganze Terminologie nach Barbknechts Vorgang ändern müßte: eine dreifache fächerförmige Dreipaßstellung?

5 Vgl. die Angaben bei *Zänker-Lehfeldt* (wie Anm. 2), S. 40.

6 *Dronke, Ernst/Lassaulx, Joh. Claudius von:* Die Matthias-Kapelle auf der oberen Burg bei Kobern an der Mosel, Koblenz 1837; *Rheidt* (wie Anm. 1), S. 8–21.

7 *Reichensperger, August*: Die Mathias-Kapelle zu Kobern, in: *Franz Bock*: Rheinlands Baudenkmale des Mittelalters, Köln um 1870, 5. Lief., 2; *Rheidt* (wie Anm. 1), S. 14–15. – Die zweite, ebenfalls erhebliche Restaurierung erfolgte 1840/41.

8 Zu deren Form vgl. *Wulf* (wie Anm. 1), S. 84, Anm. 115.

9 *Hundeshagen, B.*: »Die Kapelle der Templer zu Cobern 1818«, abgebildet in: *Hundeshagen, B.*: Einleitung und Übersicht der Encyklopädie des Bauwesens, Bonn 1820, S. 85 (zit. n. *Wulf*, S. 55, Anm. 6). Zur Bezeichnung als vermeintliche »Templerkapell« vgl. weiter unten; als Kleeblattfenster ohne Schaft nennt *Wulf* (S. 84, Anm. 115) Beispiele in Heimersheim und Trechtingshausen. Die Originalität der Fenster in Heimersheim wird allerdings von Barbknecht bezweifelt, für Trechtingshausen weist sie darauf hin, daß die Fenster wenigstens eine nach unten verlängerte Sohlbank haben (*Barbknecht* [wie Anm. 3], S. 118–120).

10 Die Reliquie gelangte im Anfang des 14. Jahrhunderts durch Heirat an die Grafen von Sayn – Johann von Sayn heiratete eine Tochter des 1301 gestorbenen letzten Herrn von Isenburg-Kobern –, und 1347/51 wurde die Herrschaft verkauft. In einem Brief von 1380 betont aber ein jüngerer Johann von Sayn, daß sich die Reliquie zu Lebzeiten und unter der Herrschaft seines Vaters auf der Niederburg befunden habe. Ein Zusammenhang zwischen dem Matthias-Haupt und der Matthias-Kapelle ist also zwar zu vermuten, aber – strenggenommen – nicht nachzuweisen. Auf Umwegen kam die Reliquie um 1420 (1422?) an den Dom nach Trier, das bereits die übrigen wertvollsten Mat-

thias-Reliquien hütete. Die Kunstdenkmäler der Rheinprovinz 16, III: Die Kunstdenkmäler des Landkreises Koblenz, bearb. v. *Hans Erich Kubach/Fritz Michel/Hermann Schnitzler*, Düsseldorf 1944, S. 203–229. – Das Datum 1422 bei *Schmoll gen. Eisenwerth, J. A.*: Die Mosel von der Quelle bis zum Rhein, München 1963, S. 77–79.

11 Nach Leo Sternberg hat »Heinrichs Vasall, der Burggraf von Isenburg, auch Heinrich mit Namen und nach seiner Angabe ein ›cruce signatus‹, eine Wallfahrt nach dem heiligen Grabe unternommen« (*Sternberg, Leo*: Der Dom zu Limburg, Limburg 1935, S. 52). Vielleicht liegt hier eine Verwechslung vor: Sternberg hielt den (zweiten) Bauherrn des Limburger Domes, Heinrich I. von Isenburg-Grenzau, auch für den Bauherrn von Kobern, so daß ihm der tatsächliche Koberner Bauherr, Heinrich I. von Isenburg-Kobern, als bloßer Untergebener des Erstgenannten erschienen sein mag. Es handelte sich indes um zwei unabhängige Linien aus derselben Familie.

12 MG.SS. VIII, S. 226–231: Ex Inventione et Miraculis S. Mathiae, hier S. 228, Sp. 1, Z. 9 ff.: »[...] beatum Mathiam apostolum a Judaea translatum [...]«; es ist keine Rede davon, daß ausgerechnet das Haupt des Apostels sich *nicht* bei diesen Reliquien befunden habe.

13 Es sei bemerkt, daß demnach nicht mehr Heinrich I. von Isenburg-Grenzau, sondern Emicho von Leiningen (1169–1211) als ursprünglicher Bauherr des Limburger Domes angesehen werden muß.

14 Ein Baubeginn 1194, als Erzbischof Johann von Trier Eigenkirchenherr wurde, oder gleich danach erscheint denkbar.

15 Unregelmäßigkeiten in der Bogenbreite finden sich verschiedentlich am Oberrhein, aber nicht in solch akzentuierter Form. Dagegen erinnern die engen Bögen an Motive der inneren Apsisgliederung der Liebfrauenkirche zu Andernach, Motive, die ihrerseits auf Kölner Anregungen zurückgehen, vgl. auch die vierten Turmgeschosse in Boppard.

16 Nach *Barbknecht* (wie Anm. 3), S. 32: »Fensteröffnung mit hochrechteckiger Fensterlichte, deren oberer Abschluß dreibogig gestaltet ist, wobei die seitlichen Bögen nicht über die Flucht der Leibung ausschwingen«. Da es für diese exakte Beschreibung einer abgekürzten Begriffsform bedarf, schlage ich hier – vorbehaltlich einer möglichen genaueren Terminlogie – die Bezeichnung Dreibogen-Fenster bzw. im entsprechenden Fall Dreibogen-Blende vor.

17 *Kroh* (wie Anm. 3), S. 28–29.

18 Soweit nicht bereits erwähnt, handelt es sich um die folgenden Arbeiten:
Arntz, L.: Bericht betreffend den Zustand und die Instandsetzung der St. Mathias Kapelle auf Burg Cobern, Ms. v. 21. Juni 1894 im Landeshauptarchiv Koblenz Abt. 441 Nr. 28417; *Dalman, Gustaf*: Das Grab Christi in Deutschland, Leipzig 1922, hier S. 71: Die Matthiaskapelle *könnte* der Grabeskirche nachgebildet sein; *Schürer, Oskar*: Romanische Doppelkapellen, Marburger Jb. f. Kunstwiss. 5, 1929, S. 99–192, hier S. 186–188; *Klein, Paul*: Die Andernacher Bauhütte, Bonn 1932; *Boniver, Denis*: Der Zentralraum, Stuttgart 1937, S. 72; *Dehio, Georg*: Hdb. d. Dt. Kunstdenkmäler: Rheinland-Pfalz – Saarland, München 1972; *Götz, Wolfgang*: Zentralbau und Zentralbautendenz in

der gotischen Architektur, Berlin 1968, S. 235–236; *Liessem, Udo*: Baugeschichtliche Beobachtungen an einigen stauferzeitlichen Burgen in der Region Koblenz, in: Burgen und Schlösser 18/1977, S. 36; *ders.*: Bemerkungen zur Bau- und Kunstgeschichte der Wehrbauten von Kobern-Gondorf, in: Kobern-Gondorf, von der Vergangenheit zur Gegenwart, Kobern-GF. 1980 (S. 129); *Stevens, Ulrich*: Burgkapellen im deutschen Sprachraum, Köln 1978, S. 347–348 u. a; *Untermann, Matthias*: Der Zentralbau im Mittelalter, Darmstadt 1989, S. 188, 160.

19 *Untermann* (wie vor), S. 188, 160; *Wulf* (wie Anm. 1), S. 68.

20 *Wulf* (wie Anm. 1), S. 68.

21 *Untermann* (wie Anm. 18), S. 167–168 – ein Quellheiligtum, dem später der Dom nach Westen hin angeschlossen wurde.

22 *Untermann* (wie Anm. 18), S. 26–27, Abb. 17–18: »wohl vor 1076«; *Dehio* Niederbayern 1988, S. 203: vor 1241 gegründet? Auch andere, von Untermann nicht erwähnte Rundkirchen haben eine Apsis (wie Untersuhl) oder zumindest eine Altarnische wie die Michaelskirche in Neustift bei Brixen (die von Untermann, S. 210 zwar kurz erwähnt, aber unrichtig beschrieben wird); andere Rundbauten ohne Apsis, die Untermann erwähnt bzw. abbildet, waren Nischenrotunden, die einer Apsis nicht bedurften; *Stevens* (wie. Anm. 18), S. 343–345 nennt einige Rundbauten, bei denen aber entweder die Verwendung als Kirche überhaupt oder aber diejenige als isolierte Rundkapelle nicht eindeutig nachweisbar scheint.

23 Nicht »Meran«, wie oft fälschlich zu lesen. »Meranien«, das Land am Meer (Istrien/Dalmatien), hat mit der tirolischen Hauptstadt Meran nicht das Geringste zu tun.

24 In Bamberg war soeben Hedwigs Bruder Ekbert zum Bischof gewählt worden (1203–37); *Rozpędowski, Jerzy*: Die Architektur der Zisterzienserinnenkirche in Trebnitz, in: Zeitschr. f. Ostforschg. 36, 1987, S. 161–173.

25 *Walicki, Michael*: Sztuka przedromańska i romańska do schyłku XIII wieku (Vorromanische und romanische Kunst in Polen bis zum Ende des 13. Jahrhunderts), Warschau 1971, S. 151–159, 380, 482–483 u. 725–726 (mit Grundrissen u. Abb.), hier S. 726.

26 *Rozpędowski, Jerzy*: Archäologische und architektonische Untersuchungen zur Geschichte des Piastenschlosses in Liegnitz, Manuskript 1990, Veröffentlichung in der »Zeitschr. f. Ostforschg.« beabsichtigt. Die große Legende der heiligen Frau Sankt Hedwig, geborene Fürstin von Meranien und Herzogin von Polen und Schlesien – Faksimile nach der Originalausgabe von Konrad Baumgarten, Breslau 1504 – Text und Bilddeutung v. *Joseph Gottschalk*, Wiesbaden 1963. Seite R.-Rv.: »[...] vor eynem geschnyttenn Crucifix [...] vnnd das // selbige Crewtze noch vorhalden wirdt uff dem schlosse Lygenitz In der Capelle sancti Benedicti / vnder der Capelle sancti Laurenti [...]«. – Die Ansicht von Rozpędowski wird auf Grund seines noch unveröffentlichten Manuskripts von Jacek Witkowski übernommen. *Witkowski, Jacek*: Zamek legnicki w średniowieczu (Das Liegnitzer Schloß im Mittelalter), in: Kultura artystyczna dawnej Legnicy, hrsg. v. *Jan Harasimowicz*, Oppeln 1991, S. 27–40, hier S. 33.

27 Frühe Darstellungen gehen auf die Hedwigslegende zurück: Nach der Schlacht auf der Wahlstatt erscheinen die Mongolen mit dem abgeschlagenen Haupt Heinrichs II. vor der Burg. Erste Darstellung 1353.

28 *Rozpędowski, Jerzy/Kaź(i)mierczyk, Józef*: Palatium w Legnicy (Die Pfalz in Liegnitz), in: Kwartalnik Architektury i Urbanistyki 6, 1961, S. 177–202 (mit dt. Zsfassung); *Rozpędowski, Jerzy*: Romańska kaplica w Legnicy (Die romanische Kapelle in Liegnitz), in: Biuletyn Historii Sztuki 26, 1964, S. 67–70; *Kaź(i)mierczyk, Józef*: Z badań wczesnośredniowiecznej Legnicy (Aus den Forschungen zum mittelalterlichen Liegnitz), in: Szkice Legnickie 3, 1966, S. 117–132; *Przyłęcki, Mirosław*: Prace konserwatorskie w Legnicy i powiecie legnickim w XX-leciu PRL (Denkmalpflegerische Arbeiten in Liegnitz und im Kreis Liegnitz zum 20jährigen Bestehen der Volksrepublik Polen), in: ebd., S. 41–63, hier S. 47–49; *Rozpędowski, Jerzy*: Zamek romański w Legnicy (Die romanische Burg in Liegnitz), in: Szkice Legnickie 6, 1971, S. 5–47; *Walicki* (wie Anm. 25): Bau- und Kunstdenkmäler des Deutschen Ostens, Bd. 1: *Grundmann, Günther*: Burgen, Schlösser und Gutshäuser in Schlesien, I: Die mittelalterlichen Burgruinen, Burgen und Wohntürme, bearb. v. *Dieter Großmann* u. Mitarb. v. *Hanna Nogossek*, Frankfurt a. M. 1982, hier S. 17–27 mit Abb. 14–25; Prace konserwatorskie na terenie województw jeleniogórskiego, legnickiego, wałbrzyskiego, wrocławskiego w latach 1974–1978 (Denkmalpflegerische Arbeiten in den Wojewodschaften Hirschberg, Liegnitz, Waldenburg und Breslau 1974–1978), Breslau etc. 1985, hier S. 73 u. Abb. 29.

29 Vgl. hierzu *Grundmann, Günther*: Burgen, Schlösser und Gutshäuser in Schlesien (wie vor), Bd. II.: Schlösser und feste Häuser der Renaissance, Würzburg 1987, S. 20–22.

30 Karl Friedrich Schinkel (Lebenswerk, Bd. 10): *Grundmann, Günther*: Schlesien, Berlin 1941, hier S. 241–246.

31 *Rozpędowski* 1971 (wie Anm. 28), S. 32. – Eine neue Schloßkapelle wurde erst nach dem Dreißigjährigen Kriege, bis 1658, erbaut (*Grundmann* [wie Anm. 28], II, 21).

32 *Braun, Georg/Hogenberg, Ferdinand*: Civitates orbis terrarum, Bd. 6, Köln 1618. – Die Zeichnung selbst ist eher angefertigt worden.

33 In deutscher Sprache erstmals kurz bekannt gemacht durch; *Zlat, Mieczysław*: Schlesische Kunst des Mittelalters in den polnischen Forschungen seit 1945, in: Kunst des Mittelalters in Sachsen (Festschrift Wolf Schubert), Weimar 1967, S. 158–178, hier S. 162–164.

34 Wenige Funde waren bereits 1898 in einem alten Brunnen im Schloßhofe gemacht worden: Freilichtsammlung der Steinbildnereien im Garten des Niederschlesischen Museums, in: Mitt. d. Geschichts- u. Altertumsvereins zu Liegnitz 10, 1924–25 (1926), S. 345.

35 Zuletzt *Grzybkowski, Andrzej*: Kaplica zamkowa w Legnicy (Die Schloßkapelle in Liegnitz), in: KAU 32, 1987, S. 65–89; *Grzybkowski, Andrzej*: Średniowieczne kaplice zamkowe Piastów śląskich (XII–XIV wiek) (Die mittelalterlichen Schloßkapellen der schlesischen Piasten [12.–14. Jahrhundert]), Warschau 1990, hier S. 25–67.

36 *Rozpędowski* Ms. (wie Anm. 26), S. 13, Bemerkung 6; *Grzybkowski* 1990 (wie vor), S. 32–33. Hier betont Grzybkowski, daß die Kapelle in Rozpędowskis Rekonstruktion gegenüber dem Palas viel zu hoch erscheine, während sie auf dem Stich von Braun und Hogenberg spürbar niedriger sei. Indes ist Grzybkowski nicht auf den

Umstand eingegangen, daß der Palas zur Zeit Heinrichs I. niedriger war als in der Renaissancezeit – mindestens um ein Fachwerkgeschoß –, so daß Rozpędowski also die richtigen Proportionen gewahrt hat.

37 So der jetzige Zustand, der anscheinend teilrekonstruiert ist, konkrete Angaben über den Ausgrabungsvorgang in der Apsis habe ich bisher nicht gefunden.

38 Die hier abgebildete Rekonstruktion von Rozpędowski geht von einer Eingeschossigkeit des Altarraumes aus, die aber zweifelhaft erscheint.

39 *Walicki* (wie Anm. 25), Abb. 609 u. 616.

40 *Walicki* (wie vor), Abb. 618 u. 622.

41 *Lambert, Elie*: L'architecture des Templiers, in: Bulletin Monumental 112, 1954, S. 7–60, hier S. 8–14; Rozpędowski (wie Anm. 28) 1961, S. 188; 1971, S. 41–45. – Noch konkreter betont von: *Kutzner, Marian*: Spoleczne uwarunkowania rozwoju śląskiej architektury w latach 1200–1330 (Die gesellschaftlichen Voraussetzungen für die Entwicklung der schlesischen Baukunst in den Jahren 1200–1330), in: Sztuka i ideologia XIII wieku, Breslau 1974, S. 205–279, hier S. 213.

42 So für Kobern sogar bereits in einer Pfarrvisitation 1656 (KDM Kobern [wie Anm. 10], S. 219).

43 *Untermann* (wie Anm. 18), S. 77–81.

44 *Zänker-Lehfeldt* (wie Anm. 2) verwendet zunächst den Ausdruck »Turm-Baldachin« (S. 67 ff.) und fügt dann die Begriffe »Turm« und »Ciborium« zu »Turm-Baldachin« zusammen (S. 87 ff., bes. S. 94). Gemeint ist aber nicht ein »Baldachin«, sondern tatsächlich ein »Ciborium«, nach der Definition von *Braun, Joseph*: Der christliche Altar, Bd. 2, 1924.

45 *Zänker-Lehfeldt* (wie vor), S. 7: »Der Bau wurde als Memorialkapelle für die Kopfreliquie des Apostels Matthias errichtet, die zu Anfang des 13. Jahrhunderts in der Besitz der Herren von Kobern gelangt war. Sie ist damit nicht nur Burgkapelle, sondern zugleich auch eine Reliquienkapelle bzw. eine Memorie« (keine Angabe in dieser apodiktisch vorgetragenen Einleitung des Buches ist indes quellenkundlich belegt).

46 *Untermann* (wie Anm. 18), S. 74, 76, 262.

47 *Grzybkowski* 1987 (wie Anm. 35), S. 88.

48 Ein im Bereich des Nordflügels festgestellter Bauteil mit halbrundem Abschluß, von Rozpędowski zunächst als Rest einer älteren Kapelle betrachtet, erwies sich bei näherer Untersuchung als spätmittelalterliche Bastion (*Rozpędowski* 1971 [wie Anm. 28], S. 32, Abb. S. 33). – Hier Abb. 9, Nr. 7.

49 *Rozpędowski* Ms. (wie Anm. 26), S. 11.

50 *Untermann* (wie Anm. 18), Abb. 24 mit S. 230, Abb. 13 u. 14, S. 23–25; *Grzybkowski* (wie Anm. 35), S. 37–38.

51 *Untermann* (wie vor), S. 78–80.

52 *Zänker-Lehfeldt* (wie Anm. 2), S. 67–76, Abb. 19–21; *Grzybkowski*, Kaplice Zamkowe (wie Anm. 35), S. 46 u. 45; *Untermann* (wie vor), S. 72–76.

53 Ich verbessere hier also den von Zänker-Lehfeldt ungenau geprägten Begriff.

54 *Grzybkowski* (wie Anm. 35), S. 52.

55 Beispiele einer solchen Reliquien-Beisetzung in Architekturteilen lassen sich von Bernwards Hildesheimer Michaeliskirche bis zu den Bauten Karls IV. in einigen markanten Fällen belegen.

56 *Zänker-Lehfeldt* (wie Anm. 2), S. 51–58; *Kubach/Verbeek* (wie Anm. 3), S. 1181–1185; *Stevens* (wie Anm. 18), S. 144–154.

57 *Koltz, Jean-Pierre*: Die Hofburg Vianden, in: Burgen und Schlösser 18, 1977, S. 13–28, hier S. 15–16. – Vgl. *Stevens* (wie vor), Anm. 426 auf S. 384.

58 Ursprünglich waren die Stützen aber Pfeilerkerne mit angelegten Halbsäulen; Stützen und Gewölbe, in früherer Zeit verlorengegangen, wurden im 19. Jahrhundert neu aufgeführt. So *Stevens* (wie vor), S. 148–149 mit Berufung auf *Koltz* (wie vor), S. 18–19.

59 In einem Teil der neueren Forschung wird die Viandener Kapelle auch näher an die Jahrhundertmitte gerückt, so daß sie auch zeitlich – entgegen Grzybkowski – nicht mehr als Vorbild für Liegnitz in Betracht käme.

60 Auch *Grzybkowski* (wie Anm. 35), S. 52 betont die Ähnlichkeit sowohl in den Proportionen als auch in den absoluten Ausmaßen.

61 Vgl. dazu die oben geäußerten Zweifel auf Grund des neu aufgedeckten Baubefundes.

62 Für Liegnitz *Grzybkowski* (wie Anm. 35), S. 51 mit Berufung auf eine Information *Rozpędowskis* (ebd., Anm. 101 u. Anm. 1); für Kobern zeigt *Zänker-Lehfeldt* (wie Anm. 2), S. 42 u. 85, daß kein Befund vorliegt; auch bei *Rheidt* und *Wulf* gibt es keine Hinweise auf ein Fundament eines ehemaligen Altars in der Mitte des Zentralbaus.

63 Ja, wäre die Kapelle als Memorie, als Martyrium für den in der Mongolenschlacht gefallenen Herzog Heinrich II. errichtet worden, dann wäre die Übernahme einer derartigen Symbolform wohl einleuchtend. Indes dies würde nicht nur dazu zwingen, den Bau der Kapelle spürbar später zu datieren, als das bisher geschehen ist; der Leichnam des Herzogs wurde ja auch nicht in Liegnitz beigesetzt, sondern in der Franziskanerkirche St. Jakob zu Breslau, und überdies ist Heinrich II. – merkwürdigerweise – niemals heilig gesprochen worden.

64 Gerade hier hätte man einen zwölfseitigen Umgang als Symbolform (zwölf Apostel) erwarten können.

65 KDM Kobern (wie Anm. 10), S. 219.

66 Untermann allerdings erwähnt eigentümlicherweise Liegnitz nicht.

67 *Kubach/Verbeek* (wie Anm. 10), Bd. 4, S. 436–437. Hier werden die Unterschiede so deutlich, daß es mir nicht ganz verständlich ist, wenn die Verfasser von einem »sehr ähnlichen Charakter« schreiben.

ABBILDUNGSNACHWEIS

Rheidt/Wulf: 7; Bildarchiv Marburg: 2, 3, 5, 15; Verfasser: 4, 6, 11, 12; J. G. Herder-Institut Marburg: 8; Rozpędowski: 9, 13, 16; Walicki: 10; Grzybkowski: 14.

Udo Liessem

Die Bauten des Deutschen Ordens in Koblenz bis zum Ende des 13. Jahrhunderts

Sehr schnell faßte der 1189/90 im Heiligen Land gegründete Deutsche Orden Fuß nördlich der Alpen[1]. Spätestens 1216, wahrscheinlich aber schon früher, ließ er sich auch in Koblenz nieder und übernahm dort – gemäß seines eigentlichen Auftrags – ein Hospital, und zwar das des Florinstiftes. Die Brüder konnten das Hospital aber nicht an alter Stelle weiterführen, da das Stift dort ein neues Refektorium baute[2]. Die Örtlichkeit, wo dann das Ordenshospital entstand, wird wohl direkt jener Bereich gewesen sein, der bis zur Auflösung der Koblenzer Niederlassung vom Deutschen Orden genutzt worden ist. Er liegt unmittelbar nördlich des Castorstifts, benachbart der Mündung der Mosel in den Rhein. Nach dem Orden erhielt diese Stelle im Laufe der Zeit den Namen ›Deutsches Eck‹.

Eine exakte Lagebezeichnung ist erst für 1249 überliefert: »sita super ripam Reni et Moselle«[3]. Die Koblenzer Komturei, die erste rheinische Gründung, gewann bald große Bedeutung: 1250 wurde ihr beispielsweise die Kommende Köln unterstellt, und im nämlichen Zeitraum erfolgte die Erhebung zur Ballei.

Die Gründung der Deutschordensniederlassung in Koblenz zu Beginn des 13. Jahrhunderts war, da sie innerhalb der Stadt erfolgte, nicht auf freiem Felde geschehen. Vielmehr plazierte sich der Orden inmitten eines Stadtviertels, das spätestens seit karolingischer Zeit aufgesiedelt worden war, was wahrscheinlich macht, daß der Deutsche Orden in ein Gebiet eingedrungen war, das bereits aufgeteilt und auch weitgehend bebaut gewesen war, so daß die Brüder wohl ältere Bauten übernommen haben werden[4]. Das bestätigt auch die Analyse des Baubefundes (s. u.). Allerdings ist eine diesbezügliche Untersuchung heute außerordentlich erschwert, wenn nicht unmöglich, da die Bauten im Zweiten Weltkrieg zerstört und undokumentiert in den 1950er Jahren abgerissen worden sind. Ferner sind für die Frühzeit der Koblenzer Deutschor-

densniederlassung fast keine Urkunden überliefert.

Die bauhistorische Literatur ist im entsprechenden Inventarband der Rheinprovinz, den Fritz Michel erarbeitet hat, zusammengefaßt, gibt aber nur den Erkenntnisstand der frühen dreißiger Jahren wieder[5]. Zum 800. Jubiläum des Deutschen Ordens (1990) hat der Verfasser versucht, die Baugeschichte der Koblenzer Ballei nachzuvollziehen, wobei durch Neuinterpretation der spärlichen Quellen, durch Untersuchung der Minimalbefunde und durch die Zuhilfenahme neuer Erkenntnisse zum hochmittelalterlichen Profanbau am Mittelrhein, einige neue Erkenntnisse dargelegt werden konnten[6].

Wenn jetzt nochmals auf dieses Thema eingegangen wird, dann deshalb, weil der Komturbau – der Rheinbau – anläßlich eines totalen Umbaus zu einem Museum für zeitgenössische Kunst neue Einsichten gebracht hat[7].

Das Areal, das der Orden für seine Niederlassung in Koblenz beansprucht hatte, wurde stetig erweitert und erreichte um 1318 seine endliche Größe. Der Bereich wurde im Süden durch den Stiftsbezirk von St. Castor, im Osten durch den Rhein, im Norden durch die Mosel und im Westen durch die Randbebauung des Castorhofes begrenzt. Von diesen Bauten hat sich lediglich die Ostwand eines quadratischen Hauses erhalten, 1318 als ›domus lapidea‹ erwähnt[8]. Die Wand öffnet sich mit einem gekuppelten Rundbogenfenster zum Ordensbezirk, was darauf hinweist, daß das Gebäude älter sein wird als die Niederlassung der Deutschherren, denn jene hätten sicher das sich zu ihnen öffnende Fenster zu verhindern gewußt, so wie sie es 1298 hatten durchsetzen können. Das Castorstift versicherte in diesem Jahr, daß bei einem direkt neben der Ballei zu errichtendem Gebäude »keine Fenster nach dem Grundstück der Deutschherren« angelegt werden würden[9].

Einer Rekonstruktion des Baubestandes der

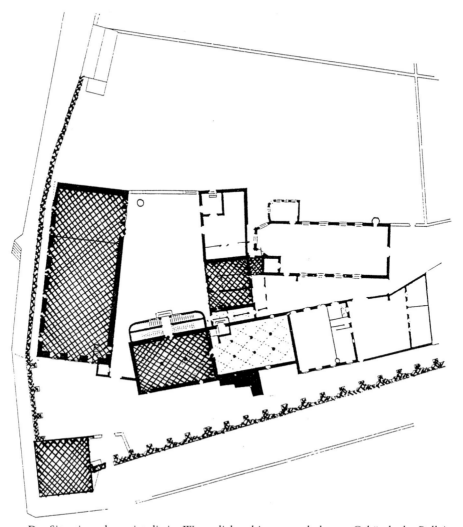

1. Der Situationsplan zeigt die im Wesentlichen bis 1944 erhaltenen Gebäude der Ballei. Durch Kreuzschraffur werden die im Text behandelten Bauten des späten 12. und des 13. Jahrhunderts herausgehoben

Deutschordensballei im 13. Jahrhundert sind durch die mangelhafte Befund- und Urkundenlage enge Grenzen gesetzt, so daß das Vorhaben nur als eine Annäherung verstanden werden darf. – Vom Hospital, das die ureigenste Aufgabe des Ordens widerspiegelte, ist oberirdisch nichts mehr erhalten. Es wurde abgebrochen, damit hier die sogenannte ›Trotzenburg‹ errichtet werden konnte (wohl erste Hälfte 14. Jahrhundert)[10]. Da diese lediglich einen gestampften Lehmestrich als Boden hat, würde dort eine Grabung wichtige Aufschlüsse zur Frühgeschichte des Deutschen Ordens im Rheinland bringen.

Nach heutigem Kenntnisstand war der erste vom Orden selbst errichtete Bau – sieht man vom Hospital ab – die Kapelle. Nach den spärlichen Grabungsnotizen von Franz Michel und einem dürftigen Plan ist sie als ein längsrechteckiger Bau von rund 15 × 11 m Außenmaß zu rekonstruieren. Nach Osten war eine halbrunde eingezogene Apsis vorgelegt[11]. Drei von vier anzunehmenden Pfeilerfundamenten sind nachzuweisen und lassen einen dreischiffigen, neunjochigen Baukörper erkennen. Es ist unklar, ob es sich hierbei um eine Kleinbasilika oder eine Halle handelte. Letztere dürfte wahrscheinlich sein, zumal, wenn der Koblenzer

Bau mit der etwa gleichalten Deutschordenskapelle in (Bonn-)Ramersdorf verglichen wird[12]. Dieser reich ausgeführte Sakralbau stellt bei einer wesentlich kleineren Grundfläche von 14,2 × 7,7 m eine dreischiffige Halle dar, die sogar über drei Apsiden verfügt. Die Koblenzer Kapelle wird 1251 und nochmals 1281 erwähnt. Bald nach 1300 mußte sie einem wesentlich größeren Neubau weichen, der 1306 konsekriert worden ist[13].

Unmittelbar östlich der Kapellenapsis stand der Westbau der Kommende, dessen Kern ein nahezu quadratisches Gebäude mit Seiten zwischen 9,60 und 10,50 m bildete[14]. Die Mauerstärke lag bei 80 bis 90 cm. Der wohnturmartige Bau bestand aus einem eingetieften Sockelgeschoß und zwei weiteren (Wohn-)Ebenen. Die Höhenmaße betrugen 2,67–3,14–4,42 m. Sie nehmen also von unten nach oben beträchtlich an Höhe zu, wobei das letzte Geschoß auffällig hoch ist. Mit rund 4,00 m Höhe im ersten Obergeschoß bildet der Wohnturm der von Eltz in (Koblenz-)Rübenach (zweites Viertel 13. Jahrhundert) eine Parallele[15]. Den Abschluß des Westbaus wird ein zwischen Schild- oder Stufengiebel gelegenes Satteldach gebildet haben. Überblickt man die Koblenzer Repräsentationsbauten jener Epoche, ist ein Stufengiebel am wahrscheinlichsten[16]: Metternicher Hof (nach 1200), Hof der Zisterzienserabtei Marienstatt, sogenannter ›Rosenhof‹ (zweites Drittel 13. Jahrhundert), erzbischöfliche Kellerei (zweites Viertel 13. Jahrhundert), Präsenzhof des Florinstiftes in (Koblenz-)Horchheim (zweites Drittel 13. Jahrhundert). Dagegen besaßen der Wohnturm der Ministerialen von der Arken, der Kern der erzbischöflichen Burg (spätes 12. Jahrhundert) sowie das Horchheimer Haus in seiner zweiten Phase einfache Schildgiebel. Zwei weitere, sehr bescheidene Wohnbauten in Horchheim (Collgasse/Emser Straße)[17] und (Koblenz-)Moselweiß (Bahnhofstraße 3/4)[18], die als spätromanisch einzuordnen sind, haben ebenfalls Schildgiebel, sollten jedoch nicht als Vergleichsbeispiele herangezogen werden. Allen Giebeln ist eine Ausstattung mit einem oder mehreren Fenstern gemein, so daß sie auch für den Ordensbau gefordert werden sollten. – Die Gesamthöhe des Westbaus betrug rund 12,20 m bis zur Traufe, eine Höhe, die auch der Metternicher Hof mit 11,80 m und der Rübenacher Wohnturm mit 12,10 m annähernd aufwiesen. Der querrechteckige Wohnturm Florinspfaffengasse 9, Teil

der erzbischöflichen Pfalz (um 1200), mißt bis zur (angenommenen) Traufe ca. 11 m.

Mit einer Grundfläche von rund 10 × 10 m war der Westbau zwar kleiner als die benachbarte Kapelle, überragte diese aber weit. Beide werden zusammen ein interessantes Ensemble abgegeben haben. Der Westbau war im Sockelgeschoß und auch im darüberliegenden gewölbt. 1907 schrieb Richard Knipping: »Der [...] Keller war ein dreischiffiger Raum [...] mit neuen Jochen [...]. Sie sind von quadratischen, rundbogigen Gratgewölben überdeckt, die auf schlanken, achteckigen Säulen mit einfachen Basen und trapezförmigen Kapitälchen ruhen. Wandkonsolen fehlen [...]. Das Mittelgeschoß [...] trägt dieselbe Struktur wie der Kellerraum [...]. Auch hier finden wir rundbogige, quadratische Gratgewölbe, deren Druck von achteckigen Säulen und von Wandkonsolen aufgefangen wird«[19]. Die Beschreibung läßt vermuten, daß Säulen und Kapitelle in spätgotischer Zeit ausgewechselt worden sind, möglicherweise bei der großen Umgestaltung der Ballei im 14. Jahrhundert. Gratgewölbe über achteckigen Säulen, jedoch ohne Konsolen, hat die Erdgeschoßhalle der Trotzenburg[20]. Ein trapezförmiges Kapitel, wie sie im Sockelgeschoß vorkommen, zeigt der Wohnturm der Eltz zu Rübenach[21].

Sieht man von Tonnenwölbungen und Kreuzgrat- oder Kreuzrippengewölben in kleinen quadratischen Bauten ab, so sind gewölbte Profanräume der Romanik in Koblenz selten[22]: Vierteilige Kreuzrippengewölbe mit einer zentralen Säule bieten der Metternicher Hof und der Wohnturm in Rübenach sowie der Wohnturm der bischöflichen Ministerialen von Helfenstein in der Florinspfaffengasse 5 (zweites Drittel 13. Jahrhundert). Wahrscheinlich – Indizien verweisen darauf – war der Rübenacher Wohnturm, ähnlich dem Westbau der Deutschherren, auch im ersten Obergeschoß gewölbt[23].

Man betrat den Westbau, der den Namen der ›Alte Bau‹ trug, durch eine breite Rundbogentür in der Südwestecke des Sockelgeschosses. Lage und Form sind typisch für die mittelrheinischen Wohntürme. Durch die weiten Zugänge konnten große Gebinde, vor allem Weinfässer, leicht in das der Lagerung dienende Erd- bzw. Sockelgeschoß transportiert werden. Um in die zweite Ebene zu gelangen, diente eine außen liegende massive Treppenkonstruktion. Auch sie ist typisch, worauf Anita Wiedenau bereits 1979 verwiesen hat[24].

51

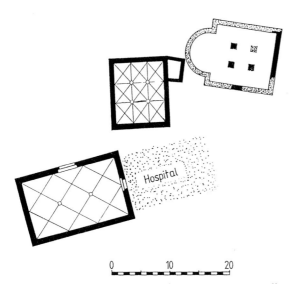

2. Plan der bis um 1250 errichteten Bauten: Kapelle, Westbau, Moselbau und Ort des ehemaligen Hospitals

In einer Veränderungsphase bekam der ›Alte Bau‹ neue Fenster, von denen sich zwei in der Nordseite erhalten hatten. Die dem Repräsentationsbedürfnis zuzurechnenden Fensteranlagen wurden von Knipping beschrieben: »Es sind gekuppelte Rundbogenfenster, jedes umrahmt von einer Kleeblattbogenblende mit eingelegtem Rundstab«[25].

Fenster dieser Art kommen vor allem an der Rheinschiene vor. Der Schwerpunkt liegt in Köln. Gesondert ist auf die (Treis-)Kardener Bauten zu verweisen. Nach Wiedenau sind alle diese Bauten (bzw. die Fenster) im Zeitraum zwischen 1220 und 1250 entstanden[26]. In Koblenz gab es zwei weitere Beispiele dieses Fenstertyps: Florinspfaffengasse 4[27] und den Wohnturm in Rübenach. Während das erste Beispiel nach dem Krieg undokumentiert abgebrochen worden ist, hat man das Fenster in Rübenach vermauert. – Eine wichtige Parallele für den ›Alten Bau‹ in Koblenz bildet das sogenannte ›Tempelherrenhaus‹ in Boppard, ein spätstaufischer Wohnturm, der 1234 in den Besitz der Koblenzer Kommende gelangte[28].

Der Westbau der Deutschordenskommende wies noch am Ende des vergangenen Jahrhunderts eine reiche Außenfassung auf, die jedoch so unterschiedlich beschrieben wird, daß keine Klarheit über ihr tatsächliches Aussehen zu gewinnen ist[29]. Eindeutig, daß der Wohnturm hell geschlämmt war und ein rotes Fugennetz trug. Die Rahmungen der Kleeblattbogenblenden und die Eckverquaderungen waren dunkelrot gehalten und wiesen weiße Fugen auf. Insgesamt boten die Fensteranlagen ein farblich nuanciertes Bild. Eine Datierung des Baues, von dem es keine guten Fotos und keine Aufnahme gibt, ist kaum zu geben. Er hatte sicher vor Ankunft des Deutschen Ordens bereits gestanden und ist von den Brüdern übernommen und um 1220 bis 1240 umgestaltet worden, wobei auch die repräsentativen Fenster eingesetzt worden sind. – Absolut nicht zu datieren ist ein Treppenturm, der später vor die Südwestecke gesetzt worden ist und störend bis zur Apsis der Kapelle reichte.

Da zur Zeit, als der Westbau errichtet worden war, Koblenz noch keine Stadtmauer besaß, wird dem Wohnturm ein – wenn auch nur bescheidener – Verteidigungswert zuzubilligen sein. Das hohe fensterlose Sockelgeschoß sowie der hochgelegene eigentliche Zugang und die Tatsache, daß das Gebäude ein Massivbau gewesen ist, sprechen für eine Verteidigungsfähigkeit.

Mit der Längsachse zur Mosel errichtete der Orden einen dreigeschossigen Rechteckbau ($17,80 \times 11,00$ m) östlich des Hospitals[30]. Möglicherweise sind der Neubau und der Umbau des älteren Westbaus zeitlich parallel hochgezogen worden. Das neue Gebäude, der Moselflügel, trug eindeutig repräsentativen Charakter und zeigte eine enge Verwandtschaft zu Palasbauten. Bis zur Traufe war der Bau 11,50 m hoch, bis zum First 16,50 m; die Dachneigung betrug rund 40 Grad. Die Mauerstärke bewegte sich zwischen 100 bis 125 cm im Erdgeschoß und nahm nach oben hin bis auf 90 cm ab. Die eventuellen Angriffen ausgesetzte Nordseite war die dickste. Das Erdgeschoß zeigte eine zweischiffige sechsjochige und mit Kreuzgratgewölbe versehene Halle. Das Gewölbe ist, wie das des Westbaus, erneuert worden. Vielleicht hat man die Gewölbe überhaupt erst im Spätmittelalter eingezogen[31]. Die beiden folgenden balkengedeckten Geschosse hatten eine Höhe von jeweils rund 3,50 m. Fritz Michel meinte (1937), daß man das Erdgeschoß des Moselflügels durch zwei in einer Rundbogenblende liegende Tore, die in der östlichen Giebelwand lagen, hätte betreten können[32]. Wahrscheinlicher ist jedoch, daß nur ein Portal existierte, aus Symmetriegründen aber ein zweites durch eine Blende vorgetäuscht werden sollte. In den Saal des ersten Obergeschosses gelangte man über eine Außentreppe, die zur mittig in der westlichen Giebelseite gelegenen Tür führte. Bei dem gestuften Portal folgte einem eingestellten Rundstab nach außen ein Karniesprofil. Über der Tür lag axial ein gekuppeltes Rundbogenfenster, dem im Giebel eine kleine, stehende Vierpaßöffnung entsprach[33]. Auf der Ostseite hatte man im zweiten Obergeschoß 1895/97 ein »gekuppeltes Fenster von fast der gleichen Struktur wie das des Westflügels mit Mittelsäulchen, Knospenkapitäl und Eckblattbase, in einer Kleeblattbogenblende mit eingefügtem Rundstab stehend« aufgedeckt[34]. Ob sich auch im darunterliegenden Geschoß ein derartiges Fenster befand, ist unbekannt. Auf der der Mosel zugekehrten Nordseite, die als Schaufassade ausgebaut war, hatte der Bau in beiden Obergeschossen je drei Biforien. Das flache Satteldach ruhte zwischen Stufengiebeln.

Der Moselflügel war in einem intensiven Rot gefaßt, wonach er den Namen »Rotes Haus« trug (erstmals 1279)[35]. Im Abstand von 22 cm waren weiße Lagerfugen aufgemalt. Die in den Blenden eingelegten Rundstäbe trugen eine lebhafte Marmorierung, wie sie an Sakralbauten der Umgebung und in Koblenz an den Obergadenfenstern der Liebfrauenkirche vorkommen. Michel vermutete, daß der palasartige Bau im ersten Obergeschoß den Remter, im zweiten das Dormitorium beherbergt haben könnte[36]. Mit der Errichtung des Moselflügels, wegen seiner Rotfassung »domus rubricata« und »domus rubea« genannt[37], hatte die Niederlassung des Deutschen Ordens ihren baulichen Höhepunkt erreicht.

Nördlich des Moselflügels lag ein Bereich, der nicht im Ordensbesitz war. Hierzu gehörte ein quadratischer Wohnturm (ca. 12 × 12 m), der die Nordostecke des gesamten Terrains markierte[38]. Von dem Turm haben sich die unteren Lagen erhalten, die mit großen Buckelquadern verkleidet sind. Maximal messen sie 149 × 68 cm; der Randschlag ist bis 10/12 cm breit. Die Kissen stehen bis 18 cm vor, sind teilweise nur grob behauen und tragen sehr große, aber ungefüge Steinmetzzeichen. Der Turm ist absolut singulär im Mittelrheingebiet. Eine Datierung kurz vor 1200 ist zu diskutieren.

Bald nach 1254 begann in Koblenz der Stadtmauerbau, an dessen Finanzierung sich auch der Deutsche Orden beteiligte. Die Mauer wurde »circa domum et habitationem ipsorum, quam habent in angulo lateris Reni et Moselle Conflu-

Westbau
Schnitt

0   5   10m

3. Schnitt durch den Westbau

ent« geführt[39]. Sowohl an der Rhein- als auch an der Moselseite ist die Mauer gegen den gerade erwähnten Turm geführt worden, so daß der Eckpunkt durch ihn augenfällig dargestellt wird. Zahlreiche Graphiken können das belegen. Von der Mauer haben sich, besonders zur Mosel hin, längere Bereiche erhalten. Sie unterscheiden sich beträchtlich von den anderen Abschnitten der gesamten Stadtmauer[40], denn ihre Verteidigung erfolgte, und zwar nur in diesem Bereich, von zwei Ebenen aus. Die rund 165 cm starke Mauer, auf deren Krone der Wehrgang verlief, war durch enggestellte rundbogige Nischen gegliedert[41]. Dort lagen – relativ dicht über dem Boden – lange, ca. 210 cm in der Höhe und nur 10 bis 12 cm in der Breite (Schartenenge) messende Bogenscharten, die wohl ursprünglich in einer dreieckigen Ausschußöffnung mündeten. Diese Langscharten kennen keine Parallelen in der Nähe. Vergleichbare, aber wesentlich kürzere Scharten zeigen der Zin-

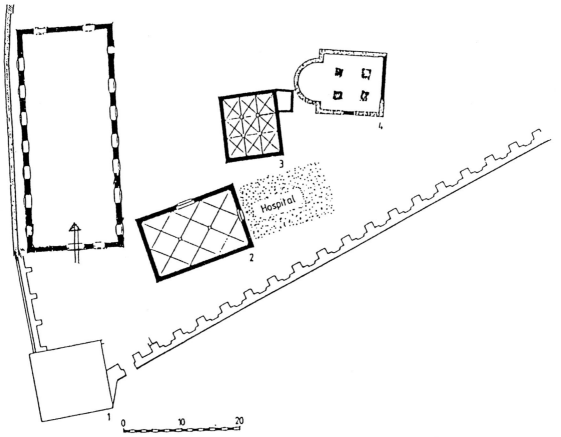

4. Plan der Bauten der Ballei am Ende des 13. Jahrhunderts: an der linken Ecke Turm der Herren von Rüdesheim, darüber Rheinbau

nenkranz des Bergfrieds von Burg Lahneck über (Lahnstein-)Oberlahnstein, die Ringmauer der Genovevaburg in Mayen sowie die sogenannte Kölner Burg als Teil von Schloß Bürresheim unweit von Mayen[42].

Die auffällige Ausführung dieses Stadtmauerabschnittes könnte möglicherweise auf den Einfluß des Deutschen Ordens zurückzuführen sein. Ferner ist anzunehmen, daß die Mauer beidseitig einen Putz getragen haben wird[43]. An der Innenseite – hier bildet die Stadtmauer gleichzeitig Hofmauer der Ballei – sind noch Reste erhalten. Da sie unmittelbar auf den Steinen liegen, darf man davon ausgehen, daß es sich noch um Teile der originalen Putzhaut handeln wird. Der Putz zeigt einen hellen Grundton und weist, stellenweise deutlich erkennbar, ein großzügiges Fugennetz auf, das ein Quaderwerk vortäuschen sollte. Es

deutet sich an, daß die ›Quader‹ von unten nach oben an Größe abnehmen. Die tieferliegenden haben eine Schichthöhe von 20 cm, die höheren von nur 15 cm. Die Befundlage erlaubt es nicht, eindeutig festzustellen, ob auch eine Normierung in der Länge der einzelnen ›Quader‹ durchgeführt worden war.

Rekonstruiert man das farbige Erscheinungsbild der Ordensniederlassung, hat man ein Bauensemble, bei dem der Westbau eine weiße Fassung mit roten Fugen sowie eine rote Architekturgliederung mit weißen Fugen herzeigt, der Moselflügel einen dunkelroten Grundton und weiße Fugen bietet, beide Bauten eine nuancierte Farbigkeit in den Fensteranlagen tragen und schließlich die Innenseite der Stadt- bzw. Ringmauer sich hell, womöglich leuchtend weiß zeigte und durch ein farblich dazu kontrastierendes Fugennetz strukturiert

5. Rheinbau (1993)

wurde. Leider konnten keine Farbwerte an den Resten des Fugennetzes festgestellt werden. Eine entsprechende Untersuchung durch einen Restaurator könnte jedoch Abhilfe schaffen. 1249 schenkte Ludwig von Rüdesheim den Deutschordensherren fünf Sechstel seines Hofes, so daß der Orden – trotz des fehlenden Sechstels – über das Anwesen verfügen konnte[44]. Erst 1288 gelang es ihm, auch das letzte Stück des Hofes zu erwerben. Zu dieser Hofraite gehörten sehr wahrscheinlich der mit Buckelquadern verkleidete Eckturm sowie das Areal, auf dem der Rheinbau errichtet wurde, der 1279 als »domus nova« bezeichnet wird[45]. Der imposante Bau mißt 36,60 × 15,50 m, hat bis zur Traufe eine Höhe von 14 m, bis zum First von 25,67 m. Das Haus ist dreigeschossig. Ein Satteldach liegt zwischen ausgestuften Schildgiebeln. Der Rheinbau weist ein Achsenverhältnis von 7 : 3

auf. Vernachlässigt man die bescheidenen Fenster des obersten Stockwerks, hat der Bau nur große Kreuzstockfenster. Die »Anordnung deutet darauf hin, daß der [...] Bau ehedem drei Stockwerke besaß, von denen – aus der Höhe der Fenster zu schließen – das zweite die größte Höhe hatte«[46]. Dieses Stockwerk war das bevorzugte; hier dürfte ein Saal anzunehmen sein. Die Fenster sind jedoch nicht mehr die ursprünglichen, denn beim Umbau zum Staatsarchiv sind sämtliche Fenster, einschließlich der der Giebelseiten, vergrößert worden, weil man mehr Licht brauchte. Die Formen, zu denen – nachweislich – auch die steinernen Kreuzstöcke gehörten, sind beibehalten worden. Ältere Abbildungen bestätigen das. Für eine weitergehende Analyse fallen die Fenster daher aus, zumal sie in den 1950er Jahren nochmals in der Substanz vollständig erneuert worden sind. – Die

ältesten nachweisbaren, rheinischen Kreuzstockfenster finden sich – nach Günther Binding – am
Overstolzenhaus in Köln (um 1235)[47]. Wenn die
jetzigen Fenster des Rheinbaus, wofür alles
spricht, tatsächlich die ursprünglichen tradieren,
dann sind diese in die zweite Hälfte des 13. Jahrhunderts zu datieren und gehören damit immer
noch zu den frühesten Beispielen ihres Typs im
Rheinland. – Im Süden war dem Rheinbau giebel-
seitig ein gewölbter Altan vorgesetzt, dessen Fundamente und Anschlüsse nachgewiesen sind. Man
betrat den Altan durch eine Tür vom bevorzugten
ersten Obergeschoß aus.

Der Rheinbau ist nicht nur durch die 1279
erfolgte Nennung als »domus nova« zu datieren,
sondern auch dadurch, daß er auf die bald nach
1254 errichtete Stadtmauer Rücksicht nehmen
mußte. Um diese nicht zu tangieren, vor allem aber
um den Rondengang nicht zu unterbrechen,
springt die Südostecke des großen Baus im Erdgeschoß nach Westen zurück. Im Obergeschoß wird
der Bau dann wieder durch Vorkragen in die
Rechteckform gebracht. Das geschieht durch ein
schräg verlaufendes, reich profiliertes Konsolge-
sims.

Beim Umbau 1896 wurden am Rheinbau
»Überreste eines romanischen Baues bloßgelegt
[...] und zwar dort, wo seine Nordwestecke an die
im letzten Krieg zerstörte Moseldurchfahrt stößt.
Man sieht hier wohlgefügte, an das Bruchstein-
mauerwerk gesetzte Eckquadern, die in der Form
eines Wulstes abgerundet sind, der nach oben mit
einem würfelkapitälartigen Aufsatz abschließt. Sie
müssen zu einem Gebäude von kleinen Verhältnissen gehört haben, das dann später in den großen
Neubau einbezogen worden ist«[48]. Der Hinweis
auf die kleinen Verhältnisse mag gerechtfertigt
sein, wenn man die sehr dürftigen kapitellähnli-
chen Endigungen der viertelstabförmigen Kantensäulen betrachtet, denen ähnlich primitive Basen
entsprechen. Der Hinweis ist jedoch falsch im
Hinblick auf die Größe, denn an der gegenüberliegenden Nordostecke des Rheinbaus ist 1990 die
gleiche Struktur freigelegt worden. Dieser Befund
war Knipping nicht bekannt, so daß er zu der
falschen Annahme von einem älteren Bau kam, der
in das neue Gebäude teilweise integriert worden
sein sollte. Vielmehr ist es so, daß beim Rheinbau
die nördliche Giebelseite durch die Betonung als
Schaufront ausgebildet worden ist. Die Nordseite
weist nämlich zur Mosel, und die Moselfront war

6. Kantensäule an der Nordwestecke des Rheinbaus
(1994)

bis weit in die Neuzeit hinein die wichtigste der
Koblenzer Seiten. Am eindrucksvollsten unterstreicht diese Situation das Fresko des Anton
Woensam von Worms in der Liebfrauenkirche zu
Oberwesel (um 1525)[49]. Daß die Werksteine, die
die Kantensäulen ausmachen, nicht Teil eines Alt-
baues und auch nicht nachträglich eingesetzt worden sind, war eindeutig zu sehen, als 1990 der Putz
vom gesamten Bau abgeschlagen worden war. Die
derben Formen, die Knipping so irritierten, könnten vielleicht als bewußtes (?) archaisierendes Vorgehen angesehen werden. In der Mitte der Nordseite, also genau zwischen den beiden herausgeho-
benen Kanten, lag ebenerdig das rundbogige Portal, das im 19. Jahrhundert wegen der häufigen
Hochwässer angehoben worden ist. Da aber die
profilierten Gewändereste noch heute in situ betrachtet werden können, steht fest, daß die Profi-
lierung, die Breite des Tores und (wohl auch) Höhe

7. Speyer: Altpörtel (2. Viertel 13. Jahrhundert)

und Abschluß dem Original entsprechen. Portal und Kantensäulen sind aus Drachenfelstrachyt, einem bevorzugten und kostspieligen Material.

Kantensäulen können im Mittelrheingebiet häufiger beobachtet werden: Die Johanniskirche in (Lahnstein-)Niederlahnstein zeigt eine am Langhaus (Mitte 12. Jahrhundert)[50]. Sogar sechs Beispiele finden sich an der Martinskirche in Bad Ems (drittes Viertel 12. Jahrhundert)[51]. Auch die Wandsäulen des Frateriums in (Neuwied-)Rommersdorf (erste Hälfte 13. Jahrhundert) sind heranzuziehen[52]. Besonders eng ist die Verwandtschaft der Kantensäulen beim Altpörtel in Speyer, einem der repräsentativsten Stadttore in Deutschland (erste Hälfte 13. Jahrhundert)[53]. In Koblenz existiert noch ein Beispiel aus spätstaufischer Zeit (Florinsmarkt 10) als Bestandteil eines großen Tores[54]. Im Gegensatz zu den beiden Exemplaren am Rheinbau wurde hier ein qualitätvolles Kapitell gemeißelt. Bei dem Tor – erhalten hatten sich bis zur Translozierung Reste der östlichen Torwange – waren mittelalterliche Putzreste erhalten: Vorgetäuscht wurde eine Verquaderung, wobei die hellen ›Quader‹ durch dunkelgraue Fugen voneinander abgesetzt waren. Minimale Spuren deuten darauf hin, daß beim Rheinbau ähnlich vorgegangen worden war[55].

Der Rheinbau der Koblenzer Ballei, der allein schon wegen seiner Größe imponiert, wirkte durch die nördliche Giebelfront – die zur Schaufassade ausgearbeitet worden war –, das mittlere (Saal-)Geschoß, die Südseite mit dem Altan und der großzügigen Durchfensterung wie ein bedeutender Palas. Überhaupt ähnelte das Bauensemble der Koblenzer Niederlassung des Deutschen Ordens einem staufischen Pfalzkomplex, doch sind Aussagen darüber, ob ein derartiger Charakter tatsächlich angestrebt war, mangels Forschungsdefizit nicht zu verifizieren.

ANMERKUNGEN

1 Zur Geschichte der Deutschordensballei in Koblenz zuletzt: *Kerber, Dieter*: Beiträge zur Geschichte des Deutschen Ordens im mittelalterlichen Koblenz, in: *Ders./Liessem, Udo*: Der Deutsche Orden in Koblenz, Studien zur Geschichte und Bauentwicklung im Mittelalter, Koblenz 1990, S. 7–22. Hieraus stammen, wenn nicht anders genannt, alle Daten.

2 *Michel, Fritz*: Die kirchlichen Denkmäler der Stadt Koblenz (KD Rheinprovinz 20/I), Düsseldorf 1937/Nachdr. ebd. 1981, S. 73. – Der Bau des neuen Refektoriums um 1217 und die erste Erwähnung einer Niederlassung des Deutschen Ordens in Koblenz 1216 stehen in direktem Zusammenhang.

3 Zit. n. *Kerber*: Beiträge (wie Anm. 1), S. 19, Anm. 60.

4 *Liessem, Udo*: Geblieben ist die historische Erinnerung. Bemerkungen zur Siedlungsentwicklung des Castorviertels, in: Ein Stück Koblenz, hrsg. v. d. Pfarrei Liebfrauen, Bd. 3, Koblenz 1987, S. 45–52.

5 *Michel*: Denkmäler (wie Anm. 2), S. 205–227.

6 *Liessem, Udo*: Bemerkungen zur Baugeschichte der Koblenzer Niederlassung des Deutschen Ordens im 13. Jahrhundert, in: *Kerber/Liessem*: Deutscher Orden (wie Anm. 1), S. 23–47.

7 *Ders.*: Schwerpunkt auf französischer Kunst. Das Ludwig Museum im Deutschherrenhaus in Koblenz, in: Das Rheinische Landesmuseum Bonn, 4/1993, S. 81–83. – Bei der Umgestaltung des Rheinhaus ist der gesamte Putz abgeschlagen worden. Es bleibt unverständlich, daß keine Bauuntersuchung stattgefunden hat.

8 *Liessem*: Bemerkungen (wie Anm. 6), S. 24/25.

9 Ebd. – Bei der oben erwähnten Biforie handelt es sich – strenggenommen – nicht um Rund-, sondern um Segmentbögen.

10 *Michel*: Denkmäler (wie Anm. 2), S. 226/27.

11 Ebd., S. 211, Abb. 145. – Der rekonstruierte Grundriß bei *Liessem*: Bemerkungen (wie Anm. 6), Falttaf.

12 *Kubach, Hans Erich/Verbeek, Albert*: Romanische Baukunst an Rhein und Maas, Katalog der romanischen und vorromanischen Denkmäler, 4 Bde., Berlin 1976/89, hier Bd. 1, S. 119/20, Bd. 2, S. 942, Bd. 3, Tf. 52,3 u. 452,1.

13 *Michel*: Denkmäler (wie Anm. 2), S. 210–213.

14 *Liessem*: Bemerkungen (wie Anm. 6), S. 27–36.

15 Ebd., S. 28.

16 Die aufgeführten Bauten sind nachgewiesen bei: *Liessem, Udo*: Bemerkungen (wie Anm. 6), S. 28/29.

17 Zu den romanischen Bauten in Horchheim: *Liessem, Udo*: Kurze Bemerkungen zur Geschichte von Horchheim, Koblenz 1992, S. 25–27; *ders.*: Das romanische Wohnhaus Emser Straße 289, in: Hoschemer Käs, Stadtteil-Info SPD-OV, Jg. 1992, Nr. 34.

18 *Ders.*: Bemerkungen zu zwei unbekannten Burganlagen in Koblenz-Moselweiß und Ransbach-Baumbach, in: Jb. f. westdt. Landesgesch., Jg. 1993, S. 173–184, hier S. 179/180.

19 *Knipping, Richard*: Zur Baugeschichte des Deutschordenshauses zu Coblenz, Leipzig 1907, S. 5/6.

20 *Michel*: Denkmäler (wie Anm. 2), S. 221/222.

21 *Liessem, Udo*: Drei bedeutende Kunstdenkmäler in Rübenach, in: *Reif, Wilhelm* u. a. (Hrsg.): Rübenach – eine Heimatgeschichte, (Koblenz-)Rübenach 1977², S. 173–196, hier Abb. auf S. 175.

22 Zusammenfassend zu den Koblenzer Beispielen: *Liessem, Udo*: Zur Architektur der mittelalterlichen Bauwerke, in: *EVM* (Hrsg.), Geschichte der Stadt Koblenz, Bd. 1, Stuttgart 1992, S. 383–408.

23 *Ders.*: Beobachtungen zur Baugeschichte des Burghauses v. Eltz zu Koblenz-Rübenach, in: Denkmalpflege in Rheinland Pfalz, Jg. 31–33, Mainz 1979, S. 65–71. – Im Gegensatz zu der dort geäußerten Vermutung, das erste Geschoß sei nicht gewölbt gewesen (S. 67), ist Verfasser durch Beobachtungen an vergleichbaren Bauten der Region jetzt der Auffassung, dieses Geschoß könnte doch gewölbt gewesen sein.

24 *Wiedenau, Anita*: Romanischer Wohnbau im Rheinland (Veröffentl. d. Abt. Architektur d. Kunsthistor. Inst. d. Univ. Köln 16), Köln 1979, passim.

25 *Knipping* (wie Anm. 19), S. 6.

26 *Wiedenau, Anita*: Katalog der romanischen Wohnbauten in westdeutschen Städten und Siedlungen (Das deutsche Bürgerhaus 34), Tübingen 1983, passim. Kubach/Verbeek führen aus, wobei sie jede Datierung vermeiden: »Im [...] Westflügel steckte nördlich der [...] Alte Bau von quadratischem Grundriß, vielleicht turmartig [...]« (*Kubach/Verbeek*: Romanische Baukunst [wie Anm. 12], S. 495).

27 *Michel, Fritz*: Die Kunstdenkmäler der Stadt Koblenz. Die profanen Denkmäler und die Vororte (KD Rheinland-Pfalz 1), München/Berlin 1954/Nachdr. ebd. 1986, S. 266/67.

28 *Ledebur, Alkmar Freiherr von*: Die Kunstdenkmäler des Rhein-Hunsrück-Kreises, Tl. 2.1, ehem. Kreis St. Goar, Stadt Boppard, München/Berlin 1988, S. 441–445, bes. Abb. 319.

29 *Liessem*: Bemerkungen (wie Anm. 6), S. 33–36.

30 Ebd., S. 36–41.

31 Zu dieser Annahme kommt man, wenn man erfährt, daß auf den Basen der Sockel gotische Steinmetzzeichen eingeschlagen waren; *Michel*: Denkmäler (wie Anm. 2), S. 221.

32 Nicht nur die vage Beschreibung bei *Michel* (Denkmäler [wie Anm. 2], S. 222/223) und die dortigen Fotos lassen das vermuten, sondern auch Vergleichsbeispiele weiterer Koblenzer Profanbauten aus romanischer Zeit. Stets lag ein (meist rundbogiger) Kellereingang aus der Mitte zur Ecke verschoben; vgl. *Liessem, Udo*: Fenster, Türen und Tore in Koblenz während der Stauferzeit – Ein Überblick, in: Fenster und Türen in historischen Wehr- und Wohnbauten (Veröffent. der Deutschen Burgenvereinigung e. V., Reihe B: Schriften), hrsg. von Hofrichter, Hartmut, Stuttgart 1995, S. 41–45.

33 Ein vergleichbares Vierpaßfensterchen, Durchmesser 22 cm, findet sich auf der Nordseite der Liebfrauenkirche (um 1180); unpubliziert. Es handelt sich hierbei wohl um ein Beichtfenster.

34 *Knipping* zit. n. *Liessem*: Bemerkungen (wie Anm. 6), S. 37.

35 *Liessem*: Bemerkungen (wie Anm. 6), S. 41.

36 *Michel*: Denkmäler (wie Anm. 2), S. 223.

37 Wie Anm. 35.

38 *Liessem*: Denkmäler (wie Anm. 6), S. 42–45.

39 *Hennes* zit. n. *Kerber*: Beiträge (wie Anm. 1), Anm. 68. – Die Urkunde datiert ins Jahr 1254.

40 Zur Konstruktion der Koblenzer Stadtmauer: *Bär, Max*: Der Koblenzer Mauerbau 1276–1289 (Publikationen d. Ges. f. Rhein. Geschichtsk. 5), Leipzig 1988; *Liessem*: Architektur (wie Anm. 22), S. 397/98.

41 Die Angaben zum folgenden beruhen auf einer Aufnahme, die im Rahmen einer Lehrveranstaltung des Verfassers an der FH Koblenz durch Andreas Nees im Sommersemester 1994 gemacht worden ist.

42 Zu den Beispielen: *Liessem, Udo*: Die Burg in Mayen – Eine gotische Anlage westlicher Prägung, in: Burgen und Schlösser I/1982, S. 2–6.

43 Ein unveröffentlichtes Aquarell im Museum der Stadt Lahnstein zeigt, daß die Stadtmauer von Oberlahnstein noch im 19. Jahrhundert feldseitig einen hellen Putz trug. Zumindest an einer Stelle war dort ein großes Wappen eines Mainzer Kurfürsten aufgemalt. Verfasser dankt Herrn Willi Eisenbarth, Stadtarchivar von Lahnstein, der ihn auf das Bild aufmerksam gemacht hat.

44 *Liessem*: Bemerkungen (wie Anm. 6), S. 41/42.

45 Wie vor.
46 *Michel*: Denkmäler (wie Anm. 2), S. 224. – Allerdings sind die zum Hof gelegenen Fenster 1709 »alle gleich und egal eingerichtet« worden; ebd.
47 *Binding, Günther*: Fenster, in: Lexikon des Mittelalters, Bd. 4, Sp. 350–352, hier Sp. 352.
48 *Knipping* zit. n. *Liessem*: Bemerkungen (wie Anm. 6), S. 42.
49 Wie Anm. 4.
50 Zur Übersicht zur Johanniskirche und zu den folgenden Bauwerken reicht die Lektüre des Dehio: *Dehio, Georg*: Hdb. d. Dt. Kunstdenkmäler, Rheinland-Pfalz Saarland, bearb. v. *Hans Caspary* u. a., München/Berlin 1984[2], S. 524/25.

51 Ebd., S. 64.
52 *Schulze, Heiko K. L.*: Abtei Rommersdorf. Untersuchungen zur Baugeschichte (Quellen u. Abhandlungen zur mittelrheinischen Kirchengeschichte 44), Mainz 1983, S. 105–107.
53 *Dehio* (wie Anm. 50), S. 987.
54 *Liessem* (wie Anm. 32).
55 Die Befunde sind unverständlicherweise undokumentiert untergegangen. Eine präzise Bauuntersuchung des Rheinbaus hat nicht stattgefunden.

ABBILDUNGSNACHWEIS

Zeichnungen aus Kerber-Liessem, alle Fotos: Udo Liessem.

59

Hartmut Urban

Burgen Kurfürst Balduins von Luxemburg im Raum Koblenz

Balduin von Luxemburg wurde, erst zweiundzwanzigjährig, im Jahr 1307 Erzbischof von Trier. In seiner Regierungszeit hat er auf die Geschicke des Reiches im 14. Jahrhundert wesentlichen Einfluß genommen und nahezu ein halbes Jahrhundert als Territorialherr erfolgreich gewirkt. Zu erwähnen ist, daß er zeitweise auch Leiter des Erzbistums Mainz wie der Bistümer Speyer und Worms gewesen ist[1].

Der Trierer Erzbischof verfügte noch nicht über ein klar abgegrenztes Territorium mit ausgebildeter Verwaltung und umfassenden Gesetzen. Charakteristisch für diese Zeit war vielmehr eine »Weichstruktur«, ein Konglomerat von Einflußzonen unterschiedlicher Qualität und Intensität. Die Aktivitäten Balduins als Territorialherr richteten sich daher vor allem darauf, seine gefestigten Einflußzonen (Kernzonen) zu sichern oder auszuweiten. Dabei mußten Zwischenzonen überbrückt, auf fremde Herrschaft in vielfältiger Weise Einfluß oder Rücksicht genommen werden[2]. Zu diesem Zweck forcierte Balduin vor allem die Lehnpolitik[3]. Außerdem nutzte er die Beziehungen zu den ihm verbundenen Herrschern nach Kräften dazu, um den Trierer Territorialstaat weiter auszubauen und zu festigen. König Heinrich VII. verpfändete ihm 1312 die Reichsstädte Boppard und Oberwesel mit ihrem Umland. Die Städte wehrten sich gegen den Verlust der Reichsunmittelbarkeit, mußten sich aber den Verhältnissen beugen. Mit der Erwerbung des Gebiets der Reichsstädte und der Vogtei über Kobern schloß der Erzbischof die territoriale Lücke des Kurstaates Trier zwischen Untermosel und Mittelrhein.

Im Vergleich zu seinen Vorgängern Arnold II. (1242 bis 1259) und Heinrich von Vinstingen (1256 bis 1287) fand im Burgenbereich unter Balduin eine Bautätigkeit nur in geringerem Umfang statt. Die eigentlichen Kernzonen des Erzstifts waren bis zum 14. Jahrhundert weitgehend vorhanden und durch Burgen gesichert. Bereits im 10.

1. Erzbischof Balduin und sein kaiserlicher Bruder Heinrich VII. Chorstuhlwangen aus dem ehemaligen Kartäuser-Mönchskloster in Trier, um 1350

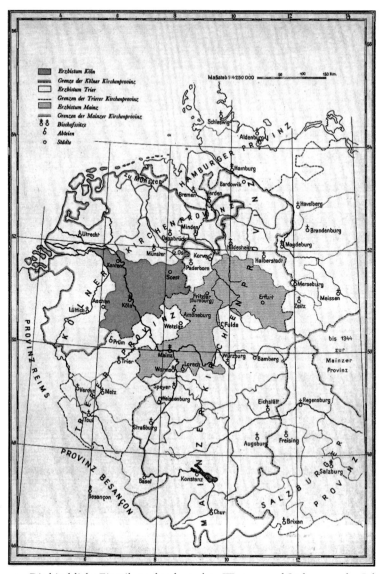

2. Die kirchliche Einteilung des deutschen Westens und Südens um das Jahr
1000

Jahrhundert begannen die Trierer Erzbischöfe mit dem Bau bzw. Erwerb von Burgen; ihren Höhepunkt erreichte diese Entwicklung im 13. Jahrhundert unter beiden vorgenannten Erzbischöfen. Ein Beispiel dafür ist der Kauf und Ausbau des Arkenschen Burghauses in Koblenz durch Heinrich von Vinstingen um 1275 [4].

Die Burgenpolitik Balduins stützte sich im wesentlichen auf zwei Burgengruppen, nämlich landesherrliche und lehnherrliche Burgen; ersteren

kam im 14. Jahrhundert eine multifunktionale Bedeutung zu. Neben den rein militärischen bzw. Schutzfunktionen waren sie Herrensitz und zugleich politischer, wirtschaftlicher, administrativer und auch kultureller Mittelpunkt. Balduin bestimmte sie mit der Durchsetzung der Ämterverfassung durchweg zum Sitz eines erzbischöflichen Amtmanns. Die landesherrliche Burg wurde, soweit sie Amtssitz war, zum eigentlichen Verwaltungszentrum »vor Ort« [5].

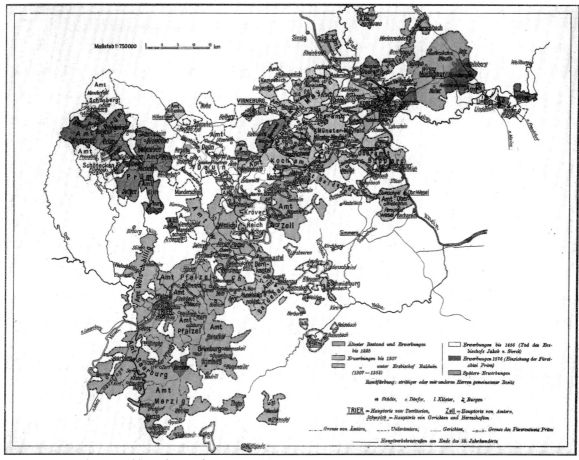

3. Die territoriale Entwicklung des Kurfürstentums Trier

Darüber hinaus war der Kurfürst ständig bemüht, auf fremde Herrschaft und Fremdburgen durch Lehnverträge, Kauf-, Öffnungs- und Dienstverträge Einfluß zu nehmen. Eine so zielstrebige landespolitische Tätigkeit mußte die Gegnerschaft des einheimischen Adels hervorrufen, dessen Widerstand Balduin entweder mit der Verleihung von Lehen oder mit Waffengewalt zu überwinden suchte. Zur Sicherung des Landes erbaute er neue Burgen, von denen einige seinen Namen erhielten (Baldenau bei Bischofsdrohn, Balduinseck zwischen Buch und Masterhausen/Hunsrück, Balduinstein/Lahn).

Baldeneltz (Trutzeltz) entstand als Gegenburg während der Eltzer Fehde (1331 bis 1336), in der der Bund der Herren von Eltz, Schöneck, Ehrenburg und Waldeck zur Unterwerfung gezwungen wurde. Die Trutzburgen Balduinstein, Baldenruise

(Rauschenburg) und St. Johannisberg (später an die Wildgrafen von Dhaun verlehnt) errichtete Balduin zwischen 1320 und 1336 ebenfalls aus rein militärischen Erwägungen.

Aber nicht alle kriegerischen Unternehmungen endeten erfolgreich. Balduin unterlag im Kampf mit der Grafschaft Sponheim und mußte 1328 einige Wochen als Gefangener der Gräfin Loretta auf der Starkenburg bei Trarbach zubringen. In der Grenzauer Fehde konnte sich der Westerwälder Adel unter Führung der Herren von Westerburg 1347 siegreich behaupten. 1332 erwirkte Balduin von Ludwig dem Bayern eine Bestätigung des erzstiftischen Besitzes; von den dort genannten Burgen gehörten 16, darunter Koblenz, Mayen und Montabaur dem Erzstift zu Beginn der Regierungszeit Balduins an. In dieser Urkunde nicht genannt, aber bereits 1307 zu Trier gehörig waren

63

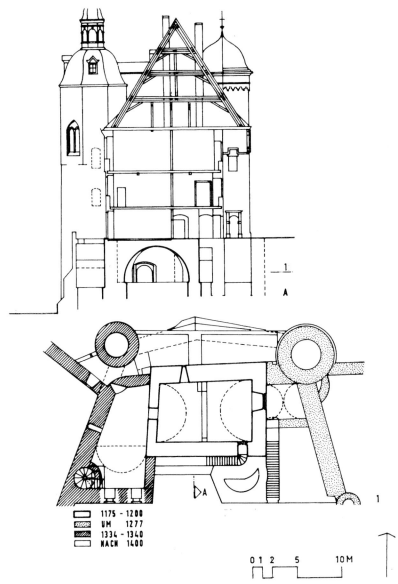

4. Koblenz, Alte Burg, Kellerebene und Schnitt

Arras (Mosel), Ehrenbreitstein (Koblenz), Neuerburg (Wittlich) und Pfalzel (Trier). Hinzu kam eine größere Zahl für das Erzstift käuflich erworbener Anlagen[6].

Im Burgenbau wird der Kurfürst als einer der modernsten Bauherren seiner Epoche am Rhein bezeichnet. Die Limburger Chronik preist seine Technik dabei als die »der neuen Weise«. Ausdrücklich werden in ihr die Burgen Balduinstein, Baldenau, Baldeneck und Baldenruise genannt, die

als Kern jeweils unterschiedlich dimensionierte, turmartige Wohnbauten aufweisen[7].

Folgt man einigen Verfassern, so sind in der fortifikatorischen Baukunst Balduins französische Kultureinflüsse spürbar. Der Wohnturm als mehrfunktionaler Bauteil im Zentrum kleinerer Anlagen und die Abwertung des Bergfrieds werden als die spezifischsten Züge seiner Schöpfungen bezeichnet[8].

Ein Vergleich der im Ruinenzustand erhaltenen

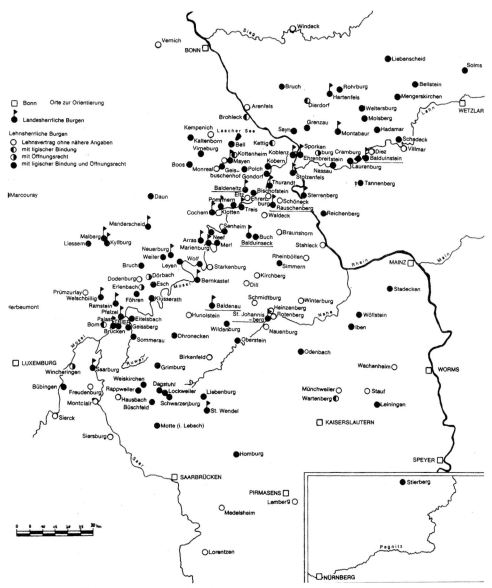

Windeck
Vemich
BONN
Bruch   Rohrburg   Liebenscheid
Hartenfels   Solms
Dierdorf   Weltersburg   Mengerskirchen
Arenfels   Molsberg
Brohleck   Sayn   Grenzau   WETZLAR
Kempenich   Laacher See   Montabaur   Hadamar
Kaltenborn   Bell Kettig   Schadeck
Virneburg   Sporken   Villmar
Kottenheim Koblenz   burg Cramburg Diez
Boos   Mayen Kobern   Ehrenbreitstein   Balduinstein
Monreal Geis- Polch   Nassau   Laurenburg
buschenhof Gondorf   Stolzenfels
Baldenetz   Bischofstein   Thurandt   Tannenberg
Daun   Eltz   Ehren-   Sterrenberg
Pommern   burg Schöneck
Cochem Klotten   Treis Rauschenberg
Manderscheid   Waldeck   Reichenberg
Senheim
Malberg   Arras Neef   Buch   Braunshorn
Liessem Kyllburg   Merl   Balduinseck   Stahleck
Neuerburg   Marienburg   Rheinböllen
Weiler   Wolf   Simmern   MAINZ
Bruch   Leyen   Starkenburg
Dodenburg Dörbach   Kirchberg   Stadecken
Erlenbach Esch   Bernkastel   Dill
Prümzurlay   Föhren Klüsserath   Schmidtburg   Winterburg
Welschbillig   Baldenau   Heinzenberg   Wöllstein
Ramstein   St. Johannis Rotenberg
Pfalzel   Hunolstein -berg   Iben
Palast TRIER   Wildenburg   Nauenburg
Bom   Geissberg   Oberstein
Brücken   Dhronecken   Odenbach
Sommerau   Birkenfeld   Wachenheim   WORMS
LUXEMBURG   Grimburg   Münchweiler   Stauf
Wincheringen Saarburg   Wartenberg   Leiningen
Weiskirchen   Dagstuhl
Bübingen   Rappweiler Lockweiler Liebenburg   KAISERSLAUTERN
Freudenburg Hausbach   Schwarzenburg
Montclair Büschfeld   St. Wendel
Sierck   Motte (i. Lebach)   SPEYER
Siersburg   Stierberg
Homburg
SAARBRÜCKEN
PIRMASENS
Lembe rg
Medelsheim
Lorentzen   NÜRNBERG

5. Landes- und lehnsherrliche befestigte Anlagen Erzbischof Balduins von Trier

balduinensischen Anlagen zeigt jedoch, daß sie innerhalb eines Zeitraumes von etwa zwanzig Jahren nach unterschiedlichen Konzeptionen entstanden sind.

Die nach 1315 in der Ebene errichtete Wasserburg Baldenau ist als stark befestigte Kompaktanlage noch in mittelalterlicher Tradition konzipiert. Sie umfaßt, von einem Wassergraben und Schildmauern umgeben, ein Areal von 52 m Länge und 20 m Breite. Neben dem in geringen Resten erhaltenen, ursprünglich wohl viergeschossigen Wohngebäude im Norden dominiert bei dieser Burg der noch 24 m hohe Rundturm an der Südspitze. Mit einem äußeren Durchmesser von 10,50 m, einer Mauerstärke von 3,20 m, zwei kuppelgewölbten unteren Geschossen sowie einem vom Wehrgang aus zugänglichen, hochliegenden Eingang bietet er ein typisches Beispiel einer ganzen Gruppe runder Bergfriede des 14. Jahrhunderts im Umkreis von Trier und am Mittelrhein[9].

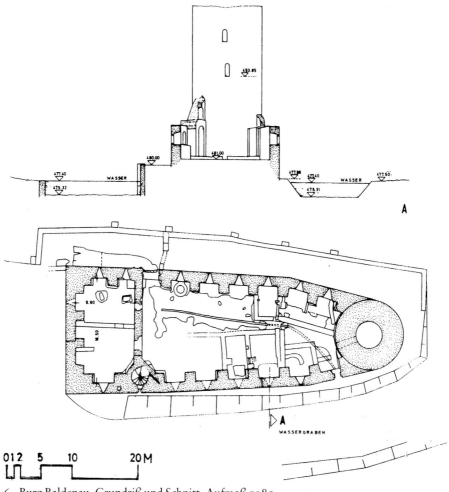

6. Burg Baldenau, Grundriß und Schnitt, Aufmaß 1985

Beim Bau von Balduinstein um 1320 wurde dagegen auf einen Bergfried verzichtet. Lediglich ein viereckiger Mauerturm an der Südecke der starken Ringmauer übernahm Beobachtungsfunktionen. Den Kern der kompakten Anlage bildete ein freistehendes zweigeschossiges, später aufgestocktes Wohngebäude[10].

Auch Trutzeltz und Rauschenburg, mit Bauzeiten zwischen 1331 und 1336, bestanden im wesentlichen aus zweigeschossigen Wohngebäuden, die jeweils an die Schild- bzw. Ringmauer angefügt sind. Während bei Trutzeltz die turmbewehrte Schildmauer den kleinen Burghof nach der nördlichen Angriffsseite hin abriegelt, schützt eine bis zu 10 m hohe Ringmauer mit rundem Mauerturm das Wohn- und Wirtschaftsgebäude im Innenhof der Rauschenburg.

Dem Prinzip der Ausnutzung günstiger geographischer Gegebenheiten folgend wählte Balduin für seine Höhenburgen die Spornlage. Ein weiteres Charakteristikum ist – neben dem Verzicht auf Bergfriede – das zur Angriffsseite hin keilförmige Vorspringen der Ring- bzw. Schildmauern, denen Zwingersysteme und Halsgräben vorgelagert sind[11].

Das Baukonzept ist primär auf die Stärke bzw. Widerstandskraft der Burg eingestellt. Es kommt mit einem verhältnismäßig geringen Bestand von Bauteilen aus, die in kürzerer Zeit errichtet werden konnten. Da größere Mannschaften, bedingt durch politische und soziale Gegebenheiten, nicht verfügbar waren, mußten die Burgen so angelegt werden, daß sie selbst mit geringer Besatzung zu verteidigen waren.

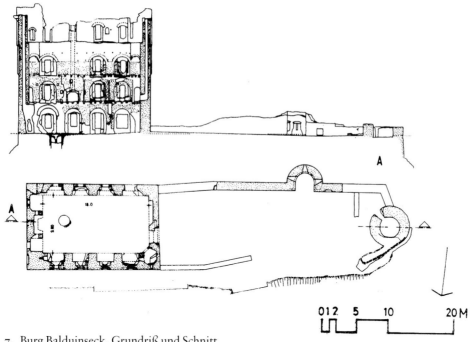

7. Burg Balduinseck, Grundriß und Schnitt

Bei der 1325 bis 1330 in Tallage errichteten Burg Balduinseck ist das Bauprogramm auf ein freistehendes, viergeschossiges, 22,70 × 14,40 m großes Wohngebäude reduziert, dem auf der Eingangsseite (Westseite) eine umfriedete Hoffläche vorgelagert ist. Auf ihrer Westspitze befand sich ein runder Mauerturm, Außendurchmesser ca. 7,0 m und in der Südmauer eine halbrunde Ausbuchtung mit Scharten (befestigte Hofanlage mit Wachturm)[12].

Die Beschränkung auf ein turmartiges Wohn- und Wirtschaftsgebäude (Kemenate), das gleichzeitig den wehrtechnischen Erfordernissen genügte, entspricht einer Tendenz des 14. Jahrhunderts, auf den Bergfried und die Mehrteiligkeit hochmittelalterlicher Burgen zu verzichten[13].

Vergleichbare Anlagen (Kemenatenburgen) aus der näheren Umgebung, wie Dill/Hunsrück (Mitte 14. Jahrhundert), Ramstein/Kyll (Anfang 14. Jahrhundert), Sommerau/Ruwer (erste Hälfte 14. Jahrhundert), Wernerseck/Nette (um 1400) sind ebenfalls viergeschossig und vereinigen in *einem* Bauwerk Bergfried, Palas sowie Kemenate, Wernerseck zusätzlich einen Sakralraum[14].

Mit Balduinseck wurde dieses Baukonzept bereits zu einem früheren Zeitpunkt realisiert.

Kurze Bauzeiten, vor allem bei balduinenschen Trutzburgen, lassen auf eine gezielte Planung und gut organisierte Baudurchführung schließen[15].

Bedauerlich ist das Fehlen jeglichen Quellenmaterials über Baumeiser oder ausführende Handwerker. Als Indiz für das persönliche Engagement des Erzbischofs im Burgenbau können neben den geschilderten wesentlichen Merkmalen auch die Namen der Neugründungen gewertet werden. Die Bestandsaufnahmen einiger bisher weniger beachteter Trutzburgen sind jeweils in Kurzform wiedergegeben.

BALDUINSTEIN

Die Anlage ist 1320 als Trutzburg gegen die Schaumburg erbaut worden. Nach 1335 befindet sie sich als Pfandlehen in wechselndem Besitz. 1443 entsteht an der Nordseite, jenseits des Halsgrabens, eine Vorburg »Niederburg« genannt. Seit Mitte des 17. Jahrhunderts ist die gesamte Burg dem Verfall preisgegeben, 1680 bereits völlige Ruine[16].

Die kompakte Anlage wurde auf einem Felspla-

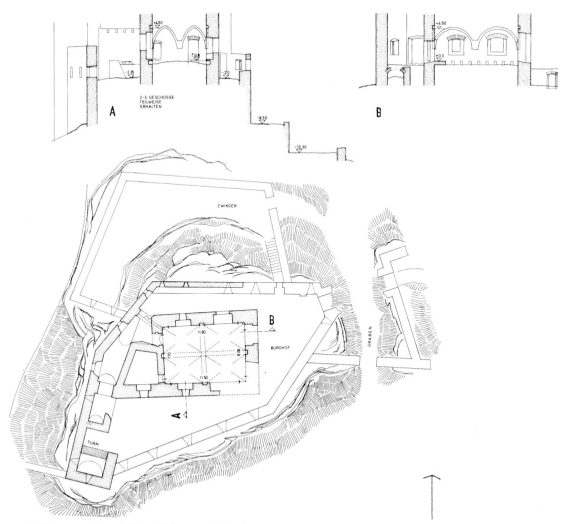

8. Balduinstein, Grundriß und Schnitte, Aufmaß 1984

teau errichtet, das den Endabschnitt eines sich von Norden nach Süden absenkenden Berggrates bildet. Der Burgfelsen fällt im Osten und Südwesten fast senkrecht zu dem unterhalb der Burg in die Lahn mündenden »Talbach« ab. Die Nordseite ist durch einen tiefen Halsgraben und die später errichtete Niederburg gesichert[17].

Von dieser Seite war die Burg über eine Brücke, deren Widerlager und Ansätze noch vorhanden

sind, zugänglich. Dem Schutz der gefährdeten Westseite dient ein etwa 8 m tiefer gelegener Zwinger. Die Kernburg bildet einen unregelmäßigen Bering mit rechteckigem Turm an der südlichen Spitze und dem zunächst zweigeschossigen Wohngebäude. Ursprünglich saßen »Wichhäuser« im Abstand von 140 Schuh auf dem Bering[18].

Die noch in wesentlichen Teilen erhaltene, 1,40 bis 1,60 m starke Ringmauer weist auf ihrer Ostseite eine Reihe Schießscharten in stichbogig schließenden Nischen auf. Im Süden stößt sie auf den $5 \times 6{,}50$ m großen, noch 7 m hohen Turm, dessen nach der Hofseite offenes Erdgeschoß mit einer Halbkreistonne abgeschlossen ist. Von einem Fachwerkaufsatz des Turms sind lediglich die Balkenkanäle der Balkenlage im Estrich über der Erdgeschoßdecke erhalten[19].

Der südwestlich angrenzende Mauerabschnitt ist auf der Hofseite unterhalb der Mauerkrone mit einer Reihe Basaltkonsolen versehen, die wohl der Aufnahme eines Wehrgangs dienten. Im anschließenden Teil erhöhte man die Südwestmauer um zwei Geschosse. Der schmale Raum zwischen Ringmauer und Wohngebäude wurde überbaut, wie Fensteröffnungen unterschiedlicher Größe in drei Ebenen zeigen. Gleichzeitig erfolgte vermutlich eine Aufstockung des Wohngebäudes (vgl. den vorhandenen Giebel).

Der Westteil des Berings stößt, ebenso wie der Zwinger, keilförmig vor. Erhalten sind Scharten im unteren, hier 1,60 m starken Mauerteil und in der aufgesetzten, lediglich etwa 0,70 m dicken Mauer. Die kurze Nordseite wird vom Eingang des Burghofes eingenommen.

Das teilweise noch dreigeschossig erhaltene Wohngebäude mit unregelmäßigem Grundriß hatte in der Eingangsebene einen größeren, annähernd rechteckigen Raum von ca. $8 \times 11{,}50$ m und im Südwesten kleinere Nebenräume, teilweise mit tonnengewölbtem Keller. Der Zugang, ein 2 m breites Tor und eine 1,60 m breite und ca. 2 m hohe stichbogige Tür, liegt in der Südwestecke. In Höhe des Schuttkegels sind in der West- und Ostwand des Hauptraums Balkenlöcher (vermutlich der Kellerdecke) sichtbar. Die Erdgeschoßdecke war gewölbt. Geringe Reste der Gewölbezwickel sowie die Auflagerschlitze der etwa 40 cm starken Gewölbekappen und der Gurte lassen auf vier kreuzgratgewölbte Rechteckjoche schließen, die zwischen 45 cm breite Gurte eingespannt waren. Vermutlich saßen die Gurtbögen an den Wänden auf Konsolen. Bei den ab 1992 durchgeführten Sanierungsarbeiten wurde ein Teilstück der Gurte aus Trachyt freigelegt[20].

Reste einer Mittelsäule haben sich nicht erhalten. Im Ansatz erkennbar ist die Spitzbogenform der Kappen. Wie alle Teile der Burg bestanden sie aus Schieferbruchsteinmauerwerk. Alle übrigen Wohngeschosse hatten Holzbalkendecken. Die Westfront überragt ein hoher, jetzt freistehender

Schildgiebel. Auf seiner Innenseite haben sich Reste eines Kamins des Obergeschosses erhalten. Ein weiterer Kamin an der südwestlichen Außenwand, ebenfalls im Obergeschoß gelegen, ist noch erkennbar.

Die Rechteckfenster der Eingangsebene haben stichbogig schließende Wandnischen von durchschnittlich 2,20 m Breite und 3,50 m Höhe. Einige Nischen hatten steinerne Sitzbänke. Ursprünglich vorhandene Steingewände zeigten außen einen Falz, innen Kehle mit Falz. Putzreste unterschiedlicher Zusammensetzung, im Turm Stroh-Lehmputz, sonst überwiegend Kalkputz, sind noch vorhanden[21].

BALDENELTZ (TRUTZELTZ)

Die Burg ist 1331 bis 1336, während der Eltzer Fehde, ausschließlich zu militärischen Zwecken angelegt worden. Nach Unterwerfung der Familie von Eltz wurde sie dem Burggrafen Johann von Eltz übergeben. Sie ist spätestens seit dem 18. Jahrhundert Ruine[22].

Die kleine Burg liegt auf einem nach drei Seiten steil abfallenden Bergsporn, nördlich der Burg Eltz und höher als diese, über dem Eltztal. Die überhöhte nördliche Angriffsseite sichert ein aus dem Felsen geschlagener Halsgraben. Ein vorgelagerter Zwinger, teilweise mit Schießscharten versehen, schützt die Anlage zusätzlich im Norden.

Einziges Gebäude der Burg ist der annähernd quadratische Wohnturm, dessen verstärkte Nordwand keilförmig vorstößt und durch Verlängerung nach Westen das gesamte Plateau schildmauerartig abriegelt. Die Zuwegung erfolgt aus nördlicher Richtung. Tore im Zwinger und im westlichen Teil der Schildmauer (Doppeltor mit spitzbogigem Eingang) bilden den Zugang zum Burghof[23].

Das zweigeschossige Wohngebäude, mit Außenmaßen von ca. 11×11 m und einer noch erhaltenen Höhe von ca. 11,50 m, steht auf einem Felssockel[24].

Sein Eingang liegt ebenerdig auf der Südseite. Fensteröffnungen verschiedener Größe befinden sich in der Süd- und Westwand, alle mit gemauerten Fensterstürzen in Stichbogenform. Die Nordwand ist auf der Angriffsseite bis zur Gebäudemitte keilförmig von 3 auf 5 m verstärkt; sie trifft spitzwinklig auf die Ostwand und bildet dort eine

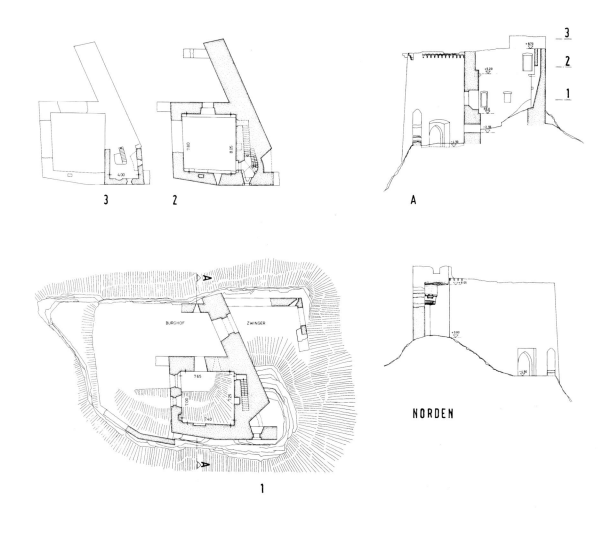

9. Baldeneltz, Grundriß und Schnitt, Aufmaß 1985

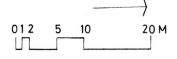

trichterförmige Nische, die etwa in Höhe des Bogenfrieses von dem Eckturm abgeschlossen bzw. bekrönt wird. Innerhalb der Nische befindet sich eine Türöffnung nach Osten.

Der nur in Ansätzen erhaltene, ca. 6 × 6 m große Eckturm der Schildmauer erfüllte vermutlich die Funktion eines Bergfrieds, d. h. er war Wehr- bzw. Wartturm und Repräsentationsbau. Seine Ostwand weist auf der Innenseite mittig eine flache,

1 m breite Rundnische und eine daneben liegende kleine Fensteröffnung auf, Einzelheiten, die auf einen Andachtsraum hindeuten. Ursprünglich trug die Schildmauer auf einer Länge von 14 m einen wohl überdachten Wehrgang, vermutlich aus Fachwerk, der auf beiden Seiten über einem Bogenfries leicht vorkragte[25].

Heute sind auf der Nordseite nur noch Fragmente des Frieses vorhanden. Auf der Südseite

10. Burg Eltz und Baldeneltz, Stahlstich ca. 1840

dagegen haben sich die halbkreisförmigen Tuffsteinbögen auf Basaltkonsolen fast vollständig erhalten. Noch vorhanden sind auch zwei kräftige, aus jeweils zwei Basaltbalken zusammengesetzte, vorne abgerundete Konsolen eines Erkers als westlichem Abschluß des Wehrgangs.

Im Inneren des Wohnturms befand sich über dem niedrigen Keller ein ca. 5 m hohes Wohngeschoß. Der Mauerrücksprung an West- und Ostseite unmittelbar über diesem Geschoß sowie die darunter befindlichen Basaltkonsolen für die Streichbalken trugen eine Holzdecke. Ein gerader, flachbogig überwölbter Treppenlauf innerhalb der Nordwand führt zum Obergeschoß. Die Treppe endet dort in einem kleineren Raum mit kreuzgratgewölbter Decke. Über eine weitere schmale Treppe gelangt man von diesem Raum zum Eckturm bzw. zum Wehrgang. Noch erkennbar ist die Wandgliederung des Erdgeschosses: Fenster sowie der Eingang saßen in Wandnischen, die mit gemauerten Stichbögen abschließen. In der Ostwand befand sich der einzige Kamin, daneben in der Südwand ein Wandschrank. Eine Nische in der Nordwand ist mit einem flachen Giebelsturz aus Basalt überdeckt. Die Form des Giebelsturzes wiederholt sich an den Türöffnungen beider Geschosse[26].

Das gesamte Mauerwerk der Burg besteht aus Schieferbruchsteinen.

BALDENRUISE (RAUSCHENBERG)

Sie ist um 1332 während der Eltzer Fehde (1331 bis 1336) als Trutzburg gegen die Burgen Schöneck (südwestlich), Waldeck (südöstlich) und Ehrenburg (bachabwärts) errichtet worden[27].

Ab 1337 war sie Sitz eines kurtrierischen Amtmanns. Seit der zweiten Hälfte des 15. Jahrhunderts setzte ihr Verfall ein[28].

Als Bauplatz für die Anlage wurde der Endabschnitt eines von Süd nach Nord abfallenden Bergrückens, der sich in den Winkel zwischen Ehrenbachtal und Mermuther Bachtal einschiebt, gewählt. Die überhöhte östliche Angriffsseite sichert ein aus dem Felsen geschlagener, teilweise 6 m tiefer Halsgraben, der sich auf der Südseite fortsetzt. Ein dem Geländeverlauf entsprechendes System von Zwingern, ursprünglich wohl teilweise mit Schießscharten versehen, umgibt den fünfseitigen Bering mit keilartig nach Osten vorstoßender, 1,40 m starker und noch ca. 10 m hoher Schildmauer und in die gegenüberliegende Westseite eingefügtem, rundem Mauerturm[29].

71

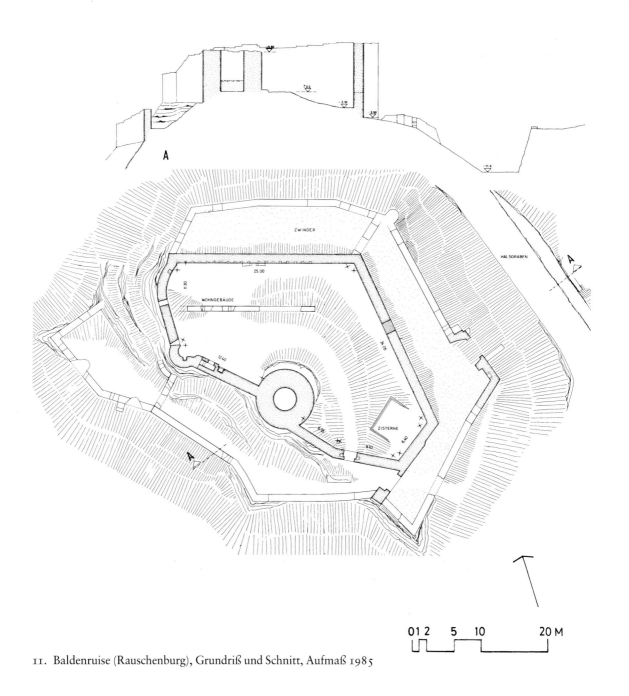

ZWINGER

HALSGRABEN

A

25.00

11.30

WOHNGEBÄUDE

12.40

ZISTERNE

0 1 2 5 10 20 M

11. Baldenruise (Rauschenburg), Grundriß und Schnitt, Aufmaß 1985

Der Zugangsweg führte, von Osten kommend, mittels einer Brücke über den Graben zu einer ersten Toranlage im Zwinger. Ihr gegenüber, im Ostflügel der Schildmauer, war ursprünglich ein rundbogiger Burgeingang. Zu einem späteren Zeitpunkt wurden auf der Südwestseite ein größeres Tor und eine ebenfalls rundbogige, verriegelbare Türöffnung in der Ringmauer angeordnet[30].

Im nordöstlichen Teil des Hofes haben sich geringe Reste eines ursprünglich dreigeschossigen Wohn- und Wirtschaftsgebäudes mit massivem Untergeschoß erhalten[31].

Das höhere Obergeschoß und eine spätere Aufstockung hatten hofseitig vermutlich Fachwerkaußenwände. Die Außenmaße des Gebäudes betrugen ca. 6,60 × 21 m; seine Geschoßteilung läßt sich anhand der Balkenlöcher in der Schildmauer rekonstruieren. In Höhe des zweiten Geschosses sind die Umrisse eines gemauerten Kamins erkennbar. Eine Fensteröffnung befindet sich in der Westwand, daneben außerhalb des Gebäudes eine Scharte in stichbogig schließender Nische. Innerhalb der Westmauer liegt der Ansatz einer Treppe, die zur Mauerkrone und wahrscheinlich auch zum Turmeingang führte. Der Rundturm mit einem äußeren Durchmesser von ca. 8 m und einem Innendurchmesser von 3 m schließt heute in Mauerhöhe ab.

Einige Aussparungen im oberen Teil der Umfassungsmauern sind als Balkenauflager zu deuten,

die Südostmauer hatte vermutlich einen inneren Wehrgang, auch hier sind Balkenlöcher für die Holzkonstruktion vorhanden.

Alle Teile der Anlage wurden aus Schieferbruchstein in Verbindung mit grobem Kalkmörtel hergestellt. Ausschlaggebend für den relativ guten Erhaltungszustand der Schildmauer ist neben der Mörtelqualität die sorgfältige Verarbeitung des Steinmaterials gerade dieses Bauteils.

Der Wasserversorgung diente eine in der Südecke des Hofes aus dem Schieferfelsen geschlagene, ca. 5×4 m große und etwa 2 m tiefe Zisterne.

Anmerkungen

1 *Pauly, Ferdinand*: Aus der Geschichte des Bistums Trier, Bd. II. Die Bischöfe bis zum Ende des Mittelalters, S. 110–114.

2 *Berns, Wolf-Rüdiger*: Balduin von Luxemburg 1285 bis 1354. Festschrift 1985, Beobachtungen zur Burgenpolitik Balduins. II. »Territorialstaat« und »Territorialherrschaft« im 14. Jahrhundert, S. 304.

3 *Mötsch, Johannes*: Die Balduinen. Aufbau, Entstehung und Inhalt der Urkundensammlung des Erzbischofs von Trier, 1980. – Weit über die Hälfte der überlieferten Urkunden bezieht sich inhaltlich auf Burgen und Burglehen.

4 *Berns* (wie Anm. 2), III. Die landesherrlichen Burgen unter Balduin, S. 304.

5 *Berns, Wolf-Rüdiger*: Burgenpolitik und Herrschaft des Erzbischofs Balduin von Trier, 1307–1354, 1980; ebd., B. Der Besitzstand Balduins um 1307, S. 19 u. 20; ebd., C. Die landesherrliche Burg und ihre Bedeutung für die Herrschaft des Erzbischofs, S. 22 u. 23.

7 *Liessem, Udo*: Burgen u. Schlösser 1984/II, S. 141, Buchbesprechung. Burgenpolitik und Herrschaft des Erzbischofs Balduin von Trier (1307 bis 1354), Bemerkungen zur Person des Erzbischofs Balduin.

8 *Bornheim gen. Schilling, W.*: Rheinische Höhenburgen, 3 Bde., Neuß 1964, Textbd., XI. Grundformen von Donjon und Wohnturm, S. 102: »Eine aufwendige schnelle Strategie des immerfort kriegführenden, Burg- und Warttürme in konkreten Systemen ausbauenden Fürsten machte den Wohnturm als Zentrum kleiner Anlagen schnell zum brauchbaren Ideal«.

9 Zur Anlage: *Vogts, H.*: Die Kunstdenkmäler des Kreises Bernkastel, S. 150–152.

10 Zur Anlage: *Luthmer, F.*: Die Bau- und Kunstdenkmäler des Lahngebietes, Unterlahnkreis (Die Bau- und Kunst-

denkmäler des Reg.Bez. Wiesbaden, Bd. III), Frankfurt a. M. 1907, S. 228.

11 *Kunze, R.*: Burgenpolitik und Burgbau der Grafen von Katzenelnbogen bis zum Ausgang des 14. Jahrhunderts, S. 71. – Die zum Turm hin spitz zulaufenden Schildmauern folgen dem Prinzip der keilförmigen Deckung. Vergleichbare Lösungen sind bei der etwa zeitgleichen Burg Reichenberg, erste Bauphase um 1320, und Burg Schwalbach, Bauzeit 1368 bis 1371, der Grafen von Katzenelnbogen zu beobachten.

12 Zur Anlage: *Backes, M./Caspary, H./Müller-Dietrich, N.*: Die Kunstdenkmäler des Rhein-Hunsrück-Kreises, Die Kunstdenkmäler von Rheinland-Pfalz 1977, Tl. 1, S. 205–218.

13 *Kunze, R.*: Späte Burgen und frühe Schlösser, Bemerkungen zu einer wieder vereinigten Kulturlandschaft (Raum Werra, Fulda, Oberweser), in: Burgen und Schlösser 1994/II, S. 3–10.

14 Ebd., S. 3.

15 *Bornheim gen. Schilling* (wie Anm. 8), S. 102.

16 Zur Datierung vgl. u. a. *Dehio, G.*: Hdb. d. Dt. Kunstdenkmäler, Rheinland-Pfalz/Saarland, München 1984, S. 76.

17 *Luthmer* (wie Anm. 10), S. 228.

18 Nach der Limburger Chronik ist die Burg »in der neuen Weise« angelegt, d. h. wahrscheinlich unter Berücksichtigung der gerade aufkommenden Feuerwaffen oder im Hinblick auf den Verzicht auf einen Bergfried. Vgl. *Dehio* (wie Anm. 16), S. 76.

19 Die Balkenkanäle wurden bei Sanierungsarbeiten 1992 bis 1994 festgestellt.

20 Vermutlich stammt der Trachyt aus der Umgebung von Diez/Lahn.

21 An der Südwest- und Nordwand zwischen den Fenstern des

Obergeschosses stellte F. Luthmer noch 2 cm starke, in Putz aufgetragene Wappenschilde fest; *Luthmer* (wie Anm. 10), S. 230.

22 Zur Datierung vgl. *Dehio* (wie Anm. 16), S. 253.

23 *Gondorf, B.*: Die Burgen der Eifel, Köln 1985, S. 177.

24 Zur Anlage bzw. zum Wohnturm bemerkte W. Bornheim gen. Schilling, er sei typisch für eine schnell errichtete Trutzburg Kurfürst Balduins; *Bornheim gen. Schilling* (wie Anm. 8), S. 99.

25 *Kunze* (wie Anm. 11), S. 52 zur Verwendung des Rundbogenfrieses als Mittel der Vorkragung etwa von Wehrgängen.

26 *Bornheim gen. Schilling* (wie Anm. 8), S. 234 zur Form und Herstellung des Giebelsturzes.

27 Zur Datierung vgl. *Dehio* (wie Anm. 16), S. 791.

28 Zur Verwendung der Burg als Sitz eines Amtmanns vgl. *Schellack, G./Wagner, W.*: Burgen und Schlösser im Hunsrück-, Nahe- und Moselland, Kastellaun 1976, S. 33.

29 Die Form der Anlage, ein breit gelagertes Fünfeck, ist vergleichbar mit Burg Reichenberg/Rhein-Lahn-Kreis und Burg Schwalbach/Unterlahnkreis.

30 Doppeltoranlage vgl. Trutzeltz.

31 Zur Anlage vgl. *Dehio* (wie Anm. 16), S. 791.

Abbildungsnachweis

Pauly, Abb. 98: 1; Geschichtlicher Handatlas der Länder am Rhein, Lörrach/Köln 1950, S. 16: 2; S. 27: 2; Die Kunstdenkmäler der Stadt Koblenz (Die Kunstdenkmäler von Rheinland-Pfalz), München/Berlin 1954, S. 82/83: 4; Berns, S. 211: 5; Verfasser: 6, 8, 9, 11; Die Kunstdenkmäler des Rhein-Hunsrück-Kreises 1 (Die Kunstdenkmäler von Rheinland-Pfalz), München/Berlin 1977, S. 208/209: 7; Stich im Besitz des Verfassers: 10.

74

CHRISTOFER HERRMANN

Burg Haneck im Wispertal – Hintergründe einer Burggründung im späten Mittelalter

Die Stadt Lorch bildet die letzte am Rhein gelegene Ortschaft am Westende des Rheingaus. Dort mündet die Wisper in den großen Strom. Entlang ihres kurvenreichen Verlaufes haben sich die Ruinen mehrerer Burgen erhalten, die davon Zeugnis ablegen, daß hier die Grenzen verschiedener Herrschaften aufeinanderstießen: im Nordwesten das zur Pfalzgrafschaft gehörende Kaub, im Norden und Nordosten die Grafen von Katzenelnbogen (ab 1479 die Landgrafen von Hessen) und im Süden das Erzstift Mainz.

Der Reigen der Befestigungen beginnt mit der Stadt Lorch und dem Nollig, einem bewohnbaren Wehrturm, es folgen die Burgen Waldeck, Rheinberg, Kammerberg und Laukenburg. Den Abschluß dieser Reihe bildete eine Doppelburganlage: Geroldstein (unten) und Haneck (oben).

Burg Haneck, das letzte und jüngste Glied dieser Kette, ist Gegenstand meines Beitrages. Nach einer kurzen Einführung in die Familiengeschichte der Herren von Geroldstein und einer Beschreibung der Anlage sollen u. a. die Hintergründe beleuchtet werden, die zur Erbauung der Burg im späten 14. Jahrhundert führten.

1. FORSCHUNGSSTAND

Vereinzelte kurze Abhandlungen zur Geschichte des Geschlechtes und ihrer beiden Burgen finden sich seit dem Beginn des 19. Jahrhunderts. In diesen frühen Schriften wurden jedoch einige Irrtümer in die Welt gesetzt, die sich teilweise hartnäckig bis heute gehalten haben. So geht die Legende vom »Raubritternest« auf eine Fehlinterpretation der Gesta Treverorum durch Bodmann zurück[1]. Das kleine, aber populäre Büchlein von Adelheid von Stolterfoth über Rheingau und Wispertal[2] hat diesen Irrtum übernommen und auch die Namensverwechslung Haneck/Geroldstein publik gemacht, die bis heute im allgemeinen Be-

wußtsein fortbesteht. Eine Reihe wichtiger Urkunden zur Geschichte der Herren von Geroldstein wurden 1880 durch F. W. E. Roth in Regestenform veröffentlicht[3]. Drei Jahre später gab Gustav Schenk zu Schweinsberg in einem kurzen und fundierten Aufsatz einen Überblick zu den Burgen im Wispertal[4], wobei die seither publizierten Irrtümer schon korrigiert wurden. Eine Zusammenfassung aller bisher bekannten urkundlichen Nachrichten zur Familie und den beiden Burgen (und somit den aktuellsten Forschungsstand) lieferte 1990 Hellmuth Gensicke[5].

Zur Baugestalt von Burg Haneck äußerte sich 1880 erstmals eingehender Wilhelm Lotz[6]. Ferdinand Luthmer veröffentlichte 1914 einen (im Detail jedoch nicht sehr genauen) Grundriß des Bergfrieds und der Schildmauer und beschrieb noch einige Details, die heute verschwunden sind[7]. In seiner historischen Darstellung griff er jedoch die Irrtümer von Bodmann und Stolterfoth wieder auf. Auch im 1965 von Max Herchenröder bearbeiteten Kunstdenkmälerinventar des Rheingaus[8], das keine neuen Aspekte bringt, behauptet sich die Namensverwechslung.

2. DIE HERREN VON GEROLDSTEIN

Die Herren von Geroldstein, ursprünglich und in den Urkunden noch oft Gerhardstein genannt[9], bildeten ein kleines Adelsgeschlecht aus der Gefolgschaft der Grafen von Katzenelnbogen. Mit der Errichtung von Haneck wurden sie ab 1386 auch Vasallen des Mainzer Erzbischofs und dienten somit den beiden Herrschaften, deren Interessengebiet genau am Ort der Stammburg Geroldstein, am Lauf der Wisper, zusammenstieß.

Die Besitzungen befanden sich fast alle in der unmittelbaren Umgebung der Stammburg. Es handelte sich im wesentlichen, neben den Burgen Ge-

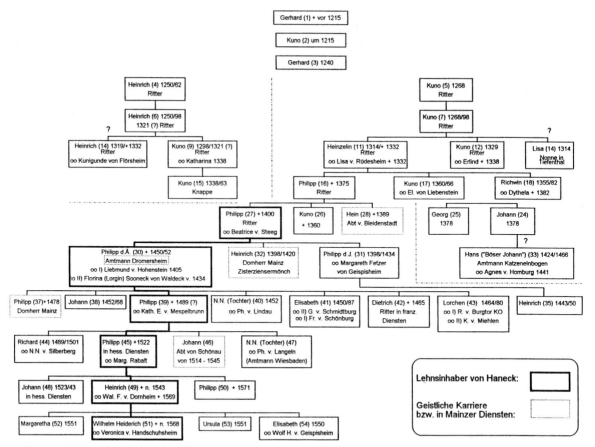

Stammtafel der Herren von Geroldstein

1. Stammtafel der Herren von Geroldstein

roldstein und Haneck, um die Dörfer Dickschied, Weidenbach, Oberfischbach (Lehen der Grafen von Katzenelnbogen), Diethardt (Lehen der Herren von Westerburg), sowie Ransel und Wollmerschied (Lehen des Mainzer Erzstifts), wo die Geroldsteiner die Dorfherrschaft ausübten[10].

Der Urvater des Geschlechts war, zu einem nicht genau bestimmbaren Zeitpunkt im 12. Jahrhundert, der Erbauer der Stammburg Gerhardstein, der wahrscheinlich auch Gerhard hieß[11]. Die erste urkundliche Erwähnung von Geroldstein erfolgte 1215[12].

Die Ritter von Geroldstein standen zunächst hauptsächlich im Dienst der Grafen von Katzenelnbogen. Mit der Lehnsauftragung der Burg Haneck an den Mainzer Erzbischof (1386) eröffnete sich für die Mitglieder der Familie ein weiteres Betätigungsfeld, denn das Erzstift war bemüht,

seine adligen Vasallen durch Zuteilung von Pfründen enger an sich zu binden. Es finden sich daher ab diesem Zeitpunkt Mitglieder des Geschlechtes, die Karriere in Mainzer Diensten machten, worauf noch einzugehen ist.

Ansonsten verdingten sich die Geroldsteiner weiterhin als Dienstmannen der Grafen zu Katzenelnbogen bzw. deren Nachfolgern, den Landgrafen von Hessen, oder suchten ihr Glück als ritterliche Söldner in fremden Landen. So starb Dietrich von Geroldstein am 4.7.1465 bei Paris, als Gefolgsmann des Grafen von Charolais, im Vorfeld der Schlacht von Montléry[13]. Hans von Geroldstein, der in den Quellen zwischen 1420 und 1466 genannt wird[14], war Katzenelnbogener Amtmann und trug den Beinamen »Böser Johann«, was nicht unbedingt auf ein sehr friedfertiges Gemüt schließen läßt.

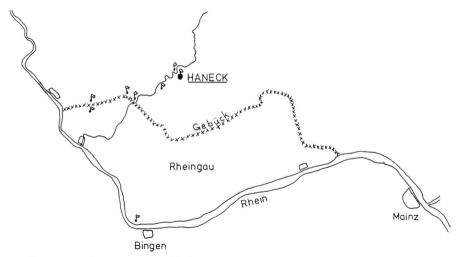

2. Rheingau und Rheingauer Gebück

Im 16. Jahrhundert erscheinen die Geroldsteiner nur noch selten im Dienst einer Herrschaft. Erwähnenswert ist für diese Zeit Johann von Geroldstein († nach 1545), der dreißig Jahre lang Abt des Klosters Schönau war.

Die letzten beiden Generationen übten keine nennenswerten Ämter mehr aus. Man lebte wohl hauptsächlich von den Einkünften der Lehen und des Eigenbesitzes. Diese Einkünfte waren allerdings recht bescheiden, denn die Dörfer rund um das Wispertal lagen abseits der Handelswege und brachten auch in der Land- und Viehwirtschaft keine besonderen Erträge. Verschuldung und Verpfändung zahlreicher Güter waren deshalb unvermeidlich[15]. Man könnte den Eindruck gewinnen, daß die Lebenskraft des Geschlechtes langsam erschlaffte.

Mit Wilhelm Heiderich († 1568) und dessen Onkel Philipp († 1571) starben die beiden letzten männlichen Vertreter ihres Geschlechtes und beschlossen somit die Geschichte derer von Geroldstein[16]. Die Lehen fielen an die Landgrafen von Hessen bzw. das Mainzer Erzstift zurück.

3. Der Burgname

Sehr interessant ist die Entwicklung des Burgnamens, der sich im Laufe der Jahrhunderte ständig veränderte.

In der Gründungsurkunde von 1386[17] und deren Bestätigung (1390)[18] wird noch kein eigener Burgname erwähnt, sondern einfach von der Burg auf dem Hanenberg gesprochen. 1391 ist daraus die Burg Hanenberg geworden[19], ein Name, der im 16. Jahrhundert wieder erwähnt wird. So heißt es in einer Rechnung von 1576 *Hannen Berck*[20] und im 1589 geschlossenen Vertrag mit dem Schmiedemeister Peter Sorge *Hennenberg*[21]. Im 15. Jahrhundert wird dagegen fast ausschließlich von Haneck (in verschiedenen Schreibvariationen[22]) gesprochen.

Um 1600 erfolgte wiederum ein Wechsel von Hanenberg zu Haneck. Adam Riedesel von Camberg bat den Mainzer Domscholaster Johann von Bicken wegen einer Belehnung mit der Burg *Huneck oder Haneck bey Gerstein*[23] in einem Brief um die Fürsprache beim Erzbischof. Johann von Bikken konnte mit diesem Namen jedoch nichts anfangen und schrieb an den Rand: *Wurd vielleicht hanenberg sein, das sich was Hun= oder Haneck sonst(en) nicht findet, wie auch ander(e) ausser deß hausses hanenberg von nichts wissen wöll(en)*[24]. Ein Jahr später gebrauchen Johann, inzwischen Erzbischof, und verschiedene Mainzer Beamte selbst wieder den Namen Haneck[25].

Diese Nennung nach dem Berg, auf dem die Burg errichtet wurde, ist für die Zeit des 14. Jahrhunderts eher unüblich gewesen. Vielmehr hätte man den Namen des Erbauers erwarten kön-

3. Älteste Ansicht von Geroldstein und Haneck (Stahlstich um 1840 von J. G. Martini, Zeichnung A. von Toussaint)

4. Ansicht von Geroldstein und Haneck, 1848 (Zeichnung von L. Eltester)

5. Geroldstein und Haneck, 1959

nen, z. B. Philippseck oder Philippsberg. Die Herren von Geroldstein lagen interessanterweise mit ihren Burgbezeichnungen jeweils entgegen des zeitgenössischen Trends. Ihre Stammburg nannten sie im 12. Jahrhundert nach ihrem Erbauer Gerhardstein, was für die damalige Zeit ungewöhnlich und eher im 14. Jahrhundert gebräuchlich war. Bei der Haneck verzichteten sie jedoch auf die Nennung des Gründers.

Während des Mittelalters erschienen noch zwei weitere Namen in den Quellen, die jedoch nur jeweils einmal genannt werden. Ein Mainzer Schreiber fügte 1391 im Mainzer Lehnsbuch neben dem Namen Hanenberg folgende Bemerkung ein: *Nota hic quod istud castrum nominatur vulgariter der Gauchsperg*[26], ein Hinweis auf den abgelegenen Standort, wo oft der Ruf des Kukkucks zu vernehmen war. Für das Jahr 1424 ist als weiterer Name die »Müllenburg« überliefert[27], was wohl darauf zurückzuführen ist, daß am Fuße des Hanenbergs eine Mühle betrieben wurde.

Im frühen 19. Jahrhundert vollzog sich der Namenstausch zwischen der oberen und unteren Burg. Seitdem wird Burg Haneck, trotz zahlreicher

Richtigstellungen in der Literatur[28], offiziell als Geroldstein bezeichnet. In dieser Zeit begegnet uns auch der Name Schwarzenberg, der teilweise heute noch gebräuchlich ist.

4. Beschreibung der Burg

Burg Haneck liegt südlich der Wisper auf dem Grat eines Bergspornes, der von Süden nach Norden zum Tal hin abfällt. Der Bergsporn wurde südlich und nördlich der Oberburg abgearbeitet, so daß zwei mächtige Halsgräben entstanden. Man kann daher von einer Gipfelburg sprechen. Eine 1848 angefertigte Zeichnung von Leopold Eltester zeigt diese Situation etwas überspitzt, dafür um so deutlicher. Die Höhe über N.N. beträgt ca. 300 m, die Höhendifferenz zum Wispertal knapp 100 m. Die Stammburg Geroldstein, die auf einem kleinen Felsen im Tal liegt, ist in der Luftlinie nur ca. 200 m entfernt. Burg Haneck kann in drei Bereiche geteilt werden: Oberburg, Vorburg und Befestigungen im Gelände.

Oberburg

Die Oberburg hat einen leicht rechteckigen Grundriß mit Seitenlängen von ca. 25 × 23 m und bildet zwei Bereiche aus. Im Osten steht, auf erhöhter Lage, eine Schildmauer mit Bergfried und Treppenturm, im Westen, etwa fünf Meter tiefer, befanden sich das Wohngebäude und ein kleiner Hof.

Die 2,50 m dicke Schildmauer verläuft in Nord-Süd-Richtung und knickt hinter dem Treppenturm nach innen (Richtung Westen) ab. Nähert man sich der Burg von dieser Seite, so ergibt sich unwillkürlich der Eindruck einer polygonalen Anlage mit Ecktürmen, ein »Castel-del-Monte-Effekt«.

Den südlichen Abschluß der Schildmauer bildet ein achteckiger Bergfried, in der Höhe ca. 10 m erhalten. Der runde Innenraum war offensichtlich das Verlies. Der heute noch stehende Bergfried reicht nicht einmal bis zur Decke des ehemaligen Untergeschosses, er dürfte ursprünglich mindestens doppelt so hoch gewesen sein.

In der Mitte der Schildmauer wuchs, im Durchmesser wesentlich geringer, der siebeneckige Treppenturm aus der Wand. Daneben sind an der oberen Mauerkrone die Reste eines Abtrittes zu finden.

79

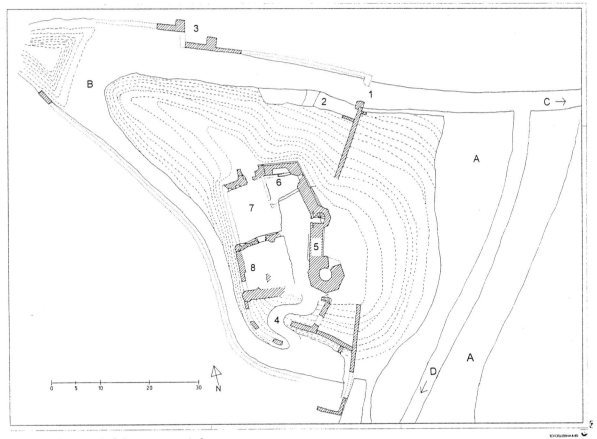

6. Haneck. Grundriß der gesamten Anlage

A: Halsgraben. B: kleiner Halsgraben. C: Weg zum Rheingau. D: Pfad zur Burg Geroldstein. 1: Toranlage der Vorburg. 2: Ehem. Pförtnerhaus der Vorburg. 3: Reste der Ringmauer mit Strebepfeiler und Wartturm. 4: Serpentine zur Oberburg. 5: Schildmauer mit Bergfried und Treppenturm. 6: Küche. 7: Wohnbau. 8: Hof

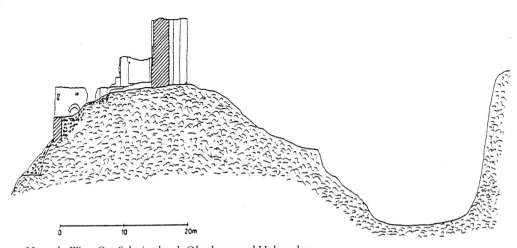

7. Haneck. West-Ost-Schnitt durch Oberburg und Halsgraben

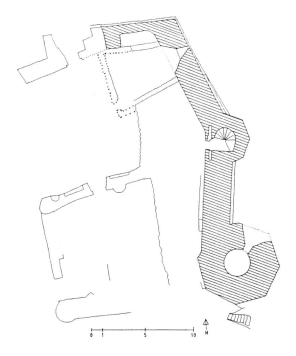

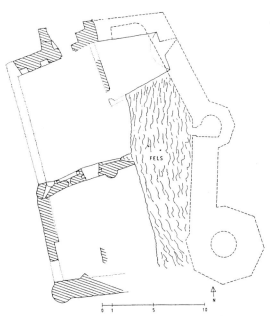

8. Haneck. Grundriß der Oberburg (oben: Schildmauer; unten: Wohnbau und Hof)

Auf der Innenseite lassen sich aufgrund von
Rücksprüngen im Mauerwerk drei an die Schildmauer angelehnte Geschosse annehmen. In der
Nordost-Ecke hat sich ein mächtiger Kamin erhalten, darunter befand sich ein kleiner Gewölbekeller. Man kann hier wohl die Küche vermuten.

Im unteren Bereich steht vom ehemaligen
Wohnbau noch die Südwand mit einem spitzbogigen Portal, abgerundeten Ecken und einer halb-
runden Wandvorlage. Auf einem Foto der Süd-
wand-Rückseite von 1959 war noch ein weiteres
Geschoß zu sehen, ein Beleg für den zunehmenden
Verfall der Ruine. Da der Hof und das Wohngebäude meterhoch mit Schutt gefüllt sind, ist möglicherweise noch ein weiteres Geschoß im Untergrund verborgen.

Am Wohngebäude, wie an den anderen Teilen
der Burg, gibt es keine Hinweise auf Verwendung
von Werkstein. Die gesamte Anlage wurde aus
Schieferbruchstein errichtet.

Vorburg und Außenbefestigung

Im Norden, Westen und Süden legte sich, etwa 10
bis 20 m tiefer, ein Weg im Bogen um die Oberburg herum, an dem die Gebäude der Vorburg
errichtet waren. Dieser Weg kam von Osten, vom
Rheingauer Landswald, her. Im Burgbereich begann er am Nordende des mächtigen Halsgrabens
und führte zunächst zum Tor der Vorburg, von
dem aus auch eine Mauerverbindung zur Oberburg bestand. Hinter dem Tor, von dem nur wenige steinerne Reste zeugen, verbreiterte sich der
Weg. Hier befanden sich die Hauptgebäude der
Vorburg, von denen sich noch einige Mauerzüge
erhalten haben.

Anschließend biegt der Weg nach Süden ab und
durchschneitet den zweiten Halsgraben. Nach
Nordwesten ragt der übriggebliebene Rest des
Berggrates wie eine Bastion in das Wispertal. Auch
dieser Felsen wurde durch Mauern in die Befestigung der Burg einbezogen.

Der Weg zog sich weiter um die Oberburg
herum und schlängelte sich an der Südseite in
einigen Serpentinen nach oben bis zum inneren
Burgtor, dessen genaue Lage heute jedoch nicht
mehr zu erkennen ist, da der gesamte Bereich von
Schutt überlagert wurde.

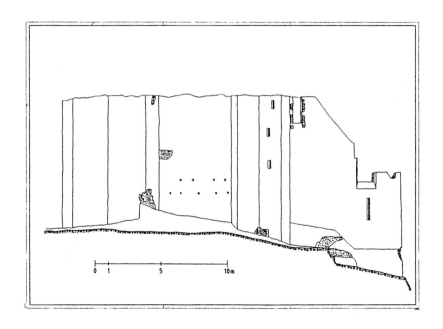

9. Haneck. Ansicht von Osten mit Bergfried, Schildmauer und Treppenturm (oben). Rekonstruktionsversuch der Ostseite (unten)

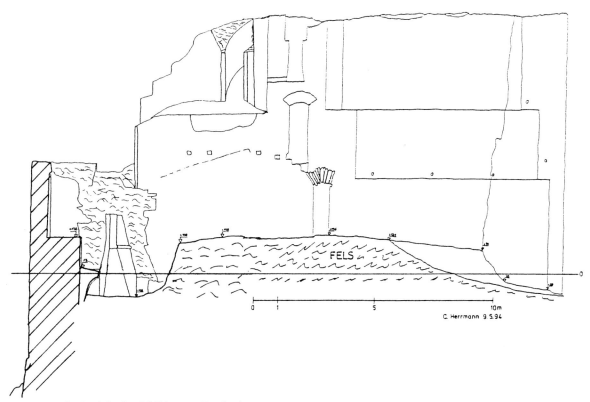

10. Haneck. Ansicht der Schildmauer-Rückseite

5. Hintergründe zur Errichtung der Burg

5.1. Die politische Ausgangslage

Im Geschichtlichen Atlas von Hessen wird auf der Karte Nr. 18, die Hessen um 1550 darstellt[29], das kleine Gebiet um Geroldstein als selbständige adlige Herrschaft verzeichnet. Dies ist so nicht richtig.

Die Lehnsbindungen der Familie an die Grafen von Katzenelnbogen bzw. deren Nachfolger, die Landgrafen von Hessen einerseits und das Mainzer Erzstift andererseits, waren zu eng und der Allodialbesitz allzu gering, als daß man einer solchen Einordnung zustimmen könnte.

Ganz falsch ist wohl diese Überlegung jedoch nicht. Eine gewisse eigenständige Stellung der Geroldsteiner kann durchaus bejaht werden. Sie beruhte aber nicht auf einer besonders starken und machtvollen Stellung des Geschlechtes gegenüber ihren Lehnsherren, vielmehr kann die abseitige und unattraktive Lage der Besitzungen als Argument angeführt werden.

Aus diesem Landstrich waren keine größeren Einkünfte zu erwarten. Wenn der Besitz an sich nicht durch Ansprüche benachbarter Mächte gefährdet war, so konnte eine landesherrliche Verwaltung solche Regionen am ehesten vernachlässigen und der Obhut eines zuverlässigen Vasallen anvertrauen.

Die Lehnsnehmer, in diesem Fall die Herren von Geroldstein, hatten in ihren Lehen sicherlich mehr Freiheiten und waren der landesherrlichen Kontrolle weniger unterworfen als andere Vasallen im Kerngebiet einer Herrschaft. Sie mußten andererseits aber auch die ökonomischen Nachteile ihrer Randlage ertragen.

Die Bauern in den weit verstreut liegenden kleinen Dörfern konnten dem kargen Boden nur relativ geringe Erträge abgewinnen und somit auch weniger an ihre Dorfherren abliefern. Diese waren nun gezwungen, wollten sie ein halbwegs gutes Auskommen haben, sich verstärkt in die Dienste ihrer Lehnsherren zu begeben. Dadurch gelangten

83

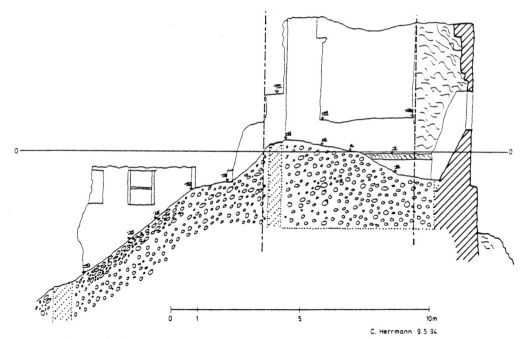

C. Herrmann 9.5.94

11. Haneck. Ansicht der Nordmauer des Wohnbaus (links) und der Küche (rechts)

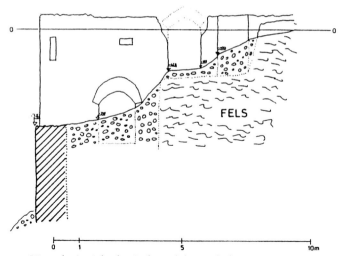

FELS

12. Haneck. Ansicht der Südwand des Wohnbaus

sie aber wieder in ein größeres Abhängigkeitsverhältnis.

Was an Freiheiten auf der einen Seite gewonnen wurde, ging auf der anderen Seite wieder verloren. Eine tatsächlich selbständige Herrschaft konnte unter solchen Bedingungen nicht entstehen.

Es gibt jedoch noch ein zweites Argument für eine relativ unabhängige Stellung der Herren von Geroldstein: die Grenzsituation. Burg Geroldstein lag genau an der Stelle, an der sich die Interessensgebiete des Mainzer Erzstifts und der Grafen von Katzenelnbogen trafen.

Gewiß existierten im Mittelalter in peripheren Regionen keine so scharfen Grenzziehungen, wie wir sie heute kennen. Vielmehr ebbten Herrschaftsintensität und -ansprüche allmählich ab und wurden schwächer, bis sie auf andere Ansprüche stießen, die sich ihrerseits fortschreitend verstärkten.

Eine derartige Abstufung ist für den Mainzer Bereich gut dokumentiert. Das Gebiet des eigentlichen Rheingaus wurde durch eine feste Grenze abgesteckt: das Rheingauer Gebück[30]. Dieses verlief in seinem östlichen Teil ca. sechs Kilometer südlich der Wisper, parallel zum Fluß, knickte vor Presberg nach Norden ab, überschritt bei der Kammerburg die Wisper und wendete sich anschließend wieder nach Westen, um zwischen Lorchhausen und Kaub auf den Rhein zu stoßen.

Das Mainzer Einflußgebiet endete jedoch nicht am Gebück, sondern griff darüber hinaus. So gehörten die im Vorfeld des Gebücks liegenden Dörfer Ransel, Wollmerschied und Espenschied noch zum Erzstift[31]. Von der Laukenmühle ab bis zur Mündung des Dornbaches, oberhalb von Geroldstein, bildete der Lauf der Wisper die Trennlinie zwischen Mainz und der Grafschaft Katzenelnbogen[32].

Der ungefähr sechs Kilometer breite Waldstreifen zwischen Gebück und Wisper gehörte zwar nicht zum Rheingau im engeren Sinne, doch lagen die Nutzungsrechte beim Mainzer Erzstift, weshalb der Erzbischof hier Lehen vergeben und Burgen bauen konnte.

Wenn sich nun ein kleines Adelsgeschlecht in einer solchen unwirtlichen Grenzlage ansiedelte und beiden Territorialherren zu Diensten war, konnte es dadurch auch zu beiden eine gewisse Distanz und Unabhängigkeit bewahren. Genau dies taten die Herren von Geroldstein, bis dato nur Vasallen der Grafen von Katzenelnbogen, als sie

13. Haneck. Ansicht von Nordosten, 1959

1386 die Burg Haneck errichteten und dem Mainzer Erzbischof zu Lehen auftrugen.

5.2. Die Gründungsurkunde vom 4. Oktober 1386

Urkundliche Nachrichten bezüglich der Burg Haneck sind im späten Mittelalter sehr selten. Dies gilt jedoch nicht für den Gründungsakt der Burg, der sogar in doppelter Weise überliefert ist.

Am 4. Oktober 1386 erlaubt der Mainzer Erzbischof Adolf von Nassau dem Ritter Philipp von Geroldstein, auf dem zum Erzstift gehörenden *hanenberg obwendig gerhartstein* eine Burg zu errichten[33]. Vier Jahre später wird diese Erlaubnis von Erzbischof Konrad erneuert[34]. Welche Regelungen wurden in dieser Urkunde getroffen?

Zunächst einmal erfahren wir, daß eine Burg 1386 noch nicht existierte, denn es heißt dort, daß Philipp von Geroldstein die Burg *buwen sol und mag*. 1390 können wir dagegen lesen, daß Philipp den *haneberg zu eyn(er) burg unde vesten gebuwet hait*. Innerhalb dieser vier Jahre ist Haneck folglich errichtet worden.

Als Begründung für die Bauerlaubnis gibt Erzbischof Adolf an, dies geschehe wegen geleisteter

Dienste und aus besonderer Gnade. Dies dürfte eher eine Floskel sein, denn von einer Tätigkeit der Geroldsteiner in Mainzer Diensten ist bis zu diesem Zeitpunkt nichts überliefert. Es handelte sich vielmehr um ein Bündnis für die Zukunft. Durch die Erlaubnis zum Bau der Burg Haneck sollten die Herren von Geroldstein zukünftig treue Vasallen des Erzstifts werden.

Als nächstes wurden die rechtlichen Beziehungen festgelegt. Philipp von Geroldstein sollte auf eigene Kosten eine Burg errichten[35] und dem Erzbischof als Offenhaus auftragen. Anschließend erhielt er sie für sich und seine Erben als Mannlehen und zurück. Philipp durfte dem Erzstift aus Haneck keinen Schaden zufügen und mußte die Burg dem Erzbischof, so oft dieser es verlangte, gegen jedermann öffnen. Sollte Haneck jedoch von Feinden besetzt werden, so versprach das Erzstift Hilfe, als ob eine eigene Burg betroffen wäre.

Falls Philipp ohne Nachfahren sterben würde, sollte die Burg an dessen Bruder und seine Erben fallen. Diese dürften jedoch nur auf die Burg gelassen werden, wenn sie vorher die Artikel dieser Übereinkunft beschworen hätten. Wenn Philipp oder seine Erben die geschworenen Artikel brechen und somit meineidig würden, sollten sie alle Rechte an der Burg und den anderen mainzischen Lehen verlieren.

5.3. Die Interessen der Herren von Geroldstein und des Mainzer Erzstifts an der Errichtung von Burg Haneck

5.3.1. Erzstift Mainz
Die Gründe für den Mainzer Erzbischof Adolf von Nassau, Philipp von Geroldstein den Hanenberg als Bauplatz für eine Burg zur Verfügung zu stellen, waren in erster Linie strategischer Natur. Das Erzstift wollte durch die Errichtung von Haneck die Grenze zur Grafschaft Katzenelnbogen sichern und deren Burg Geroldstein neutralisieren. Eine gegnerische Burg an der eigenen Grenze barg immer die Gefahr einer feindlichen Expansion in sich. Durch eine Gegenburg konnte eine solche Gefahr gebannt werden.

Es gab für einen Territorialherren nun im wesentlichen zwei Möglichkeiten. Entweder errichtete er selbst eine Landesburg und setzte dort einen Burggrafen ein oder er ließ sich eine Burg zu Lehen auftragen.

Ersteres hatte den Vorteil, daß die Burg unter besserer Kontrolle des Landesherrn stand, denn ein Burggraf war als Dienstmann nur mit einem zeitlich begrenzten Burglehen versehen und konnte jederzeit abberufen werden. Bei einer Lehnsburg bestand demgegenüber immer die Gefahr, daß der belehnte Vasall oder dessen Nachfahren sich verselbständigten und das Lehen entfremdeten. Ein gravierender Nachteil der Landesburg war dagegen, daß sie der Territorialherr auf eigene Kosten erbauen und unterhalten mußte, während in unserem Fall die Herren von Geroldstein die gesamte Finanzierung übernahmen. Außerdem bekam das Erzstift Mainz durch die Lehnsauftragung von Haneck einen neuen Vasallen.

Erzbischof Adolf konnte folglich eine positive Bilanz ziehen. Dem Erzstift stand eine neue Burg zur Verfügung, ohne daß die eigene Kasse belastet werden mußte, ein weiterer Vasall war hinzugewonnen und die Grenze an der Wisper gesichert.

Es sei jedoch auch auf zwei problematische Aspekte hingewiesen. Zunächst einmal muß angemerkt werden, daß die Herren von Geroldstein für das Mainzer Erzstift keine Vasallen mit uneingeschränkter Gefolgschaft waren, denn sie hatten mit den Grafen von Katzenelnbogen immer noch ihren Hauptlehnsherrn. Bei einem Konflikt zwischen dem Erzbischof und dem Grafen von Katzenelnbogen hätten die Geroldsteiner Neutralität wahren müssen, um nicht einen ihrer Lehnsverträge zu brechen. Im Vergleich mit der vorhergehenden Situation stellte dies jedoch eher eine Verschlechterung für die Katzenelnbogener dar, denn diese mußten nun einen Vasallen mit dem Erzstift teilen, der bislang ihnen allein gedient hatte.

Ein Grund für die Herren von Geroldstein, sich in die Lehnsabhängigkeit des Mainzer Erzstiftes zu begeben, war die Absicht, einzelnen Familienmitgliedern ein gutes Auskommen in Mainzer Diensten zu ermöglichen. Dies bedeutete für den Erzbischof, daß er einige Pfründe oder Ämter den neuen Vasallen zur Verfügung stellen mußte. So gesehen war die Angelegenheit, auch aus Sicht des Erzstifts, nicht ganz kostenlos.

5.3.2. Die Herren von Geroldstein
Bei den Herren von Geroldstein sprachen mehrere Gründe für den Burgbau und die Lehnsauftragung an das Mainzer Erzstift.

Wahrscheinlich spielte die Aufteilung des Geschlechtes in verschiedene Linien eine Rolle.

Durch das Fehlen des Familienarchivs sind uns nähere Einblicke die verwandtschaftlichen Verhältnisse leider verwehrt. Die von H. Gensicke erstellte Stammfolge[36], in der alle bekannten Nachrichten verwertet wurden und die ich in eine Stammtafel übertragen habe, legt jedoch die Existenz mehrerer Linien nahe.

Einschränkend sei angemerkt, daß die Entstehung mehrerer Linien nicht zwangsläufig zur Gründung einer neuen Burg führen mußte, auch durch eine Teilung der Stammburg konnten die verschiedenen Erbansprüche befriedigt werden. Offenbar strebte aber der Zweig, der seit der Mitte des 14. Jahrhunderts den Leitnamen Philipp trug, eine Verselbständigung an, indem man sich in die Dienste des Mainzer Erzstifts begab[37].

Diese Politik war offensichtlich erfolgreich, denn schon zwei der drei Söhne und ein Bruder Philipps von Geroldstein konnten von der neuen Bindung profitieren. Während sich bisher alle männlichen Vertreter des Geschlechtes in weltlichen Diensten, hauptsächlich bei den Grafen von Katzenelnbogen, verdingt hatten, machten ab 1386 einige Geroldsteiner Karriere im Erzstift Mainz, u. a. in der geistlichen Laufbahn. So wurde Hein von Geroldstein (†1389), ein Bruder des Erbauers von Haneck, Abt im mainzischen Kloster Bleidenstadt[38] und Heinrich, ein Sohn Philipps, Domherr in Mainz[39]. Ein weiterer Sohn, Philipp d. Ä. (†1450/52), ist als Amtmann im mainzischen Dorf Dromersheim belegt[40]. Es liegt die Vermutung nahe, daß diese Karrieren in unmittelbarem Zusammenhang mit der Lehnsauftragung von Haneck stehen und wahrscheinlich sogar in den Verhandlungen im Vorfeld des Baus von Haneck verabredet wurden.

Auch auf einem weiteren Gebiet trug die Anlehnung Philipps von Geroldstein an das Mainzer Erzstift Früchte. Im Einrich besaß das Geschlecht Herrschafts- und Gerichtsrechte in fünf Dörfern, die von den Grafen von Katzenelnbogen[41] bzw. den Herren von Westerburg[42] zu Lehen getragen wurden. Nun kamen von mainzischer Seite noch die beiden Ortschaften Ransel und Wollmerschied hinzu. Dies bedeutete eine spürbare Verbesserung der Einkünfte, die allerdings weiterhin, im ganzen gesehen, relativ bescheiden blieben.

Wie es um die Qualität der Wiesen und Äcker bestellt war, berichtet um 1640 ein mainzischer Beamter, der für das Erzstift die Situation bei der Burg Haneck begutachtet hatte. Am Fuße der Ruine stand an der Wisper ein kleiner Bauernhof, von dem aus die von der Burg herrührenden Liegenschaften bewirtschaftet wurden. Der Berichterstatter schreibt hierzu: »*ahn acker hatt solgeß ser wenig undt nit vil nutz, weil sie ahn bergen, hinder der sonnen hencken, wegen der hohen praiyritzen (?) ist nit vil rindtvih da zu halten daß best vih ist geisen*«[43].

Aus den bisher genannten Argumenten läßt sich die Entscheidung zum Bau von Haneck und die Lehnsauftragung an das Erzstift Mainz als durchaus sinnvoll und vernünftig begründen. Dennoch ist man irritiert über die Größe der Anlage. Für die Verhältnisse der Herren von Geroldstein – und im Vergleich mit der Stammburg – hatte das Neubauprojekt Haneck fast gigantische Dimensionen: Um die Oberburg mit Schildmauer und mächtigem Bergfried zog sich eine weitläufige Vorburg. Zwei Halsgräben mit enormen Ausmaßen und zahlreiche Mauerzüge am Berghang sicherten das Vorfeld. Der Bau dieser Burg muß das kleine Adelsgeschlecht ein Vermögen gekostet haben. Ganz im Gegensatz dazu standen die Einkünfte, die mit Haneck verbunden waren. Es handelte sich nur um einige Wiesen und wenige karge Äcker, aus denen sich nicht einmal ansatzweise die Kosten der Burg erwirtschaften ließen.

Seltsam, fast anachronistisch, mutet die topographische Lage an: eine Gipfelburg am Ende des 14. Jahrhunderts. Bei einer Höhe von fast 100 Metern über dem Wispertal mußten alle lebensnotwendigen Dinge mühsam auf einem steilen Pfad hochgeschleppt werden. Die Wasserversorgung konnte man nur durch die Anlage eines tiefen (und somit teuren) Brunnens sicherstellen.

Warum aber dieser enorme Aufwand in einem abgelegenen Landstrich, den normalerweise kein fremder Besucher betreten hat? Die Gründe können nur irrational sein: Repräsentationsbedürfnis und Imponiergehabe. Burg Haneck war das Renommierprojekt einer im sozialen Aufstieg befindlichen Linie der Herren von Geroldstein. Der Eintritt in den Dienst eines mächtigen Territorialherren, in unserem Fall des Erzbischofs von Mainz, war verbunden mit einer Erhöhung des gesellschaftlichen Status. Dies demonstrierte Philipp von Geroldstein nach außen durch den Bau einer neuen Burg in der Art, wie sie für ein angesehenes Geschlecht in der schon vergangenen Blütezeit des Rittertums angemessen gewesen wäre.

Das Bündnis mit dem Erzstift Mainz war für das kleine Geschlecht der Geroldsteiner sicherlich eine kluge und weitsichtige Entscheidung – nicht jedoch der Bau einer überdimensionierten und altmodischen Höhenburg. Ein solches Prestigeobjekt eignete sich, langfristig gesehen, nicht für das Alltagsleben einer niederadligen Familie im zu Ende gehenden Mittelalter. Der Erbauer von Haneck, Philipp von Geroldstein, wird auf jeden Fall mit Stolz – und einem Berg voll Schulden – in seiner neuen Residenz gewohnt haben. In seinem Testament stiftete er sogar eine Burgkapelle[44]. Das gleiche ist von seinem Sohn, ebenfalls mit dem Namen Philipp, anzunehmen, der, mit sieben Kindern gesegnet, sicherlich froh war, nicht mit anderen Verwandten in den beengten Verhältnissen der Stammburg Geroldstein leben zu müssen.

Wie es die nachfolgenden Generationen mit Haneck hielten, ist nicht bekannt, da wir wegen des fehlenden Familienarchivs keine Nachrichten hierüber besitzen. Es darf aber angenommen werden, daß sich die Herren von Geroldstein spätestens ab Beginn des 16. Jahrhunderts wieder mit ihrer im Tal gelegenen Stammburg begnügten. Von Heinrich von Geroldstein ist überliefert, daß er dort Forellen züchtete[45]. Im Jahr 1551 haben wir relativ sichere Kunde darüber, daß die Familie im Tal wohnte und auf Haneck nur noch ein Verwalter saß[46].

Als die Burg um 1570, nach dem Aussterben der Herren von Geroldstein, an das Erzstift Mainz zurückfiel, war sie längst unbewohnt und verfallen. Der Landschreiber im Rheingau, Vincent Boltinger, lieferte dem Mainzer Erzbischof am 4. Juli 1601 einen Bericht über den Zustand von Haneck. Er schreibt, »daß daß hauß Haneck am Tach und Fach gantz und gahr verfallen, und zubewohnen dergestallt undienstlich. und nichts pessers daran, alß die alte Mauren. wie auch darinnen nichts gelassen worden. Eß wohnet aber ietziger Zeit ein hoffmann darin welcher ein Stüblein und Küchen hieforn an der Pforten uffgericht und außgepessert hatt, daß er sich nach notturfft darin erhaltten kann«[47].

Ungefähr vierzig Jahre später hält sich nochmals ein Mainzer Beamter dort auf und berichtet, daß »daß alte gemüer hoh ahn einer ley felsen gantz veröd undt verwüst, bestehendt in leimen gemaüer undt ser engem begriff, darauff ist ein zugeworffner zigbronnen, ist gantz kein gewohnlicher weg dahin, wan daß schloß wider solt auffgebauet werden, ist nötig daß gantz alleß abgebrochen werde, weil alleß faul«[48].

Doch niemand wollte eine Burg wiederaufbauen, zu der nur ein Trampelpfad führte (erst 1880 verlängerte man die Landstraße an der Wisper bis nach Geroldstein) und von deren Besitzungen sich gerade zwei oder drei Bauern mehr schlecht als recht ernähren konnten. So blieb und bleibt Haneck eine einsame Ruine, die – hier paßt das alte Schlagwort aus der Geschichte der Denkmalpflege – allmählich in Schönheit verfällt.

Anmerkungen

1 Vgl. *Bodmann, F. J.*: Rheingauische Alterthümer, 1819, S. 312–314. – Die Nachricht über eine Belagerung der Burg Geroldstein durch Erzbischof Balduin von Luxemburg, 1353, bezog sich jedoch auf die gleichnamige Anlage in der Eifel, wie schon *Stramberg, Christian von*: Rheinischer Antiquarius, 2. Abt., 2. Bd.: Mittelrhein, Koblenz 1863, S. 341 richtigstellte.

2 Vgl. *Stolterfoth, Adelheid von*: Beschreibung, Geschichte und Sage des Rheingaues und Wisperthales, Kelkheim 1985 (Neudr. d. Erstausg., Mainz 1840), S. 92–94.

3 *Rot, F. W. E.*: Die Geschichtsquellen des Niederrheingau's,

Tl. 1: Regesten zur Geschichte des Niederrheingaus, Wiesbaden 1880, S. 485–487 u. 542 f.

4 *Schenk zu Schweinsberg, Gustav*: Mittheilungen aus der Geschichte der Wisperthalburgen, in: Quartalblätter des historischen Vereins für das Großherzogthum Hessen, Jg. 1883, H. 3/4, S. 17–24.

5 Vgl. *Gensicke, Helmut*: Die von Geroldstein, in: Nassauische Annalen, Bd. 101, 1990, S. 217–230.

6 Vgl. *Lotz, Wilhelm*: Die Baudenkmäler im Regierungsbezirk Wiesbaden, Berlin 1880, S. 212.

7 Vgl. *Luthmer, Ferdinand*: Die Bau- und Kunstdenkmäler

des Regierungsbezirks Wiesbaden, Tl. 1, Frankfurt/Main 1907, S. 128f. – Der untere Teil der Oberburg war jedoch so überwuchert, daß Luthmer ihn damals nicht begehen konnte.

8 Vgl. *Herchenröder, Max*: Die Bau- und Kunstdenkmäler des Landes Hessen, Bd. 3: Der Rheingaukreis, München 1965, S. 48f.

9 Zu den verschiedenen Variationen der Namensgebung vgl. *Gensicke* (wie Anm. 5), S. 217f.

10 Vgl. *Gensicke* (wie Anm. 5), S. 220 u. 226–230.

11 Dies wäre ein sehr frühes Beispiel für die Benennung einer Burg nach ihrem Erbauer und nicht umgekehrt. Erst im 14. Jahrhundert wurde eine solche Namensgebung gebräuchlicher. Erwähnt seien die zahlreichen nach Balduin von Luxemburg benannten Burgen (Baldenau, Balduinseck, Balduinstein etc.).

12 Vgl. *Fabricius, Wilhelm*: Güterverzeichnisse und Weistümer der Wild- und Rheingrafschaft (Trierisches Archiv, Ergänzungsh. XII), 1911, S. 11.

13 Vgl. *Gensicke* (wie Anm. 5), S. 224, Nr. 42. – In der Literatur wurde das Sterbedatum zuweilen auf den Tag der Schlacht (16.7.1465) vordatiert. So ließ z. B. *Stramberg* 1863 (wie Anm. 1), S. 243, den Ritter einen standesgemäßen und ehrenvollen Tod auf dem Schlachtfeld sterben.

14 Vgl. *Gensicke* (wie Anm. 5), S. 224, Nr. 33.

15 Vgl. *Gensicke* (wie Anm. 5), S. 220f.

16 Vgl. *Gensicke* (wie Anm. 5), S. 225, Nr. 50f.

17 Staatsarchiv Würzburg (StAWü), Mainzer Ingrossaturbuch XI, fol. 58.

18 StAWü, Mainzer Ingrossaturbuch XII, fol. 19f.

19 StAWü, Mainzer Lehnbuch I, fol. 153 (vgl. *Gensicke* [wie Anm. 5], S. 220).

20 Hauptstaatsarchiv Wiesbaden (HStAW), Abt. 101, Nr. 681, fol. 1.

21 HStAW, Abt. 108, Nr. 2614, fol. 2r.

22 Eine Auflistung bei *Gensicke* (wie Anm. 5), S. 220.

23 HStAW, Abt. 100, Nr. 55, fol. 6v.

24 Ebd.

25 Ebd., fol. 9ff.

26 StAWü, Mainzer Ingrossaturbuch I, fol. 153; vgl. auch *Schweinsberg* (wie Anm. 4), S. 23.

27 Vgl. *Stramberg* (wie Anm. 1), S. 342.

28 Z. B. bei *Schweinsberg* (wie Anm. 1), S. 22; *Gensicke* (wie Anm. 5), S. 220; dgl. *Roser, Wolfgang*: Die Burgen der Rheingrafen und ihrer Lehnsleute zur Zeit der Salier im Rheingau und im Wispertal, in: Nassauische Annalen, Bd. 103, 1992, S. 19.

29 Geschichtlicher Atlas von Hessen, Karte 18: Hessen um 1550; hrsg. v. *Hess. Landesamt f. geschichtl. Landeskunde*, Marburg 1975.

30 Vgl. *Cohausen, August von*: Das Rheingauer Gebück, in: Annalen des Vereins für Nassauische Altertumskunde und Geschichtsforschung, Bd. 13, 1874, S. 148–178.

31 Vgl. *Lüstner, Gustav*: Neue Untersuchungen über den Verlauf der Grenze des Rheingauer Weistums, in: Nassauische Annalen, Bd. 58, 1938, S. 25–54, hier Abb. 3.

32 Vgl. *Schweinsberg* (wie Anm. 4), S. 23.

33 StAWü, Mainzer Ingrossaturbuch XI, fol. 58.

34 StAWü, Mainzer Ingrossaturbuch XI, fol. 19f.

35 Von einer finanziellen Beteiligung des Erzbischofs ist nirgends die Rede.

36 Vgl. *Gensicke* (wie Anm. 5), S. 221ff.

37 Dies ist auf der Stammtafel gut nachvollziehbar.

38 Vgl. *Gensicke* (wie Anm. 5), S. 223, Nr. 28.

39 Vgl. *Gensicke* (wie Anm. 5), S. 223, Nr. 32.

40 Vgl. *Gensicke* (wie Anm. 5), S. 223, Nr. 30.

41 Geroldstein, Dickschied, Weidenbach und Oberfischbach.

42 Diethardt.

43 HStAW, Abt. 102, Nr. 322, fol. 18r.

44 Vgl. *Gensicke* (wie Anm. 5), S. 227.

45 Dies geht aus der Kopie eines 1539 verfaßten Briefes Heinrichs an den Mainzer Kurfürsten Albrecht von Brandenburg hervor (HStAW, Abt. 100, Nr. 41).

46 Vgl. *Gensicke* (wie Anm. 5), S. 220.

47 HStAW, Abt. 100, Nr. 55, fol. 11r.

48 HStAW, Abt. 102, Nr. 322, fol. 18r.

Abbildungsnachweis

Angaben nach Gensicke 1990: 1; Verfasser: 2, 6–12; Stich im Besitz des Verfassers; Landesamt für Denkmalpflege Wiesbaden: 4, 5, 13.

HARALD HERZOG

Burgen und Schlösser –
zur Forschungslage im Rheinland (NRW)

Burgen und Schlösser sind »in« – bei Publikum, Investoren, Touristik, Politik. Entsprechend intensiv geht man mit ihnen um, restauriert sie, baut sie aus, nutzt sie um, verändert sie, reißt sie ab. Man sollte meinen, was sich derart der allgemeinen Aufmerksamkeit erfreut, böte keine Geheimnisse mehr, sei in allen Einzelheiten bekannt und vertraut. Das Gegenteil ist der Fall. Wenn hier zum uferlosen Thema des Forschungsstandes im Bereich der rheinischen Burgen und Schlösser Stellung genommen wird, muß schon zu Anfang festgehalten werden, daß sich der souveräne Bauherr, der begnadete Architekt, der allwissende Handwerker beim lässigen Umgang mit Burgen und Schlössern auf sehr fremdem, ja unbekanntem Terrain bewegen und dabei – selbst wenn sie es wollten – kaum jemals umfassende Informationen zur Geschichte und Baugeschichte, schon gar nicht zur Bautechnik, erhalten können. Über den Einzelbau hinausgehende Bezüge werden in den seltensten Fällen erleuchtet, und gerade sie könnten Wert und Bedeutung unserer Zielobjekte und damit die ihnen zukommende Wertschätzung augenfälliger machen.

Für den Burgenforscher stehen diese Dinge außer Frage, und doch benötigt auch er zu seiner Arbeit gewisse Kenntnisse, wie andererseits der Burgenliebhaber eine solide Information zu schätzen weiß.

Zweifellos gibt es eine Unmenge von Einzelbemühungen und Publikationen wissenschaftlicher oder passionierter Art zum Thema, doch darf dies Phänomen nicht den Blick dafür verkleben, daß wir von einem Gesamtüberblick oder einer Gesamtdarstellung weit entfernt sind – nicht einmal die exakte Zahl von Burgen und Schlössern ist uns bekannt, auch nicht im hier zu behandelnden Einzugsbereich des Rheinischen Amtes für Denkmalpflege, im Landesteil Rheinland von Nordrhein-Westfalen.

Schon diese vermeintlich einfachste Grundlage der Forschung, die Kenntnis der Zahl der untersuchten Objekte, wurde in hundert Jahren Forschungsgeschichte nicht erarbeitet, seit sich gegen Ende des vorigen Jahrhunderts die archivalischen und bauhistorischen Arbeitsweisen aus dem Nebel von Überlieferungen, Legenden und romantischer Vergangenheitsverklärung zu lösen begannen.

Das trotz mancher Mängel zu Recht berühmte Inventar der rheinischen Kunst- und Baudenkmäler, erarbeitet und herausgegeben von Paul Clemen zwischen 1890 und 1945, um das uns viele andere Regionen beneiden, leistete diese Arbeit nicht. Über 10% des Bestandes wurden schlicht übersehen und damit auch ein bis heute signifikantes Merkmal der rheinischen Burgenlandschaft ausgelassen: die beispiellose Dichte und Vielzahl von Adelssitzen. Die im Clemeninventar erfaßten und historisch wie bauhistorisch vorgestellten Bauten, also gut 90% des Bestandes, könnten dennoch eine breite und gesunde Basis bilden – wäre das Altinventar nicht in so vieler Hinsicht ungenau, unvollständig und sogar falsch. Das wurde bereits an anderem Ort[1] nachgewiesen, so daß ich mich hier auf drei Beispiele beschränke. Das erste betrifft Schloß Moyland bei Kalkar, Krs. Kleve, das durch die derzeit laufende Durchbaumaßnahme zum allen modernen Anforderungen genügenden Kunstmuseum seines Originalcharakters weitgehend entkleidet wird. Dabei wird keinerlei Rücksicht darauf genommen, daß es sich immerhin um das bedeutendste niederrheinische Kastell der Gotik handelt von einer unüblich dogmatischen Klarheit der Konzeption, das im 17. Jahrhundert zu einem eindrucksvollen Barockschloß überformt wurde, im 18. Jahrhundert den preußischen Königen als Jagdschloß diente und den Ort bot, an dem Friedrich der Große erstmals mit Voltaire zusammentraf. Schließlich wurde Moyland im 19. Jahrhundert durch – im-

1. Schloß Moyland, Kreis Kleve. Ansicht des Herrenhauses von Südwesten, ca. 1891

2. Schloß Moyland. Luftaufnahme von Süden, 1979

3. Burg Lüftelberg, Rhein-Sieg-Kreis. Ansicht des Herrenhauses von Nordosten, 1975

merhin – den Kölner Dombaumeister E. F. Zwirner regotisiert und zum Denkmalschloß ausgebaut[2], bis es im letzten Krieg schwer beschädigt wurde, später ausbrannte und jahrzehntelang unter einem Notdach allmählich verfiel. Dieses gewaltige vierseitige, viertürmige Kastell definierte Clemen als dreitürmige Anlage auf dreiseitigem Grundriß und verglich es mit dem nun tatsächlich dreitürmigen und dreiseitigen Schloß zu Kempen[3], was natürlich jede realistische Wertung unmöglich machte. Solche Schnitzer in einem Standardwerk sind nicht entschuldbar, aber verständlich, wenn man sich vor Augen hält, daß Clemen diesen Bau – wie viele andere – gar nicht persönlich kannte, sondern sich auf Abbildungen verließ, die er, woher auch immer, erhielt –, und die von ihm verwendete Abbildung zeigt das Schloß eben aus der Froschperspektive mit nur drei Türmen. Nur bei genauem Hinsehen zeigt sich der Zinnenkranz des Ostturmes rechts hinter dem Portalvorbau! Clemens Datierung des Schlosses Moyland ins 15. Jahrhundert ist ebenso willkürlich wie falsch und unbegründet, galt aber bis in jüngste Zeit als

verbindlich, da von Clemen. Eine fachgerechte Einordnung und Beurteilung war so nicht möglich, offenbar auch nicht wichtig; nicht einmal die naheliegenden Querverbindungen zum Schloß desselben Bauherrn in Ringenberg im Nachbarkreise wurden gezogen.

Dieser bis vor kurzem als ausreichend eingestufte Kenntnisstand diente den noch laufenden radikalen Baumaßnahmen in Ringenberg und Moyland quasi als Legitimation für die hurtige Zerstörung von Substanz und Befunden, die es ja eigentlich nicht geben konnte, weil sie nicht im Cleminventar erfaßt waren.

Das zweite Beispiel wäre die Burg in Lüftelberg, inventarisiert von Ernst Polaczek 1898. Dieser schien wie sein Mentor Clemen barocken Landadelssitzen wenig abzugewinnen und griff mit seiner Einordnung gelegentlich herzhaft daneben, wenn er z. B. Burg Lüftelberg in die erste Hälfte des 18. Jahrhunderts datiert und das Innere mit »wenig Bemerkenswertes« charakterisiert[4]. Daß, wie neuere Forschungen ergaben[5], der Ausbau der mittelalterlichen Burg Lüftelberg in ein barockes

4. Burg Lüftelberg, Gartensaal, 1972

Landschloß gegen 1780 dem Kurkölner Hofbaumeister Johann Heinrich Roth zu verdanken ist, mag 1898 noch von geringem Interesse gewesen sein; daß der wohlerhaltene Innenausbau mit seinem Gartensaal in klaren Louis-Seize-Formen dem Inventarisator nichts gesagt haben soll, befremdet noch heute. Schließlich gehören der Lüftelberger Gartensaal und seine Wandbilder in Grisailletechnik nach Fabeln von La Fontaine zu den äußerst seltenen Dekorationsstücken der Aufklärung im Rheinland, die in Inhalt und Herkunft beispielhaft diese Zeitströmung vertreten und eigentlich schon dem Kunsthistoriker des 19. Jahrhunderts aufgefallen sein müßten, zumal sie Abbilder der 1780 längst untergegangenen Brunnenfigurationen im Schloßpark von Versailles sind[6] und als integraler Bestandteil der dem Inhalt und Zweck angemessenen Ausstattung einer barocken Schloßanlage bewertet werden müssen.

Lüftelberg, als barocker Umbau in mittelalterlichem Mauerwerk mit verschiedenen Ungereimtheiten behaftet, mochte sich dem Inventarisator ohne weitere Vorkenntnisse im rheinischen Burgenbau nicht leicht erschließen, doch als ein Beispiel in einer Reihe barocker Landschlösser um

Bonn hätte es auch 1898 schon verständlich gewesen sein müssen. Da jedoch im selben Inventarband der abgerundetste und besterhaltene barocke Landsitz im Bonner Raum, Schloß Miel, mit nur einer Seite Text geradezu übergangen wird[7], muß gefolgert werden, daß Art und Bedeutung dieser Bauten dem damaligen Inventarisator insgesamt verschlossen blieben und eine vergleichende Analyse nicht einmal in Erwägung gezogen wurde. Ausgangslage für die Neuinventarisation des Schlosses Miel waren die unzureichende bisherige Kenntnis des Baues, der drohende Verkauf mit zu erwartender unangemessener Umnutzung, aber auch die 1990 erfolgte Publikation des Mieler Archives[8], das im »Clemeninventar« von 1898 zwar schon Erwähnung fand, doch höchstens flüchtig durchgesehen worden sein kann.

Das im Altinventar lapidar genannte Baujahr 1770 konnte um die gesamte, noch immer erstaunlich kurze Bauzeit 1768 bis 1771 ergänzt werden, alle Besitzer und die meisten Bauhandwerker und Künstler sind faßbar.

Der gesamte Baufortschritt ist anhand der – noch zu publizierenden – Korrespondenz zwischen Bauherr und Bauleiter dokumentiert, die

5. Schloß Miel, Rhein-Sieg-Kreis. Ansicht des Herrenhauses von Westen, 1990

Historie des Hauses liegt in wünschenswerter Vollständigkeit vor. Gibt dies schon ein aufschlußreicheres Bild als die halbe Seite Geschichte im Clemeninventar, so brachte die Inventarisation von 1991 bis 1992 bemerkenswerte architektur- und kunsthistorische Ergebnisse. Der im Altinventar als »Bruchsteinbau«, »regelmäßige Anlage« und mit »Satteldach« charakterisierte Baukörper muß definiert werden als Backsteinbau von asymmetrischer Gestalt mit unregelmäßig seitlich zugeordnetem Wirtschaftshof, zudem mit hohem Walmdach. Der Grundtyp ist eine hochmodern durchgestaltete Maison de Plaisance von klassischer Distribution des Poppelsdorfer Architekten Johann Georg Leydel, die sicher zum ersten Male im Rheinland, wahrscheinlich sogar in Deutschland, um einen asymmetrischen Nebentrakt erweitert ist, der Personal- und Wirtschaftsräume aufnahm und mit dem Haupthaus auf allen Ebenen verbunden ist, aber durch eigenen Zugang und Treppenhaus das herrschaftliche Wohnhaus vom hauswirtschaftlichen Betrieb ganz freihält. Die Dégagements der Maison de Plaisance haben in Miel eine sehr eigenständige und komfortablere Fortführung gefunden, deren Vorbilder in England zu suchen sind und für den Schloß- und Villenbau des 19. Jahrhunderts typisch werden sollten.

Höhepunkt des Hauses ist wie üblich der Gartensaal, der in Miel von dem Bonner Hofmaler François Rousseau – im Clemeninventar mit den Schlössern Brühl und Dyck aufgeführt – mit einer Serie von Wandgemälden nach Vorlagen von Watteau ausgestattet wurde. Szenen ländlichen Lebens von frischer, noch immer leuchtender Farbigkeit in exzellenter Rokokodekoration kennzeichnen Miel als das Refugium seines Bauherrn, des kurkölnischen Staatsministers Karl Kaspar Graf Belderbusch, der sich hierhin aus dem öffentlichen Leben des Bonner Hofes zurückziehen konnte. Das Portrait des Bauherrn, wie das – im Altinventar nicht genannte – Kurfürstenportrait im Saal, sicher von einem weiteren Bonner Hofkünstler angefertigt und heute im Salon wandfest installiert, wurde im Altinventar als Bild seines Neffen und Nachfolgers falsch zugeordnet, die in die Wandvertäfelung integrierten Bilder des Jacobus Biltius (aus der Sammlung des Kurfürsten Clemens August) übersehen.

All dies und mehr fand im Altinventar keinerlei

95

6. Schloß Miel, Gartensaal, 1990

Erwähnung, so auch nicht der einzigartig originale und vollständige Erhaltungszustand des Hauses, der bei der Neuaufnahme 1991/92 Anlaß zu detailliertester Dokumentation bis hin zu den originalen Beschlägen war[9].

Schloß Miel, durch Aufgabe seiner ursprünglichen Wohnnutzung akut gefährdet, ist ein wichtiges Bindeglied im spätbarocken Schloßbau des Rheinlandes und solitär in seiner Authentizität, so daß eine Monographie im Rahmen des Inventars gerechtfertigt erscheint.

Das Altinventar, in der Folge schließlich Grundlage für alle denkmalschützerischen und -pflegerischen Maßnahmen, von Forschung und öffentlicher Wirkung ganz zu schweigen, erweist sich hier als nahezu nutzlos und erfüllt knapp die Anforderung an eine Statistik – bedenklich aber durch die Tatsache, daß einem Wegekreuz im Ort Miel ein größerer Raum für die Beschreibung und damit nach landläufigem Verständnis ein höherer Stellenwert zugestanden wird als dem gesamten Schloß.

Die geradezu heiligmäßige Einstufung des Clemenschen Inventarwerkes ließ bis heute keine Kritik zu, und was dieser Prototyp einer Bestandsauf-

nahme nicht oder nur als Nebensache aufnahm, unterliegt solcher Fehleinschätzung meist noch immer – mit entsprechenden Folgen der Mißachtung und schlimmstenfalls der Zerstörung, von Verlusten für die Wissenschaft ganz zu schweigen.

Als befriedigenden Forschungsstand kann man das nicht bezeichnen, selbst wenn sich im Laufe der Jahre die Bearbeitungsgeschwindigkeit verlangsamte (für den ersten Inventarband benötigte Clemen einschließlich Bereisung, Erfassung, Forschung und Drucklegung kein Dreivierteljahr), die Zahl der Mitarbeiter stieg und in gleichem Maße die Zuverlässigkeit sich erhöhte.

So ist das Altinventar leider nicht die Forschungsgrundlage, sondern kann nur mit gehöriger Vorsicht als historische Materialsammlung von allerdings unübertroffener Fülle genutzt werden.

Die Chance, aus dieser Datensammlung einen Überblick, Bezüge und Charakteristika herauszukristallisieren, wurde vertan.

Das am Rheinischen Amt für Denkmalpflege seit den sechziger Jahren in Arbeit befindliche neue Großinventar erreicht einen weit höheren Grad an Zuverlässigkeit und Vollständigkeit, wird also eines fernen Tages einen ganz anderen Stellenwert einnehmen können. Der Band Brühl mit den kurfürstlichen Schlössern von Wilfried Hansmann und Gisbert Knopp stellt den Stand der Forschung und die ultima ratio zum Thema dar, wie man es zu Recht von einem Inventar erwartet.

Für die aktuelle Forschung an Burgen und Schlössern bietet das neue Inventarwerk allerdings wenig Hilfe, denn seine sachlich gebotene und von Personalknappheit diktierte lange Bearbeitungsdauer ließ die Fertigstellung erst weniger Bände zu. Auch kann die Bearbeitungstiefe des speziellen Themas den Burgenforscher im allgemeinen nicht zufriedenstellen – das ist einfach nicht die Aufgabe eines solchen Inventars.

Die übrige Forschung hat eine gewaltige Menge an Material zu Einzelobjekten erbracht und umfaßt die uns allen bekannte Spanne vom lieblos gemachten Faltblatt bis zur aufwendigen und tiefgründig recherchierten Monographie, wobei das aus geschriebenen Quellen bestehende Forschungsfeld unvergleichlich viel gründlicher beakkert ist als das der gebauten Quellen – ein wohl für alle Regionen zutreffendes Phänomen. Leider führte das zu einer nahezu flächendeckenden Brache in Kunst- und Baugeschichte mit Ausnahme der prominentesten Bauten wie z. B. der fürstlichen Schlösser von internationalem Rang. Viele verdienstvolle Lokalforscher, deren Ortskenntnis und Engagement eine gelegentlich fehlende Fachausbildung mehr als wettmachen kann, haben Datenmengen gefördert, die als wertvolle Arbeitsgrundlage nicht unterschätzt werden können – zu ihrer Durchforstung und Vernetzung erfordern sie aber noch erhebliche Arbeitskraft, zumal ihre Ergebnisse, wenn sie denn überhaupt publiziert sind, oft nur in kleinsten Auflagen erschienen und schon im Nachbarort nicht mehr erhältlich sind.

Von daher mag verständlich sein, daß der immer wieder unternommene Versuch, eine Gesamtdarstellung mit den wesentlichen Kriterien zu geben, scheitern mußte und muß, solange keine vollständige Erfassung vorliegt.

Die Bildbände mit begleitendem Text zu den rheinischen Wasserburgen, die Edmund Renard und Theodor Wildeman seit den zwanziger Jahren publizierten, haben erstmals Wege gezeigt, Entwicklungslinien vorgestellt und eine Auseinandersetzung zum Thema und Antithesen überhaupt erst ermöglicht. Sie bleiben wertvolle zeithistorische Dokumente und zeigen uns Heutigen, welche

Klarheit und Verständlichkeit durch Weglassen zu erzielen ist. Die Neuherausgabe des Dunckerschen Schlösserbuches mit modernem Kommentar durch Wilfried Hansmann und Gisbert Knopp 1981[10] brachte den Kenntnisstand zu den behandelten 120 Adelssitzen zwar auf den neuesten Stand, aber bei gegenüber der Erstausgabe vierfachem Textumfang und wenig mehr als einem Zehntel der vermutlich gut 1000 rheinischen Burgen ist auch dies nur ein Ausschnitt. Von einigen laienhaften Versuchen aus neuerer Zeit wie einem sogenannten Handbuch der rheinischen Wasserburgen kann man kommentarlos abrücken. Der derzeitige Burgenboom im Rahmen des konfliktlosen Konsums von Kultur hat eine Fülle schnell und bunt gemachter Publikationen von hohem Anspruch und magerstem Gehalt hochgespült, die den Markt für ernsthafte Arbeiten verstopfen und in realitätsfern schönen Bildern nur die touristisch attraktiven Seiten zeigen, textlich aber lediglich ein Potpourri bieten aus wahl- und beziehungslos zusammengestellten Zitaten, die nach dem Zufallsprinzip der Sekundärliteratur entnommen scheinen...: unbrauchbar und ärgerlich und eine Frechheit gegenüber einem interessierten und zahlungswilligen Publikum.

Die pragmatischste und der Sache dienlichste Lösung ist, abgesehen von der immer sinnvollen erschöpfenden Monographie, die Gesamtdarstellung nach Kreisen, also Verwaltungsbezirken; gut bearbeitet und sorgfältig publiziert, macht sie schnell zusammengeschusterte Bildbände überflüssig, ist an Umfang überschaubar und für einen oder zwei Bearbeiter in absehbarer Zeit mit wünschenswerter Tiefenschärfe zu leisten, bleibt auf Kreisebene bezahlbar und findet auch sicher Sponsoren – ein gerade heute sehr wichtiger Gesichtspunkt.

So etwas ist z. B. für die Landkreise Neuss[11] und Euskirchen[12] gemacht worden und wird für den Rhein-Sieg-Kreis begonnen; in diesen Fällen ist der jeweilige Stand der Forschung umfassend repräsentiert, wenn auch mit unterschiedlicher Gewichtung, die von der Fachrichtung der Autoren abhängt, ob sie also Historiker, Archäologen oder Kunsthistoriker sind.

Eine pointierende Lösung wäre die Behandlung verschiedener Themenkreise auf Landesebene, was nicht nur die althergebrachte Trennung in Höhenburg oder Wasserburg beträfe, die so sinnvoll gar nicht ist, sondern auch Komplexe wie den

7. Hardtburg bei Euskirchen, 1972

Grundlagenforschung sei vorweggeschickt, daß die vermeintlich willkürliche Beschränkung auf die modernen Verwaltungsgrenzen von NRW aus der Sicht der Burgenforschung gerechtfertigt ist, entspricht sie doch in auffälliger Weise den historischen wie typologischen Zusammenhängen. Diese erklären sich durch eine fast 1000 Jahre voneinander abhängig verlaufene Geschichte der niederrheinischen Territorien, ihrer Fürsten, ihres Adels und eben auch deren Standesarchitektur, die sich gar nicht so sehr nach der sehr differenten Topographie richtete.

Darauf folgt als weitere Feststellung – die mangels Wissen bisher so dezidiert nicht möglich war –, daß die Interaktion des Adels die Form seiner Architektur weit stärker bestimmte als alle anderen Faktoren wie z. B. landschaftliche Bezüge. Auch prägte der adlige Bauherr, nicht etwa der Architekt, Stil und Erscheinung des Hauses bis hin zu scheinbar unwichtigen Details[13].

Die Vorgehensweise der Grundlagenforschung ergibt sich im übrigen aus der Kenntnis des Denkmälerbestandes, des dazu vorhandenen Materials und der Quellen sowie der in jeder Hinsicht beträchtlichen Lücken im Wissensstand. Erstes Ziel ist die vollständige Erfassung von Burgen und Schlössern mit möglichst vielen wichtigen Daten, was für ein wegen Geldmangels nicht zustande gekommenes Forschungsprojekt 1979 an der Universität zu Köln begonnen wurde; das Material liegt der Grundlagenforschung vor. Was an Zahl zu erwarten ist, zeigt sich schon im Kreis Euskirchen mit seinen 137 Objekten, die von der Motte (Billig) zur Turmburg (Hardtburg), vom Dynastensitz (Blankenheim) zur Landesburg (Zülpich), vom Barockschlößchen des namhaften Hofarchitekten (Kleinbüllesheim) zum Denkmalschloß des 19. Jahrhunderts (Flamersheim) nahezu vollständig das rheinische Spektrum repräsentieren und die Wahl des Kreises Euskirchen für dieses Pilotprojekt begründeten.

Vielerlei punktuelle Ergebnisse aus der landesweiten Forschung, die keineswegs nur von der Grundlagenforschung getragen wird, ließen sich bereits zu Leitlinien verbinden.

Die Masse des Bestandes bilden demnach die Ministerialenburgen mit über 90%, die meisten gegründet im 13./14. Jahrhundert, selten aus strategischem Kalkül, sondern vorwiegend zur kleinherrschaftlichen Besitz- und Machtsicherung. Typologisch folgten sie den wenigen Edelherrenbur-

Schloßbau des 19. Jahrhunderts oder diverse Barockthemen, was ja vorzugsweise in Dissertationen schon abgehandelt wurde.

All dies zu finden, zu ordnen, Spreu vom Weizen zu trennen und für eine Gesamtdarstellung nutzbar zu machen, ist Ziel der seit einigen Jahren am Rheinischen Amt für Denkmalpflege neu eingerichteten Grundlagenforschung für Burgen und Schlösser, die personell zwar noch etwas dünn ausgestattet ist, aber eben themenbezogen im gesamten Zuständigkeitsbereich des Landesdenkmalamtes forschen und inventarisieren kann, ohne durch eine festgelegte Bearbeitungsdauer oder gar eine thematische Zielvorgabe gehandicapt zu sein. Es dürfen somit auch Ergebnisse herauskommen, die man nicht erwartet hat – dieser Wesenskern aller Grundlagenforschung macht sie für die Verfechter der zweckgebundenen Wissenschaft so verdächtig und ehrt jene, die sie ermöglichen.

Als ein solches – überraschendes – Ergebnis der

8. Schloß Flamersheim bei Euskirchen. Ansicht von Westen, um 1900

gen, deren Dimension sie aber keinesfalls erreichen durften – wenn sie dennoch daran rührten,
wie im Falle Veynau oder Boetzelar, mußten sie
jederzeit die Zerstörung durch den Landesherrn
gewärtigen, selbst wenn kein geschriebenes Recht
verletzt wurde. Auch der landesherrliche Befehl
zum Abbruch auf eigene Kosten kam vor, wie in
Konradsheim 1354.

Die genaue Kenntnis der gesellschaftlichen Hintergründe bietet fast immer die Erklärung für
Form, Größe und Geschichte der einzelnen Burgen
wie auch für ihren im allgemeinen erstaunlich
kontinuierlichen Fortbestand am einmal gewählten Ort bis mindestens 1794.

Die rechtliche Qualifikation als landtagsfähige,
steuerfreie, aus Stein gebaute und zweiteilige Burg
in adligem Besitz, kurz als Rittersitz oder »adlicher
seeß«, war seit dem 14. Jahrhundert geradezu
verfassungsmäßiger Garant für das Überleben, die
Größe war es nicht: Kleinstburgen wie Arloff und

so eindrucksvolle Ensembles wie Harff unterschieden sich in ihrem rechtlichen Status anfangs kaum.

Soziale Stellung – nicht Finanzkraft – und Ar-
chitekturform bedingten einander bis 1794, so
daß eine Edelherrenburg immer von einer Ministe-
rialenburg schon durch die Dimension, z. B. des
Bergfrieds oder des Donjon, zu unterscheiden ist,
was umgekehrt von der Architektur auf den Rang
des Bauherrn zu schließen erlaubt.

Es war also die Sozialbindung, deretwegen
Bergfriede auf niederrheinischen Ministerialenburgen zu den Ausnahmen gehörten und nicht, wie
bisher immer kolportiert wurde, die Fundamentie-
rungsschwierigkeit im sumpfigen Flachland.

Diese rechtlich-sozialen Zusammenhänge werden in der Grundlagenforschung als eigener The-
menbereich behandelt. Ein weiterer Schwerpunkt
ist die Erstellung eines typologischen Gerüstes für
das Bearbeitungsgebiet, das bisher vor allem durch
die krasse Individualität seiner Burgen auffiel. Es

9. Burg Arloff bei Münstereifel, 1987

besteht jetzt schon eine ganz überzeugende Typologie des niederrheinischen Adelssitzes, dessen überschaubare mittelalterliche Grundformen bis ins 19. Jahrhundert beibehalten und ausgebaut wurden.

Einige Grundformen, die natürlich nicht auf das Rheinland beschränkt sind, seien angeführt:

Zwei mittelalterliche Standardbauten sind Wohnturm und Burghaus (oder Kemenate!), dieses mit der durchschnittlichen Länge von 25 m und belebt durch unendlich viele Variationen und Zutaten. Es folgen die Winkelanlagen (Odenhausen) und Vierflügelanlagen (Adendorf), seit dem 17. Jahrhundert neue Formen wie Ehrenhofanlagen (Schmidtheim, 1628!) oder Maisons de Plaisance (Miel), in letzterem Falle sogar mit singulären Neuerungen und hervorragender Ausstattung, deren kunsthistorische Zuordnung und Würdigung kürzlich gelungen ist (s. o.).

Wo immer möglich, wird eine gründliche Dokumentation und Inventarisation der einzelnen Bauten vorgenommen mit Neuaufmaß, Fotografie, Fotogrammetrie, Dendrochronologie, die später in ein Gattungsinventar eingefügt werden können. Während ein solches Gattungsinventar erstmals

10. Schloß Harff bei Bergheim, abgebrochen 1972. Luftaufnahme um 1930

11. Burg Adendorf bei Bonn. Herrenhaus von Westen, 1964

für einen ganzen Kreis (Rhein-Sieg-Kreis) in Arbeit ist, werden darüberhinausgehende Forschungsergebnisse, wie für Schloß Miel, in einem eigenen Band publiziert werden.

Daß bei aller regionalen Eigenart, die z. B. eine standardisierte Vorburg vom 14. bis 19. Jahrhundert kennt, der rheinische Burgen- und Schloßbau in europäische Zusammenhänge eingebettet ist und, angefangen bei Motte und Donjon, immer offen war gegenüber Einflüssen von außen, auch seinerseits befruchtend wirkte (Brauweiler-Wartburg), zeigt sich bei vielen laufenden Forschungsprojekten bis ins Detail. So finden wir in Moyland, dessen Grundriß des 14. Jahrhunderts aus den Niederlanden beeinflußt ist, beim Umbau des 17. Jahrhunderts holländische Ziegelformate, darin vergleichbar mit dem benachbarten Ringenberg, das ab 1661 vom selben Bauherrn durchgreifend erneuert wurde – einem gebürtigen Holländer.

Adendorf hat seine Vorbilder nicht im niederländischen Schloßbau der Renaissance, sondern unmittelbar in Oberitalien; während bisherige kunsthistorische Zuordnungen immer den Umweg über Holland bevorzugten, erklärt sich der direkte Weg auch aus dem Wissen, daß die Söhne der Familie von der Leyen in Bologna studierten.

Der einzigartige asymmetrische Personaltrakt von Miel ist der erste auf dem Kontinent; seine direkten Vorläufer entstanden zehn Jahre früher in England, wohin der Bauherr persönliche Beziehungen pflegte.

Jülich, Rheydt und Bonn, von Italienern erbaut, vertreten eindeutig einen sehr italienischen Stil, dessen Vorbildwirkung auf den ländlichen Schloßbau gar nicht hoch genug einzuschätzen ist.

Neben Inventar und Gattungsinventar sind Sonderpublikationen vorgesehen, so zu den oben angesprochenen Themen, zu denen umfangreiche neue Erkenntnisse vorliegen, aber auch für Holzbau und Dachstuhlkonstruktionen insbesondere der Gotik. Auf diesem Gebiet konnten mit Hilfe der Dendrochronologie bemerkenswerte Verschiebungen der traditionellen Lehrmeinung erzielt und bewiesen werden, hieß es doch bisher immer, der rheinische Profanbau weise kaum

12. Schloß Rheydt bei Mönchengladbach. Loggia im Innenhof, 1930

13. Burg Binsfeld bei Düren. Dachstuhl des Herrenhauses, 1992

mehr mittelalterliche Dachstühle auf. Dieser seit langem von uns bestrittenen Meinung können jetzt viele mittelalterliche Originale entgegengehalten werden, deren Leitformen jeweils dendrochronologisch datiert wurden. Dabei fiel als Nebenprodukt eine Neudatierung verschiedener Bauten an, die aufgrund ihres altertümlich scheinenden Holzwerks immer zu früh datiert worden sind; die rheinische Beharrlichkeit zeigt sich eben nicht nur in der über Jahrhunderte tradierten Verwendung gleicher Bauformen, sondern auch in der Technik der Holzverarbeitung.

Drei jüngst datierte Dachstühle, die von Langendorf, Binsfeld und Gartrop, von frappierender konstruktiver Gleichheit und vermeintlich alle spätmittelalterlich, erwiesen sich als doch von sehr verschiedener Bauzeit: 1498, 1631 und 1665. Das widerspricht z. T. sogar den Archivunterlagen und inschriftlichen Datierungen am Bau und läßt sich durchaus nicht mit etwaiger Zweitverwendung abtun, sind die Dachstühle doch erkennbar im originalen Verbund.

Diese naturgemäß wenigen Streiflichter auf die Forschungslage im Rheinland mögen ahnen lassen, was schon geleistet wurde, was aber auch noch auf uns zukommt, wie vielfältig und interessant aber andererseits die Arbeit ist und welchen

Sinn sie hat für eine Region, die zu den burgenreichsten überhaupt gehört und im historischen Adelssitz vom 9. bis 19. Jahrhundert trotz enormer Verluste noch immer das signifikante Merkmal der rheinischen Kulturlandschaft im Profanbau besitzt – wie weit aber auch die moderne Forschung entfernt ist von jeder Art wissenschaftlicher Selbstbefriedigung und Nabelschau, welcher Vorwurf bei unbequemen Forschungsergebnissen stets schnell bei der Hand ist.

ANMERKUNGEN

1 *Herzog, Harald*: Vergleich der Inventarisation von Burgen und Schlössern im Rheinland zu Zeiten Paul Clemens und heute, in: Festschrift zum hundertjährigen Bestehen des Rheinischen Amtes für Denkmalpflege (Jb. d. Rhein. Denkmalpflege 36), Köln 1993, S. 125–140.

2 *Kahmen, Hartmut*: Herdringen, Arenfels, Moyland. Drei Schloßbauten E. F. Zwirners, phil. Diss. Frankfurt 1973; *Herzog, Harald*: Rheinische Schloßbauten im 19. Jahrhundert (Arbeitsheft des Landeskonservators Rheinland 37), Köln 1981.

3 *Clemen, Paul*: Die Kunstdenkmäler des Kreises Kleve (Die Kunstdenkmäler der Rheinprovinz, I, 4), Düsseldorf 1892, S. 560.

4 *Clemen, Paul/Polaczek, Ernst*: Die Kunstdenkmäler des Kreises Rheinbach (Die Kunstdenkmäler der Rheinprovinz, IV, 2), Düsseldorf 1898, S. 276.

5 *Herzog, Harald*: Burg Lüftelberg, in: Meckenheim. Studien zur Geschichte und Kunstgeschichte Lüftelbergs, Meckenheim 1979, S. 125–164.

6 *Mildner, Ursula*: Der Gartensaal von Burg Lüftelberg, in: Meckenheim (wie Anm. 5), S. 191–210.

7 Wie Anm. 5, S. 284–285.

8 *Penning, Wolf-D.*: Miel. Das Archiv einer kurkölnischen Unterherrschaft (Quellen zur Geschichte des Rhein-Siegkreises 11), Siegburg 1990.

9 *Herzog, Harald*: Schloß Miel bei Bonn. Ein barockes Tusculum am Ende?, in: Burgen und Schlösser, Zeitschrift der Deutschen Burgenvereinigung, 1992/II, S. 90–97.

10 *Duncker, Alexander* (Hrsg.): Rheinlands Schlösser und Burgen. 1857–83. Zur Hundertjahrfeier der Gesellschaft für Rheinische Geschichtskunde neu hrsg. und komm. v. *Wilfried Hansmann* u. *Gisbert Knopp*, 2 Bde., Düsseldorf 1981.

11 *Janssen, Brigitte u. Walter*: Burgen, Schlösser und Hofesfesten im Kreis Neuß, Neuß 1980.

12 *Herzog, Harald*: Burgen und Schlösser. Typologie und Geschichte der Adelssitze im Kreis Euskirchen, Köln 1989.

13 Für den Schloßneubau Müddersheim des Rudolf Adolf von Geyr ist z. B. archivalisch festgehalten, daß der Bauherr entgegen den Entwürfen des Pariser Architekten Guilleaume Hauberat das Herrenhaus auf einem hohen Sockelgeschoß wünschte – also die rheinische, nicht die französische Lösung. So wurde es ausgeführt und überzeugt noch heute.

Aus den meisten Bauakten und Korrespondenzen zu anderen Projekten sind ähnliche Einflußnahmen der Bauherren zu entnehmen.

ABBILDUNGSNACHWEIS

Vorlage für die Abbildung im Denkmälerinventar von 1892, S. 560: 1; Rheinisches Amt für Denkmalpflege, (M. Steinhoff: 3, 7, 9; Pottel: 4; K. Lieven: 5, 6, 11, 13; Th. Wildeman: 12).

ULRICH STEVENS

Burg Bocholtz bei Nettetal-Lobberich [1]

1. Gesamtansicht mit »Kaiserturm« und Torhaus von Süden, 1977

Die Stadt Nettetal, auf deren Gebiet sich die Burg Bocholtz befindet, gehört zum westlich von Düsseldorf gelegenen Kreis Viersen und grenzt unmittelbar an die niederländische Stadt Venlo. Die Reste der Burg Bocholtz liegen auf einer Ebene, die sich zwischen den Süchtelner Höhen und dem Nettebruch erstreckt [2]. Bis zu der durch Landwehren gekennzeichneten ehemaligen Grenze zwischen dem geldrischen Amt Krickenbeck, zu dem Bocholtz gehörte, und dem jülichschen Amt Brüggen sind es etwa 750 m in südlicher, bis zu der diese Landwehr querenden Alten Heer- oder Karstraße, einer nord-südlichen Fernverbindung vermutlich römischen Ursprungs, etwa 500 m in östlicher Richtung [3].

Die im Jahre 1096 erstmals erwähnte Burg war geldrisches Lehen und Stammsitz der Familie von Bocholtz, bis sie 1748 im Erbgang an die Freiherren Mirbach zu Harff kam. Von der Hauptburg ist als letzter Rest die Ruine des sogenannten »Kaiserturms« geblieben – so genannt, weil der Volksmund ihn auf Karl den Großen zurückführte. Den benachbarten Bauernhof, der sich im Gelände der nördlich gelegenen Vorburg eingerichtet hat, überragt das mit Eckwarten versehene Dach eines spätgotischen Torhauses. Wann die Burg zerstört worden ist, ist nicht überliefert. 1760 wird Bocholtz noch als Festes Haus und Rittergut, aber schon 1780 als abgetragen erwähnt. Die Vermutung liegt nahe, daß die Burg Bocholtz im Laufe des Siebenjährigen Krieges zerstört worden ist, als der Niederrhein unter französischer Besatzung zu leiden hatte. Vielleicht besteht ein Zusammenhang mit einem großen Brand in Lobberich im Jahre 1760, der sich aus den Gemeindeakten erschließen läßt [4]. Der Kaiserturm stand bis auf die herausge-

2. Ansicht des »Kaiserturms«, vor 1905

brochene Nordostecke bis zum Ende des 19. Jahrhunderts aufrecht. Er stürzte erst 1905 ein, als Provinzialausschuß, Kreis und Gemeinde gerade Geld für die Erhaltung bereitgestellt hatten[5]. Nur die heute noch vorhandene Nordwestecke blieb stehen und soll den Düsseldorfer Architekten Gustav August Munzer zur Gestalt des von ihm entworfenen Marine-Ehrenmals in Laboe inspiriert haben[6].

Der fortschreitende Verfall machte eine Sicherung immer dringlicher. 1982 konnte diese wenigstens soweit durchgeführt werden, daß die akute Einsturzgefahr gebannt wurde. Die zur Verfügung stehenden Gelder erlaubten darüber hinaus nur noch die Errichtung eines Zauns, der den durch herabfallende Steine gefährdeten Bereich abschirmte[7]. Die teilweise vorhandenen Widerstände gegen eine Bezuschussung der weiteren

Wiederherstellung dieser »unnützen« Ruine und der dadurch erzeugte Begründungszwang waren der unmittelbare Anlaß, sich näher mit der Burg zu beschäftigen[8]. Der Fund eines alten Fotos im Archiv des Rheinischen Amtes für Denkmalpflege, das den Kaiserturm vor dem Einsturz 1905 zeigt – und zwar gerade diejenige Ansicht, die im Kunstdenkmäler-Inventar nicht abgebildet ist – reizte zu der Nachforschung, ob sich eine konkretere Vorstellung vom früheren Aussehen der Burg gewinnen ließ.

Ältere Darstellungen der Burg Bocholtz bietet das Werk von A. Fahne über das Geschlecht Bocholtz. Eine romantische Ansicht zeigt den Kaiserturm als schlanken Bau von Süden; die Nordostecke besteht anscheinend noch[9]. In das Erdgeschoß führt ein Spitzbogenportal; darüber sind eine Rundbogenöffnung, ein Stichbogenfenster mit Werksteingewände und ein Spitzbogenfenster zu erkennen. Neben dem Rundbogenfenster zeichnet sich eine kleinere Öffnung ab, die dem Übergang zum südlich anschließenden Bauteil entspricht. Im Vordergrund blickt man in ein überwachsenes Kellergewölbe; den Hintergrund bildet das Torhaus der Vorburg. Verglichen mit der Darstellung im Inventar erscheint diese Ansicht ungenau. So bleibt unsicher, ob wir ihr den Hinweis entnehmen dürfen, daß die Nordostecke erst in der zweiten Hälfte des 19. Jahrhunderts eingestürzt und das Spitzbogenportal erst nach der Jahrhundertmitte zugesetzt worden ist.

Eine zweite Ansicht findet sich auf der Umzeichnung einer Karte, die der Landmesser Goeurdt Heutmecher 1646 vom »Kierspel Lobbrich« angefertigt hat[10]. Die aus der Vogelschau gesehene Karte ist genordet; dennoch blickt man von Norden auf die Burg Bocholtz, da sie anscheinend – wohl der besseren Darstellung wegen – um 180 Grad gedreht gezeigt wird. Die Vorburg ist in abgekürzter Form nur durch ein von Rundtürmen flankiertes Tor wiedergegeben. Ein Wassergraben umgibt die Hauptburg. Deren größtes Gebäude ist der zinnenbewehrte Kaiserturm. Dieser scheint mit einem Satteldach bedeckt, das freilich auch zu einem dahinterliegenden Bau gehören könnte. Neben dem Turm liegt ein Tor, dann folgt der Giebel eines größeren, den Hof nach Westen schließenden Trakts, an dessen Ecken Rundtürmchen stehen. Ein weiteres Gebäude läuft vom Kaiserturm in den Hintergrund; es hat an seinem Ende ein drittes Rundtürmchen.

3. Ansicht der Burg, um 1860

Denselben Zustand und Blickwinkel bietet eine Ansicht der Hauptburg allein, »wie sie sich 1646 zeigte, wenn man von dem noch stehenden schönen Thorhause in den Hof oder Vorburg trat«[11]. Eine Quelle gibt A. Fahne nicht an; so scheint hier zunächst eine phantasievoll bereicherte Umzeichnung der vorigen Darstellung vorzuliegen, zumal die Zeichenweise anderen Burg- und Schloßdarstellungen in dem Buche entspricht. Bei näherem Hinsehen zeigen jedoch Details, die Heutmechers Karte nicht zu entnehmen sind, daß entweder A. Fahne sich den Bau genau angesehen und aus damals noch vorhandenen Resten Schlüsse gezogen hat – was allerdings bei seinem überwiegend genealogisch-historischen Interesse kaum zu erwarten steht – oder daß er auf eine recht verläßliche, uns jedoch unbekannte Darstellung des 17. Jahrhunderts zurückgreifen konnte. Wir sehen den mit einem Satteldach gedeckten Kaiserturm aus einem ähnlichen Blickwinkel wie auf der Fotografie im Denkmalamt. Das Erdgeschoß ist fensterlos; darüber folgen die Fenster der drei Obergeschosse. Die Verdoppelung der Fenster im obersten Geschoß wird durch die Fotografie nicht be-

stätigt. Merkwürdig erscheint auch die große Rundbogenöffnung in der Nordseite des zweiten Obergeschosses. Die Fotografie zeigt jedoch, daß es diese Öffnung in der Tat gab: Im ersten Obergeschoß ist hier der Rest eines Werksteingewändes zu sehen; es gehörte zu einem in der Laibung und im Bogenansatz ebenfalls erkennbaren Fenster, das fast doppelt so hoch war wie die anderen noch abzulesenden Fenster. Das Gewände blieb auch nach dem Einsturz von 1905 erhalten. An den Kaiserturm schließt ein zinnenbewehrter Torbau an, in dem ein Fenster neben dem Torweg einen weiteren Raum bezeichnet. Dann folgt der durch einen Bogenfries gegliederte Giebel eines großen zweigeschossigen Baus mit drei Dachhäuschen und zwei Rundtürmen an den Ecken. Südlich an den Kaiserturm schließt in der Flucht von dessen Ostmauer ein kleinerer Baukörper an, aus dem unmittelbar hinter dem Turm ein Erker auskragt; ein dritter Rundturm bildet die Südostecke.

Damit sind – soweit es sich überblicken läßt – die Bildquellen zur Burg Bocholtz erschöpft. Aus ihnen läßt sich jedoch eine Vorstellung von der Hauptburg gewinnen, auch wenn sie in manchem lückenhaft bleiben muß. Die Anlage war im Grundriß rechteckig; in der Nordostecke stand der mit einem Satteldach bedeckte Kaiserturm, die drei anderen Ecken waren mit Rundtürmen besetzt. Die gesamte Westseite nahm ein großer zweigeschossiger Bau ein, der sicher das Hauptgebäude war. Zwischen diesem und dem Kaiserturm lag ein zweigeschossiger Torbau, der nach außen als zinnenbewehrte Mauer erschien; die Dachspur am Kaiserturm könnte allerdings auch auf einen überdeckten Wehrgang deuten. Die Ostfront der Burg wurde entweder von einem vor die Flucht des Kaiserturms springenden Gebäude oder aber von einer mit der Ostseite des Turms fluchtenden Mauer gebildet, an die sich natürlich zum Hof hin weitere Gebäude lehnen konnten, die keine Spuren hinterlassen haben. Den Gedanken an eine Wehrmauer könnte neben den Abbildungen von 1646 eine »Delineation des Dorffs Lobberich« von 1729 stützen[12], auf der die Ostseite der Burg als gerade Front dargestellt ist, ohne den andernfalls nötigen Rücksprung des Kaiserturms. Es fehlt allerdings auch der südöstliche Eckturm. Ob hier seit 1646 Bauteile abgebrochen worden sind, oder ob die Karte in diesem Detail ungenau ist, läßt sich schwerlich entscheiden.

Weitere Nachrichten über die Burg darf man sich von alten Verzeichnissen des Mobiliars erhoffen, von denen in der Literatur zwei genannt werden[13]. 1584 wird ein Verzeichnis über »fahrende Habe zu Haus Bocholtz und in der Stadt Dülcken« erstellt[14]. An Räumlichkeiten in Bocholtz wird jedoch lediglich eine Kammer hinter dem Saal erwähnt, in der ein »Gross Duechschapf« steht. Die vorgefundenen Dinge waren insgesamt in schlechtem Zustand, »mehr odioss, alls dienlich zu beschreiben erachtett worden«. 1706 entstand ein »Inventarium aller Mobilien der Familie von Bocholtz in den Häusern Bocholtz und zum Houe«[15], womit neben Burg Bocholtz das Haus Ingenhoven in Lobberich gemeint ist. Wir erfahren jedoch weder, welche der aufgeführten Stücke in Bocholtz und welche in Ingenhoven waren, noch welche Räumlichkeiten sich wo befanden.

Ein drittes Verzeichnis entstand nach dem Tode der Elisabeth von Eyl, der Witwe des Johann von Bocholtz, im Jahre 1624; es scheint bisher merkwürdigerweise übersehen worden zu sein, obwohl es als einziges dieser Inventare eine ganze Reihe von Räumen nennt: »Inventarium und fleissige Anzeichnnugh aller Mobilien dess Stamhauss Bo-

choltz in presentie dess Ehrwürdig und wolledlen Herrn, Herrn Egidio von Bocholtz Domherrn des Hohen Stifts Ludigh vnd seines Broderen Joachimo von Bocholtz, wie auch der Erbaren Johannen Im Dall vnd Johannen Moubissen als Scheffen aufgerichtet Anno 1624. 13 Novembris«[16]. Dieses Inventar sei zunächst soweit zitiert, wie es Aufschlüsse über die Räumlichkeiten gibt.

Zuerst werden fünf Kisten beschrieben, die jeweils mit einem der ersten Worte des Vaterunser bezeichnet sind, den unmittelbaren Nachlaß enthalten und »auf dem großen Thurn auf der Newen Kahmer« stehen. Dann folgt die »Thurn kameren«, bei der es sich um ein Nebengelaß der neuen Kammer zu handeln scheint; denn einmal steht dort eine zu den dort aufgeführten Kisten gehörige, zum anderen wird anschließend das dortige Mobiliar weiter aufgeführt. Dann folgt der »Söller bowen der newen Kamer«, in dem sich zwei Leitern befinden, »als man opt Deuffhaus (Taubenhaus) klimpt«. Eine letzte Kiste steht »auff der Putzkamer geheischen Maltzboen«. Dann folgen die »Kuchenkammer« und das »Thürngen der Küchen Kamer«. Die »bouere Porten Kamer« und die offensichtlich darunterliegende »Portenkamer« darf man sicher im Torbau suchen. Danach wird eine Reihe von sicherlich nachgeordneten Räumen aufgezählt: die »Thoren kamer dar das Secret stehet«, von der aus man mit einer Leiter auf das »Hinderkamergen« »klimmen« kann, »des Jegers kamergen«, die »Witte Kahmer«, das »Türngen«, die »Kamer bouen der Kuchen«, die »Saallkamer« und der »grosse Suller«. Darauf wird überraschenderweise die »vnderste Thurn Kamer an der erden« aufgeführt, wobei es sich um den ebenerdig zugänglichen Raum im Turm handeln dürfte. Erst dann folgen, nach einem Gelaß »Vnder der Trappen an der Speulen«, diejenigen Räume, die uns als die repräsentativsten und am reichhaltigsten ausgestatteten vorkommen: der »Saal zu Bocholtz« und die »Stoeffen zu Bocholtz gegen der kuchen«. Die »Couchen« und die Keller schließen das Inventar ab: der »fürsten keller«, der »Backkeller«, der »Keller neben dem Backes«, der »Milchkeller«, der »Keller vnder der Köchen« und schließlich der »Bierkeller«.

Die Verzeichner haben also – was naheliegt – mit demjenigen Raum begonnen, den die Verstorbene bewohnt hat. Die im großen Turm – dem Kaiserturm – gelegene Neue Kammer war wohl damals vor kurzem hergerichtet worden und mit einer Bettstatt, einer Bank mit Lehne, einem eine Garküche zeigenden Bild und einem offenen Kamin recht wohnlich eingerichtet. Danach hat man die weiteren Räume offenbar so verzeichnet, wie es sich im Weitergehen ergab; denn die Räume mit den wertvollsten Ausstattungsstücken – Saal und die Stube – folgen erst zum Schluß vor der Küche und den Kellern. Daß man beim Inventarisieren sehr sorgfältig vorging, zeigt die Nennung von so belanglosen Dingen wie »einen alten pispott und einen Fuss von einem metalen Leuchter« in der einen Kammer des großen Turms. Der Versuch, aus der Reihenfolge der Aufzählung einen schlüssigen Rundgang zu rekonstruieren, der mit den Bildquellen übereinstimmt, will anfangs nicht recht gelingen. Zum einen fehlen nämlich vielfach Angaben, die von einem Raum auf einen benachbarten schließen lassen, zum anderen werden – von Ausnahmen abgesehen – keine Treppen, Flure oder Geschosse genannt. Dazu ist mit zahlreichen Unwägbarkeiten zu rechnen: Durchgänge mochten versperrt oder verstellt sein; es mag leere und daher nicht aufgeführte Räume gegeben haben. Schließlich wird es am 13. November schon kalt gewesen sein; so müssen wir damit rechnen, daß die Verzeichner sich zwischendurch aufgewärmt haben – etwa in der Küche – oder zum Essen gegangen sind, um danach den Rundgang an einer anderen Stelle wiederaufzunehmen.

Dennoch lassen sich einige Räume einander und dem bekannten Baubestand zuordnen, und man kann versuchen, sich ein hypothetisches Bild von der Burg und ihren Räumlichkeiten zu machen. Anscheinend sicher können wir die Räume im Kaiserturm, dem »großen Turm« und im Torbau identifizieren. Die restlichen genannten Räume reichen aus, den großen Bau an der Westseite der Burg zu füllen, und ich will versuchen, ihn zu beschreiben: Über einem nur zum Teil eingetieften Kellergeschoß lag im unteren Geschoß der Saal. Er war über eine Treppe – wohl eine Freitreppe – zugänglich, unter der sich eine Waschküche befand; in ihr stand unter anderem »ein vierkentig hoher Spuelback mit 4 Stempeln«. Der Saal besaß rundum längs der Wand hölzerne Sitze, die auch als Kisten dienten; hier stand ein etwa zehn Fuß langer Tisch; Feuerböcke, eine Zange und ein Blasebalg lassen auf einen offenen Kamin schließen. Vom Saal gelangte man in die Stube, in der es neben einem mit Laubwerk verzierten Tisch einen an der Wand befestigten Schenk- und Prunktisch

gab; auch mehrere Gläser sind erwähnt. Für die Bewohner wichtig war sicher ein »iseren kakelofen«, wohl ein eiserner Ofen mit einem Kachelaufbau, der vermutlich von der benachbarten Küche beheizt werden konnte[17]. Zwischen dieser und der Stube dürfte es, der Reihenfolge des Verzeichnisses nach, eine Tür gegeben haben. Vermutlich neben der Küche, in der zahlreiches Gerät verzeichnet wurde, lag die Küchenkammer mit dem anschließenden Turmzimmer; denn sowohl über als auch unter der Küche sind andere Räume genannt, die »Kamer bouen der Kuchen« und der »Keller vnder der Köchen«. Ob dementsprechend die Saalkammer neben dem Saal gesucht werden darf, erscheint fraglich, da sie zum einen im Anschluß an die Kammer über der Küche betreten wurde und zum anderen die Verzeichner nach der Saalkammer auf den großen Söller stiegen. Somit hätten im Obergeschoß des Gebäudes – vermutlich an einem Flur aufgereiht – folgende Räume gelegen: die Turmkammer mit dem Abtritt, von der man in ein weiteres Kämmerchen klettern konnte, des Jägers Kämmerchen, die Weiße Kammer, ein weiteres Turmzimmer, die Kammer über der Küche und die Saalkammer, die man sich wohl über dem Saal denken muß.

Von allen diesen Bauteilen ist lediglich der »Große Turm«, der Kaiserturm, noch in seiner baulichen Substanz faßbar, so daß nur an ihm die hypothetischen Vermutungen überprüft werden können. Zudem bot die bauliche Sicherung, für die der Turm insgesamt eingerüstet wurde, der Bauforschung des Rheinischen Amtes für Denkmalpflege Gelegenheit zu einer eingehenden Untersuchung[18].

Im Kunstdenkmäler-Inventar ist der Turm in einer gezeichneten Ansicht von Südwesten abgebildet, so daß die beiden noch vollständig erhaltenen Seiten zu sehen sind; ein Schnitt, der Grundriß eines Geschosses und Details ergänzen die Darstellung. Die Fotografie zeigt das Bauwerk von Nordosten, also von der entgegengesetzten Ecke, und läßt dank der eingestürzten Ecke in das Innere blicken. Der 21,5 m hohe Turm war fünfgeschossig, insgesamt bis auf wenige Werksteinteile aus Backstein errichtet und mit einem über Backsteinkonsolen vorkragenden Zinnenkranz bekrönt. Das Untergeschoß war laut Darstellung und Beschreibung im Inventar ein erst durch Abgraben freigelegter Keller; gegenüber der Zeichnung zeigt das Foto also einen älteren Zustand. In diesen

4. »Kaiserturm«, Kaminwand und Lichtnische im dritten Obergeschoß

Keller gelangte man nur von oben durch eine Öffnung im Gewölbe. Das darüberliegende, ehemals ebenerdige Geschoß besaß über Werksteinkämpfern ein Kreuzrippengewölbe; flache Spitzbogennischen gliederten die Wände. Es war durch ein verhältnismäßig großes Portal unmittelbar vom Hof her zugänglich, das zu einem späteren Zeitpunkt bis auf eine fensterartige Öffnung vermauert wurde. Dieser Raum ist offensichtlich die im Nachlaßverzeichnis genannte »vnderste Thurn Kamer an der erden«. Aufgrund seiner verhältnismäßig aufwendigen Raumform und der Zugänglichkeit unmittelbar vom Hof her hat die im Inventar geäußerte Vermutung, hier handele es sich um eine Kapelle, einige Wahrscheinlichkeit für sich. Als – freilich älteres – Vergleichsbeispiel sei der große Turm der Burg Nideggen genannt. Die noch erkennbaren Details der Rippen – keilförmig ausgebildete Rückseiten – lassen eher an eine Entstehung des Turmes im 15. als noch im 14. Jahrhundert denken.

Die Darstellung der Treppenführung bei Clemen bedarf der Korrektur. So scheint im Grundriß das Erdgeschoß von der in der Mauer liegenden Treppe her zugänglich, die in der Ansicht erst zum Obergeschoß hin beginnt. Richtig ist sicher die Angabe des Treppeneingangs auf der südlichen Außenseite. Bei genauem Hinsehen ist aber zu erkennen, daß die Treppe noch innerhalb der Mauer abgewinkelt ist. Die im Grundriß des Kunstdenkmäler-Inventars dargestellte Führung der Mauertreppe über die ganze Westwand wäre schon deshalb nicht möglich, weil in deren nördlicher Hälfte die Kamine mit ihren Zügen jeden

Treppenlauf unmöglich machen. Das Archivfoto zeigt in der inneren Westwand des ersten Obergeschosses eine etwa brusthohe, rundbogige Nische, bei der es sich wahrscheinlich um die Stirnwand der abgewinkelten und über den Gewölberücken des Untergeschosses geführten Mauertreppe handelt. Das Foto läßt den mutmaßlichen Treppenschacht über der inneren Türöffnung gut erkennen. An der Stelle der noch vorhandenen Laibung dicht neben dem Kamin zeichnet sich bis unter die Geschoßdecke ein Mauervorsprung ab, der offenbar die raumseitige Schale des Schachts markiert. Wie die weitere Treppenführung aussah, ist nicht sicher. Es scheint aber nach dem Foto, daß die Austritte in Nischen der Westwand lagen; möglicherweise befanden sich also die Treppenläufe in der Süd- und der Westwand und damit in der dem Innenhof zugewandten Ecke des Turms. Die drei oberen Geschosse hatten Balkendecken; in der Westwand saßen – wie das Foto zeigt – in jedem Geschoß offene Kamine, die anscheinend keine ausladenden Hauben besaßen; das Foto läßt in den beiden oberen Geschossen verhältnismäßig niedrig angeordnete scheitrechte Stürze erkennen. Es handelte sich also offensichtlich um Wohnräume. In welchem Geschoß nun die im oben zitierten Nachlaßverzeichnis genannte »Newe Kahmer« lag, ist nicht ganz sicher; sie muß jedenfalls eines der oberen Geschosse eingenommen haben; denn im weiteren Text ist vom »Söller bowen der newen Kamer« die Rede, von dem aus man auf das Taubenhaus klettern kann. Die größere Wahrscheinlichkeit hat vielleicht die Überlegung für sich, daß Söller und Taubenhaus in dem Satteldach lagen, das nach der bei Fahne wiedergegebenen Zeichnung den Turm bedeckte. Dann könnte man die beiden übrigen Wohngeschosse des Turms den Nennungen der »Thurn kameren« und der »Putzkamer« zuordnen.

Der Turm stand nicht frei, wie auch die Ansicht bei Fahne und die Karte von 1729 zeigen. Im unteren Teil der Westseite sieht man die Spuren eines Anbaus: Bis in die Höhe des ersten Obergeschosses kragte der Rest einer Mauer aus, unter dem sich – in Erdgeschoßhöhe – der Ansatz eines anscheinend aus Werkstein bestehenden Bogens befand; diese Spuren sind heute noch vorhanden. Südlich davon war in die Turmwand eine Nische oder ein kleines Fenster eingetieft; darüber folgten die Spuren zweier Balkenlagen sowie eines Daches mit den Löchern einer dritten Balkenlage. Die

unterste dieser Lagen hatte dieselbe Höhe wie der
schon genannte Treppenabsatz in der Südseite des
Turms. Damit bestätigt sich der im Nachlaßverzeichnis gegebene Hinweis auf die Zweigeschossigkeit des Torbaus: die »Portenkamer« und die
»bouere Porten Kamer«. Die Südseite zeigte weitere Bauspuren: An der Südostecke war der Rest
einer vom Boden aufsteigenden und mit der Ostseite des Turms fluchtenden Mauer zu erkennen,
die in Höhe des ersten Obergeschosses mit einer
Bogenstellung[19], wenigstens aber mit einer Bogen-
öffnung endete. Dieser Bogen war nur im Ansatz
erhalten; er korrespondierte mit einem gleichgro-
ßen, der als Türöffnung in das Turminnere gedeutet werden muß. In der Fotografie ist an dieser
Stelle in Höhe der Schwelle ein in die Turmecke
eingefügter Werkstein zu sehen. Darunter ist die
Ecke ausgebrochen, wohingegen in der Zeichnung
der Ansatz der Mauer erscheint. Die Fotografie
zeigt aber, daß Mauer und Turm anscheinend im
Verbund miteinander errichtet wurden. Die Tür in
den Turm sowie der Bogen auf der Mauer – sicher
gleichfalls als Tür zu verstehen – waren durch eine
nach Westen vor die Mauer gekragte Konstruktion miteinander verbunden. Über diesen Türen ist
der Ansatz eines Daches zu erkennen. Es scheint,
daß hier südlich an den Turm eine Wehrmauer
anschloß, deren zum Hof ausgekragter Wehrgang
überdacht und vom ersten Turmobergeschoß her
zugänglich war. 1624 jedenfalls scheint hier kein
Gebäude mehr gestanden zu haben; dazu reicht
die im Nachlaßverzeichnis aufgeführte Anzahl an
Räumen nicht.

Es bleibt jedoch ein wesentlicher Punkt übrig, in
dem die Ergebnisse der Bauforschung anscheinend
im Gegensatz zu dem vorgetragenen Rekonstruktionsversuch stehen. Die Reste des Torbogens auf
der Westseite bieten eine Umkehrung dessen, was
man erwartet: »Das Trachytgewände des Bogens
ist der Hofseite zugekehrt, und feldseitig sind Bogenanfänger in Backstein vorgelegt. Der einzig
erhaltene Bogenstein ist mit geklammerter Vie-
rung versehen. Feldseitig befindet sich auch ein
zwischen Blaustein und Trachyt in Blei gebetteter
Kloben mit Anschlagfalz, jedoch scheint der Kloben für ein Außentor erheblich zu schwach dimen-
sioniert. Wenig oberhalb der Bogenanfänger setzt
eine im Turmmauerwerk in Bogenrichtung abge-
hende, hochkant verlegte Rollschicht an, die zur
Bogenentlastung gedient haben mag. Die Dimension aller Teile läßt eher auf ein Fenster als auf eine

5. »Kaiserturm«, Kragstein des ehem. Tors

Toranlage schließen«[20]. Die durch diesen Befund
ausgelösten Überlegungen, ob die aufgeführten
Bildquellen zuverlässig seien und ob die Hauptburg möglicherweise anders als vermutet zur Vorburg gelegen habe, führen anscheinend auch nicht
weiter, denn die so unterschiedlichen Bildquellen
widersprechen einander nicht. Selbst wenn man
die von Fahne wiedergegebene Ansicht der Hauptburg als die unsicherste Darstellung außer acht
läßt, so bleibt neben der Ansicht des Kaiserturms
im Kunstdenkmäler-Inventar die Karte von 1729,
die deutlich eine aus der Achse der Vorburg nach
Westen verschobene Hauptburg mit zwei die
Westseite flankierenden Rundtürmen zeigt. So
liegt die Vermutung nahe, daß die Burg nie eine
Zugbrücke besessen hat und das Tor nach außen
aufschlug. Dies mag auch die Dimensionierung
der Kloben erklären, die bei einem Eroberungsver-
such einer geringeren Belastung ausgesetzt waren
als die Kloben eines nach innen aufschlagenden

Tores[21]. In der Tat zeigt auch die Ansicht von 1646 eine zweibogige feste Brücke vor dem Tor. Insgesamt lehrt das vorgetragene Gedankenspiel zum wiederholten Mal, mit welch großen Unsicherheiten scheinbar schlüssige Rekonstruktionen behaftet sind.

ANMERKUNGEN

1 Der folgende Beitrag stellt die überarbeitete Fassung eines Aufsatzes dar, der im Heimatbuch des Kreises Viersen erschienen ist: *Stevens, Ulrich*: Zur Rekonstruktion der ehemaligen Burg Bocholtz, in: Heimatbuch des Kreises Viersen 39, 1988, S. 39–51.

2 *Fahne, A.*: Die Dynasten und jetzigen Grafen von Bocholtz, 1. Bd., 1. Abt.: Geschichte der verschiedenen Geschlechter Bocholtz und die alten Zustände am Niederrhein, Köln 1863; 2. Bd.: Urkundenbuch, Köln 1860; *Clemen, Paul* (Hrsg.): Die Kunstdenkmäler des Kreises Kempen (Die Kunstdenkmäler der Rheinprovinz, Bd. 1, 1), Düsseldorf 1891, S. 8–12; *Finken, Johann*: Geschichte der ehemaligen Herrlichkeit Lobberich, Lobberich 1902; *Dohms, Peter*: Lobberich, Geschichte einer niederrheinischen Gemeinde von den Anfängen bis zur Gegenwart (Schriftenreihe des Kreises Viersen, Bd. 33), Kevelaer 1981 (über die Bedeutung der Familie Bocholtz vor allem S. 93–95).

3 *Loewe, Gudrun*: Kreis Kempen-Krefeld (Archäologische Funde und Denkmäler des Rheinlandes, Bd. 2), Düsseldorf 1971. Zu den alten Straßen vor allem S. 81–83.

4 Gemeindearchiv Lobberich, Nr. 7, 13, 24. Für den Hinweis danke ich Frau Elisabeth Kremers, ehemals Archiv des Kreises Viersen in Kempen.

5 *Renard, Edmund*: Haus Bocholt, Instandsetzung des Torbaues, in: Berichte der Provinzialkommission für die Denkmalpflege in der Rheinprovinz 18, Düsseldorf 1914, S. 10–13.

6 Mündliche Mitteilung von Paul Günther Schulte, früher Archiv des Kreises Viersen, heute Stadtarchiv Krefeld.

7 Jb. d. Rhein. Denkmalpflege 30/31, 1985, S. 606.

8 *Stevens, Ulrich*: Steuergelder für eine Ruine?, in: Denkmalpflege im Rheinland 3, 1986, H. 1, S. 19–20.

9 *Fahne* 1863 (wie Anm. 2), S. 115.

10 *Fahne* 1863 (wie Anm. 2), S. 283; abgebildet auch bei *Dohms* (wie Anm. 2), S. 284.

11 *Fahne* (wie Anm. 2), S. 287.

12 *Dohms* (wie Anm. 2), Karte II.

13 *Clemen* (wie Anm. 2), S. 12.

14 *Fahne* 1860 (wie Anm. 2), S. 171–173.

15 *Fahne* 1860 (wie Anm. 2), S. 250–252.

16 *Fahne* 1860 (wie Anm. 2), S. 250–252.

17 *Vogts, Hans*: Das Kölner Wohnhaus bis zur Mitte des 19. Jahrhunderts, 2 Bde., Neuß 1966, S. 308.

18 In die folgende Darstellung sind die Ergebnisse der Bauforschung eingearbeitet: *Nußbaum, Norbert*: Baubeobachtung am 5.11.1987. Akten des Rheinischen Amtes für Denkmalpflege – Referat Bauforschung.

19 *Clemen* (wie Anm. 2), S. 10.

20 *Nußbaum* 1987 (wie Anm. 18), S. 4.

21 Diesen Hinweis verdanke ich Herrn Dr. Harald Herzog, Abtei Brauweiler.

ABBILDUNGSNACHWEIS

Verfasser: 1; Rheinisches Amt für Denkmalpflege: 2; A. Fahne 1863, S. 287: 3; Rheinisches Amt für Denkmalpflege (K. Lieven, 1987): 4, 5.

ALBRECHT SEUFERT

Befunde zur mittelalterlichen Wewelsburg

Die folgenden Ausführungen zum mittelalterlichen Baubestand der Wewelsburg bei Paderborn stützen sich auf:

1. die Dissertation des Verfassers – Albrecht Seufert: In Form eines Triangels, in einer wahrlich sehenswerten und prachtvollen Gestalt. Die Geschichte der Wewelsburg bis zum Anfang des 19. Jahrhunderts, Marburg 1992 (Materialien zur Kunst- und Kulturgeschichte in Nord- und Westdeutschland, hrsg. von Petra Krutisch und G. Ulrich Großmann im Auftrag des Instituts für Architektur-, Kunst- und Kulturgeschichte in Nord- und Westdeutschland beim Weserrenaissance-Museum Schloß Brake, Bd. 3),

2. Walter Melzer: Die Wewelsburg vom hohen Mittelalter bis in die frühe Neuzeit. Ergebnisse einer archäologischen Untersuchung zu den Anfängen der Burg, Paderborn 1992 (Schriftenreihe des Kreismuseums Wewelsburg, hrsg. vom Kreis Paderborn, Red.: Wulff E. Brebeck, Bd. 4) und

3. einen unpublizierten Bericht der Fa. Ochsenfarth Restaurierungen, Paderborn, über restauratorische Untersuchungen im Südflügel der Wewelsburg von 1993. Dieser waren in den 1980er-Jahren noch als Museumsräume genutzte Partien zugänglich. Die im folgenden angeführten Befunde, Quellen und Zitate finden sich dort genauer nachgewiesen.

Ein allgemeiner Überblick über die hier angeführten Burgen ist aus den leider durchweg veralteten Inventaren, den Heimatchroniken der betreffenden Kreise sowie den Handbüchern und Kunst-Reiseführern zu gewinnen.

GEOGRAPHISCHE UND TOPOGRAPHISCHE LAGE DER BURG

Der Ort Wewelsburg gehört heute zur Stadt Büren. Er liegt am Rand der Paderborner Hochfläche nahe dem Bereich, in dem das Sauerland im Süden und Südosten und das Weserbergland im Osten zusammentreffen.

Die Burg steht auf einem spitz hervortretenden Bergsporn zwischen dem Tal der Alme im Nordwesten und einer späteiszeitlichen Geländerinne im Nordosten. Bei mäßiger Steigung überhöht das südlich anschließende Plateau mit dem Kern der Siedlung Wewelsburg die Lage der Burg merklich. Hier und an der Ostflanke des Bergsporns bilden an West- und Nordosthang offene Trockengräben künstliche Geländeeinschnitte.

Die archäologische Untersuchung erwies, daß die Gebäude selbst der deutlich kleineren mittelalterlichen Burganlage bereits weitgehend über die Hangkante hinwegreichten. Der ursprüngliche Burghof wies zudem ein deutliches Gefälle nach Norden auf und war deswegen stellenweise planiert worden. Am Fuß des bestehenden Nordturmes lag das ergrabene Niveau über 2,5 m tiefer (Abb. 1/1 a).

Geologisch gesehen liegt Wewelsburg in der Zone der Südgrenze des nordischen Geschiebes. Hier dominiert Plänerkalk der Oberkreide. Der gesamte Untergrund ist stark zerklüftet. Das Gestein blättert sehr leicht schieferartig ab.

BURGGEBÄUDE

Archivalisch sind zwei Steinhäuser, ein Anbau an einem der Steinhäuser und ein vielleicht damit identisches Backhaus gesichert.

Hinweise in Urkunden lassen darüber hinaus auf einen Torbau sowie eine kleine, nicht näher bestimmbare Anzahl von Burgmannssitzen im Bereich der heutigen Anlage schließen. Außer jenem Backhaus werden Wirtschaftsbauten nicht erwähnt. Sie sind aber als selbstverständliches Zubehör einer Burganlage vorauszusetzen.

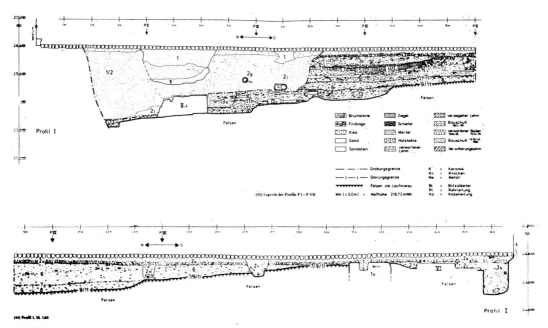

1a. Längsschnitt der archäologischen Grabung und

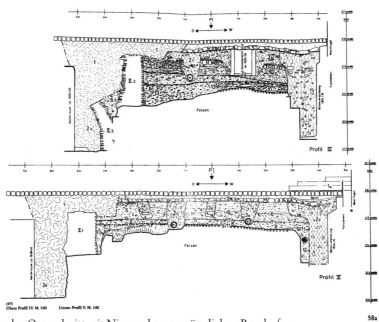

1b. Querschnitt mit Niveau des ursprünglichen Burghofes

58a

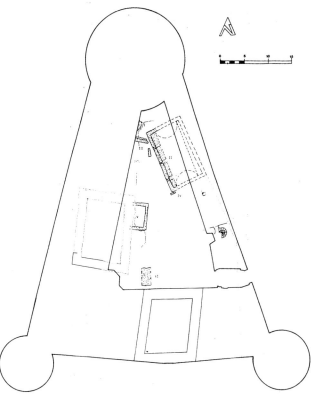

2. Schematische Gesamtübersicht – ergänzt um Grundrißrekonstruktion des westlichen Steinhauses und (mutmaßlichen)
Verlauf der östlichen Außenmauer sowie Pfeilmarkierung noch
erkennbarer Baunähte (A.S.)

Überblick über den Bestand

Wiederholte Zerstörungen, bauliche Veränderungen und Verfall ließen ausschließlich massiv ge-
mauerte Baupartien überdauern (Abb. 2).

Im aufgehenden Mauerwerk sind im Ostflügel
Partien des älteren Torbaues sowie im Südflügel
ein früheres Turmhaus bis zur heutigen Traufe
erhalten. Ein in der Renaissance-Anlage errati-
scher Mauerblock im Untergeschoß des Westflügels ist als Rest des zweiten beurkundeten Steinhauses auf der Wewelsburg zu interpretieren.

Archäologisch konnten ein aus mehreren Abschnitten zusammengezogener und im letzten Sta-
dium eingewölbter Keller im nordöstlichen Hofraum (nach Melzer »Gebäude II« mit Einzelpar-
tien bzw. Ausbaustadien »II.1–II.5«), Fragmente

der Unterbauten von vier Fachwerkhäusern (»Gebäude I« und »III–V«) sowie ein Rest wohl einer
Planierung des Hofes im Winkel zwischen den
beiden Steinhäusern (»Fundamentierung VI«)
nachgewiesen werden. Die ursprüngliche Grundfläche war nur im Fall des Kellers zu erschließen.
Bevor auf die einzelnen Bauten eingegangen wird,
sollen deren gemeinsame bautechnische Merkmale vorgestellt werden.

Bautechnische Merkmale

In der Mauertechnik unterscheiden sich mittelalterliche und frühneuzeitliche Partien der Bausubstanz nicht: Durchgängig wurde der ortstypische
Kalkstein in unregelmäßigen, meist schollenförmi-

3. Außenfassade des Ostflügels mit erkennbaren Baunähten

gen Bruchstücken mit dadurch bedingtem hohem Mörtelanteil des Mauerwerks aufgeschichtet. Schon bei relativ geringen Stärken ist Schalenbauweise ausgeprägt in der Art, daß im Inneren des Mauerzuges Schutt locker aufgefüllt und mit Mörtel vergossen wurde, während die Außenseiten überwiegend relativ sorgfältig gesetzt wurden. Melzer stellt fest: »Die Vorderseiten der meist recht flachen Steine sind dabei oft durch Kantenschlag bearbeitet, so daß die in Mörtel (II, III, V, VI) oder Lehm (I, IIIa, IV) verlegten Steine doch anschauliche und stabile Mauern bzw. Fundamentierungen abgaben.« An Baunähten und Reparaturstellen finden sich teilweise flache Schollen der Mauerfläche vorgelegt. Sandstein und Muschelkalk fanden als Kantensteine (so am Turmhaus im Südflügel), als Gewände und sonst Verwendung, wo dem Material höhere Festigkeit abverlangt

wurde. Schieferbruchstücke wiesen oft die typischen Nagellöcher der Dachbedeckung auf. Solche Stücke fanden sich auch hinter renaissancezeitlichen Vermauerungen, was entsprechende Verwendung wenigstens in der letzten Phase vor dem Umbau unter Dietrich v. Fürstenberg 1603 bis 1609 bezeugt.

Ziegelstücke sind teilweise durch ihre ausgeprägte Form als Dachziegel Typ Mönch-Nonne bzw. als Dachgratbedeckung ausgewiesen. Melzer wies durch seine Grabung einen weiteren Brand auf der Wewelsburg vor den dokumentierten Zerstörungen nach. Undefinierte Bruchstücke können somit nicht nur Dach- oder Mauerziegel, sondern verziegeltes Material anderer Art darstellen. Archivalisch ist die Verwendung von Ziegelsteinen für Ausbau- und Reparaturmaßnahmen nicht vor den 1650er Jahren nachzuweisen. Die in verschiedenen Nischenvermauerungen vorgefundenen Ziegel sind jedenfalls jünger als die älteste Bauaufnahme von 1806.

Bei allen drei neueren Untersuchungen wurde übereinstimmend beobachtet, daß auf der Wewelsburg am Vorkommen zweier unterschiedlicher Mörteltypen eine relative Chronologie ablesbar ist. Beim ersten Typ handelt es sich um mageren rötlichen bis ockerfarbenen Mörtel sand- oder lehmartiger Struktur. Der andere ist dagegen weiß bis beige und enthält meist hohe Anteile kleiner Kalkklumpen, teilweise verziegeltes Material oder Ziegelmehl. Zuschlagstoffe wie Stroh oder Tierhaare sind im rötlichen Mörteltyp seltener. Offenbar ist in den eindeutig jüngeren Mauerwerkspartien nirgends dunklerer Mörtel zu finden. Umgekehrt kommt der hellere Typ an dem mittelalterlichen Turmhaus im Südflügel nur da vor, wo der Renaissance-Umbau in ältere Bausubstanz eingegriffen hat.

BAUTEN IM EINZELNEN
(Vgl. Abb. 3)

Alter Ostflügel

Vom alten Ostflügel blieben nur Kellerraumreste erhalten. Über die äußere Länge des Raumes von 13,3 m sind drei schmale Fensterschlitze annähernd regelmäßig verteilt. Zu der Mauerstärke von ca. 70 cm kommen weitere 90 cm der Schale eines nachträglich eingezogenen Tonnengewölbes. Dessen Ansatz läßt auf eine innere Breite von ca. 5 m bzw. äußere Breite von knapp 8 m schließen. Der erhaltene Mauerzug steht auf dem Plateau des Bergsporns, während für die Unterkellerung die Hangkante abgearbeitet worden war.

Warum die zweite Bauaufnahme von 1906 zwar die innere Breite des Gebäudes mit 5 m wahrscheinlich richtig darstellt, aber dessen tatsächliche Länge und die Anzahl der Fensteröffnungen nicht erfaßt, ist heute nicht mehr nachvollziehbar.

Nach Melzer entstand der Komplex im 15. Jahrhundert durch Verbinden zweier älterer Burgmannshäuser von je 5 × 8 m bei gleichzeitiger Erweiterung nach Norden und Einwölbung.

Eine scharfe Baunaht in der Außenseite des bestehenden Ostflügels gab den Hinweis auf einen Rest der ursprünglichen östlichen Burgmauer (Abb. 5): Eine Sondierung an der Stelle, wo die innere Mauerflucht auf die Wendeltreppe stößt, erwies bis in 1,7 m Höhe über dem Fußboden eine von renaissancezeitlicher Bausubstanz umkleidete ältere Mauerpartie. Diese hebt sich zum einen durch einen klaffenden Spalt, zum anderen die Mörtelart scharf ab. Die auf wenigstens 1 m Tiefe zu verfolgende Fuge weicht von der heutigen Bauflucht in einer Richtung ab, die deutlich an die Achsenverdrehung des Ostflügels gegenüber dem mittelalterlichen Vorgängerbau erinnert.

Torbau

Durch die funktional und ästhetisch unsinnige Einbuchtung der Hoffassade bei der Wendeltreppe fällt die Partie im Ostflügel nördlich der gegenwärtigen Durchfahrt aus dem konzeptionellen Rahmen der Renaissance-Anlage. Für die Gründung dieses Abschnitts erwiesen Baumaßnahmen neuerdings ein deutlich höheres Niveau als die Grabensohle.

An der Außenfassade des Ostflügels geben mehrere disparate Baunähte zu erkennen, daß die Gebäudepartie in mindestens zwei Bauphasen entstand. Zudem wird hier die einheitliche Geschoßhöhenteilung durchbrochen.

Die beiden Schießscharten nördlich der Brücke sind einer späteren Bauphase zuzuordnen. Dafür spricht die für Feuerwaffen typische Trichterform und den Angreifer nicht überhöhende Lage im Erdgeschoß.

Auch das spätgotische Stabwerkprofil der kleinen Fenster der Hoffassade in Erd- und Zwischen-

geschoß läßt darauf schließen, daß hier ältere Substanz einbezogen wurde. Stilistisch verweisen sie auf den Umkreis der in Schloß Neuhaus beim sogenannten »Haus Braunschweig« (ab 1524) erstmals greifbaren Formensprache Jörg Unkairs. Diese wirkte noch weit über die Mitte des 16. Jahrhunderts hinaus. Die Fenster gehören offenbar bereits einer jüngeren Bauphase an, denn sie greifen seitlich über die Entlastungsbögen der Stürze hinaus und lassen dabei eine Ausfütterung des Maueraussschnittes mit kleinen Bruchsteinstücken bzw. Mörtel erkennen.

1984 konnten im Gebäudeinneren im Erdgeschoß Fenster bzw. Fensterfragmente und die Kante eines Baukörpers über dem Sturz des heutigen Durchganges (!) freigelegt werden. Diese geben einen ehemals an den Torbau angelehnten Treppenturm über unregelmäßig achteckigem Grundriß zu erkennen. Die gestalterischen Merkmale weisen Ähnlichkeit mit dem Renaissance-Bau auf. Demnach dürften die letzten Veränderungen, wenn nicht der Anbau des Treppenturmes, kaum vor etwa dem Ende des 16. Jahrhunderts angesetzt werden können. Diese Partie ist unter Umständen vielleicht erst in der Zeit des Bischofs Dietrich v. Fürstenberg entstanden, etwa in dem denkbaren Fall, daß das Projekt zum Gesamtausbau aus einer Serie begrenzter Einzelmaßnahmen erwachsen sein sollte.

In einer Verpfändungsurkunde vom 29. November 1353 sichern Berthold v. Büren und seine Söhne Volmar v. Brenken zu, »wechtere vn(de) portenere to bekostigende ane synen schaden vn(de) de porten(er)e eme to huldene«. Aus der betonten Unterscheidung zwischen Wächtern und Pförtnern darf man wohl folgern, daß eine ausgebaute Toranlage zu besetzen war. Die Lage jenes Tores muß der heutigen Einfahrt weitestgehend entsprochen haben, wie aus der urkundlichen Erwähnung des »heren huyß [...] gelegen twyssen dem dwenger vn(n)d der porten« am 21. Juli 1514 zu folgern ist.

Bautätigkeit im Bereich der Nordspitze des Bergsporns (Melzers »Gebäude II.2 und III«) ist für die zweite Hälfte des 14. Jahrhunderts archäologisch nachgewiesen. Verstärkung der Besatzung und Befestigung bzw. Modernisierung der Gesamtanlage könnten in Wechselbeziehung gestanden haben. Für eine entsprechende Datierung des Torbaues finden sich aber keine konkreten Hinweise.

4. Hoffassade des Südflügels mit erkennbaren Baunähten

Das Turmhaus im Südflügel

Die Mittelpartie des Südflügels sticht im Grundriß durch wesentlich dickere Mauern hervor. Hier zeichnet sich ein mittelalterliches Bauwerk von 15,4 m Länge und 13,1 m Breite ab. Die Mauern erreichen in Unter- und Erdgeschoß ca. 2 m, in den oberen Partien ca. 1,7 m Stärke. An der Hoffassade zeigt das heute steinsichtige Mauerwerk die ehemaligen Gebäudekanten mit Eckquaderung (Abb. 4). Die Außenfassade wurde beim renaissancezeitlichen Ausbau vollständig umkleidet, so daß Baunähte hier nicht zu erkennen sind. Im Fundamentbereich tritt jedoch gewachsener Felsen zutage, der bis in die Zone der heutigen Kellerfenster (!) hineinreicht.

Aufrißmerkmale der Nord- und Südwand des ehemaligen Turmhauses wurden durch die Anlage der großflächigen Fenster anfangs des 17. Jahrhunderts weitgehend beseitigt. Spätere Baumaßnahmen führten insbesondere im Erdgeschoß zu weiteren erheblichen Störungen der historischen Bausubstanz. Im längere Zeit ungenutzten Obergeschoß ist der ältere Bestand besser erhalten (Abb. 5). Das Untergeschoß scheint bis zum Be-

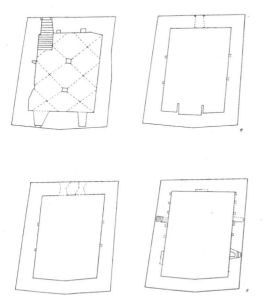

5. Auszugsweise Umzeichnung der Aufnahme von 1906 auf der Basis der Aufnahme von 1983 (Turmhaus)

ginn des 20. Jahrhunderts kaum Veränderungen erfahren zu haben.

Im Erdgeschoß untersuchte die Firma Ochsenfarth den Bereich des Kamins der archivalisch als solche belegten »alten Küche« näher. Dabei fanden sich bei den südlichen Fensternischen Ansätze mittelalterlicher Laibungen, teilweise mit mehreren, noch vor dem Renaissance-Ausbau zu datierenden Schlämme- bzw. Putzschichten. An einer Stelle zeigte die älteste Putzschicht etwa in Höhe der heutigen Fensterstürze (ca. 3,5 m über dem modernen Fußboden) das Fragment einer roten, grau konturierten Rankenmalerei (Abb. 6). Der Kamin selbst muß im 17. Jahrhundert am Platz einer älteren Feuerstelle völlig neu angelegt worden sein, von der nur mehr der Rauchabzug im Mauerwerk erhalten blieb.

Die Untersuchung 1985 erwies an der nördlichen Innenwand oberhalb der bestehenden Tür zwei senkrechte, ca. 2,5 m lange Mauerfugen (Abb. 7/7 a). Die erhaltenen Putzflächen zeigen einen Mauerpfeiler zwischen zwei in die Mauertiefe hinein verengten Nischen an. Abgleich mit den am Außenbau erkennbaren korrespondierenden Baunähten deutet auf Fenster mit nach innen und außen trichterförmig erweiterten Nischenlaibungen und einer Brüstung von 60 cm Höhe.

An den Seitenwänden waren allein Kopfstrebenlager zu finden, die nach Mörteltyp und Höhenlage dem Ausbau Anfang des 17. Jahrhunderts zugehören. Die Nischen in den Stirnwänden lassen darauf schließen, daß das Erdgeschoß im mittelalterlichen Bauzustand bei 20 cm tiefer liegendem Fußbodenniveau eine Raumhöhe von ca. 2,7 m aufwies, gegenüber rund 4,6 m an der Unterkante der Eisenzementbalken von 1925.

Der 1605 datierte Außenzugang stellt vermutlich die Veränderung eines mittelalterlichen Vorgängers dar. Das zeitgleiche Hofniveau lag nach Grabungsbefund deutlich tiefer. Damit war die für die mittelalterliche Fortifikationstechnik typische Überhöhung der Angriffsposition durch die Verteidiger gegeben. Die insgesamt drei (Fenster-?) Nischen in der südlichen bzw. nördlichen Stirnwand lagen bereits im damaligen ersten Obergeschoß, für das eine Höhe von ca. 3,5 m zu erschließen ist.

Die Befunde im Bereich des ebenfalls 3,5 m hohen ehemaligen zweiten Obergeschosses vermitteln ein sehr viel dichteres Bild.

6. Fragment der Ornamentmalerei

Ein moderner Wanddurchbruch schneidet eine durch Rußspuren als Kamin ausgewiesene Nische im südlichen Viertel der Westseite. Die gleiche Wand weist im nördlichen Drittel Reste einer schmalen, von einem Segmentbogen überfangenen Fensternische auf. Eine im oberen Teil erhaltene Treppe führte zu einem Schlitzfensterchen. Dieses war mit einem nach innen öffnenden Schlagladen versehen, von dem eine Angel erhalten blieb.

An der gegenüberliegenden Wand fanden sich im nördlichen Drittel eine senkrechte Fuge und eine weitere, die untere Hälfte der Raumhöhe einnehmende, in nur 30 cm Abstand. Die Untersuchung 1993 sieht die Länge der oberen Fuge auf das obere Raumdrittel begrenzt und die untere Naht als linkes Nischengewände. Dagegen deutet der Befund eher auf eine obere Naht von nahezu Raumhöhe und ein rechtes Nischengewände hin, vermutlich nach Lage und Art ein Pendant der Fensternische auf der Westseite. Diese Nische wurde wohl im 16. Jahrhundert durch eine tiefer

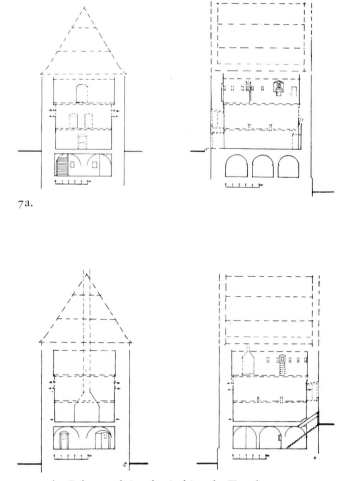

7a.

7a u. 7b. Rekonstruktion der Aufrisse des Turmhauses

liegende Wandöffnung, vielleicht einen Durchgang zu einem Anbau(?), ersetzt. Diese Öffnung wurde wiederum anfangs des 17. Jahrhunderts verschlossen. Das südliche Viertel der Ostwand zeigt eine vollständig erhaltene Fensternische (Abb. 8). Diese ist mit einem schwach angespitzten Segmentbogen überfangen und zum Innenraum hin weit geöffnet. Ein umlaufendes Bankett bildet schmale Sitzgelegenheiten mit sehr engem Fußraum. Die erste von drei Putzschichten zeigt eine Vielzahl fast kreisrunder Rußmarken, was auf häufigen Gebrauch von Kienspanen oder Talgkerzen hinweisen dürfte. Der Kalkputz war an der Oberfläche geglättet. Die zweite, teilweise gegen

1 cm starke Schicht enthielt sehr viel Stroh bzw. Gras. Darauf lag schließlich geglätteter, fast weißer Kalkfeinputz. Ein ganz ähnlicher dreischichtiger Putzaufbau war zumindest um 1985 noch in Fensternischen der Ruine Vernaburg bei Salzkotten zu beobachten, also als Baupraxis dieser Region, aber an einem Beispiel des frühen 17. Jahrhunderts. Neben der kompletten Fensternische fand sich noch das Fragment einer nur 60 cm breiten, ausgeputzten Nische. Des darunterliegenden Türdurchbruchs wegen ist es nicht näher interpretierbar. Der Position an der grabenseitigen Ecke nach handelte es sich womöglich um einen Abtritt.

In der Mitte der Südwand liegt eine – auch nach Auffassung der Paderborner Restauratoren – erst renaissancezeitliche Kaminanlage. Die Mitte der nördlichen Giebelwand nimmt eine nur 30 cm tiefe Nische mit unklarem oberem Abschluß ein. Leider war 1985 keine umfassende Untersuchung möglich (was 1993 nicht nachgeholt wurde), so daß der Gesamtumriß nicht ermittelt werden konnte. Innerhalb der freigelegten Fläche fanden sich keine Hinweise auf ein Fenster oder Spuren wie Ruß oder Farbe. Die Stirnwände des Turmhauses lassen infolge des Umbaues 1603 bis 1609 keine weiteren Merkmale der mittelalterlichen Wandgliederung mehr erkennen.

Die gebräuchliche Bautechnik der Zeit läßt an den Langseiten einen Rücksprung der Mauerstärke als Auflager der Querträger bzw. Streichbalken der mittelalterlichen Deckenkonstruktion erwarten. Tatsächlich ist die Mauersubstanz unterhalb des durch Nischen in West-, Nord- und Ostwand angezeigten Niveaus 1,4 m über dem modernen Fußboden vollflächig abgearbeitet. Dies geschah eindeutig zur Angleichung der Wände an die durch den Umbau 1604 bis 1607 veränderte Lage und Höhe der Geschosse.

Von der Decke zwischen dem mittelalterlichen Erdgeschoß und ersten Obergeschoß sind im Mauerwerk keine Spuren, etwa abgearbeitete Konsolenstümpfe, zu finden. Der Befund spricht auch nicht für eine Verblendung des oberen Teils der Wandfläche, zumal die Geschoßrücksprünge dann jeweils kaum 10 cm breit gewesen sein könnten.

Zu Details der Holzkonstruktionen wie zu eventuellen Zwischenwänden liegen keine ausreichenden Befunde vor. Im Bereich des Turmhauses sind zwar außer gelegentlichen Gerüstlöchern (in einem Fall mit vollständig vertorftem Balkenstumpf) ehemalige Kopfstrebenlager festzustellen (Abb. 9). Ihrem teilweise minimalen Abstand von (Fenster-)Nischen der ersten Bauphase nach handelt es sich bei dem gesamten Gefüge auf jeden Fall um eine spätere Veränderung. Reste des jüngeren Mörteltyps mit Abdrücken der Balkenoberfläche legen Zugehörigkeit zum Ausbau der Wewelsburg als Renaissance-Schloß nahe, auch wenn mit archivalisch nicht konkret faßbaren früheren Modernisierungen zu rechnen ist. Zwar ist in verschiedenen Urkunden (vom 11. Juli 1513, 4. Mai 1545 und 12. April 1564) von Bausummen oder Bauerlaubnissen die Rede, doch können diese nicht mit

8. Fensternische mit Sitzstufen

Befunden am Bau zur Deckung gebracht werden.

Bemerkenswert ist der Fund von Spuren einer Kalkschlämme mit Resten von Efeuwurzeln auf der ehemaligen westlichen Außenseite des Turmhauses. Da auch keinerlei Dachanschlagrillen nachzuweisen waren, ist ein Anbau hier somit unwahrscheinlich.

Gebäudereste im Bereich des Westflügels

Im Untergeschoß ist neben dem Treppenturm in der südwestlichen Hofecke eine Mauerpartie zu erkennen, die aus dem baulichen Gefüge der bestehenden Anlage herausfällt (Abb. 3). Die Stärke von etwa 1,7 m übertrifft alles, was der neuzeitlichen Bausubstanz angehört und ist nicht durch statische Belastungen irgendeines besonderen Aufbaues zu erklären. Eine Sondierung erwies das Vorkommen des älteren Mörteltyps. Genaue Aus-

9. Gesamtansicht der ehem. inneren Westwand des mittelalterlichen Steinhauses (I. OG)

sagen über das Fragment sind nicht möglich. Allerdings deuten insbesondere die älteren Bauaufnahmen darauf hin, daß es sich um die südwestliche Ecke eines mittelalterlichen Gebäudes handelt.

Unter dem heutigen Hofraum liegt ein 5,5 m langer und in der Breite von 2,3 m erhaltener Baukörper. Dieser weist im Mittelteil einen etwa 3 m langen, nachträglich eingefügten Mauerabschnitt auf. Während das mutmaßliche Steinhaus über die westliche Hangkante hinausgebaut war, stand der Anbau auf dem Plateau des Bergsporns.

Versuch einer Rekonstruktion der Wewelsburg im Mittelalter

Alter Ostflügel

Die identischen Fluchten der ursprünglichen Baukörper deuten darauf hin, daß sie sich giebelständig an die hier wahrscheinliche östliche Burgmauer anlehnten. Es gibt keine Anhaltspunkte dafür, daß an dieser Stelle neben die beiden urkundlich belegten ein drittes Steinhaus getreten

sei. Somit muß der Keller als Unterbau eines nunmehr traufständigen Fachwerkgebäudes gedient haben.

Torbau

Erd- und Zwischengeschoß in der Partie unmittelbar nördlich der Tordurchfahrt stellen den Rest eines wohl noch spätmittelalterlichen Torbaues dar, dessen südlicher Abschluß nicht mehr zu rekonstruieren ist. Zumindest dürften Durchfahrt und Grabenbrücke in einer anderen Achse zur Gebäudeflucht gestanden haben.

An die nördliche Stirnwand des Torbaues schloß sich ein – später angefügter oder jedenfalls überformter – Treppenturm an. Im Erdgeschoß stand der Treppenturm zwischen Torbau und Umfassungsmauer mit drei Seiten frei. Wahrscheinlich von der Höhe des unter dem heutigen Gurtgesims liegenden Fensters auf der Ostseite ab trat der Turmschaft dann mit fünf Seiten hervor. Der in den ältesten Ansichten der Wewelsburg erkennbare achtseitige Aufbau über dem Dach des Ost-

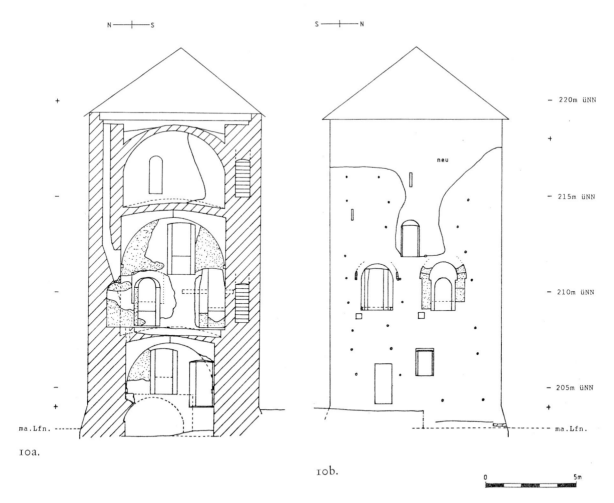

N —|— S

S —|— N

— 220m üNN

neu

— 215m üNN

— 210m üNN

— 205m üNN

ma.Lfn.

ma.Lfn.

10a.

10b.

0   5m

10a. u. b. Kobern, Oberberg, Bergfried, Schnitt und Ansicht der Ostwand

flügels könnte dabei der vor Anfang des 17. Jahrhunderts bereits vorhandenen Bausubstanz zugehören.

Turmhaus im Südflügel

Viele Details des Turmhauses sind in der Substanz erhalten.

Zu den beiden großen Rundbogenöffnungen im ersten Obergeschoß fand sich am Bergfried der Oberburg in Kobern ein interessantes Parallelbeispiel (Abb. 10/10a). Die Anlage dort stammt aus der zweiten Hälfte des 12. Jahrhunderts. Inwieweit die Detailformen, wie Laibungen und horizontale Balkenkanäle, eine Vorstellung vom frü-

heren Zustand der Hoffassade des Turmhauses auf der Wewelsburg vermitteln können, bleibt fraglich.

Die undefinierbare Nische in der nördlichen Stirnwand im mittelalterlichen zweiten Obergeschoß liegt an einer Stelle, die für einen Kamin durchaus gebräuchlich wäre. In Wewelsburg wäre dieser aber schon im 15. Jahrhundert nicht mehr genutzt und vermutlich auch abgebrochen worden. Dabei müßte der typische Umriß des Rauchfangs verlorengegangen sein.

In den heutigen Fensternischen an Nord- und Südseite aufgegangene Öffnungen sind sehr gut denkbar. Offenkundig aus fortifikatorischen Rücksichten wagte man dabei allein in der nördli-

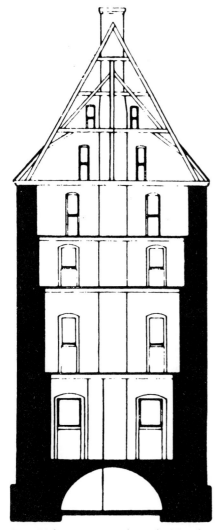

11. Burg Lichtenau. Querschnitt des Turmhauses

die Interpretation als Rest der mittelalterlichen Treppenanlage zu erwägen.

Bei der aus dem Befund nicht ersichtlichen Konstruktion der Geschoßdecke zwischen dem ursprünglichen ersten und zweiten Obergeschoß ist mit einer an die Wand angelehnten Stützenkonstruktion zu rechnen. Deren Struktur wäre der Ständerbauweise des niederdeutschen Fachwerks ähnlich zu denken. Die Querbalken brauchten bei einer Spannweite von knapp 9 m nicht notwendigerweise mit einem von Mittelsäulen getragenen Längszug unterfangen gewesen zu sein.

Für weitere Geschosse über der heutigen Trauflinie – wie etwa bei den Turmhäusern in Lichtenau bzw. Beverungen – gibt es keine Anhaltspunkte. Eine Veränderung von ursprünglich drei in zwei Geschosse ist auch bei Burg Dringenberg zu beobachten. Diese Anlage scheint aber schon vor dem Umbau durch relativ geschlossene Mantelbebauung mit breiter gelagerten Baukörpern geprägt gewesen zu sein.

Regional herrschte im Mittelalter und der frühen Neuzeit das Satteldach vor. Als Tragwerk kommt in erster Linie ein Kehlbalkendach, wohl mit Hängewerk, in Betracht. Ein auch geographisch naheliegendes Beispiel hierfür gibt das Turmhaus der Burg Lichtenau (Abb. 11). Der Dachstuhl wurde zwar kürzlich dendrochronologisch auf 1555 datiert, doch folgt die Konstruktion älteren Mustern (mündliche Mitteilung von Herrn G. Ulrich Großmann, damals Leiter des Weserrenaissance-Museums Schloß Brake).

Turmhaus im Westflügel mit Backhaus

Im Zusammenhang mit dem »Gebäude V« der Grabung, das Melzer selbst mit dem beurkundeten westlichen Steinhaus in Verbindung bringt, eröffnet sich eine interessante Perspektive:

Bereits am 12. September 1589 wird protokolliert, das Steinhaus sei mangels zugehöriger Besitzungen (als wirtschaftlicher Grundlage) aufgegeben worden und verfallen. Offenbar war es zur Gewinnung von Baumaterialien abgetragen worden. Das westliche Steinhaus dürfte nach Umfang und Ausstattung dem erhaltenen weitestgehend entsprochen haben. Beide Steinhäuser werden in Teilungsurkunden stets gleichwertig behandelt. Ergänzt man das Mauerfragment zu einem Gebäude gleicher Grundfläche wie der des ehemaligen Turmhauses im Südflügel, würde sich die hy-

chen Giebelwand des Turmhauses, auch größere Maueröffnungen anzulegen.

Nach der Bauaufnahme von 1806 waren die Innenräume vorwiegend mit Fachwerkwänden unterteilt. Das nordöstliche Viertel des Erdgeschosses des Turmhauses war dagegen mit ungewöhnlich dicken Mauern vom übrigen Raum abgeteilt. 1906 war davon nur noch der südliche Querzug erhalten. In dem besonderen Falle wäre pothetische Flucht der nördlichen Innenwand in »Gebäude V« fortsetzen (Abb. 3). Dieses wäre dann entgegen der Angabe Melzers kein nördlicher, sondern ein östlicher Anbau, der kaum weiter nach Westen gereicht haben könnte als die Grabung. Zu dem paßt die Erwähnung des »Wester Steenhues und das Backhues dabei« in einer Urkunde vom 25. Juli 1393. Melzers Ansicht, diese Zweckbestimmung habe »der Grabungsbefund des Gebäudes V nicht bestätigen« können, ist damit wohl zu vorsichtig. Im Falle das Gebäude zunächst mit einem 3 m breiten Bogen zum Hof hin geöffnet gewesen sein sollte, wäre an eine Hufschmiede zu denken. Diese könnte dann – entsprechend den archäologischen Ergebnissen – in der zweiten Hälfte des 14. Jahrhunderts umgenutzt worden sein.

GESAMTANLAGE

Die Grundform der mittelalterlichen Wewelsburg war ein sehr spitzes unregelmäßiges Fünfeck. Die »Ecken« könnten dabei auch von Mauerkrümmungen oder kurzen Gebäudeflanken gebildet worden sein. Die später ausgeformte Dreiecksgestalt war jedenfalls in den Proportionen des mittelalterlichen Komplexes bereits angelegt.

Eine Wehrmauer an der durch die beiden nachträglich zusammengezogenen Burgmannshäuser (?) gebildeten Ostflanke kann als aus dem Baubefund am Torbau ableitbar betrachtet werden.

In Überlegungen zur mittelalterlichen Toranlage wird die Partie einzubeziehen sein, die sich heute als sogenanntes »Verlies« präsentiert. Der Fußboden dieses zwei Geschosse hohen Kellers liegt hier nach Ausweis der neuesten Bauaufnahme etwa 85 cm tiefer als die Grabensohle außerhalb. Die sogenannte »Gräfte« könnte mit der Zeit um den Differenzbetrag aufgefüllt worden sein. Ein früheres Niveau der Grabensohle wäre dann im überbauten Raum erhalten geblieben. Nach der Aufnahme von 1906 (also noch vor einer durch die Ochsenfarthsche Untersuchung erwiesenen Vormauerung wohl um 1925) ist die Westwand des Raumes etwa 70 cm stark. Dieses Maß entspricht dem des alten Mauerstücks neben der Wendeltreppe im Ostflügel und der älteren Teile des Kellerfragments unter dem Burghof. Da der gewachsene Felsen unter dem Südflügel nur im Bereich des Turmhauses zutage tritt, könnte die Burgmauer

zwischen Torbau und Turmhaus auch einen Bogen beschrieben haben, wie dies an zahlreichen Burganlagen zu beobachten ist (Kalenberg bei Warburg/Kreis Höxter, Schwalenberg/Kreis Detmold, Eisenberg und Waldeck/beide Kreis Waldeck-Frankenberg). Dabei scheint nicht nur die Topographie, sondern auch ein fortifikationstechnischer Ansatz zur buchstäblichen Rundumverteidigung eine Rolle gespielt zu haben.

Der Torbau trat in der Südostecke wohl ein Stück weit aus der Flucht der Burgmauer hervor. Der Treppenturm hätte das Gelenk eines schwachen Winkels in der Burgmauer gebildet, an deren Fortsetzung nach Norden sich die Gebäudepartie mit dem nachträglich eingewölbten Sockelgeschoß angelehnt zu haben scheint.

Östlich des »heren huyß [...] gelegen twyssen dem dwenger vn(n)d der porten« müßte entweder ein kleiner Hofplatz hinter einer Wehrmauer oder ein untergeordneter Fachwerkbau gelegen haben. Gegen Melzers entschiedene Meinung ist ein Anbau hier nicht auszuschließen. Die ehemalige östliche Außenwand des Gebäudes erfuhr wiederholt erhebliche Veränderungen, so daß die Annahme weder zu bestätigen noch zu widerlegen ist.

Zwischen dem südlichen und dem westlichen Steinhaus zeichnet sich keine bauliche Verbindung ab. Ein Mauerstück, das die Lücke schloß, bot der Südwestecke der Anlage hinreichenden Schutz vor mittelalterliche Angriffstechniken.

Weiter nach Norden scheint der Mauerzug relativ geradlinig verlaufen zu sein. Nördlich des westlichen Steinhauses mit seinem hofseitigen Anbau war noch Raum für die durch den Grabungsbefund nicht näher bestimmbaren »Gebäude III« und »Gebäude I«. An der Spitze des Bergsporns scheint man einen nach außen geöffneten Winkel für unbedenklich gehalten zu haben. Einen Bergfried oder sonstigen besonderen Turm (wie etwa bei Schloß Brake bei Lemgo bzw. der Burg Beverungen bis 1868 oder der Burg Dringenberg) sucht man auf der Wewelsburg vergeblich. Die betreffenden Funktionen übernahmen die beiden Turmhäuser.

Die Zuordnung beurkundeter Benennungen für diese Hauptbauten der Wewelsburg ist nicht eindeutig zu klären. Dies wäre jedoch von besonderem baugeschichtlichem Interesse, insofern sich daraus Hinweise auf die Abfolge der Bauvorgänge ergäben. Jedenfalls stehen – oder vielmehr standen – beide Steinhäuser an typischen Stellen innerhalb der Gesamtanlage derartiger Burgen, nämlich die Toranlage flankierend (wie etwa bei Schloß Neuhaus vor Errichtung des sogenannten »Hauses Köln«, Burg Dringenberg oder der abgegangenen Burg in Büren) oder auf der dem Torbau gegenüberliegenden Seite (wie bei der Dreckburg bei Salzkotten, Burg Schwalenberg, Burg Kalenberg oder Burg Beverungen). Eine – abgesehen von den anderen topographischen Bedingungen – vergleichbare Disposition wies die 1358 zwischen Paderborn und Lippe geteilte Oldenburg bei Höxter auf.

ABBILDUNGSNACHWEIS

Melzer 1992, Abb. 44 u. 47: 1 a + b; Melzer 1992, Abb. 92: 2; Verfasser (Mai 1984): 3, 4; Seufert 1992, Abb. 16: 5; Ochsenfarth 1993, Abb. 8: 6; Seufert 1992, Abb. 19/20: 7 a + b; Ochsenfarth 1993, Abb. 3: 8; Ochsenfarth 1993, Abb. 7: 9; Köhl 1990 (unpubliziert): 10 a + b; Seufert 1992, Abb. 27: 11.

THORSTEN ALBRECHT

Die Schaumburg

1. Schaumburg vom Wesertal, 1994

Die Schaumburg bei Hessisch-Oldendorf in Niedersachsen gehört zu den bedeutendsten mittelalterlichen Burganlagen in der alten Grafschaft
Schaumburg und im mittleren Wesertal (Abb. 1)[1].
Die Höhenburg steht auf dem Nesselberg, einem
Bergsporn des Wesergebirges oberhalb des hier
etwa 6 km breiten Wesertals. Am Wesergebirge
lassen sich zahlreiche Burgen und Befestigungen
seit der Eisenzeit und bis ins späte Mittelalter
(Dynastenburgen) nachweisen, von denen neben
der Arensburg auch die Schaumburg bestehen
blieb. Von dem strategisch günstigen Standort der
Burg konnte das Wesertal, somit die Schiffahrt
und die Landwege von Hameln bis Rinteln, übersehen und kontrolliert werden. Eine Paßkontrolle
über das Wesergebirge war hier nicht vorhanden,
da die wichtigen Straßenpässe westlicher bzw.

östlicher lagen und von dort angelegten Burgen
(z. B. die Osterburg bei Deckbergen) kontrolliert
worden sind.

HISTORISCHER ÜBERBLICK

Die Schaumburg war vom 12. bis ins 16. Jahrhundert Herrschaftszentrum und Wohnsitz der Grafen von Schaumburg. Am Ende des 14. Jahrhunderts wurde die Burg zur größten Anlage der Region ausgebaut. Mitte des 16. Jahrhunderts verlegten die Grafen ihre Residenz in eine der bequeme-
ren Niederungsburgen des Landes (Rodenberg,
Stadthagen und Bückeburg). Die Schaumburg
blieb jedoch regionales Verwaltungszentrum des
Amtes Schaumburg und diente bis 1644 teilweise

127

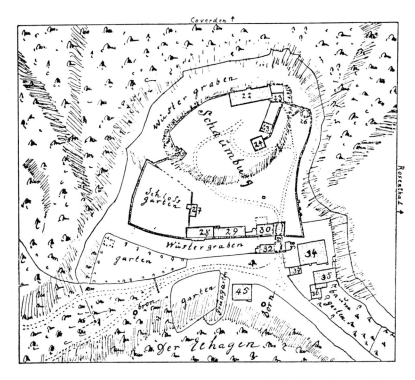

22 *Amtmanns Wohnhaus.* 23 *Stallungen.* 24 *Der oben abgebrochene Turm.* 25 *Turm Kühner Henke.* 26 *Turm Wittschrieber.* 27 *Backhaus.* 28 *Wagenhaus und Stallung.* 29 *Wasch- und Brauhaus.* 30 *Amtsstubenhaus.* 31 *Turm auf dem Tor oder Drosten-Wohnung.* 32 *Pfortenhaus.* 34 *Rentm. Wohnhaus.* 35 *Scheuer.* 36 *Wagenschuppen.* 37 *Kutschenhaus.* 38 *Backhaus.* 45 *Krug.*
Die Nummern 1—21 beziehen sich auf Gebäude der hier nicht dargestellten Domäne Coverden.

2. Lageplan der Schaumburg, 1736

als Witwensitz. Nach der Teilung der Grafschaft fiel das Amt Schaumburg an Hessen-Kassel. Der Amtssitz wurde nach einer Verwaltungsreform 1821 schließlich nach Rinteln verlegt, und die Schaumburg verlor endgültig ihre einstige Funktion. Erst mit Aufnahme des Gaststättenbetriebes ab 1876 führte man die seit 1866 unter preußischer Verwaltung stehende Schaumburg wieder einer neuen Nutzung zu. Die Gebäude verfielen, wurden teilweise abgerissen oder durch einfache Neubauten ersetzt. 1907 schenkte Kaiser Wilhelm II. die Schaumburg dem Fürsten zu Schaumburg-Lippe zu dessen Silberhochzeit. Von 1908 bis 1912 fanden umfangreiche Wiederherstellungsarbeiten statt. Nach 1912 verlor sich das Forschungsinteresse an der Burg. Trotz der leider

nicht nach wissenschaftlichen Richtlinien erfolgten Ausgrabungen von 1953 bis 1956 im nördlichen Bereich der Oberburg unter der Leitung von Dr. Franz Engel, dem späteren Leiter des Staatsarchives in Bückeburg, konnten dennoch einige neue Erkenntnisse über den Baubestand der Burg ermittelt werden. Insgesamt 21 Suchgräben und Suchschnitte ließ Engel anlegen und dokumentierte diese skizzenhaft[2]. Da an dem Projekt keine Archäologen beteiligt waren, wurden mit Hilfe von Schülern und Bauernsöhnen aus den Nachbardörfern zunächst Schutt und Gesteinstrümmer weggeräumt. Das umfangreiche Scherbenmaterial lagert im Staatsarchiv und umfaßt den Zeitraum vom 11. bis 18. Jahrhundert[3]. Die Grabungsfläche ist noch teilweise sichtbar. 1963 wurden Baggerarbeiten

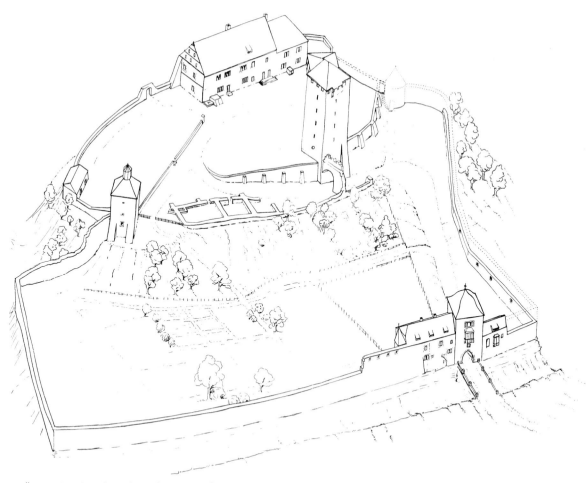

3. Übersichtsplan der Schaumburg, Stand: vor 1963

anläßlich eines Anbaus für die Gaststätte in der oberen Burg durchgeführt. Lediglich Dr. Engel machte damals einige Skizzen und Fotos[4]. Diese Ausgrabungen bzw. Bodenbewegungen haben ergeben, daß es an der Ringmauer etliche kleinere und größere, teilweise unterkellerte Gebäude gegeben hat, von denen lediglich die Türme und Reste im Hauptgebäude erhalten sind.

ÜBERSICHT ÜBER DIE ANLAGE

Die heutige Anlage ist geprägt durch den teilweise noch mittelalterlichen Baubestand, jedoch wesentlich durch die Umbauten im späten 16. Jahrhundert und die Wiederherstellung in den Jahren 1908

bis 1912. Der älteste Plan der Burganlage stammt von 1736 (Abb. 2)[5]. Er zeigt die meisten Gebäude, die heute ebenfalls noch vorhanden sind. Die Schaumburg besteht aus einer Vorburg und einer Oberburg (Abb. 3). Vor dem Burgtor befand sich ein Krug, der bereits 1444 erwähnt wird[6]. Vor dem heute verschütteten Graben steht die Burglinde, die den Gerichtsort bezeichnete[7]. Die Burg betritt man über eine Brücke durch das Tor, das in den sogenannten Archivturm integriert ist. Rechts vom Turm schließt sich das sogenannte Drostenhaus an und links das Amtshaus, beide sind 1908/ 09 neu erbaut (Abb. 4). Die gesamte Vorburg, die wirtschaftlichen und verwaltungstechnischen Zwecken diente, ist mit einer Bruchsteinmauer umgeben, vor der ein spitzer Graben und ein Wall

4. Drosten-, Amtshaus und Archivturm, 1994

5. Anstehender Fels des Hauptburggeländes im Westen, 1994

7. Nebengebäude am Hauptgebäude, Hofansicht, 1994

6. Hauptgebäude, Hofansicht, 1994

im Osten vorgelagert sind. Im Westen fällt das Gelände stark ab (Abb. 5). Wagen-, Wasch- und Brauhaus schlossen sich dem Amtshaus an, sind jedoch nicht erhalten (Abb. 2). In der südwestlichen Ecke der Burgmauer stand ein Rundturm, der sogenannte Wittschreiber, von dem keine Spuren mehr vorhanden sind. Die Oberburg war über zwei Wege zu erreichen, von denen der westliche heute als Hauptauffahrt dient. Der Bergfried, der auf dem Plan von 1736 als der »oben abgebrochene Turm« bezeichnet wird, wurde 1909 bis 1912 neu aufgemauert. Das zweistöckige Haupthaus steht auf mittelalterlichen Kellern und wurde

Ende der achtziger Jahre des 16. Jahrhunderts im Stil der späten Weserrenaissance erbaut (Abb. 6). Die Raumaufteilung und das Spitzsäulendachwerk sind in der Grundsubstanz noch vorhanden. Im Norden schließt sich ein niedriges, ebenfalls zweistöckiges Gebäude an, das wesentlich älter ist und wohl noch aus dem Spätmittelalter stammt (Abb. 7). Reste von zugemauerten kleinen hochrechteckigen Fenstergewänden belegen dies neben der abweichenden Mauerstärke und unterschiedlichen Fußbodenniveaus. Das Eichendachwerk ist wohl ebenfalls im späten 16. Jahrhundert aufgesetzt worden. Das zwischen Haupthaus und Georgsturm stehende Fachwerkgebäude aus dem 17. oder 18. Jahrhundert diente als Stall und Lagerraum. Der östliche Teil des Gebäudes besteht aus Bruchsteinwänden, hat einen Keller und ist älter. Auf der Oberburg befindet sich in der östlichen Ecke des Burghofes am Anschlußpunkt der Vorburgmauer ein Bruchsteinturm mit Namen »Kühner Henke«, der heute aus zwei eingewölbten Turmgeschossen und einem dritten Obergeschoß mit Fenstern und Resten einer Kaminanlage besteht. Er hat wohl teilweise zu Wohnzwecken gedient. Die ursprüngliche Höhe des Turms, der von einem Zeltdach mit Laterne abgeschlossen wird, ist nicht bekannt[8]. Die gesamte Anlage wird im Osten und Norden von einem Graben und Wall, die heute nur teilweise erhalten sind, umgeben. Im Süden und Westen fällt das Gelände stark ab.

1. GRÜNDUNG

Die Burg wurde namengebend für die gesamte Umgebung und für das Grafengeschlecht der Schaumburger, die urkundlich erstmalig am 18.4.1119 (Adolf I. † 1130) nachweisbar sind[9]. Die Gründungsphase der Burg liegt im Dunkel. Die Anlage gilt als Gründung des Dynastengeschlechts der Herren von Santersleben und späteren Grafen von Schaumburg vom Ende des 11. oder Beginn des 12. Jahrhunderts. Aus dieser Periode haben sich Scherben nachweisen lassen. Im 12. Jahrhundert begann der Aufstieg dieser Ministerialen des Mindener Bischofs auf Kosten der benachbarten Adelsgeschlechter, deren Burgen Graf Adolf I. († 1130) zerstörte. Konsolidierung und Ausbau der Macht führten schließlich zur Entstehung eines Territoriums, der späteren Grafschaft Schaumburg. Dieser Prozeß war zu Beginn des 13. Jahrhunderts abgeschlossen. Die erste Burganlage lag im Bereich der Oberburg und dürfte sich aus einer der typischen Dynastenburganlagen entwickelt haben, die im Wesertal noch mehrfach nachweisbar sind (Hünenburg bei Todenmann, Burg Rhoden, Osterburg bei Deckbergen)[10]. Die Burgen bestanden aus einer Ringmauer, an der mehrere kleine Gebäude, Turm, Torhaus und Palas angebaut waren. Reste dieser Ringmauer sind im Westen des Burgareals sichtbar. Davor lagen Wälle und Gräben, die die Vorburg markierten. Der Burgzugang erfolgte wahr-

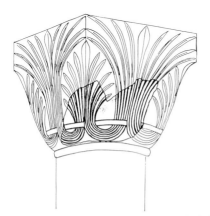
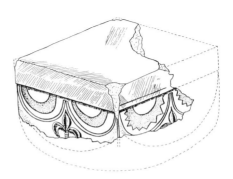

8. Palmettenringband- und Doppelschild-Lilienkapitell, Fundstücke

scheinlich durch das Untergeschoß des Bergfrieds aus dem 13. Jahrhundert, an den auch die Ringmauer anschloß. Bei Baggerarbeiten 1963 wurden Teile der ersten Burgmauer freigelegt, die in ihrem unteren Bereich aus Bruchstein in opus-spicatum-Technik bestand. Dieses Mauerwerk findet sich ebenfalls in der Kapelle auf der Hünenburg bei Todenmann. Zwei besonders interessante Fundstücke der Grabungen sind zwei dekorierte spätromanische Kapitellfragmente (Abb. 8). Es handelt sich um Teile eines Palmetten-Ringband-Kapitells und eines Doppelschild-Lilien-Kapitells, die sich in das vierte Viertel des 12. Jahrhunderts datieren lassen[11]. Ob sie zu der Kapelle oder zu einem Saal im Palas gehört haben, läßt sich momentan nicht sagen.

2. 13. bis 15. Jahrhundert

Graf Otto I. (1366 bis 1404) hatte die Schaumburg um 1390 ausgebaut[12]. Die Ringmauer wurde teilweise ersetzt, und die gesamte Vorburg mit einer Mauer umgeben. Ergebnisse der Grabung durch Dr. Engel von 1954 ergaben, daß auf der Oberburg parallel zum nördlichen Ringmauerabschnitt auf einem Schuttkegel am Steilhang eine neue Mauer erbaut worden ist, die an das innere Burgtor neben dem Bergfried anschloß. Zwischen der alten und neuen Burgmauer stand ein unterkellertes, langrechteckiges Gebäude, von dem neben der Kellertreppe Gewändesteine gefunden wurden. Das Scherbenmaterial in der Verfüllung des Kellers ließ eine Datierung des Gebäudes um 1400 zu, die mit dem urkundlich belegten Ausbau der Burg unter Graf Otto I. in Beziehung gesetzt werden kann. Die Nutzung des Gebäudes ist nicht bekannt. Der Zugang zur Burg verlief nun zwischen der alten und neuen Burgmauer. Ein neues Burgtor wurde etwa an der Stelle des heutigen Tores erbaut. Das annähernd rechteckige großflächige Gelände der Vorburg war von dieser Zeit an durch eine Bruchsteinmauer und einen neu angelegten Graben im Westen und Norden geschützt, der größtenteils noch erhalten ist. An dem Anschlußpunkt der Mauer zur Oberburg entstand der »Kühne Henke« in der nordöstlichen Ecke des Hofplatzes. Ein weiterer, diesmal runder Turm (Wittschreiber), der über eine Treppenanlage von der Oberburg erreicht werden konnte, stand unterhalb des anstehenden Felsens der Oberburg im

Verbund mit der Burgmauer im westlichen Burgbereich. Das Burggelände konnte nur von Norden her durch das Torhaus, das noch ein Sandsteingewände aufweist, links neben dem heutigen Burgtor betreten werden (Abb. 4)[13]. Über den Baubestand der Unterburg ist weiter nichts bekannt. Während des 15. Jahrhunderts muß die Burg zumindest im Bereich des Burgtores nochmals umgebaut worden sein. Das alte Tor wurde durch einen Turmneubau unmittelbar daneben ersetzt. Vor dem Burgtor befand sich eine Zugbrücke (1639 entfernt und der Graben davor zugeschüttet), deren Zugang von Zungenmauern eingefaßt war[14].

3. 16. Jahrhundert

Seit 1549 diente die Schaumburg lediglich als Verwaltungs- und Witwensitz. 1559 fanden nachweislich Bauarbeiten statt. Der lippische Graf stellte Graf Otto IV. Bauholz für eine Scheune zur Verfügung »zum nigen fruchtborden gebauve zu Schaumborch«[15]. 1560 ist der Krug als Fachwerkgebäude neu erbaut worden, wofür die Abrechnungen noch vorliegen. Das erste Inventar stammt von 1560 und nennt mehrere Gebäude, die aber nur teilweise lokalisiert werden können: Darunter befindet sich das Steinwerk mit den Hauptwohnräumen, daran schließen sich ein größeres Haus mit Wirtschaftsnutzung (Küche, Backhaus, Keller) und die Kapelle an[16]. Schließlich wird das Torgebäude mit Amtmannwohnung erwähnt. Die mittelalterliche Ausstattung der Kapelle war noch weitgehend vollständig vorhanden. Einen umfassenden Umbau hat die Schaumburg jedoch in den späten achtziger Jahren des 16. Jahrhunderts erfahren. Damals wurde das neue Haupthaus auf der Oberburg im Stil der späten Weserrenaissance erbaut. Ebenso war das Burgtor von den Baumaßnahmen betroffen. Der Turm erhielt außenseitig einen reichverzierten Erker und eine welsche Haube (Abb. 9, 10). Sämtliche Fenstergewände sind diesem Umbau zuzurechnen. Östlich neben dem Turm entstand das neue Amtshaus aus Fachwerk, in das die Außenmauer des ersten Torgebäudes integriert worden ist. 1895 riß man das Gebäude ab[17]. Westlich des Turmes schloß sich die sogenannte Drostenwohnung an, ein zweistöckiges Gebäude mit Spitzsäulendachwerk aus dem späten 16. Jahrhundert. Letzteres ist vor 1736 abgebrochen worden. Heute befinden sich dort

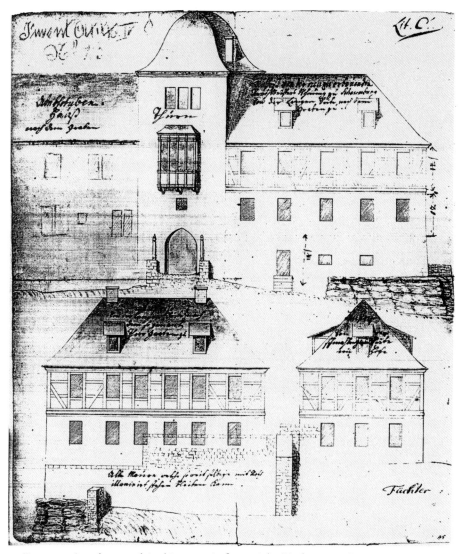

9. Drosten-, Amtshaus und Archivturm, Außenansicht (Füchter 1732)

kellerartige Amtsgefängnisse aus dem späten 18. Jahrhundert. Für alle Neubauten des 16. Jahrhunderts liegen keine Quellen vor.

Größere Neubauten gab es ab diesem Zeitpunkt nicht mehr. Die vorhandenen Gebäude wurden notdürftig unterhalten oder im Laufe der Zeit abgerissen[18].

4. Die Restaurierung 1907 bis 1909

Anläßlich der Silberhochzeit des Fürsten Georg zu Schaumburg-Lippe 1907 schenkte Kaiser Wilhelm II. den Nesselberg mit der größtenteils ruinösen Schaumburg dem Fürstenpaar[19]. Der Kaiser, der selbst ein begeisterter Burgfreund war, erwartete wohl vom Fürsten, daß dieser die Schaumburg restaurieren ließ. Nach einer Besichtigung der Schaumburg durch den Fürsten im Mai 1907 erhielt dessen Staatsminister v. Feilitzsch die Leitung des Unternehmens und wurde beauftragt, einen geeigneten Architekten zu finden[20]. Börries v. Münchhausen schlug Bodo Ebhardt[21] vor, der aber nicht weiter im Gespräch blieb. Der Staatsminister setzte sich wegen der Schaumburg mit Professor Rudorff in Berlin in Verbindung und bat

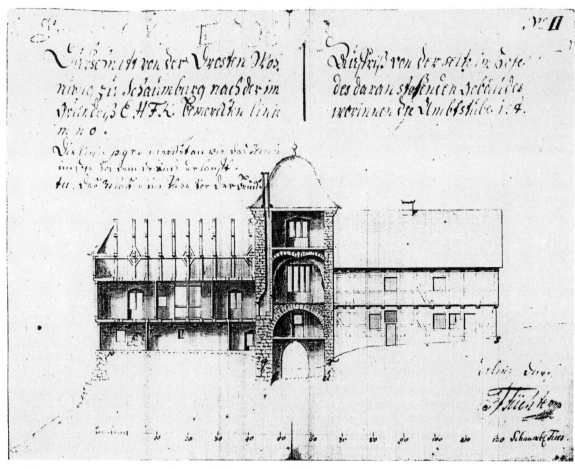

10. Drosten-, Amtshaus und Archivturm, Teilquerschnitt (Füchter 1732)

diesen in der Angelegenheit um Unterstützung[22]. Mitte Mai teilte aus eigenem Antrieb Professor Albrecht Haupt aus Hannover sein Interesse an dieser Aufgabe v. Feilitzsch mit, der ihn durch seine Tätigkeiten in Bückeburg kannte. Haupt wies darauf hin, »dass ich seit einem Vierteljahrhundert immer noch der einzige akademische Lehrer der deutschen Renaissance bin. Und dieser Epoche gehört ja die Schaumburg der Hauptsache an«[23]. In dem Antwortschreiben sprach sich v. Feilitzsch »gegen eine Rekonstruktion à la Hochkönigsburg im Stile Bodo Ebhardts« aus und legte großen Wert auf die Erhaltung und Bewahrung des jetzigen Zustandes, Schutz vor weiterem Verfall historischer Spuren sowie eine eventuell stilgerechte behutsame Rekonstruktion[24]. Haupt stimmte v. Feilitzsch in jeder Beziehung zu und

sprach sich sehr gegen die Verfahren Bodo Ebhardts aus »oder eine(s) Architekten, der die Sache im Sinne der Schlossbauerei z. B. nach Muster des Palais am Harrl zu gestalten suchen würde [...]. Theaterdekorationen, die auf diesem Weg entstehen, sind mir im innersten Wesen entgegengesetzt«[25]. Seine Einstellung gegenüber Restaurierungen kennzeichnete er wie folgt: »Ich verlangte vor Allem gründlichstes Studium des Objektes selber, Durchleuchtung des darauf lagernden Dunkels bis in die tiefsten Winkel, kurz Erkenntnis und Wissen zu allererst, ehe man überhaupt einen Gedanken fasse, was geschehen solle«. Der Fürst hatte ebenfalls den Brief gelesen und war mit der Beauftragung Haupts einverstanden. Zunächst wollte dieser sich in die Geschichte der Schaumburg einarbeiten[26]. Daran anschließend legte

Haupt seine Vorstellungen in einem vom
17.7.1907 datierenden Bericht vor[27]. Die
Schaumburg sollte auch in Zukunft »einen historischen und landschaftlichen Mittelpunkt« bilden.
»Ihre Herstellung hat demnach in dieser Hinsicht
bildend, erfreuend und anregend zu wirken, die
Freude an der gegenwärtigen Schönheit, die Liebe
zur Vergangenheit, den historischen Sinn und die
Vaterlandliebe zu stärken; das Auge der Bevölkerung vom Fernen auf das wertvolle Nahe zu lenken«[28]. Die historisch belegbare Nutzung der
Schaumburg als Witwensitz, Amtsitz und nach
Haupt auch als Jagdschloß ließen ihn folgendes
planen: »Daher scheint es Aufgabe, wenigstens
das Hauptgebäude des Schlosses wieder zu einem
fürstlichen Hause zu gestalten wohl am richtigsten
in der letzten Gestalt des noch wohl erhaltenen
Jagdschlosses, die aufs neue verjüngt und klar
hervorzutreten hätte. Hierzu wären keineswegs
umfangreiche hauptsächlich innere Arbeiten vor-
zunehmen, viele überflüssige Wände zu entfernen
und so das Bild eines vollkommenen Jagdschlosses
der Renaissance rein herauszuschälen«[29]. In einer
historischen Übersicht stellte Haupt die Bedeutung der Burg für das Land und die einzelnen
Bauspuren vor, die er an den Gebäuden festgestellt
hatte. Er entwarf unter Benutzung des Merian-
stiches eine Ansicht der Burg, wie sie um 1650
ausgesehen haben konnte mit der nicht mehr loka-
lisierbaren Kapelle und dem völlig abgebrochenen
Wittschreiberturm (Abb. 11). Haupt plante innerhalb von sechs Jahren die gesamte Burganlage für
151700 Mark wieder herzustellen[30]. Folgende Re-
staurierungsschritte waren zwischen v. Feilitzsch
und Haupt festgelegt worden: 1. Neubau des
Amtshauses, 2. Torturm, 3. Torturmanbau als
Wohnung des Wirts, 4. Neubau eines Viehstalls im
unteren Teil der Burg, 5. neue Stallgebäude als
Ersatz für diejenigen auf dem oberen Burggelände,
6. Erhöhung des stumpfen Turms um etwa 10 bis
15 m, 7. Innenumbau des Hauptgebäudes und
8. Neubau des Wittschreiberturms[31].

Haupt erstellte daraufhin die Kostenanschläge
für die Wiederherstellung des Torgebäudes und
des Amtshauses[32]. In der Außenwand des 1895
abgerissenen Amtsgebäudes, die zugleich die
Burgmauer darstellt, waren die Fenstergewände
noch erhalten. Pläne von 1732 (Abb. 9, 10) und
1855 boten die wenigen konkreten Hinweise auf
das abgerissene Fachwerkgebäude, welches Haupt
unter Verwendung historischer Baumaterialien

11. Ideal-Entwurfsskizze zur Rekonstruktion der
Schaumburg von Albrecht Haupt, 1907

wieder rekonstruieren wollte[33]. Ein Versuch ein
Fachwerkhaus mit Zierschnitzereien aus Blom-
berg oder Schwalenberg, das Börries v. Münchhausen gekauft hatte, zu erwerben, scheiterte, da
v. Münchhausen dieses in Apelern einbauen lassen
wollte[34]. Haupt gab daraufhin seinem Antiquar
Rinck aus Hannover, »der mir öfters solche Sachen besorgt hat«, den Auftrag »wieder etwas
Passendes aufzutreiben. Ueberhaupt wird es sich
vielleicht empfehlen alte Bruchstücke aus unserer
Gegend auf der Schaumburg zu benutzen, wie ich
das auch bei der Herstellung des Leibnizhauses
und in anderen Fällen getan habe. Einiges habe ich
schon, was brauchbar ist«[35]. Die Rückseite des
Gebäudes wollte Haupt »nicht so ganz nüchtern
gestalten, wie sie war, sondern sie nach guten
Schaumburger Mustern etwas ausbilden. Rinteln
z. B. anderseits Stadthagen bietet Gutes«. Im Oktober konnte Haupt v. Feilitzsch mitteilen, daß
sein Antiquar »zwei Häuser in Osnabrück ausfin-
dig gemacht« habe, die inzwischen abgebrochen
seien[36]. Ihr »Charakter ist echt niedersächsisch

und passt völlig«. Ziel war es, »auf der Schaumburg eigentliche und völlige Neubauten zu vermeiden, sie vielmehr zu einem wirklich immer noch originalen und echten Bauwerke zu machen. Ich erstrebe im Sinne Eurer Exzellenz hierzu eine Musterleistung, gegen die auch die exklusivsten Feinde von ›Herstellungen‹ nichts einzuwenden haben«[37]. Der Fürst war mit dem Ankauf der beiden Giebel einverstanden[38]. Haupt und v. Feilitzsch besichtigten die reich geschnitzten Fachwerkbalken in Osnabrück und erwarben diese[39]. Jetzt konnten die endgültigen Pläne und Anschläge ausgearbeitet werden, die am 15.1.1908 vorlagen[40]. Am Amtshaus plante Haupt »ein kurzes Stück Wehrgang auf der Mauer neben Treppe neben dem Amthause«, der »der Anlage noch mehr instruktiven Wert und malerischen Reiz verleiht«[41]. Der Staatsminister sah die Pläne und Anschläge genau durch und verfaßte eine umfängliche Stellungnahme. So schien ihm die Vorstellung Haupts, das große Rundbogentor aus Osnabrück in das Amtsgebäude zu integrieren, nicht passend zu sein. Er bemängelte auch den Abriß von Mauerwerk (z.B. 23 cbm altes Mauerwerk): »das ist doch ein schwerer Eingriff! Kann man das nicht behalten?«[42]. Für die Gefache hatte Haupt eine Ziegel-Zierausfachung vorgesehen, woraufhin v. Feilitzsch Bedenken hatte, da dieses sehr unruhig im Vergleich mit einem Putzauftrag wirken könnte[43]. Haupt blieb jedoch bei seiner Vorstellung. Der Fürst, dem die Planung von Haupt vorgelegt wurde, war eher skeptisch, er gab dennoch am 19.3.1908 seine Zustimmung[44]. Im November 1908 waren Haupt »die Steinarbeiten des abgebrannten rechten Flügels« von Schloß Schwöbber für die Schaumburg zum Kauf angeboten worden, wozu es jedoch nicht kam[45]. Anfang Februar 1909 war Haupt mit der Anfertigung von Detailplänen für das Amtshaus und den Torturm beschäftigt[46]. Am 4.5.1909 stellte Haupt dem Fürsten die Pläne in Bückeburg vor. Ende Juni konnte mit dem Bau begonnen werden. Noch einmal mußte sich Haupt mit Bodo Ebhardt beschäftigen: »Dass Herr Baron v. Münchhausen Eurer Excellenz empfahl, doch noch Herrn Prof. B. Ebhardt zur ›Begutachtung‹ heranzuziehen war mir zuerst bei dessen sonstigen mir öfters versicherten Wohlwollen nicht recht verständlich«[47]. Haupt machte klar, daß er sofort die Arbeit niederlegen würde, wenn der zudem noch jüngere Ebhardt zur Begutachtung aufgefordert werden

würde. Ebhardt sprach er die Kompetenz für Burgenbauten ab, womit er mit Paul Piper, einem der profundesten Burgenkenner überhaupt, konform ging[48]. Schließlich bekam auch noch v. Münchhausen seinen Unmut zu spüren, der »ein starker Dilettant auf dem Gebiete der älteren Kunst« sein sollte. »Er hat seine alten Güter Apelern und Windisch-Leuba nach seiner Idee zusammen geschustert muss ich sagen. Sein Dilettantenauge empfindet nicht die Schmerzen, die ein Fachmann bei diesen Dingen aushalten muss«[49].

Am Archivturm sollten wieder die zwei 1806 abgenommenen Erker rekonstruiert werden. Der zum Vorplatz weisende nördliche Erker ist weitgehend aus alten Originalteilen neu eingebaut worden (Abb. 4), während der südliche eine vollständige Rekonstruktion darstellt[50]. Haupt ließ die Wappen von Graf Otto IV. und dessen Gemahlin rekonstruieren und schlug für den südlichen Erker die Anbringung der Wappen mit den Namen des Fürstenpaares vor. Die beiden Seitenflächen versah Haupt mit den Baudaten »abgebrochen 1806« und »hergestellt 1909«[51]. Problematisch war auch die Dachhaube für den Torturm. Nach der Rekonstruktion, die Haupt nach den Plänen von Füchter (1730) erstellen ließ, wirkte das Dach »übermässig massig [...] sie ist ja ziemlich sicher so hässlich gewesen und ergibt sich so aus der Masse des Turmes leider«[52]. Eine Verschönerung schien Haupt hier angebracht »mit Rücksicht auf die ästhetische Wirkung auf das Volk«[53]. Am 8.8.1909 konnte Richtfest gefeiert werden. Um eine stilgerechte Ausstattung der beiden gewölbten Turmgeschosse zu erhalten, versuchte der Staatsminister alte Originalkamine zu erwerben. Ihm fielen dazu der Kamin und die beiden Sandsteinfiguren an der Tür am Schloß Sachsenhagen ein, die nach seiner Meinung sehr gut auf die Schaumburg gepaßt hätten. Ein weiterer Kamin befand sich im alten Amtshaus in Bokeloh, den er jedoch trotz intensiver Bemühungen nicht erwerben konnte[54]. Einer umfangreichen Suche nach Originalteilen, die wieder eingebaut werden konnten, widmeten sich sowohl Haupt als auch v. Feilitzsch mit dem Ziel, »eine Herstellung die bis ins einzelnste getreu ein Bild der alten einst in dieser Gegend gebräuchlichen Ausstattung« zu erreichen[55]. »Denn auch einen wirklich erzieherischen Wert soll das Ergebnis auf die Bevölkerung haben, insofern als es ihr die Augen öffnen soll für das fortwährende Übersehen in ihren alten Häusern«[55]. Haupt bat v. Feilitzsch, öffentlich bekannt zu machen, daß »alte Türen und Tür- und Fensterbeschläge aus dem Schaumburger Lande zu angemessenem Preise für die Ausstattung der Schaumburg gekauft würden«, da er mit dieser Methode beim Rathausbau in Krempe großen Erfolg hatte. Im Pfarrhaus zu Stadthagen befanden sich ein bis zwei Zimmertüren, »eine sehr schön, auch etwas Täfelung«, die Haupt für geeignet hielt und gegen neue Türen austauschen wollte[57]. V. Feilitzsch suchte mehrere Trödler auf, sah sich die ihm angebotenen Dinge genau an und hatte mehrere Leute »auf die Fährte gesetzt«[58]. Er kaufte u. a. einen eisernen Plattenofen mit biblischen Szenen[59]. Haupt dagegen bemühte ebenfalls Vertrauensleute, die für ihn die geeigneten Objekte ausspähten. »Auch bäte ich um die freundliche Erlaubnis, durch einen Vertrauensmann in Stadthagen nach solchen Mustern in der Stille suchen lassen zu dürfen. Ich habe da bereits bestimmte Sachen im Auge, denen dort doch kein langes Leben mehr beschieden sein dürfte«[60]. Aus Sachsenhagen erhielt man im Dezember die alte Turmtür, die als Haupttür des Amtshauses wieder eingebaut wurde[61]. Stadthagen erwies sich als wahre Fundgrube für Haupt. Die beiden Türen aus der Oberpfarre wollte man nicht abgeben, dafür hat Haupt im Gasthaus zum »Goldenen Engel« einen »höchst charakteristischen Kamin hiesiger Art« neben einigen Türen, einem Schrank und ein oder zwei Tischen, »alles durchaus bezeichnend und für die Gegend ungemein charakteristisch« auf Vermittlung des Schlossers Meier gefunden, der Schwager des Wirtes Essmann war[62]. Auch nach alten Bleifenstern sah man sich um, die in Bückeburg größer und billiger als in Rinteln und Luhden zu haben waren[63]. Aus einem Abbruchhaus in Hülshagen wurden bleiverglaste Fenster angekauft[64].

Ein weiteres Thema war die Behandlung der Oberfläche des Holzgerüstes. Die Frage, welche und ob eine Fassung des Fachwerks, die Haupt dringend für geboten hielt, vorgenommen werden sollte, veranlaßte den Staatsminister, bei ihm anzufragen, ob er die »Rosen in den geschnitzten Fachwerk Planken rot oder bunt« anstreichen lassen wollte[65]. Haupt antwortete wie folgt: »Was die Malerei anlangt, so waren (und sind) Spuren der alten Bemalung vorhanden. Ich denke, man geht diesen nach. Rot ist dabei natürlich vorherrschend. Aber ich glaube auch ein Ockergelb und

etwas Grün. Zuletzt wird eine bescheidene Anwendung von Gold nicht zu umgehen sein. Das putzt ungemein, ist ewig haltbar und war meist auch vorhanden, es gleicht vor allem etwaige Gegensätze fein aus«[66]. V. Feilitzsch sprach sich gegen zu buntes Fachwerk aus. Er wünschte nur eine dunkle Beizung des Holzes und meinte, dem Fürst würde eine Farbfassung ebenfalls nicht gefallen. »Höchstderselbe war schon mit dem Ziegelmauerwerk nicht einverstanden, das ihm zu bunt unruhig und auffallend war«. Für das Gewölbe hatte Haupt eine Farbfassung geplant, wie sie in Sachsenhagen noch vorhanden war. Er schickte seinen Bauführer Brandes dorthin, »um die Malerei des Gewölbes im ersten Stock aufzunehmen, die ich gerne als Vorbild für eine solche auf dem Gewölbe des Archivturmes vorschlagen möchte«[68]. Im Frühjahr konnten die Fenster eingesetzt werden, von denen zwei Drittel aus dem Altbestand stammten und die übrigen neu angefertigt bzw. durch alte angekaufte ersetzt wurden. In die Fenster der Erker wurden bunt bemalte Wappenscheiben, die die Fa. Francke in Naumburg herstellte, eingesetzt[69]. Im März 1910 erging eine Einladung an »den« Fachmann auf dem Gebiet der Burgenkunde, Otto Piper aus München, die Schaumburg zu besichtigen. Mitte April war Piper auf der Schaumburg, wobei Haupt und v. Feilitzsch diese Gelegenheit zu einem Gedankenaustausch nutzten[70]. Piper erklärte sich »mit allen bisher gemachten Wiederherstellungsarbeiten einverstanden [...]. Als nächste Maßnahme empfahl Piper die Erhöhung des Berchfrites um etwa 12–16 m [...]. So war Haupt und mir sehr angenehm eine Autorität wie Piper unsere Ansichten und Pläne gebilligt zu sehen«[71]. Im Mai besichtigte auch der Fürst die Schaumburg. Die Arbeiten gingen gut voran, so daß Mitte Juli die Schlußabnahme erfolgen konnte[72]. Währenddessen liefen die Vorbereitungen für den Wiederaufbau des Hauptturms der Burg. Haupt fertigte dazu Pläne an und erstellte einen Kostenanschlag von 11 894,59 Mark[73]. Parallel dazu wurde der Bildhauer Meier beauftragt, alle Wappen und Inschriften auf der Burg abzuformen[74]. Um die richtige Höhe des Turmes zu ermitteln, wurden umfangreiche Voruntersuchungen vorgenommen[75]. Dabei stellte sich heraus, daß die ursprünglich angenommene Höhe mit 18 m zu gering bemessen war, und man plante nun eine Höhe von 21 m. Am Ende des Jahres standen zwei Möglichkeiten zur Entscheidung an, die mit Hilfe eines Gipsmodells anschaulich gemacht wurden[76]. Anfang 1911 stand fest, daß in diesem Jahr die Finanzierung gesichert war und mit dem Bau des Turmes im April begonnen werden konnte. Das vorhandene Mauerwerk mußte dabei teilweise abgetragen werden, um die Standfestigkeit zu gewährleisten[77]. Das alte Mauerwerk wurde mit Bruchsandstein neu verkleidet. Von den Gewölben der zwei Geschosse war nur das untere (Verlies) erhalten geblieben[78]. Das Obergeschoß konnte nur über eine Außentreppe erreicht werden, die nun wieder rekonstruiert wurde[79]. Die einzelnen Geschosse sind heute durch eine innere Holztreppe verbunden und erhielten jeweils einen Dielenboden auf Balkenlagen. Schmale Fenster beleuchten die Geschosse. Für das oberste Geschoß sah Haupt nach längerer Diskussion mit dem Staatsminister auf jeder Seite vier Zinnen vor, die drei Ausgucköffnungen rahmen. Auf den Zinnen sitzt das flach geneigte Walmdach auf. Über dem Burgaufgang wurde ein zinnenbekrönter Burgtorbogen aufgemauert, der sich an den Hauptturm anschließt[80].

Fürst Georg starb am 29.4.1911. Sein Nachfolger Fürst Adolf hatte kein Interesse an einem weiteren Ausbau der Schaumburg. Nach einer Besichtigung war die Finanzierung des Bergfrieds für 40 000 Mark noch gesichert[81]. Allerdings machte der Fürst klar, daß eine Kostenüberschreitung nicht infrage käme. Im Juni 1911 begann man nach den Fundamentsicherungsarbeiten mit dem Aufmauern des Turmes[82]. Im Oktober konnte gerichtet und das Turmdach gedeckt werden[83].

Von den Häusern aus Osnabrück waren noch einige Teile übriggeblieben. Darunter befand sich ein Torgewände, das Haupt nun in das alte Stallgebäude zwischen Turm und Haupthaus einbauen ließ[84]. Fürst Adolf bestimmte am 10.10.1911, »daß der Berchfrit der Schaumburg, der nach An-

ordnung weiland meines Herrn Vaters wiederhergestellt wird, den Namen Georgsturm erhält. Eine bezügl. Gedächtnistafel ist am Turm anzubringen«[85]. Mitte November waren die Arbeiten abgeschlossen, und der Bauführer Brandes übergab an den Schloßwärter die ausgegrabenen Fundstücke[86]. Das Hofmarschallamt plante anscheinend eine Renovierung des Hauptgebäudes für den neuen Schloßaufseher[87]. Die Planung für das Jahr 1912 war noch im März unklar. Auch ein Besuch des neuen Hofmarschalls v. Reischach brachte scheinbar keine Klarheit. Der Staatsminister ahnte wohl bereits, daß die weitere Wiederherstellung immer unwahrscheinlicher wurde. Er bat daher am 2.4.1912, von der Leitung der Wiederherstellungsarbeiten entbunden zu werden. Der Fürst stimmte dem zu und übertrug die Aufgabe seinem Hofmarschall v. Reischach[88]. Das endgültige Aus für weitere Baumaßnahmen kam dann im Mai 1912. Der Hofmarschall übermittelte Haupt die Entscheidung des Fürsten, die mit den hohen Kosten begründet wurde[89]. Haupt betreute die letzten Arbeiten und reichte noch im Juni die Kostenvoranschläge für den Wittschreiberturm nach. Für seine Verdienste erhielt Haupt auf Vorschlag des Staatsministers das Offizierehrenkreuz des Schaumburg-Lippischen Hausordens[90]. Albrecht Haupt sah die Wiederherstellung der Schaumburg als eines seiner wichtigsten Projekte an, wobei er gleichzeitig Maßstäbe für eine seiner Meinung nach genaue Rekonstruktion einer historischen, mittelalterlichen Burganlage setzen wollte, die im bewußten Gegensatz zu der Methode von Bodo Ebhardt stand. Das »Aus« bedeutete für ihn eine herbe Enttäuschung, wie aus mehreren Briefen hervorgeht.

Seit 1912 fanden mit Ausnahme des Gaststättenanbaus 1963 keine gravierenden Umbauten auf der Schaumburg statt.

1 Zur Geschichte der Schaumburg siehe: *Wehrhahn, Wilhelm*: Wanderungen und Fahrten im Weserbergland. Unsere Heimat, Bd. II, Hannover 1925; *Engel, Franz*: Zur Geschichte der Schaumburg, in: Schaumburger Heimatblätter, Jg. 1953, S. 63–66; *ders.*: Ausgrabungen auf der Schaumburg, in: Schaumburger Heimatblätter, Jg. 1954, S. 36–38; *Vogt, Karl*: Die Schaumburg, in: Schaumburger Lesebogen, Juni 1959, Ausg. 3, S. 9–15; *Kölling, Friedrich/ Sindermann, Edmund*: Die Schaumburg im Weserbergland – Wahrzeichen und Sinnbild einer Landschaft, Rinteln 1977; *Albrecht, Thorsten*: Landesherrliche Baumaßnahmen im 16. Jahrhundert am Beispiel der Grafschaft Schaumburg im Spiegel archivalischer Quellen, in: Renaissance im Weserraum, hrsg. v. *G. Ulrich Großmann* (Schriften des Weserrenaissance-Museums Schloß Brake, Bd. 2), München/Berlin 1989, S. 159–190, insb. S. 169/170 (dort auch weitere Literatur); *ders.*: »Deutsche Renaissance« in Schaumburg-Lippe. Historismusarchitektur in Bückeburg und Stadthagen, in: Renaissance der Renaissance. Ein bürgerlicher Kunststil im 19. Jahrhundert, hrsg. v. *G. Ulrich Großmann u. Petra Krutisch* (Schriften des Weserrenaissance-Museums Schloß Brake, Bd. 6), München/Berlin 1992, S. 331–350, insb. S. 343/344.

2 Niedersächsisches Staatsarchiv Bückeburg (künftig Nds.StA.Bbg.D6 4.

3 Nds.StA.Bbg.D6 4.

4 Nds.StA.Bbg.D6 43.

5 Nds.StA.Bbg.S1 C 1015, Detail aus dieser Karte von Johann Michael Werner (146 × 162 cm). Dazu auch *Engel* 1953 (wie Anm. 1).

6 »taverne to schomborch«, siehe *Vogt, Karl*: Der alte Krug zu Schaumburg, in: Schaumburger Heimatblätter, Jg. 1953, S. 44–47.

7 *Engel, Franz*: Burglinden und Dingstätten in der Grafschaft Schaumburg, in: Schaumburger Heimatblätter, Jg. 1955, S. 87–93.

8 Im zweiten Obergeschoß sind in den oberen Ecken Bauspuren, die entweder als Reste von Balkenauflagern zu interpretieren sind oder auf ein mehrseitiges Turmgeschoß hindeuten. An der Außenwand befindet sich noch ein Zierstein mit Lorbeerkranz (wohl spätes 16. Jahrhundert).

9 *Vogt* 1959 (wie Anm. 1), S. 10, 11; *Ulmenstein, Freiherr v.*: Die Schaumburg, in: Schaumburg-Lippische Heimatblätter, Jg. 20, 1969, Nr. 5; *Rausch, Hans*: Hermann von Lerbecks Chronik der Grafen von Schaumburg, in: Die Schaumburg-Lippische Heimat 1951, H. 11, S. 10, 11.

10 *Heine, Hans Wilhelm*: Ur- und frühgeschichtliche sowie mittelalterliche Wehranlagen, in: Historisch-Landeskundliche Exkursionskarte von Niedersachsen, Blatt Stadthagen, Erläuterungsheft hrsg. v. *Erhard Kühlhorn u. Gerhard Streich*, Hildesheim 1985, S. 50–63, hier S. 57–61.

11 Vgl. *Großmann, Dieter*: Das Palmetten-Ringband-Kapitell, in: Niederdeutsche Beiträge zur Kunstgeschichte 1961, Bd. 1, S. 23–56.

12 *Ulmenstein* 1969 (wie Anm. 9).

13 Die Baunähte, Fenster und Torbogen sind gut an der Außenmauer sichtbar.

14 *Engel* 1953 (wie Anm. 1), S. 65; *Vogt* 1959 (wie Anm. 1), S. 13.

15 Nds.StA.Bbg.L1 V Mr 5, L1 V Mr 6; *Albrecht* 1989 (wie Anm. 1), S. 169.

16 Nds.StA.Bbg.L1 V Mn 5; *Albrecht* 1989 (wie Anm.1), S. 169.

17 Das geht aus einem Inventar der Schaumburg hervor; Nds. StA. Bbg. K6 1231, v. 10. 11. 1895: Älteres Inventar vom 20. 8. 1885 mit Eintragungen der Veränderung von 1895 und Plänen.

18 *Vogt* 1959 (wie Anm. 1), S. 12–15.

19 Der Chef des Zivilkabinetts des Kaisers hatte sich an den Staatsminister mit einer Anfrage gewandt, ob die Schaumburg auf dem Nesselberg in der alten Grafschaft Schaumburg als Silberhochzeitsgeschenk genehm sei. Man ging jedoch in Berlin von der falschen Voraussetzung aus, daß es sich um die Stammburg der regierenden Fürsten zu Schaumburg-Lippe handelte, die jedoch aus dem Hause Lippe stammten und 1644 nur den Namen Schaumburg übernommen hatten. Nds.StA.Bbg.K2 S 246, v. 22. 3. 1907.

20 Fürst Georg wiederholte dies im Juni und wollte in dieser Angelegenheit nicht auf v. Feilitzsch verzichten. Nds.StA.Bbg.K2 S 246, v. 15. 6. 1907.

21 Börries v. Münchhausen (1874–1945) ist der bekannte Balladendichter, der auf seinem Famillengut in Apelern wohnte. Zu Bodo Ebhardt: *Castellani-Zahir, Elisabeth*: Die Wiederherstellung von Schloß Vaduz 1904–1914, Burgendenkmalpflege zwischen Historismus und Moderne, Bd. 2., Sigmaringen 1994.

22 Nds.StA.Bbg.K2 S 246, v. 19. 5. 1907. – V. Feilitzsch nahm auch Kontakt mit anderen Wissenschaftlern auf und holte deren Meinung ein, so u. a. mit Keckule v. Stradonitz (Brief v. 30. 9. 1907).

23 Nds.StA.Bbg.K2 S 246, v. 15. 5. 1907, Haupt an v. Feilitzsch. Zu Albrecht Haupt: *Kanoldt, Paul*: Albrecht Haupt, in: Niedersächsische Lebensbilder, hrsg. von *Otto Heinrich May*, Hildesheim 1939, S. 204–219.

24 Nds.StA.Bbg.K2 S 246, v. 3. 6. 1907, v. Feilitzsch an Haupt.

25 Nds.StA.Bbg.K2 S 246, v. 5. 6. 1907, Haupt an v. Feilitzsch (folgendes Zitat ebenfalls daraus). Das Palais am Harrl in Bückeburg ist von Hermann Schaedtler im Stil der deutschen Renaissance 1893–96 als Witwensitz erbaut worden; *Albrecht* 1992 (wie Anm. 1), S. 341.

26 Haupt benötigte dazu die Bauakten der preußischen Regierung in Rinteln und schlug ein notwendiges Aufmaß der Burg vor, was der Fürst genehmigte. Nds.StA.Bbg.K2 S 246, v. 20. 6. 1907, Antrag auf Überlassung der Akten in Rinteln, v. 23. 6. 07 Aufmaßantrag, genehmigt am 25. 6. 07 und begonnen am 26. 6. 07. Es gab bereits zwei Gesamtaufmaße aus dem 19. Jahrhundert: Nds.StA. Bbg.S1 B 10748 (1836), S1 B 10751 (1885).

27 Nds.StA.Bbg.K2 S 246, v. 16. 5. 1907, »Versuch eines Programms für die Wiederherstellung der Schaumburg«.

28 Nds.StA.Bbg.K2 S 246, v. 16. 5. 1907.

29 Nds.StA.Bbg.K2 S 246, v. 17. 7. 1907.

30 Nds.StA.Bbg.K2 S 246, v. 9. 3. 1908, für die Restaurierung schlug Haupt folgende Vorgehensweise vor: 1. Das Hauptgebäude sollte wieder Jagdschloßcharakter annehmen und der Herrschaft vorbehalten bleiben. 2. Der Burgwirt sollte in dem niedrigen angebauten Fachwerkstall seine Wirtschaftsräume (Wirtsstube, Speisezimmer, Küche und Vorratskammer) erhalten, wo »die besuchende Bevölkerung« sich stärken könnte. 3. Als Wohnung für den Wirt und

Pensionsgästezimmer plante Haupt, »das verschwundene Amtshaus am Tore wieder aufzubauen; und zwar, wie es gewesen, in Fachwerk [...]. Was diesen (Archivturm) anlangt, so ist es, glaube ich notwendig, ihn, der in der Zeiten not so viel gelitten, in der alten durch Zeichnungen völlig festliegenden Gestalt wieder auszubauen und einzurichten, d. h. ihm seine welsche Dachhaube (in Schiefer), seine zwei Erker und sein oberes Gewölbe wieder zu geben. Das würde das Hauptzierstück des Schlosses werden«. Das Turmzimmer mit den beiden Erkern sollte als Absteige für den Fürsten dienen. Die an den Turm anschließenden »Gefängnisse in ihrer finster-romantischen Erscheinung könnten wohl in der gegenwärtigen Gestalt erhalten bleiben«. Ein wichtiger Aspekt war die Wiederherstellung der Fernwirkung unter forstgerechten Maßnahmen im Burgbergwald. Am Ende der Arbeiten sollten die äußere, stark verfallene Ringmauer teilweise »wieder zu ursprünglicher Höhe aufgeführt werden«. Für die Finanzierung über die folgenden sechs Jahre ist ab 1909 ein Spezialfond eingerichtet worden. Jedes Jahr stand demnach eine bestimmte Summe zum Ausbau der Schaumburg zur Verfügung.

31 Nds.StA.Bbg.K2 S 246, v. 9. 3. 1908.

32 Nds.StA.Bbg.K2 S 246, v. 30. 8. 1907, v. Feilitzsch an Haupt. – Haupt bedankte sich am 4. 9. 1907.

33 Haupt lagen die Pläne von Füchter vor. Siehe Nds.StA.Bbg.S1 B 10765, 2 u. 3 (1732) sowie ein Plan von 1855 S1 B 10763. u. von 1885 S1 B 10751, 6.

34 Nds.StA.Bbg.K2 S 246, v. 21. 7. 1909, Haupt an v. Feilitzsch. Darin erwähnt er die Herkunft des Hauses. Der Anbau zum Garten auf dem Gut von v. Münchhausen in Apelern zeigt diese Fachwerkschnitzereien.

35 Nds.StA.Bbg.K2 S 246, v. 9. 9. 1907, Haupt an v. Feilitzsch (folgendes Zitat ebenfalls daraus).

36 Nds.StA.Bbg.K2 S 246, v. 18. 10. 1907, Haupt an v. Feilitzsch (folgendes Zitat ebenfalls daraus). – Rinck hatte auch einen Kamin für 500 M. anzubieten, dessen »Form entspricht genau dem in Lippe (Möllenbeck) gebräuchlichen; auch Stadthagen bietet Gleiches«. Nds.StA.Bbg.K2 S 2469 v. 19. 10. 1907, Haupt an v. Feilitzsch.

37 Nds.StA.Bbg.K2 S 246, v. 18. 10. 1907, Haupt an v. Feilitzsch.

38 Nds.StA.Bbg.K2 S 246, v. 21. 10. 1907.

39 Nds.StA.Bbg.K2 S 246, v. 25. 10. 1907, Haupt an v. Feilitzsch: »Die Besichtigung hat ergeben, dass es sich um ein reich geschnitztes Einfahrtstor mit aufrechtstehenden Ständern, Ueberlegschwelle und reichen Eckzwickeln, etwa 4 geschnitzten Ständern, 4–5 grossen geschnitzten Schwellen, teilweise mit Sprüchen, um etwa 9 m starker Muschelbrüstung in reicher Bildhauerarbeit, ferner um 7 grosse kopfbänder, und um etwa 20 kleinere, – alles schön und fein im Stile des 16. Jahrhunderts geschnitten, handelt«. Der Eigentümer hieß Rolffs, Krahnstr. 38 A/8 in Osnabrück und wollte das Holz für 2000 M. verkaufen. Der Staatsminister gab seine Zustimmung, fand den Preis für den Kamin aber viel zu hoch. Nds.StA.Bbg.K2 S 246, v. 26. 10. 1907, v. Feilitzsch an Haupt. Vorher sollten die Inschriften überprüft werden, ob diese nicht auf Osnabrück Bezug nähmen. Haupt konnte daraufhin das Holz für 1870 M. kaufen und ließ es nach Deckbergen transportieren. Nds. StA. Bbg.K2 S 246, v. 17. 11. 1907 und 13. 12. 1907, Haupt an v. Feilitzsch.

40 Die Pläne, die Haupt für alle Baumaßnahmen anfertigte,

sind nur teilweise in Blaupausen erhalten. Ein Verzeichnis des Staatsministers führt alle Entwurfzeichnungen auf: siehe Nds.StA.Bbg.K6 1231. In dieser Akte befinden sich auch die Grundrisse des Erd- und Obergeschosses im Maßstab 1:100 (Blaupause).

41 Nds.StA.Bbg.K2 S 246, v. 12. 12. 1907.

42 Nds.StA.Bbg.K2 S 246, v. 16. 2. 1908.

43 Nds.StA.Bbg.K2 S 246, v. 23. 4. 1908.

44 »Ich halte die Hauptschen Pläne für reichlich weitgehend, u. ist es vielleicht nicht unangebracht ganz mit ihm zu brechen«; Nds.StA.Bbg.K2 S 246, v. 19. 3. 1908, Fürst an v. Feilitzsch.

45 »Und zwar will Herr Br. v. Münchhausen sie alle gern abgeben, wenn ihm nur so viel dafür erstattet wird, dass er die Mauern abbrechen und den Platz planieren kann«. Nds.StA.Bbg.K2 S 246, v. 14. 11. 1908, Haupt an v. Feilitzsch. – Der Teichflügel von Schloß Schwöbber brannte 1908 bis auf die Grundmauern ab. Der Staatsminister hielt Rücksprache mit dem Fürsten und lehnte schließlich das Angebot ab; Nds.StA.Bbg.K2 S 246, v. 23. 12. 1908.

46 Unklar war bis dato, ob das Amtshaus einen Keller besaß oder nicht und ob über dem Gefängnisanbau ein Stockwerk aufgesetzt werden sollte. Das Amtshaus war jedoch nicht unterkellert, wie man bei Sondierungsarbeiten feststellte. Nds.StA.Bbg.K2 S 246, v. 28. 2. 1909, Haupt an v. Feilitzsch. Der Estrich des Erdgeschosses war gut erhalten. Die Baupläne mußten vom Landratsamt in Rinteln genehmigt werden. Anfang Mai lag auch die Einverständniserklärung vom Provinzialkonservator Bruck vor. Nds.StA.Bbg.K2 S 246, 2. 5. 1909, Haupt an v. Feilitzsch. Ende April hatte Haupt sämtliche Pläne fertiggestellt.

47 Nds.StA.Bbg.K2 S 246, v. 21. 7. 1909, Haupt an v. Feilitzsch.

48 Piper war auch ein Gegner Ebhardts, »der ihn seit Jahren öffentlich grober Unkenntnis und starken Dilettantismus bezichtigt«, Nds.StA.Bbg.K2 S 246, v. 21. 7. 1909, Haupt an v. Feilitzsch.

49 Auch die Baronin blieb nicht verschont: »Frau Baronin, die ausgezeichnete Stickerin und Kennerin, hat nebenbei ihre Wohnräume mit einem solchen Meer von Brandmalerei u. dergl. überschüttet, dass jeder Besuch dort mit viel gemischten Empfindungen verbunden ist«. Gemeint ist Clementine v. Münchhausen, geb. v. d. Gabelentz.

50 Nds.StA.Bbg.K2 S 246, v. 4. 8. 1909. Haupt an v. Feilitzsch: »Der Vordererker ist eine getreue Nachbildung des alten auf Grund der Bruchstücke. Zwei alte Konsolen tragen ihn, die Brüstung ist genau kopiert, die Säulen haben sich auch gefunden und werden kopiert ebenso Brüstungsgesims und Hauptgesims um die Kapitele der Säulen sind ergänzt, + zwar nach Vorbild der Erker am Stadthagener Rathaus, die wohl aus der gleichen Werkstatt stammen. Der Rückerker dagegen ist ganz neu [...].« Die beiden Konsolen stammten aus Hameln.

51 Die Wappen sind vom Bildhauer Buhmann, Hannover, Ende August 1909 ausgeführt worden.

52 Nds.StA.Bbg.K2 S 246, v. 12. 10. 1909, Haupt an v. Feilitzsch.

53 Nds.StA.Bbg.K2 S 246, v. 30. 7. 1909, Haupt an v. Feilitzsch.

54 Auch hier nahm v. Feilitzsch Kontakte mit der zuständigen Behörde bzw. deren Leiter auf; Nds.StA.Bbg.K2 S 246, v. 12. 10. 1909. Am 23. 12. 1909 kam eine mündliche Zusage

aus Bokeloh. Obwohl der zuständige Schulvorstand und die Gemeinde einem Verkauf zustimmten, sprach sich der Provinzialkonservator Siebern schließlich dagegen aus; Nds.StA.Bbg.K6 1230, v. 23.12.1911, 28.11.1911 und K6 1231, v. 8.2.1912 u. 31.3.1912. Briefe zwischen Landrat und v. Feilitzsch. Die ganze Angelegenheit verkomplizierte sich immer mehr und zog sich bis März 1912 hin. Schließlich blieb der Kamin bis heute in Bokeloh.

55 Nds.StA.Bbg.K2 S 246, v. 23.10.1909, Haupt an v. Feilitzsch.

56 Nds.StA.Bbg.K2 S 246, v. 23.10.1909, Haupt an v. Feilitzsch (folgendes Zitat ebenfalls daraus). Haupt skizziert in dem Brief die zu suchenden Beschläge und Türdrücker usw. In Krempe bat er den Bürgermeister, »solches zu sammeln und in kurzer Zeit hatte dieser eine vollständige mannichfaltige Mustersammlung zusammengebracht, – und die Hauptsachen des Beschlagwerkes im Kremper Rathause sind denn jetzt altes Original«. Siehe *Reimers, Holger*: Restaurieren in Renaissance. Wiederherstellungen von originalen Gebäuden des 16. und 17. Jahrhunderts in Formen der Neorenaissance, in: Renaissance der Renaissance. Ein bürgerlicher Kunststil im 19. Jahrhundert, Aufsätze, hrsg. v. *G. Ulrich Großmann* u. *Petra Krutisch*, München/Berlin 1992 (Schriften des Weserrenaissance Museums, Bd. 6), S. 239–248, hier S. 245.

57 Siehe Anm. 54: »Die Hauptthür ist sehr hübsch geschnitzt. Vielleicht für den oberen Bau der Burg aufzubewahren«.

58 Nds.StA.Bbg.K2 S 246, v. 26.10.1909, v. Feilitzsch an Haupt.

59 V. Feilitzsch bemühte sich sehr, schien aber doch nur eine begrenzte Vorstellung von den wirklich gebrauchten Gegenständen gehabt zu haben. In einer Kiste, die er Haupt schickte, befanden sich Beschläge des 18. Jahrhunderts, z.T. Schnitzereien aus Kirchen u.a. Siehe Nds.StA.Bbg.K2 S 246, v. 28.10.1909, Haupt an v. Feilitzsch. Er sah sich auch den Kaminsturz in Obernkirchen an, der heute in der Mauer des Hauses Ecke Schlucke/Markt in Obernkirchen eingemauert ist.

60 Nds.StA.Bbg.K2 S 246, v. 28.10.1909, Haupt an v. Feilitzsch.

60 Nds.StA.Bbg.K2 S 246, v. 27.10.1909, Haupt an v. Feilitzsch mit Skizze, und K6 1230, v. 14.12.1909 u. 17.12.1909, v. Feilitzsch an Haupt und Brandes. – Der Bürgermeister von Sachsenhagen wollte auch die beiden Sandsteinfiguren neben der Tür zur Schaumburg bringen, dazu kam es jedoch nicht.

62 Nds.StA.Bbg.K2 S 246, v. 20.11.1909, Haupt an v. Feilitzsch. Ende Januar 1906 war man sich mit dem Wirt des Goldenen Engels Essmann in Stadthagen einig geworden; Nds.StA.Bbg.K6 1230 v. 27.1.1910. Er erhielt für den Kamin und die zwei Türen, die durch neue ersetzt wurden, 320 Mark.

63 Nds.StA.Bbg.K2 S 246, v. 4.11.1909, Bericht v. Bauführer Brandes.

64 Nds.StA.Bbg.K6 1230, v. 10. u. 11.2.1910. Der Fürst gab dazu seine Zustimmung (Haus Hülshagen 58).

65 Nds.StA.Bbg.K2 S 246, v. 26.10.1909, v. Feilitzsch an Haupt.

66 Nds.StA.Bbg.K2 S 246, v. 28.10.1909, Haupt an V. Feilitzsch. Haupt kaufte auch Fenstergitter bei seinem Antiquar Rinck.

67 Nds.StA.Bbg.K2 S 246, v. 30.10.1909, v. Feilitzsch an

Haupt. Haupt wurde später an der Amtspforte in Stadthagen mit einer ähnlichen Meinung konfrontiert.

68 Nds.StA.Bbg.K6 1230, v. 2.12.1909, Haupt an v. Feilitzsch: »Ich habe es s. Z. hier beim Leibnizhause so gemacht, dass ich alte Malerei aus unserm Rathause da kopieren liess. Bei der Herstellung dieses Gebäudes ist die alte Malerei verlorengegangen; und so ist heute wenigstens ihre Kopie erhalten. Von der zu Sachsenhagen sind nur noch Reste da, die in absehbarer Zeit fort sein werden. So würden wir in dieser Art die letzten älteren Gewölbemalereien von Schaumburg Lippe wenigstens im Abbild erhalten [...]«.

69 Nds.StA.Bbg.K6 1230, v. 10. u. 12.1.1910, Haupt an v. Feilitzsch.

70 Nds.StA.Bbg.K6 1230, v. 11.3.1910, 19.3.1910, 15.4.1910. Piper beabsichtigte, einen kleinen Beitrag zu veröffentlichen; siehe Brief v. 28.4.1910 an v. Feilitzsch.

71 Nds.StA.Bbg.K6 1230, v. 15.4.1910, Bericht v. Feilitzsch an Fürst.

72 Der Kamin wurde erst im Juni 1911 eingebaut; siehe Nds.StA.Bbg. K6 1230, v. 17.6.1911, Haupt an v. Feilitzsch, und K2 S 246a, v. 27.8.1911.

73 Nds.StA.Bbg.K6 1230, v. 23.4.1910, Haupt an v. Feilitzsch.

74 Es befanden sich sechs Wappen und drei Inschriften auf der Burg, die z.T. am Stumpfen Turm und am Haupthaus vorhanden waren. Es begann eine intensive Beschäftigung mit den z.T. nicht gut erhaltenen Inschriften, die man rekonstruieren und neu herstellen lassen wollte.

75 Von der Straße nach Rinteln im Tal aus maß man die Visierlinien zum Haupthaus und Stumpfen Turm und informierte sich über andere Türme, wobei man auch Pipers Burgenkunde zu Rate zog; Nds.StA.Bbg.K6 1230, v. 20.6.1910, Haupt an v. Feilitzsch mit Zeichnungen. Haupt orientierte sich u.a. an dem blauen Turm in Wimpfen.

76 Nds.StA.Bbg.K6 1230, v. 10.11.1910, Haupt an v. Feilitzsch. Ein stark beschädigtes Gipsmodell befindet sich heute im Bückeburger Schloß.

77 Nds.StA.Bbg.K6 1230, v. 13.4.1911, Brandes an v. Feilitzsch. Das zweite Geschoß mußte fast vollständig abgenommen werden. Die Widerlager des Turmes waren ebenfalls mangelhaft. Fürst Georg las ebenfalls den Bericht.

78 Nds.StA.Bbg.K6 1230, v. 8.1.1911, Haupt an v. Feilitzsch: »das über dem Verliess ein gewölbter Raum war, scheint aus der Mauerstärke hervor zu gehen; die Mauern setzen da plötzlich erheblich ab; auch spricht die Tür vom Hofe aus dafür. Diese Tür ist alt und original. Nur der Sturz ist erneuert«. Auf eine neue Einwölbung wurde verzichtet, ebenso wurde der Zugang zum Verlies durch eine Tür vom Hof geschlosssen; siehe Nds.StA.Bbg.K6 1230, v. 9.7.1911.

79 Nds.StA.Bbg.K6 1230, v. 9.7.1911, Haupt an v. Feilitzsch.

80 Nds.StA.Bbg.K6 1230, v. 7.10.1911, Haupt an v. Feilitzsch. Über dem Bogen wurden die kopierten Wappensteine eingesetzt.

81 Nds.StA.Bbg.K6 12309, v. 1.5.1911, v. Feilitzsch an Haupt; v. 8.5.1911, v. Feilitzsch an Fürst; v. 13.5.1911, v. Feilitzsch an Haupt.

82 Nds.StA.Bbg.K6 1230, v. 14.10.1911, Haupt an v. Feilitzsch. Die Rückwand des Turmes ist auf die alte lose

Burgmauer aufgebaut worden, die im Fischgrätverband (opus spicatum) gemauert ist und mit einer späteren »Scheinverstärkung« verblendet wurde. Haupt schätzte das Alter der Mauer »ums Jahr 1000«. Leider fehlt heute das damals angefertigte Foto. Über die Nutzung des Amtshauses mit dem Torturm entschied der Fürst im Juli. In ihm sollte die Wohnung für den neuen Schloßverwalter Draeger neben einem Museum eingerichtet werden. Nds.StA. Bbg.K6 1230, v. 6.7.1911. Der Fürst wollte Waffen aus Bückeburg und Stadthagen für die Schaumburg zur Verfügung stellen. Das Museum sollte im ersten Obergeschoß des Torturms eingerichtet werden. Haupt stellte sich allerdings vor, daß die beiden Säle mit Kaminen stets als herrschaftlich gedacht waren. Sie sollten unten für eine Ahnentafel und oben als Archiv oder Kunstsammlung dienen. Nds.StA.Bbg.K6 1230, v. 31.7.1911, Haupt an v. Feilitzsch, u. v. 9.8.1911, Hofmarschall an v. Feilitzsch, u. K2 S 246a, 22, v. 19.8.1911, Hofmarschall an Fürst.

83 Nds.StA.Bbg.K6 1230, v. 14.10.1911 u. 30.10.1911, Brandes an v. Feilitzsch.

84 Nds.StA.Bbg.K6 1230, v. 12.8.1911, Brandes an v. Feilitzsch. Die Anlieferung erfolgte am 13.1.1911. Siehe Verzeichnis v. 18.1.1911, Brandes an v. Feilitzsch. Darunter folgende Schnitzarbeiten: 1 Schwelle, 2 Ständer, 5 Balkenköpfe, 1 Konsole.

85 Nds.StA.Bbg.K6 1230, v. 10.10.1911, Fürst an v. Feilitzsch. Diese Inschrifttafel stellte der Bildhauer Buhmann aus Hannover her. Sie wurde im Oktober 1912 eingesetzt. Nds.StA.Bbg.K2 S 246a, v. 11.10.1912, Haupt an v. Reischach.

86 Nds.StA.Bbg.K6 1230, v. 15.11.1911, Verzeichnis von 26 Positionen (Steinspolien und 1 Kiste Keramik).

87 Nds.StA.Bbg.K2 S 246, 57 v. 20.11.1911 u. 81 v. 29.1.1912. Fürst Adolf genehmigte den Umbau nach einem Kostenvoranschlag von Budde, der die Arbeiten betreute. Haupt wurde darüber nicht informiert und drückte seinen Unmut darüber in einem Brief aus; Nds.StA.Bbg.K6 1230 v. 7.11.1911, Haupt an v. Feilitzsch, worin er Budde für untauglich erklärt; v. 11.12.1911, Brandes an v. Feilitzsch.

88 Nds.StA.Bbg.K6 1231, v. 12.4.1912, v. Feilitzsch an Fürst Adolf. Einen Tag später teilte v. Feilitzsch seinen Entschluß Haupt mit, der diesen sehr bedauerte.

89 Nds.StA.Bbg.K2 S 246a, 116 v. 20.5.1912. »Der Fürst hat befohlen in diesem Jahr nur die Mauer hinter dem Georgsturm mit den noch vorhandenen Mitteln erbaut wird auch haben S.D. zu erkennen gegeben, daß mit dem Weiterausbau zunächst nicht fortgefahren werden solle«. Der Hofmarschall hatte da sicher keinen geringen Einfluß. »[...] aber einen großen Weiterausbau der Schaumburg dem Fürsten zuzumuten dazu kann ich mich aus obigen Gründen nicht versehen«.

90 Nds.StA.Bbg.K6 1231, v. 29.6.1912. V. Reischach befürwortete dies. Haupt stellte die Restaurierung der Schaumburg in der Leipziger Illustrierten Zeitung 1914, Nr. 3683, S.212–214 vor.

ABBILDUNGSNACHWEIS

MAX LANGENBRINCK

Schloß Biedenkopf[1]

1. ZUR GESCHICHTE DES RAUMES BIEDENKOPF

Die Stadt Biedenkopf liegt unweit des Südostrandes des Rothaargebirges am Oberlauf der Lahn, ungefähr 30 km nordwestlich der Universitätsstadt Marburg.

Das Schloß Biedenkopf[2], dessen Wohnbau der Hauptgegenstand dieses Beitrages ist, nimmt die äußerste südliche Bergspitze eines etwa 1 km langen Bergspornes ein. Dieser Burgberg weist eine Höhe von 385 m über NN auf und erhebt sich nahezu 100 m über die historische Altstadt von Biedenkopf, welche sich direkt am unteren Ausläufer des steilen Berghanges befindet.

Im hohen Mittelalter gehörte die Region um Biedenkopf wahrscheinlich zum Herrschaftsbereich der hessischen Grafen Werner. 1121 kam die Grafschaft Hessen an die zu großer regionaler Bedeutung aufgestiegenen Gisonen, einem in der Nähe der Stadt Wetter ansässigen Adelsgeschlecht. Durch den Tod Gisos IV. fielen aber bereits im folgenden Jahr die Besitzungen zu großen Teilen an den thüringischen Grafen Ludwig[3]. Die Existenz einer Burganlage in Biedenkopf kann bis zu diesem Zeitpunkt nicht sicher nachgewiesen werden.

Im 12. Jahrhundert gewannen die thüringischen Grafen zunehmend an Macht in Hessen. Dadurch verstärkte sich der Konflikt mit dem hier einflußreichen Erzbistum Mainz. Zur Sicherung ihrer Gebiete erbauten die thüringischen Landgrafen zahlreiche Burgen, darunter wahrscheinlich um 1180 auch die hier vorzustellende Burg Biedenkopf[4].

Die Gründung der Burg war vermutlich auch der Anlaß für die Erbauung des Dorfes Biedenkopf zu ihren Füßen; 1232 ist die Ansiedlung als »villa«[5] und 1254 Biedenkopf als »oppidum«[6], als Burgstadt erwähnt.

Der Mainzer Erzbischof machte den Landgrafen von Thüringen das von den Gisonen geerbte Gebiet streitig. Die thüringischen Landgrafen suchten daraufhin Hilfe beim Kölner Erzbischof und unterstellten um 1188 ihre Besitzungen seinem Schutz[7]. In einer Urkunde des Kölner Erzbischofs aus dem Jahr 1196 ist erstmals der Name Biedenkopf belegt: Ein »Hartmuth de Biedencaph« wird darin als Zeuge genannt[8].

1247 starben die thüringischen Landgrafen mit Heinrich Raspe aus. 1248 erhob Sophie von Brabant – die Tochter der heiligen Elisabeth von Thüringen – für ihren Sohn Heinrich Ansprüche auf die hessischen Besitzungen. Damit markierte das Jahr 1248 den Beginn einer eigenständigen hessischen Grafschaft, die dann nach jahrzehntelangen Auseinandersetzungen von Heinrich I. auch durchgesetzt werden konnte. In der späteren Landgrafschaft Hessen stellte Biedenkopf einen wichtigen territorialen Eckpfeiler dar. Die strategische Position der Burg und des Ortes hinderten die Landgrafen allerdings nicht daran, Biedenkopf bei Geldmangel über lange Jahre als Pfand anderen Territorialherren zu überlassen[9].

Trotz dieser langjährigen Verpfändungen festigte sich die Position der Landgrafen bis zum 16. Jahrhundert kontinuierlich in der Region. In diese Phase fällt auch die einzige bekannte überregionale Ausstrahlung Biedenkopfs durch den Erlaß der Gerichts- und Polizeiverordnung für Hessen durch Ludwig I. im Jahre 1455[10].

Gleichzeitig bildete sich um Biedenkopf nun ein zusammenhängendes Territorium heraus, das durch die Teilung Hessens 1567 zum Oberfürstentum Hessen-Marburg kam.

Nach dem Tode des Landgrafen Ludwig von Hessen-Marburg 1604 führte die Frage nach der Teilung des Oberfürstentums zum Streit zwischen den Hauptlinien Hessen-Kassel und Hessen-Darmstadt. Dieser stellte in Hessen einen der wesentlichen Konfliktgründe während des Dreißigjährigen Krieges dar und wurde erst durch den Frieden von Münster und Osnabrück 1648 beige

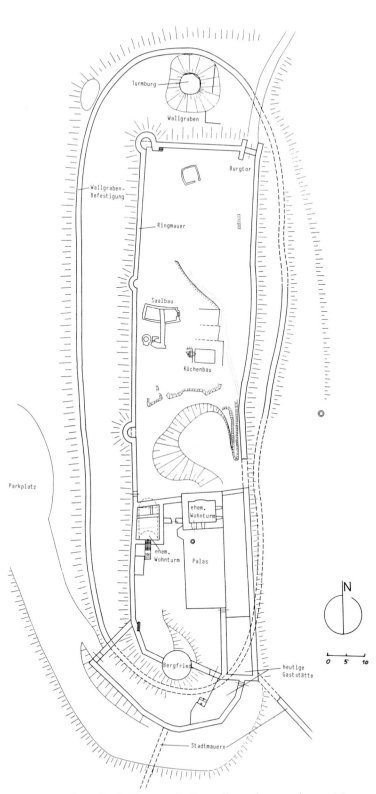

Turmburg

Wallgraben

Burgtor

Wallgraben-
Befestigung

Ringmauer

Saalbau

Küchenbau

Parkplatz

ehem.
Wohnturm

ehem.
Wohnturm   Palas

N

Bergfried

heutige
Gaststätte

0   5   10

Stadtmauern

1. Gesamtanlage des Schlosses mit Darstellung der ergrabenen Mauern
und Befunde

144

legt: Hessen-Darmstadt erhielt nun den Bereich der späteren Kreise Biedenkopf und Battenberg. Durch die Lage Biedenkopfs am entfernten Rande des Darmstädtischen Territoriums verlor die nun als »Hinterland« bezeichnete Region an politischer Bedeutung. 1866 wurde das Hinterland von dem siegreichen Preußen übernommen.

2. Frühere Ausgrabungen im Schlossbereich

In der Chronik des Wigand Gerstenberg von Frankenberg heißt es etwa 200 Jahre nach dem Geschehen zu einem nicht näher eingegrenzten Zeitpunkt zwischen 1293 und 1297[11]:

»Unde also buwete lantgrave Otto das slos Biedenkap forne uff den berg, das vormals darhinder gelegen hatte«.

Der geschilderte Vorgang ist in Zusammenhang zu sehen mit dem Versuch des Landgrafen, die bereits zu seinen Lebzeiten aufgetretenen Erbschaftsstreitigkeiten durch die Übertragung von Homberg/Ohm und Biedenkopf an seinen Sohn Otto zu schlichten[12]. Vermutlich richtete nun Otto in Biedenkopf eine Art Nebenresidenz ein. Die topographische Bezeichnung »forne« für die Neubauten meint dabei offenbar den Bereich der heutigen Burggebäude.

Die Suche nach der erwähnten Burg »darhinder« begann 1932 bis 1937 mit ersten Ausgrabungen durch ortsgeschichtlich interessierte Laien[13]. Wie vermutet, traf man nördlich hinter dem heutigen Schloß auf Bebauungsreste: In großem Umfang wurden Mauern ausgegraben und »restauriert«.

Beim Bau einer Hausmeisterwohnung stieß man 1962 auch westlich des Palas auf alte Fundamente[14].

In den Jahren 1979 bis 1985 wurden die Ausgrabungen und die Restaurierungen der 1930er Jahre wieder aufgenommen[15].

Die Dokumentation der Grabungen aus den dreißiger Jahren ist leider verschollen, die der jüngeren Grabungen sehr lückenhaft. Die »gefundene« Keramik – Scherben aus dem 12. bis 15. Jahrhundert – läßt sich, wie bei vielen solcher engagierter, aber letztendlich unzureichend durchgeführter Burggrabungen, durch die dabei angewandte mangelhafte Grabungsmethodik nicht mehr auf die ergrabenen Befunde (z. B. Mauerreste) beziehen[16]. So können hier nur unkommentiert die von den jeweiligen Ausgräbern vorgeleg-

ten knappen Ergebnisse der verschiedenen Grabungen kurz zusammengefaßt werden[17].

Einzelne Befunde wurden von den Ausgräbern als Wall-Graben-Befestigung gedeutet. Daraus schloß man auf das Vorhandensein einer Fliehburg. Als zusätzlicher Schutz sei später an der Nordseite eine Turmburg errichtet worden.

Die Errichtung der Ringmauer innerhalb der Wall-Graben-Anlage wird in die »salische« oder »staufische« Zeit datiert. Die Burganlage besaß zu der alten Turmburg hin einen zusätzlichen Schutz durch einen Wallgraben.

An der Nord-Ostecke der Anlage lag das Burgtor. Der einzige Zufahrtsweg führte von Norden an die Burg heran. Vom Burgtor aus verläuft er innen an der Ostmauer weiter bis auf die Höhe des heutigen Schloßhofes. Die Burgmauer war mit drei Türmen gesichert, die an der Westseite lagen. Zwei von ihnen sind nachträglich in die Mauer eingefügt worden.

Innerhalb der Ringmauer konnten bei den Grabungen sechs Gebäudegrundrisse freigelegt werden. Einer wurde aufgrund seiner Größe als »Saalbau« und ein weiterer, aufgrund der gefundenen Menge von Keramik, als »Küchenbau« gedeutet. Darüber hinaus sind weitere Mauerzüge ergraben worden, die keine Rückschlüsse auf ihre Funktion zulassen.

Die freigelegten Fundamente unter der Hausmeisterwohnung gehören zu einem ehemaligen Wohnturm, vermutlich aus dem 13. oder 14. Jahrhundert. Bei ihm handelt es sich wohl tatsächlich um das 1293 von »hinten nach vorne verlegte Haus«. Der zugehörige Gewölbekeller ist noch erhalten. Ein weiterer Wohnturm, wohl aus der Zeit um 1360, stand an der Stelle des nördlichen Drittels der Palasgrundfläche. Der Bereich zwischen den Wohntürmen wurde später überbaut.

3. Die heutige Schlossanlage

Das heutige Schloß nimmt das südliche Drittel des Bergplateaus ein. Die Erschließung erfolgt von Norden her, da die steil abfallenden Hänge einen Zugang nur von dort ermöglichen.

Die Zufahrt führt entlang des Westhanges ansteigend zu einer Toranlage, welche an der Süd-West-Ecke der heutigen Schloßanlage gelegen ist. Die Straße und der Parkplatz wurden erst Anfang der sechziger Jahre des 20. Jahrhunderts errichtet.

2. Palas von Südwesten

Die ca. 70 m lange und bis zu ca. 48 m breite Schloßanlage besteht aus folgenden Teilen:

Der Palas[18] bildet das Hauptgebäude der Schloßanlage. Östlich parallel liegt ein schmaler Zwinger, der an der Nordostecke des Palas ansetzt und sich über die Südostecke hinaus erstreckt. Er befindet sicht, topographisch bedingt, ca. 5 m unterhalb des Erdgeschoßniveaus des Palas.

Der Südteil des Zwingers und seine Mauern werden von dem in den fünfziger Jahren des 20. Jahrhunderts errichteten nördlichen Gebäudeteil einer Gaststätte überbaut.

An der Südwestecke des Zwingers setzt ein Ringmauerbereich nach Nordwesten an. Über der Ecke der Mauern erhebt sich ein rundes Ecktürmchen. In den Mauerbereich ist das spitzbogige Torportal des inneren Burgtores eingelassen. Es ist dendrochronologisch in die Zeit zwischen 1362 und 1368 datiert[19].

Der recht schlanke Bergfried ist bis auf die Veränderungen im Bereich des abschließenden Zinnenkranzes einheitlich in einer Bauphase errichtet und war nach der dendrochronologischen Untersuchung eines eingebauten ursprünglichen Holzes einer Balkenlage im unteren Bereich entweder um 1158 oder kurz nach 1175 im Bau[20]. Die an ihn anschließenden Ringmauerzüge sind nach-

träglich angefügt, der Turm stand ursprünglich frei. Der vergleichsweise schlanke Turm gehört zu den frühesten datierten Bergfrieden überhaupt[21] und markiert zugleich den wahrscheinlichen Beginn der Burganlage in Biedenkopf, wobei das spätere der beiden möglichen Daten fast genau auf die bisherige älteste Datierung in der Literatur verweist[22].

In dem durch die Ringmauer gebildeten Burghof liegt an der Nordseite über einem älteren Keller und den ergrabenen Fundamenten der bereits erwähnte Anbau für die Hausmeisterwohnung.

Dem südlichen Ringmauerzug und dem Bergfried ist ein weiterer Zwinger vorgelagert. Er ist nachträglich an die Ringmauer angefügt worden.

An seiner Westseite ist das Spitzbogenportal des äußeren Burgtores eingefügt. Im östlichen Bereich des Zwingers liegt der südliche Gebäudeteil der erwähnten Gaststätte.

4. DIE BAU- UND NUTZUNGSGESCHICHTE DES PALAS

4.1. Die Erbauung des Palas

Als der Palas von Schloß Biedenkopf in seiner heutigen Form errichtet wurde, überbaute man in

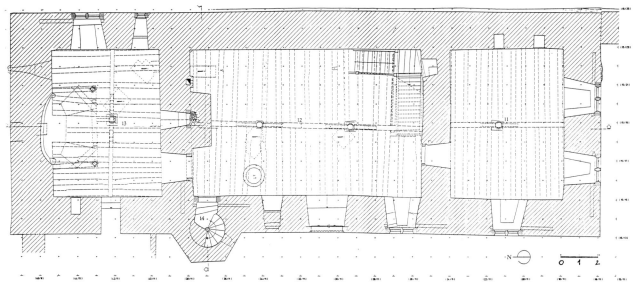

3. Analytisches Aufmaß des Palas, Erdgeschoßgrundriß

der nördlichen Raumzone Substanz eines Vorgängergebäudes, das vermutlich um 1360/65 errichtet worden war[23].

Weiter verwendet wurden Teile des Mauerwerks mit ein oder zwei Fensteröffnungen, der Ausguß im Erdgeschoß, die Kaminrückwand mit Schornsteinanschluß wohl von einem Küchenkamin, der Aborterker im Obergeschoß sowie das Eingangsportal in der Erdgeschoß-Südmauer.

Bei dem Vorgängergebäude handelte es sich nach Lage und Gestalt der erhaltenen Reste wahrscheinlich um einen Wohnturm[24]. Der Brunnenoder Zisternenschacht, der heute in das Gebäude einbezogen ist, lag damals frei auf dem Burghof vor diesem Gebäude und wurde erst bei der Errichtung des Palas unter Beibehaltung der Funktion überbaut[25]. Der Burghof war durch eine Stützmauer begrenzt, von der wahrscheinlich ebenfalls Reste im Sockelbereich des Palas Verwendung fanden.

Sehr wahrscheinlich um 1455 ist mit der Errichtung des Palas begonnen worden. Durch die Ergebnisse der Bauanalyse und der dendrochronologischen Untersuchung läßt sich der Bauablauf wie folgt rekonstruieren:

Der 32 m lange und 12 m breite Steinbauteil aus Grauwacke-Bruchsteinen war unter Überbauung

eines älteren Gebäudes im Norden bereits fertiggestellt, als 1458 der konstruktive Holzausbau mit Säulen, Unterzügen und Deckenbalken erfolgte und das Dachwerk aufgeschlagen wurde. Im Bereich des Vorgängerbaues wurde dabei dessen Deckenbalkenrichtung unter Weiternutzung der Auflagerbereiche mit neuem Holz wieder aufgenommen, so daß sich hier im Gegensatz zu den Querbalkendecken des übrigen Baues eine Längsbalkendecke befindet.

Die bereits durch die Errichtung der massiven Bausubstanz geschaffenen Grundrisse zeigten eine dreizonige Gliederung mit jeweils einem großen Raum in der Mitte, der als Saal anzusprechen ist, und jeweils einem kleineren Raum in der südlichen und nördlichen Zone.

Die Erschließung erfolgt an der Traufseite durch ein Spitzbogenportal im Erdgeschoßsaal, durch die ebenfalls diesem Bereich zugeordnete Wendeltreppe und Portale jeweils an den Westenden der Quermauern. Zur Belichtung waren Kreuzstockfenster aus Sandstein-Werksteinen mit Sitznischen eingebaut.

Das Obergeschoß hatte zwei Aborterker, einer befand sich in der Erschließungsachse und war dem gesamten Geschoß zugeordnet, der zweite war lediglich auf das südliche Kompartiment be-

147

4. Südlicher Bereich des Burghofes von Nordwesten mit Bergfried und Ecktürmchen

5. Küchenkamin von 1483 (d) im Erdgeschoß des Palas

zogen, dem in Verbindung mit weiteren Befunden eine Wohnfunktion zugewiesen werden kann.

Für den in dieser Phase bereits begonnenen Innenausbau lassen sich für die äußeren Kompartimente im Obergeschoß und die beiden Säle Kamine nachweisen, von denen nur der im Obergeschoßsaal erhalten ist. Der südliche Erdgeschoßraum wurde bereits für den ursprünglichen Zustand zur Beheizung mit einem Hinterladerofen geplant.

Dies und weitere Befunde, wie Wandschränke und die Art der Decke, lassen diesen Raum als einen hervorgehobenen Raum im Palas, möglicherweise als herrschaftlichen Wohnraum, erscheinen.

1459/60 wurde der Innenausbau mit dem Einziehen der Spaltbohlendecke über dem Obergeschoß zum Dach vorläufig beendet; die Spaltboh-

len über dem Erdgeschoß waren zu dieser Zeit noch nicht verlegt.

Von 1461 bis 1480 gab es bei der Errichtung des Palas eine Baupause, deren Ursache unbekannt ist.

Der Innenausbau des Gebäudes wurde erst 1480 bis 1483, u. a. mit dem Einbau der Spaltbohlendecke über dem Erdgeschoß sowie der Errichtung des Küchenkamines, vollendet.

Die farbige Ausgestaltung des Gebäudes war sehr schlicht. Die restauratorischen Untersuchungen[26] ergaben lediglich zu weißen Wandflächen eine rote Absetzung der Architekturelemente wie Tür- und Fenstergewände. Das Holzwerk und die Deckeneinschübe waren freisichtig und nicht gestrichen.

Bei der Fertigstellung des Innenausbaues wurde auch bereits eine erste Umbaumaßnahme durchgeführt, indem im nördlichen Bereich des Oberge-

6. Bereits bei der Fertigstellung des Innenausbaues (1480/83) abgetrennter Flur im Obergeschoß des Palas mit Heizanlage als Ergebnis einer Planänderung, an der Rückwand: Aborterker

schosses durch eine Fachwerkwand der bis dahin bestehende Raum in einen zum Aborterker führenden Flur und eine Wohnstube geteilt wurde, welche rauchfrei durch einen Hinterladerofen zu beheizen war.

Der Palas war außen möglicherweise bereits im ursprünglichen Zustand verputzt[27], lediglich die Eckquaderung sichtbar.

4.2. Das Dachwerk

Das Dachwerk über dem Palas wurde nach der dendrochronologischen Datierung 1458 errichtet und ist nahezu vollständig erhalten.

Konstruiert ist das 10 m hohe Dachwerk als Kehlbalken-Sparrendach aus 39 Gebinden. Diese setzen sich zusammen aus den Dachbalken und dem eingezapften Sparrenpaar; jeweils zwei Kehl-

balken und ein oberer Hahnenbalken sind den Sparren aufgeblattet.

Im unteren Dachgeschoß wird die Konstruktion von einem zweifach stehenden Stuhl getragen. Dazwischen steht eine weitere Längskonstruktion unter dem First: Sie übernimmt einen Großteil der Längsaussteifung des Dachwerks.

In den zehn Sparrenpaaren, die als Vollgebinde ausgeprägt sind, stehen auf den Dachbalken die Stuhlsäulen der stehenden Stühle und die Säulen der Mittelkonstruktion. Einige der Säulen der Mittelkonstruktion reichen bis in den First unter die Sparrenenden, die anderen bis unter die Hahnenbalkenlage. Die Kehl- bzw. Hahnenbalken werden dabei überblattet. Durch die Blattungen sind die Stuhl- und Firstsäulen[28] an die Kehl- und Hahnenbalken angehängt, so daß sie auch die Funktion von Hängesäulen haben, welche die Last auf der Dachbalkenmitte mindern.

In der Längskonstruktion sind unterhalb der Querbalkenlagen zwischen die Stuhlsäulen kurze Riegelstücke gezapft.

Die Aussteifung der stehenden Stühle in Längs- und Querrichtung und die Aussteifung der Mittellängskonstruktion erfolgt durch aufgeblattete Kopfbänder. Im dritten Dachgeschoß sind zusätzlich verschiedene Streben eingebaut.

Von den ursprünglich sechs Dachtürmchen[29] waren zwei an den talseitigen Ecken des Palas angeordnet. Die anderen Türmchen lagen sich nicht genau gegenüber, sondern waren gegeneinander jeweils leicht versetzt. Ein Türmchen bildete das Dach des Treppenturmes und war deshalb größer. Merian zeigte in seiner Ansicht von Biedenkopf — wenn auch perspektivisch fehlerhaft — den Palas mit Türmchen[30], was bislang als Phantasie des Zeichners interpretiert worden war.

Nach der zeichnerischen Rekonstruktion hatten die achteckigen Turmhelme mit großer Wahrscheinlichkeit rechteckige Unterbauten, die gegenüber der Palasfassade um etwa 1 m vorkragten.

Im heutigen Zustand, ohne die ursprünglich vorhandenen Dachtürmchen, sind im Dachwerk 526 Hölzer mit einer Gesamtlänge von ca. 2690 m in der Konstruktion verbaut. Dafür mußten schätzungsweise 150 Eichen gefällt und zersägt werden[31]. Die längsten der verbauten Balken sind 12 m lang. Um die einzelnen Hölzer in der Konstruktion zu verbinden, mußten insgesamt 915 Holzverbindungen hergestellt werden. Davon wurden 267 als Zapfverbindungen, 630 als An-

7. Dachgeschoß des Palas von Südwesten, Zustand nach der Sanierung

8. Dachgeschoß des Palas von Norden, Zustand nach der Sanierung

blattungen und 18 als Überblattungen ausgebildet.

4.3. Die Nutzungsgeschichte des Palas

Als Erbauer des Biedenkopfer Palas ist Landgraf Heinrich III. von Hessen anzusehen[32], an dessen Frau Anna von Katzenelnbogen Schloß Bieden-

kopf als Witwensitz verschrieben war[33]. In seine Regentschaft fiel die Fertigstellung des Gebäudes, da er 1483 starb. Die Initiative zum Bau des Palas Mitte des 15. Jahrhunderts war vermutlich bereits von seinem Vater Ludwig I. ausgegangen. Ob das Ende des Ausbaues des Palas um 1483 mit dem Tod Heinrichs III. im Zusammenhang steht, bleibt offen, ebenso, ob seine Frau Anna das Schloß als

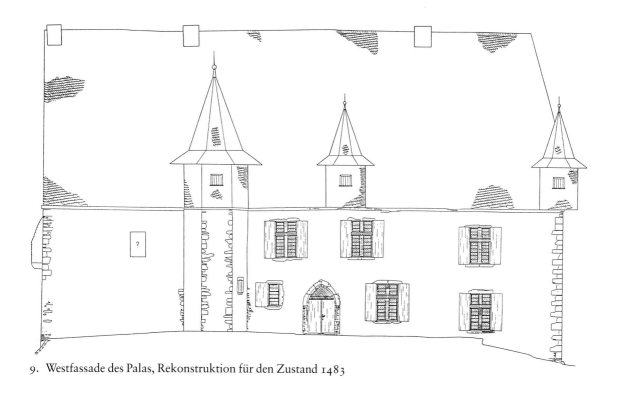

9. Westfassade des Palas, Rekonstruktion für den Zustand 1483

Witwensitz nutzte. Sie starb jedenfalls 1494 in Marburg[34]. Über die Nutzung des Gebäudes ist lediglich überliefert, daß zu dieser Zeit ein Amtmann eingesetzt wurde[35], der wohl auch auf der Burg wohnte. Die Ausgestaltung des Palas mit hervorgehobenen Wohnräumen und die durch den Umbau erzielte Verbesserung des Wohnkomforts lassen jedenfalls auf eine zeitweilige intensive Nutzung, vielleicht sogar durch den Landgrafen selbst, schließen.

Diese intensive Nutzung des Gebäudes durch die Landgrafen oder ihre Vertreter dauerte jedoch längstens bis ca. 1520/1525, von da ab stand es ungenutzt[36]. Von 1579 bis 1842 wurde das Gebäude als Fruchtspeicher verwendet[37]. Der Grund für die Umnutzung war, nach den Ergebnissen der Archivforschung, kein Bedarf an Wohnräumen und das Fehlen geeigneter Lagermöglichkeiten in den übrigen, überwiegend zerfallenen Gebäuden der Burg. Die Inventare des Schlosses zeigen es nahezu ohne Innenausstattung, wodurch eine anderweitige Nutzung, insbesondere auch zu Wohnzwecken, auszuschließen ist[38].

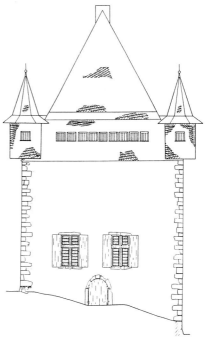

10. Südfassade des Palas, Rekonstruktion für den Zustand 1483

1843 wird mit dem Wiederherstellen der Umfassungs- und Zwingermauern sowie des Bergfrieds begonnen. Die hierbei erfolgte Bekrönung der Mauern mit Zinnen ist nicht, wie bislang überliefert, auf den bekannten Darmstädter Hofbaumeister Moller zurückzuführen[39], sondern auf den damaligen Kreisbaumeister Sonnemann[40].

Nach Aufgabe des Speichers wurden Räume im Palas an verschiedene Nutzer als Lagerräume und sogar als Pferdestall vermietet[41].

Ab 1855 läßt sich aus den Quellen die zunehmende Aneignung des Schlosses durch die Bürgerschaft von Biedenkopf erschließen, für die Schloß, Hof und Garten verschönert und ein Aussichtspunkt eingerichtet werden sollten[42]. Der Bauzustand des Palas wird im großen und ganzen als gut bezeichnet, jedoch sind damals nahezu alle Fenster vermauert[43].

Von 1886 bis 1891 wird das Innere des Palas wiederhergestellt[44]. Im Jahre 1907 übernimmt der Geschichtsverein den Palas und eröffnet darin ein Heimatmuseum[45].

5. Die Bewertung des Palas als Bau des 15. Jahrhunderts

Das 15. Jahrhundert wird in der Literatur über den Burgenbau dieser Zeit gemeinhin als Übergangszeit vom Wohnbau zum repräsentativen Schloß beschrieben[46], denn es werden keine neuen Burganlagen mehr errichtet und in den bestehenden Burgen werden an den Wohnbauten Umbauten vorgenommen, die den Verlust der Wehrhaftigkeit kennzeichnen, während man nun mehr Wert auf die großzügige Fassadengliederung und größere Fenster legt. Der Adel zieht von den Höhenburgen in die Städte oder Dörfer hinunter, und in den verbliebenen Burgen ist, oft manifestiert durch Umbaumaßnahmen, ein Funktionswandel hin zu Jagdschlössern oder Amtssitzen zu beobachten. Vor diesem Hintergrund muß auch die Erbauung des Biedenkopfer Palas bewertet werden.

Für die im Palas vorhandene Trennung der Raumzonen durch massive Quermauern gibt es im 14. und 15. Jahrhundert in Hessen nur wenige Vergleichsbeispiele, häufiger ist ein kompletter Innenausbau inklusive der Bundwände in Fachwerk[47]. Die Biedenkopfer Lösung stellt sich sehr wahrscheinlich als Folge der Integration einer Vorgängerbebauung dar, durch die bereits eine Quermauer vorgegeben war.

Die Fassadengestaltung mit großen Kreuzstockfenstern verdeutlicht nun speziell in der westlichen Schaufassade die Abkehr von der durch die Bausubstanz manifestierten Wehrhaftigkeit und stellt somit in der Mitte des 15. Jahrhunderts für die Burgen in Hessen eine moderne Lösung dar[48]. Eine Rückzugsfunktion ist jedoch zumindest ansatzweise durch die für den Palas nachgewiesenen Fensterreisen und Riegelbalken weiterhin gegeben.

Die kleinen Fenster der Vorgängerbebauung verdeutlichen dagegen die Wehrhaftigkeit dieses älteren Gebäudes.

Die Fenstersitznischen sind für die Mitte des 15. Jahrhunderts noch zeitgemäß, sie verschwinden erst zum Ende des 15. Jahrhunderts langsam und stellen damit ein eher konservatives Bauelement im Palas dar.

Die Portale im Palas sind mit ihrer schlichten Hohlkehle ebenfalls zeitgemäß, jedoch treten seit der Mitte des 15. Jahrhunderts bereits vermehrt Türgewände mit Wulst-Kehle-Profilierung oder Stabwerk auf, so daß auch die einfache Kehle der Palas-Portale eher als konservatives Element zu werten ist[49].

Modern dagegen ist der Treppenturm, der zwar noch nicht, wie später in der Renaissance üblich, vor der Fassade steht, jedoch durchaus bereits aus der Flucht der Fassade als eigenständiger Bauteil heraustritt. Nach Piper sind Treppentürme im Burgenbau seit »Mitte der Gotik« üblich, sie haben in der Regel keinen Außeneingang und nehmen dem Innenraum wenig Platz weg[50]. In Hessen jedoch sind sie, wie Gutbier zu Recht anmerkt, im 15. Jahrhundert sehr selten[51]. In vergleichbaren Objekten gibt es hier sonst nur im Mauerwerk ausgesparte Treppen, während vortretende Treppentürme in der zweiten Hälfte des 15. Jahrhunderts und um 1500 bereits auf einen verstärkten Einfluß der Renaissance hindeuten. Besondere Bedeutung hatte hierbei der 1493 bis 1497 errichtete Wilhelmsbau des Marburger Schlosses[52].

Das Dachwerk des Biedenkopfer Palas ist von der Konstruktion her ebenfalls zeitgemäß. Binding datiert ein vergleichbares Dachwerk auf einer Kirche in Horrweiler in die Spätgotik, die Grundkonstruktion des Dachwerkes wird auch sonst im Kirchenbau bis zum Beginn des 16. Jahrhunderts angewendet[53].

Die Verwendung von Türmchen am Dach ist

12. Analytisches Aufmaß des Palas, Längsschnitt von Westen

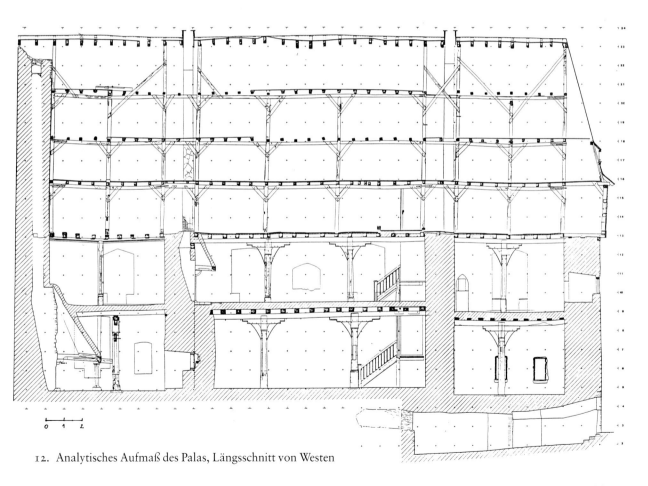

12. Analytisches Aufmaß des Palas, Längsschnitt von Westen

13. Saal im Obergeschoß des Palas nach der Sanierung, von Südwesten

laut Gutbier charakteristisch für die zweite Hälfte des 15. Jahrhunderts in Hessen, so daß er geradezu von einer »Türmchenfreudigkeit« spricht[54]. Die Türmchen setzen entweder bereits in den Obergeschossen an oder, wie im vorliegenden Fall und den folgenden Beispielen, erst an der Dachtraufe.

An Burgen sind sie im hessischen Gebiet, z. B. am Marburger Wilhelmsbau, vorhanden (1493 bis 1497)[55], bei Festungstürmen sei der Junker-Hansen-Turm in Neustadt, erbaut um 1480 von Hans-Jakob von Ettlingen, erwähnt[56].

Auch bei Rathäusern, und hier ist vom Erscheinungsbild die größte Ähnlichkeit mit der Giebelfassade des Palas festzustellen, ist diese Mode sehr verbreitet. Das älteste Beispiel stellt das alte Rathaus von Kassel aus dem Jahr 1404 dar[57]. Weitere Rathausbauten mit Dachtürmchen sind beispielsweise aus Fritzlar (1441)[58] und Zierenberg (1450)[59] überliefert.

Vom Erscheinungsbild und den Proportionen hat der Palas von Schloß Biedenkopf unter den hessischen Burgen die größte Ähnlichkeit mit Burg Grebenstein[60] und der durch den landgräflichen Hofbaumeister Hans Jakob von Ettlingen errichteten Burg Hauneck[61].

Der Grebensteiner Palas ist bereits um 1400 erbaut worden. Er hat durch die kleinen Fenster zu den Außenseiten der Burg noch deutlich ausgeprägten wehrhaften Charakter; lediglich zur Hofseite sind dort bereits Kreuzstockfenster, ähnlich der des Palas von Biedenkopf, vorhanden. Er ist etwas länger und ähnlich breit wie der Bau in Biedenkopf und weist diesem gegenüber vier anstelle von zwei Geschossen auf. Die Binnengliederung in Grebenstein ist zweizonig mit durch Fachwerkwände gebildeten Grundrissen, die völlig von der klaren Gliederung in Biedenkopf abweichen. Das Mauerwerk zeigt, obwohl vom ersten Eindruck her gleich, aufwendigere Verarbeitung und eine größere Anzahl von Werksteinen, z. B. auch bei den Aborterkern. Ähnlich wie in Biedenkopf sind im Palas in Grebenstein die Funktionen Wohnraum, Stube, Küche und später auch Fruchtspeicher belegt[62].

Der Palas der Burg Hauneck ist wesentlich kleiner, weist jedoch ebenfalls die langrechteckige Gebäudeform auf. Er wurde wahrscheinlich im Anschluß an die Zerstörung eines Vorgängergebäudes 1469 in den Jahren 1483 bis 1489 errichtet[63]. Die Portalformen und -fasen entsprechen dem Bestand in Biedenkopf, durch seine kleineren Fenster wirkt er jedoch von der Gestaltung her konservativer. Der Wohnbau bestand aus zwei Steingeschossen und einem dritten Geschoß aus Fachwerk. Die unregelmäßige, dreizonige Innenteilung ist in Hauneck aus Fachwerk errichtet.

Zeitlich liegt die Errichtung des Palas von Schloß Biedenkopf ungefähr in der Mitte zwischen Grebenstein und Hauneck. Aufgrund der Fassadengestaltung und des »Treppenturms« kann die Architektur des Palas für die Mitte des 15. Jahrhunderts als zeitgemäß bis sehr fortschrittlich bezeichnet werden.

6. Zur Sanierung des Palas von Schloss Biedenkopf

Bereits im Jahr 1987 wurden Schäden an der Dachkonstruktion festgestellt, die auf eine weitergehende Beeinträchtigung des Tragwerkverhaltens des Dachwerkes schließen ließen[64].

1988 wurde die Einleitung einer Sanierungsmaßnahme für das Dach beschlossen, für die das gesamte Museumsgut ausgelagert werden mußte.

Die Ergebnisse der sanierungsvorbereitenden Untersuchungen, an denen Statiker, Bauforscher und Restaurator beteiligt waren, sollten die Voraussetzungen für eine behutsame, dem Gebäude angemessene Sanierung bieten. Das durch die Bauforscher des IBD erstellte verformungsgetreue analytische Aufmaß des gesamten Gebäudes im Maßstab 1:20 bildete die Planungsgrundlage für die Sanierung.

Die Konstruktion des Daches war für ihr hohes Alter zwar in relativ gutem Zustand, im Laufe der Zeit hatte sich jedoch die hölzerne Längskonstruktion in den steinernen Vollgeschossen verformt. Die Folge für das Dachwerk war, daß die Stuhlsäulen den Durchbiegungen nachgegeben hatten. Dieser Schadensverlauf war durch den Ausbau des Daches für die Museumsnutzung, bei der die Last im Dach übermäßig angewachsen war, noch beschleunigt worden. Viele Holzverbindungen waren im vorgefundenen Zustand gelöst oder gebrochen.

Durch weitere Untersuchungen wurde ein nicht vermuteter Schadensumfang im Bereich der Dachbalkenauflager, die ummauert und nicht umlüftet waren, festgestellt. Die Holzverbindungen waren teilweise vollständig weggefault und die Schäden so groß, daß die Standsicherheit des Daches nicht mehr gewährleistet war.

Aufgrund des erkannten Schadenumfanges im Dach wurde die Sanierungsplanung auf das ganze Gebäude ausgedehnt.

Während der Sanierung tagte im Schloß monatlich eine Arbeitsgruppe, an der alle an der Planung Beteiligten nach Bedarf teilnahmen und bei der die Abstimmungen und Entscheidungen über das Sanierungskonzept bis hin zu Detailfragen diskutiert und verabschiedet wurden. Durch diesen »runden Tisch« war es möglich, die zwangsläufig bei einer solch umfangreichen Maßnahme auftretenden Reibungsverluste zu minimieren.

Als das wesentliche Problem stellte sich der zukünftige Umfang der Museumsnutzung im Gebäude dar[65]. Die Denkmalpflege verlangte den Erhalt des Dachwerkes mit seinem hohen Denkmalwert ohne größere zusätzliche Einbauten zur Verbesserung der Statik. Da das bestehende Tragwerksystem des Daches auch nach seiner Reparatur mit einer Belastung, wie sie zuvor bestanden hatte, völlig überfordert gewesen wäre, konnte der Dachraum nicht mehr im alten Umfang der Museumsnutzung dienen. Auf der anderen Seite wurde – ohne die Nutzung zumindest von Teilen des Daches – die Wiedereinrichtung des Museums von seinem Träger, dem Schloßverein, und vom Museumsverband abgelehnt. Verstärkt wurde der Nutzungskonflikt durch die Forderung der Denkmalpflege, keine Einbauten zur Dachisolierung durchzuführen, wogegen eine Präsentation des Museumsgutes jedoch zumindest eine Temperierung des Gebäudes erforderte. Der Kompromiß sah schließlich eine Dämmung des Daches auf der Verschalung vor, so daß eine Temperierung erfolgen konnte. Die Nutzung des Daches wurde auf das erste Dachgeschoß und auf einen Teilbereich des zweiten Dachgeschosses begrenzt.

Im Dachwerk wurden alle Holzverbindungen überarbeitet, fehlende Hölzer ergänzt und die Konstruktion z. T. geradegerichtet. An den abgefaulten Enden der Dachbalken wurden neue Eichenhölzer angelascht, die Mauerlatten erneuert und die Stuhlsäulen durch im Mauerwerk verankerte Eisenstäbe abgestrebt. Die Reparaturen wurden, soweit dies möglich war, in historischer Zimmertechnik durchgeführt.

Um den Palas für das erneuerte Museum anzupassen, mußte die gesamte Haustechnik erneuert werden. Die für diese Einbauten notwendigen Eingriffe in die historische Bausubstanz wurden so weit wie möglich reduziert. Die im Gebäude bei den Untersuchungen aufgefundenen Bodenplatten wurden in einem Raum des Obergeschosses neu in Lehm verlegt und die historischen Fußböden im Erdgeschoß für die Museumsnutzung konserviert.

Nach gut zwei Jahren Bauzeit, der Restaurierung des Museumsgutes sowie der Neukonzeption und Einrichtung konnte das Museum am 18. Mai 1993 wiedereröffnet werden. Die behutsame denkmalgerechte Sanierung des Palas wurde durch die Verleihung eines Hesssischen Denkmalpreises 1993 an den Landkreis Marburg/Biedenkopf als Träger der Maßnahme und Eigentümer des Schlosses gewürdigt.

Die Sanierungsarbeiten auf Schloß Biedenkopf sind jedoch noch nicht abgeschlossen, da sich in den nächsten Jahren die Sanierung des Schloßhofes, der Ringmauer und des Bergfrieds anschließen werden.

ANMERKUNGEN

1 Der Beitrag basiert im wesentlichen auf den Ergebnissen der bauhistorischen Untersuchung, die im Zuge der Sanierung des Palas von Schloß Biedenkopf in den Jahren 1989 bis 1992 vom Freien Institut für Bauforschung und Dokumentation e. V. (IBD), Marburg, durchgeführt worden ist. Sie sind zusammengefaßt in der Darstellung: *Freies Institut für Bauforschung und Dokumentation e. V. (IBD)*: Schloß Biedenkopf, Bauhistorische Untersuchung des Palas. Untersuchungsbericht, Ms. Marburg 1993.

2 Aufgrund der allgemein verbreiteten Bezeichnung wird die Burg Biedenkopf – ungeachtet der wissenschaftlichen Terminologie – auch hier »Schloß« genannt.

3 *Lennarz, Ulrich*: Die Territorialgeschichte des hessischen Hinterlandes (Untersuchungen und Materialien zur Verfassungs- und Landesgeschichte, Bd. 1), Marburg 1973, S. 54 ff.

4 *Knipping, R.*: Die Regesten der Erzbischöfe von Köln im Mittelalter, Bd. II, 1901–1915, Nr. 1386; *Görich, Willi*: Biedenkopf, in: Hessen. Hdb. d. histor. Stätten Deutschlands, hrsg. v. *G. W. Sante*, Stuttgart 1976³, S. 50–51. In dem Regest zu 1196 ist erstmalig mit einem Kölner Ministerialen, der sich nach Biedenkopf nennt, dieser Platz erwähnt; es ist Görich zuzustimmen, wenn er – hiervon ausgehend – von einem zeitlichen Vorlauf der Existenz einer Burg in Biedenkopf zurück bis mindestens um etwa 1180 ausgeht. Siehe hierzu das später behandelte neue dendrochronologische Datum zum Bergfried!

5 *Huyskens, Albert*: Quellenstudien zur Geschichte der heiligen Elisabeth, Landgräfin von Thüringen, 1908, S. 170 u. 186; *Görich*: ebd.; *Hess, Wolfgang*: Hessische Städtegründungen der Landgrafen von Thüringen (Beiträge zur Hessischen Geschichte 4), Marburg/Witzenhausen 1966, S. 159–160. Während Görich die Erwähnung von 1232 durchaus als früheste Nennung der Stadt ansieht, neigt Hess eher zu der Ansicht, daß hiermit eine ältere Dorfsiedlung westlich des Burgberges (Flurname »Altstadt«) gemeint sein könne.

6 *Grotefend, Otto/Rosenfeld, Felix*: Regesten der Landgrafen von Hessen I (Veröff. d. Histor. Komm. f. Hessen u. Waldeck VI,1), Marburg 1909–1929, Nr. 50.

7 Vgl. *Knipping* (wie Anm. 4), Nr. 1386.

8 Vgl. *Knipping* (wie Anm. 4), Nr. 1508.

9 Vgl. *Lennarz* (wie Anm. 3), S. 189–190.

10 *Huth, Karl*: Biedenkopf. Burg und Stadt im Wandel der Jahrhunderte, Biedenkopf 1977, S. 52.

11 Die Chroniken des Wigand Gerstenberg von Frankenberg (Veröffentl. d. Histor. Komm. f. Hessen 7,1), bearb. v. *Hermann Diemar*, Marburg 1909, S. 234. – Die gleiche, auf eine verlorene Quelle zurückgehende Nachricht ist auch in den späteren hessischen Chroniken überliefert; dort wird das Ereignis dann auf 1293 festgelegt. Vgl. *Kuchenbecker, Johann Philipp*: Analecta Hassiaca [...], Augsburg 1728–1742.

12 *Philippi, Hans*: Das Haus Hessen. Ein europäisches Fürstengeschlecht, Kassel 1983, S. 30–34.

13 Die Grabungen wurden zuerst vom damaligen Museumskonservator Karl Pfeil jun. und später von Dr. Willi Görich aus Marburg geleitet und u. a. mit Arbeitern des Reichsarbeitsdienstes durchgeführt.

14 Vgl. *Stoppel, Friedrich*: Ausgrabungen auf dem Biedenkopfer Schloß, in: Hinterländer Geschichtsblätter. Mitteilungen aus Geschichte und Heimatkunde des Kreises Biedenkopf, 41. Jg., Nr. 4, Biedenkopf 1962, S. 2–3.

15 Vgl. Hinterländer Anzeiger, 27.12.1983.

16 So sind sämtliche Funde nicht stratifiziert, Grabungspläne sind – außer einigen interpretierenden Skizzen – nicht vorhanden.

17 Vgl. *Stoppel, Friedrich*: Biedenkopfs Burg gibt noch immer Rätsel auf, in: Hinterländer Geschichtsblätter. Mitteilungen aus Geschichte und Heimatkunde des Kreises Biedenkopf, 46. Jg., Nr. 3, Biedenkopf 1967, S. 77–80.

18 Der Begriff ›Palas‹ wird hier in seiner allgemeinen Bedeutung als Wohnbau einer Burg verwendet.

19 Die Holzproben zur dendrochronologischen Untersuchung wurden durch das IBD und das Büro Tisje, Neu-Isenburg entnommen und vom Büro Tisje ausgewertet.

20 Bei einem ursprünglich eingebauten Holz einer Balkenlage konnte der letzte erhaltene Jahresring auf das Jahr 1158 datiert werden. Da jedoch über den Splintholzanteil keine holzanatomisch eindeutige Aussage gemacht werden

konnte, kommt als frühestes Fällungsjahr entweder 1158 (bei vollständigem Splint) oder als spätestes der Zeitraum kurz nach 1175 (ohne Splintholz) in Frage; auf jeden Fall ist die Datierung für den unteren Turmbereich damit auf den Bereich zwischen diesen beiden Daten eingegrenzt.

21 Vgl. *Biller, Thomas*: Die Adelsburg in Deutschland, München 1993, S. 135.

22 *Görich* 1976 (wie Anm. 4), S. 50–51.

23 Die Datierung stützt sich auf die zeitliche Einordnung des Portals und indirekt auf die Anzahl von dendrochronologischen Datierungen im nahen Umfeld des Gebäudes.

24 Für den Wohnturm ist ein Grundriß von 11,5 × 9,5 m zu erschließen, die Höhe des Gebäudes betrug nachweislich mindestens zwei Geschosse. Das Erdgeschoß wies sehr wahrscheinlich keine Raumunterteilung auf und diente möglicherweise bereits als Küche, so daß hier eine Funktionskontinuität vorliegen könnte.

25 Eine archäologische Untersuchung des Schachtes ist bisher nicht durchgeführt worden.

26 Die restauratorischen Voruntersuchungen wurden vom *Institut für Konservierung. Restaurierung*, Fulda durchgeführt. Die Ergebnisse sind niedergelegt in dem Bericht: Institut für Konservierung. Restaurierung: Voruntersuchungsbericht Palas Biedenkopf, Ms. Fulda 1989.

27 An Stellen, die nicht der Witterung ausgesetzt sind, finden sich verschiedene Putzfragmente, die bislang noch nicht näher untersucht werden konnten.

28 Die Bezeichnung »Firstsäule« wird hier, wie in Hessen üblich, mit der Bedeutung von (süddeutsch) »Spitzsäule« verwendet und nicht im Sinne von »Firstständer«.
Vgl. die die regionalen Unterschiede nivellierende Fachterminologie für den historischen Holzbau, Fachwerk – Dachwerk (Veröffentl. d. Abt. Architekturgeschichte d. Kunsthistor. Inst. d. Univ. zu Köln, Bd. 38), hrsg. v. *Günther Binding*.

29 Die Lage und das Aussehen der Dachtürmchen konnte aufgrund von noch vorhandenen Anschlüssen und im Dach zweitverwendeten Hölzern rekonstruiert werden. Möglicherweise war zusätzlich eine Dachgaube mit Spitzhelm in der südlichen Abwalmung eingestellt.

30 *Merian, Matthaeus*: Topographia Hassiae [...], 1646.

31 Die Anzahl der gefällten Bäume wurde durch die Differenzierung von Hölzern unterschiedlicher Querschnitte ermittelt.

32 Vgl. Staatsarchiv Marburg (StAM), Best. 3, Nr. 2860.

33 Vgl. *Huth* 1977 (wie Anm. 10), S. 16.

34 Vgl. *Huth* 1977 (wie Anm. 10), S. 52.

35 Vgl. *Görich* 1976 (wie Anm. 4), S. 50.

36 Vgl. StAM, Best. 3, Nr. 2860.

37 Vgl. StAM, Rechnungen II, Biedenkopf Nr. 4 u. Hauptstaatsarchiv Wiesbaden (HStAW), Akte 439/77.

38 Ebd.

39 Vgl. *Huth* 1977 (wie Anm. 10), S. 52.

40 Vgl. StAM, Best. 110 Biedenkopf, Acc. 1900/17, Nr. 27, 28, 29, 38, 39.

41 Vgl. StAM, Best. 110 Biedenkopf, Acc. 1900/17, Nr. 27, 7 Domänenrentamt Dillenburg J, No. 728.

42 Vgl. StAM, Best. 110 Biedenkopf, Acc. 1900/17, Nr. 27.

43 Vgl. StAM, Best. 100 Biedenkopf, Acc. 1900/17, Nr. 7.

44 Vgl. HStAW, Akte 405/21017, Bl. 130 u. Akte 405/20948, Bl. 153.

45 Vgl. StAM, Best. 330, A 1183.

46 Vgl. *Piper, Otto*: Burgenkunde, verb. u. erw. Nachdr. d. 3. Aufl. 1912, Würzburg 1967, S. 619; *Biller* 1993 (wie Anm. 21), S. 211.

47 Vgl. *Gutbier, Reinhard*: Der landgräfliche Hofbaumeister Hans Jakob von Ettlingen. Eine Studie zum herrschaftlichen Wehr- und Wohnbau des ausgehenden 15. Jahrhunderts (Quellen und Forschungen zur hessischen Geschichte, Bd. 24), Darmstadt/Marburg 1973, S. 203–205.

48 Vgl. *Gutbier* 1973 (wie Anm. 46), S. 217–221.

49 Ebd.

50 Vgl. *Piper* 1967 (wie Anm. 46), S. 444.

51 Vgl. *Gutbier* 1973 (wie Anm. 47), S. 205.

52 Vgl. *Piper* 1967 (wie Anm. 46), S. 453.

53 Vgl. *Binding, Günther*: Das Dachwerk auf Kirchen im deutschen Sprachraum vom Mittelalter bis zum 18. Jahrhundert, München 1991, S. 143.

54 Vgl. *Gutbier* 1973 (wie Anm. 47), S. 217.

55 Vgl. *Gutbier* 1973 (wie Anm. 47), S. 125–130.

56 Vgl. *Gutbier* 1973 (wie Anm. 47), S. 79–82.

57 Vgl. *Holtmeyer, A.*: Hessische Rathäuser. Ihre Erhaltung und Erstellung (Alt-Hessen, Beitäge zur Kunstgeschichtlichen Heimatkunde, Bd. 1), Marburg 1912, S. XVIII.

58 Ebd.

59 Vgl. *Klappenbach, A.*: Stadtzentrum und Rathaus in Zierenberg, in: Hessische Heimat 1968, H. 1, S. 27–32, hier S. 29.

60 Vgl. *Freies Institut für Bauforschung und Dokumentation e. V.* (IBD): Bauhistorische Untersuchung Burg Grebenstein, Untersuchungsbericht, Ms. Marburg 1991.

61 Vgl. *Gutbier* 1973 (wie Anm. 47), S. 38–41.

62 Vgl. *IBD* 1991 (wie Anm. 61).

63 Vgl. *Gutbier* 1973 (wie Anm. 47), S. 39.

64 Die Untersuchungen zur Statik wurden vom Büro Prof. Dr.-Ing. Dieter Haberland, Kassel durchgeführt.

65 Vgl. *Seehausen, Karl Reinhard*: Grundlegende Sanierung sichert das Landgrafenschloß als Museum, in: Jb. Lkr. Marburg-Biedenkopf, hrsg. v. *Kreisausschuß des Landkreises Marburg-Biedenkopf*, Marburg 1992, S. 139–154.

ABBILDUNGSNACHWEIS

Zeichnung IBD: 1, 2, 9, 10, 12; Foto IBD (048026): 2; Foto IBD (048019): 4; Foto IBD (048066): 5; Foto IBD (048101): 6; Foto IBD (L 10): 10; Foto IBD (L 21): 8; Foto IBD (237116): 11; Foto IBD (L 23): 13.

THOMAS BILLER

castrum novum ante Girbaden noviter edificatum –
ein Saalbau Kaiser Friedrichs II. im Elsaß[1]

1. ZUM FORSCHUNGSSTAND

Die Ruine Girbaden, 25 km südwestlich von
Straßburg am Vogesenrand, über dem Breuschtal,
gehört nicht nur zu den größten Burgen des Elsaß,
sondern sie weist auch einen Baubestand hohen
Ranges auf, der auf einen Ausbau durch Kaiser
Friedrich II. und seinen Sohn, König Heinrich, in
den Jahren 1219 bis 1226 zurückgeht. Daß eine
architekturgeschichtlich so wichtige Anlage, deren
Palas bzw. Saalbau[2] in diesem Beitrag behandelt
wird, zumindest der deutschen Forschung bisher
weitgehend unbekannt blieb, ist einerseits auf die
späte Entdeckung der aussagekräftigsten Quellen,
andererseits auf den allgemeinen Zustand der
Ruine zurückzuführen; freilich dürfte auch die
deutsch-französische Sprachgrenze dabei eine
Rolle spielen.

Die schon durch ihre Größe und ihre Mehrteiligkeit schwer zu überblickende Ruine ist in den
vergangenen zwanzig Jahren so weitgehend zuge-
wachsen, daß sie großenteils nur noch unter sehr
erschwerten Umständen zu untersuchen ist[3]. Besser zugänglich war sie zuletzt um 1970, als auch
einige Forschungen stattfanden. 1968 hatte
M. Jean Gachot, einer der größten Produzenten
von Sanitärbedarf in Frankreich, ein gebürtiger
Elsässer, die Ruine erworben; er wollte sie dem
Vernehmen nach in irgendeiner Form zum Ferien-
domizil ausbauen, was aber nach spätestens zwei
Jahren zum Erliegen kam. Zwischen 1967 und
1970 waren die Ruinen jedoch von Büschen und
Bäumen befreit, Schutthaufen beseitigt, Quader
und Spolien aussortiert worden – was interessante
Beobachtungen ermöglichte, aber leider auch zum
Diebstahl vieler schöner Werkstücke führte und
damit zur Fortsetzung einer Tradition der Beraubung, die weit ins 19. Jahrhundert zurückreicht.
Die gefährdete Westwand des Palas wurde damals
zum großen Teil gesichert; 1968 bis 1973 fanden
außerdem Grabungen statt[4].

Schon 1960 war auch der erste Grundriß von
Girbaden vermessen worden, und zwar durch Ar-
mand Kieffer, einen archäologisch interessierten
Vermessungsingenieur aus der Region[5]; kurz darauf wurde dieser Plan von Hans Zumstein als
Baualterplan überarbeitet und publiziert[6]. Die
Analyse der Bauzeiten durch Zumstein war bereits
von hoher Qualität; abgesehen von der späteren
Datierung eines Gebäudes im Süden der Kernburg,
die sich aus den damals noch unpublizierten Grabungen ergab, sind Korrekturen bis heute nur im
Detail nötig. Diese Korrekturen betreffen insbesondere das Verhältnis der Bausubstanz des 12.
Jahrhunderts zu jener der Bauzeit von 1219 bis
1226, d. h. vor allem den Umfang, in dem der
Buckelquadermantel der Mauern in der zweiten,
spätromanischen Bauzeit erneuert worden ist. Genaue Untersuchungen, wie sie durch B. Metz und
mich in den letzten Jahren vorgenommen wurden[7], zeigen nämlich, daß deutlich mehr Bereiche
neu verkleidet worden waren, als Zumstein angenommen hatte.

2. QUELLEN DES FRÜHEN 13. JAHRHUNDERTS

Eine Gesamtdarstellung auch der Geschichte von
Girbaden wird Bernhard Metz im Band II unseres
Werkes »Die Burgen des Elsaß – Architektur und
Geschichte« vorlegen, der sich in Vorbereitung
befindet; hier werden nur kurz jene Quellen angesprochen, die für die Bauzeit 1219 bis 1226 rele-
vant sind.

Girbaden wird 1137 zum erstenmal erwähnt[8]
und erscheint bis zum frühen 13. Jahrhundert als
wichtige Burg der Grafen von Dagsburg(-Egis-
heim), die bis dahin das wohl bedeutendste Hoch-
adelsgeschlecht des Elsaß neben den Staufern waren. Auf den Baubestand der Zeit vor 1200 wird
hier nicht näher eingegangen, vor allem nicht auf
die Frage, wie er zu datieren ist. Die älteste erhal-

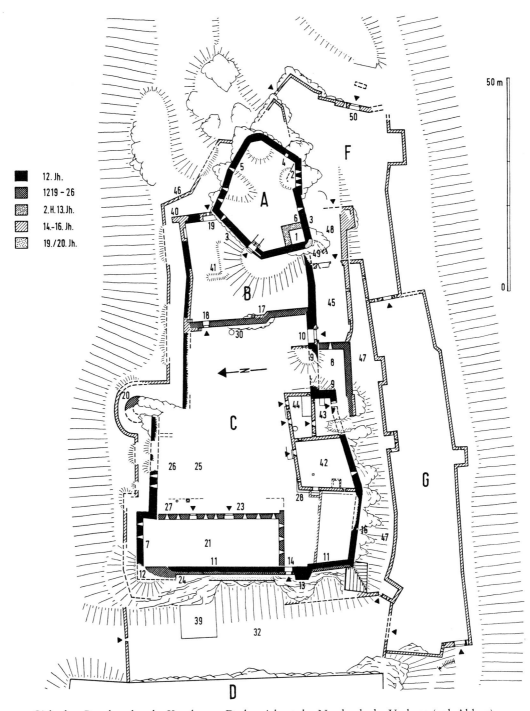

12. Jh.
1219 – 26
2. H. 13. Jh.
14.–16. Jh.
19./20. Jh.

50 m

0

1. Girbaden. Baualterplan der Kernburg. »D« bezeichnet das Nordende der Vorburg (vgl. Abb. 2).

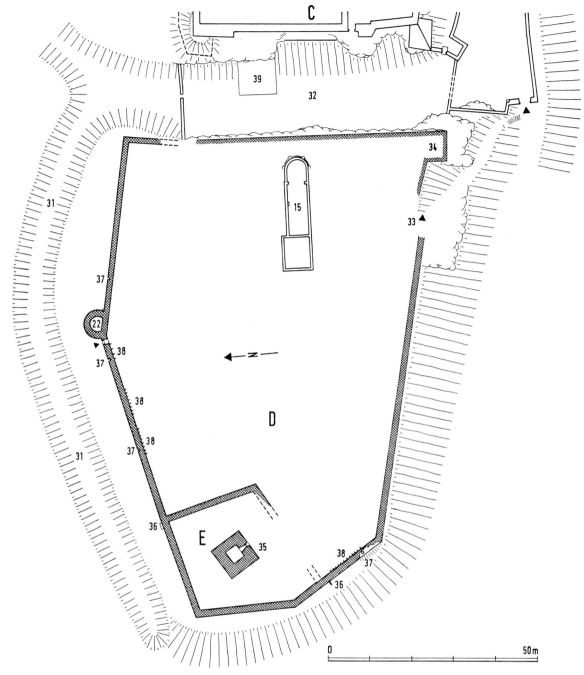

2. Girbaden, Unterelsaß. Baualterplan der Vorburg. »C« bezeichnet das Südende der Kernburg (vgl. Abb. 1).

Lichtschlitze in den beiden für den Saalbau neu erbauten hofseitigen Wänden. Die zwei Rundbogentore im Osten sind verschieden groß, wofür der Grund nicht erkennbar ist. Bei einer Raumbreite Obergeschoß. Die West- und Nordseite ist die (teils neu verkleidete) ältere Ringmauer, die als einzige originale Öffnungen im Norden zwei Lichtschlitze aufweist; um so zahlreicher sind die tene Bausubstanz dürfte m. E. den Wiederaufbau nach der Zerstörung 1162 durch Friedrich I.[9] darstellen; nach dem Baubefund gab es neben der kleinen Oberburg schon vor 1200 auch eine große Unterburg (vgl. Abb. 1).

Die den heutigen Bestand prägende Bauphase, um die es hier gehen soll, hängt mit dem Aussterben der Grafen von Dagsburg-Egisheim zusammen bzw. mit den Auseinandersetzungen um die Burg, die in dieser Phase stattfanden; der letzte männliche Angehörige der Familie, Albrecht, starb 1211/1212, die Erbtochter Gertrud spätestens im Frühjahr 1225.

Wir wissen, daß ein großer Teil von Girbaden vor 1226 für wahrscheinlich sieben Jahre in der Hand Kaiser Friedrichs II. bzw. seines Sohnes König Heinrich gewesen ist, denn 1219 gab es kriegerische Auseinandersetzungen zwischen dem Kaiser und dem damaligen Ehemann der letzten Dagsburgerin, Herzog Theobald von Lothringen. Im Friedensschluß 1219[10] wird Girbaden nicht genannt, aber aus den folgenden Ereignissen ist zu schließen, daß dem Kaiser damals – neben explizit erwähnten Zugeständnissen – auch ein Nutzungsrecht an Girbaden eingeräumt wurde, das einen großen Teil der Burg betraf. Dies läßt sich nämlich aus weiteren Quellen des Jahres 1226 erschließen.

In diesem Jahre, nach dem Tod der Gertrud von Dagsburg, werden die Burg und die Rechte an ihr großenteils auf den Bischof von Straßburg übertragen, und zwar von mehreren verschiedenen Erben. Auch König Heinrich verzichtet damals auf alle Rechte an Girbaden, worin seine schwache Position bzw. die damalige Kompromißpolitik seines abwesenden Vaters gegenüber den deutschen Reichsfürsten zum Ausdruck kommt; nur sechs Jahre früher war die »confoederatio cum principibus ecclesiasticis« entstanden.

Interessant für die Baugeschichte der Burg ist die Tatsache, daß in den Verträgen, die mit den verschiedenen Erben und mit dem König geschlossen werden, einzelne Bauteile explizit genannt sind – im Hochmittelalter ein extrem seltener Fall! Es ist dort vor allem die Rede von einem »castrum [...] novum ante Girbaden noviter edificatum«[11], also von einer »neuen Burg vor Girbaden, an der in jüngster Zeit gebaut worden ist«[12]; eine andere Urkunde stellt die Rechte »in castro Girbaden antiqui et novi« gegenüber[13]. Der letztere Vertrag spezifiziert noch weiter: Die »neue Burg« hat näm-

lich einen inneren und einen äußeren Teil, wobei der äußere Teil westlich liegt[14]. In diesem äußeren Teil – »in exteriori parte novi castri« – liegen die Wohnsitze bzw. »mansiones« von vier Rittern bzw. Burgmannen.

Diesen »äußeren Teil« der neuen Burg muß man fraglos mit der großen westlichen Vorburg identifizieren (Abb. 2), deren Ringmauern, Bergfried und nördlicher Mauerturm vollkommen einheitliches Mauerwerk mit äußerer Buckelquaderschale zeigen. Auch die Spuren der »mansiones« der vier Burgmannen – nach der Größe der Anlage könnten noch mehr existiert haben – sind an den Ringmauern erkennbar, vor allem in Form von Kragsteinreihen und Aborten (Abb. 2, Nr. 37–38).

Der Saalbau, um den es hier gehen soll, liegt im unteren, westlichen Teil der großen Kernburg (Abb. 1, Nr. 21), also in dem, was 1226 implizit als der »innere Teil« der »neuen Burg« angesprochen wird. Schon allein deswegen muß man sich fragen, ob nicht auch er in die Bauzeit 1219 bis 1226 gehört, die mit Friedrich II. und König Heinrich zusammenzubringen ist. Es wird zu zeigen sein, daß diese Annahme durch die Bauuntersuchung und die stilistische Einordnung vollauf bestätigt werden kann.

3. Der Saalbau

Der Saalbau liegt im Zentrum der Gesamtanlage von Girbaden, wie sie in der Bauzeit 1219 bis 1226 geschaffen wurde. Zwar bildete er den westlichen Abschluß der Kernburg, seine Westwand war mit deren Ringmauer identisch, aber der tiefe Quergraben und die gleichzeitig entstandene Vorburg im Westen sicherten ihn aufwendig gegen jeden direkten Angriff[15]. Lediglich die Nordseite war von außen zugänglich, aber nur über den felsigen Hang.

Vor der Ostseite des Saalbaues lag der große Haupthof der Kernburg, der – vor seiner späteren Verbauung – etwa 30 × 50 m maß. Auch im Süden war ursprünglich ein Hof, aber weit kleiner; die südliche Ringmauer lag etwa 20 m vor dem Südgiebel des Saalbaues.

Das in seinen Umfassungsmauern fast völlig erhaltene Erdgeschoß des Saalbaues (Abb. 3, 13) diente offenbar in üblicher Weise zu Lagerzwekken; seine Form und Größe ergab sich vor allem aus seiner Sockelfunktion für den großen Saal im

3. Girbaden. Die Ruine des Saalbaues von Osten. Über den beiden Rundbogentoren die Kragsteinreihe von der Decke über der Säulengalerie, ganz links, über dem Gebüsch, der Ansatz des Rundbogentores (vgl. Abb. 12)

von 11,30 m gab es im Erdgeschoß fraglos einen Mittelunterzug auf Stützen, von dem aber keine Befunde mehr zeugen.

Vom Obergeschoß des Saalbaues, d. h. vom Saal selbst, sind die westliche Längswand fast vollständig, ferner Reste von beiden Giebelwänden erhalten. Ein Grundriß dieses Geschosses wurde erst 1991 von mir aufgemessen (Abb. 4); mit 33,50 × 11,30 m enthielt es wahrscheinlich den größten Palassaal des Elsaß[16].

Die lange Westwand ist im Saalgeschoß durch umfangreiche spätmittelalterliche Umbauten geprägt (Abb. 5), insbesondere durch drei große Kreuzstockfenster und Reste zweier Kamine, die man ins 14. oder 15. Jahrhundert datieren darf; in einer zweiten, letzten Bauphase wurden diese Fenster zugesetzt[17]. Trotz dieser erheblichen Umbauten ist die Gestaltung des frühen 13. Jahrhunderts in der Westwand noch erkennbar, und zwar vor allem an der Außenseite (Abb. 6). Es gab dort vier

Fenster in leicht wechselnden Abständen, von denen nach den Umbauten noch umfangreiche Reste ihrer Rundbogenblenden sichtbar sind. Diese Blenden waren mit kräftigem Rundstab profiliert, einer Form, die für alle noch nachweisbaren Fenster aus der Bauzeit des Saalbaues charakteristisch ist, und zwar auch innen bzw. an den Fensternischen. Unter diesen Blenden hat man sich fraglos rundbogige Biforien auf Mittelsäulen vorzustellen (vgl. u.). Daß diese Fenster Seitensitze besaßen, ist aus geringen Spuren noch wahrscheinlich zu machen. Zwischen den mittleren Fenstern befand sich, merkwürdigerweise außermittig, ein monumentaler, 5 m breiter Kamin, von dem nur die Sockel der seitlichen Säulen in Resten erhalten sind.

Die nördliche Schmalseite des Saales ist teilzerstört, im erhaltenen Ostteil sind aber Nischenreste eines weiteren romanischen Doppelfensters erkennbar. Der Rundbogen zeigt auch hier den

163

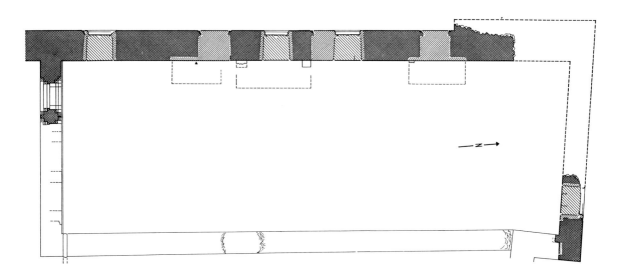

1219-26   15/16. Jh.   19/20. Jh.

4. Girbaden, Saalbau, Baualterplan des Obergeschosses bzw. des Saales

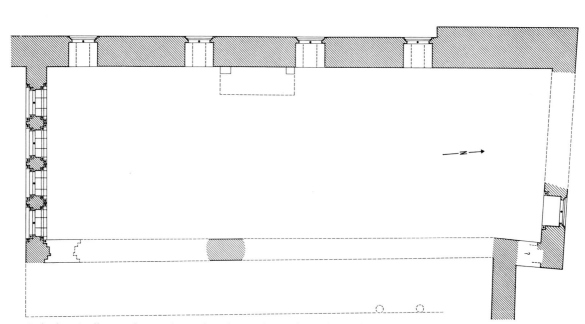

5. Girbaden, Saalbau, Rekonstruktion des Obergeschosses bzw. des Saales im Zustand um 1226

6. Girbaden, Westansicht des Saalbaues bzw. der Westseite der Kernburg über dem Graben, 1971; die Gewändereste des Saales im Obergeschoß waren damals erkennbar

Rundstab, der auf zwei eingestellten Ecksäulchen aufsetzte; Seitensitze fehlten offenbar.

Die andere, südliche Giebelwand war so reich ausgestaltet, daß sie den entscheidenden Blickpunkt des Saales bildete. Wie sie aussah, wissen wir einerseits durch die erhaltenen Reste, andererseits und detaillierter durch ein Aquarell des Palasinneren aus dem mittleren 19. Jahrhundert, als

noch weit mehr von dieser Wand erhalten war (Abb. 7); die erste Publikation dieser Darstellung ist Robert Will zu danken, der überhaupt den Saalbau von Girbaden in die Forschung eingeführt hat[18].

Das Aquarell von Henri-Charles Muller, aus der ersten Hälfte des 19. Jahrhunderts, zeigt eine Arkatur aus vier gleichen, bereits ausgebrochenen

7. Girbaden, Inneres des Saalbaues gegen Süden, Aquarell von Henri-Charles Muller, 1. Hälfte 19. Jh.

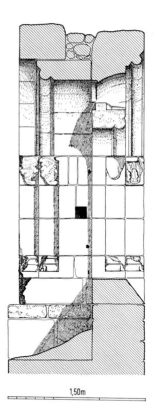

9. Girbaden, Schnitt durch das teilweise erhaltene Fenster der südlichen Schmalseite des Saales, Blick gegen Osten. Die Kapitelle sind weitgehend zerstört, das zweite von rechts war sekundär in eine Aushöhlung gesetzt worden.

8. Girbaden. Die Südwand des Saalbaues außen, mit dem teilweise erhaltenen Fenster des Saales; links unten das Tor, zu dem die Brücke von der Vorburg führte

Doppelfenstern mit reichen Säulenstellungen. Über dem mittleren der drei trennenden Pfeiler läßt die Zeichnung die unteren Gewändesteine einer großen »Rose« erkennen, die zweifellos in das Dachwerk des Flügels hineinragte und daher auf eine gewölbte oder hochgezogene Holzdecke schließen läßt.

Heute ist von der reichen vierteiligen Arkatur nur das westliche Fenster großenteils erhalten, von den weiteren verblieben lediglich die Seitensitze (die auf der vergröbernden Darstellung Mullers fehlen). Mit den drei Fenstern verschwand auch der Rest des eigentlichen Giebels mitsamt dem Ansatz der großen Rose. Das erhaltene Fenster (Abb. 8) bietet jedoch die Möglichkeit, die Südwand des Saales zumindest in ihrer Gesamtstruktur zu rekonstruieren. Der Schnitt durch die Mit-

telachse des erhaltenen Fensters (Abb. 9) zeigt zunächst, daß die Gewände des Fensters in der Außenansicht doppelt gestuft sind, wobei in jede Stufe eine Säule eingestellt war, und daß sich diese Gliederung an der Innenseite wiederholt; das eigentliche Fenstergewände blieb dabei rechteckig bzw. unprofiliert. Da jedes Fenster demnach mit acht Gewändesäulen und einer (rekonstruierbaren) Mittelsäule ausgestattet war (Abb. 10), besaß diese Südwand des Saales insgesamt 36 Säulen auf einer Wandbreite von nur 10 m. Dabei war der Reichtum der Ausstattung derselbe, gleich, ob man die Arkatur nun vom Hof oder vom Saal aus betrachtete.

Ungewöhnlich war die Ausbildung des Bogenfeldes zwischen den Fensterbögen und dem Bogen der übergreifenden Blende. Obwohl von den Fen-

10. Girbaden, Außenansicht des teilweise erhaltenen Fensters der
südlichen Schmalseite des Saales, mit schematischer Ergänzung der bis
auf Basis- und Kapitellreste verschwundenen Säulen

sterbögen nur geringe Reste erhalten sind, ist noch die Feststellung möglich, daß dieses Feld relativ großflächig durchbrochen war. Man sieht im Querschnitt (Abb. 9) vor allem die »Trichterform« der Blende, die bei (ehemals) ausgemauertem Bogenfeld sinnlos wäre. In meinem Rekonstruktionsversuch der Außenansicht – die eingestellten Säulen sind schematisch eingefügt, um die Zeichnung vor unverständlicher Komplexität zu bewahren – habe ich für diese Durchbrechung einen Vorschlag gemacht, der natürlich im Detail Alternativen zuläßt (Abb. 10). Vor allem der merkwürdige Wulst in den spitzen Winkeln links und rechts und das analog geformte Plättchen, das hinter diesem vorspringt, belegen, daß es eine in die Tiefe des »Trichters« zurückgesetzte, zudem in mindestens zwei Ebenen gestaffelte Gliederung

gab. Ihre Komplexität muß echtem Maßwerk recht nahegekommen sein, wenn auch in Rundbogenformen. Ein Okulus, Drei- oder Vierpaß über der Mittelsäule scheint naheliegend, weil er die noch reichere Fortbildung eines Motivs wäre, das bei Biforien des späten 12./frühen 13. Jahrhunderts häufig ist; belegbar ist er jedoch nicht mehr.

4. Zur Rekonstruktion der Ostfront des Saalbaues

Die östliche, dem Haupthof zugekehrte Längsseite des Saalbaues bietet dem rekonstruierenden Verständnis die größten Schwierigkeiten. Nach nur noch spärlichen Indizien ist es nämlich keine Frage, daß dem eigentlichen Saalbau hier ein wei-

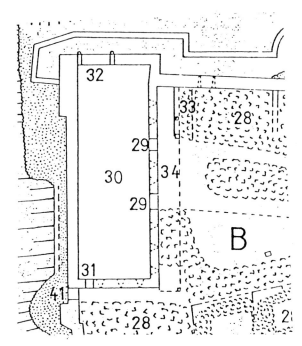

12. Girbaden, das Erdgeschoß des Saalbaues im Zustand von 1960. Bei »33« Säule bzw. Säulenbasis auf Sockelmauer

11. Girbaden, Ansatz eines rundbogigen Tores, außen an der Südostecke des Saalbaues; links dessen südliche Giebelwand, rechts die hofseitige Ostwand. Der Bogen schloß die säulengetragene Galerie ab, die dem Erdgeschoß des Saalbaues östlich vorgelagert war.

terer, gleichzeitiger Bauteil vorgelagert war, der ebenso lang war wie dieser, aber nur von geringer Tiefe.

Auf diesen im Grundriß an einen Gang erinnernden Bauteil deuten einmal die Kragsteine außen an der Saalbauwand (Abb. 3), die eine Balkendecke über seinem Erdgeschoß trugen, ferner ein Bogenansatz an dessen Südost-Ecke (Abb. 11): Der hier ergänzbare Bogen öffnete das Erdgeschoß dieses Bauteiles gegen Süden. Die älteste vorliegende Bauaufnahme, der 1960 gezeichnete Plan von A. Kieffer (Abb. 12), zeigt weiterhin einen Befund, der für unsere Vorstellung von diesem Bauteil entscheidend ist; leider ist der dargestellte

Zustand schon in den sechziger Jahren verschwunden bzw. durchgreifend verändert worden. Nordöstlich vor dem Saalbau befanden sich nämlich noch zwei kräftige Säulenbasen in situ; sie standen offenbar auf einer Sockelmauer, die in rund 3 m Entfernung parallel zur Ostwand des Saalbaues lief. Heute liegt dies alles unter dem 1968 umgelagerten Schutt, falls die Basen nicht damals verschleppt worden sind.

Die Gesamtheit dieser Befunde – die Kragsteine, der Bogen an der Südostecke, die Säulenbasen auf der Sockelmauer – haben bereits Robert Will zur Rekonstruktion einer etwa 3,5 m tiefen, säulengetragenen Altane veranlaßt, die in Obergeschoßhöhe vor dem gesamten Saal entlanglief und von ihm aus betretbar war[19]; Kieffer hat errechnet, daß man mit 8–9 Säulen zu rechnen hat[20], über denen man Rundbögen analog jenem an der Südseite ergänzen darf.

Daß es derartige Terrassen auf Saalniveau an Palatien der ersten Hälfte des 13. Jahrhunderts

13. Girbaden. Kapitell aus dem Palas, heute in der
»Musée de l'Œuvre Notre Dame, Strasbourg

14. Girbaden. Schlußstein einer Rippenwölbung über
rechteckigem Grundriß, ehemals im Hof der Kernburg

tatsächlich gegeben hat, belegt der Vergleichsfall
Seligenstadt am Main (um 1239/40). Hier gab es
zum Mainufer hin eine Altane aus gemauerten,
unterwölbten Seitenteilen und einer mittleren
Holzkonstruktion, die in den dreißiger Jahren
nach Resten wohl zutreffend rekonstruiert wurde.
Allerdings sei angemerkt, daß ein solcher Altan
zum Flußufer etwas gänzlich anderes ist als Vergleichbares gegen einen Innenhof.

Weitere Elemente zu einer Rekonstruktion dieses Ganges oder Altanes vor der Längsseite des
Saalbaues bieten die trotz aller Beraubung noch
immer zahlreichen Spolien. In der Ruine selbst
liegen etliche Säulenschäfte und attische Basen mit
Eckzehen; die schönsten Stücke sind aber schon
1961 ins Frauenwerkmuseum nach Straßburg gebracht worden, wo sie heute in der Eingangshalle
als zwei vollständige Säulen aufgestellt sind (Abb.
13)[21]. Diese Säulen sind einschließlich Basis und
Kapitell etwa 2,70 m hoch, was zu den Maßen der
vermutbaren Galerie gut paßt. Das eine Kapitell ist
ein etwas ungewöhnliches, flaches Würfelkapitell,
das andere von Rankenwerk übersponnen (Abb.
13); beide wären durchaus in die zweite Hälfte des
12. Jahrhunderts datierbar.

Nun gibt bzw. gab es aber andersartige Spolien
in Girbaden, die weit schwerer einzuordnen sind.
Heute findet sich in der gesamten Ruine kein
Hinweis auf eingewölbte Räume, vor allem nicht
auf solche des frühen 13. Jahrhunderts[22] – was
wenig überraschend ist, denn gewölbte Räume
sind im romanischen Burgenbau des Elsaß seltene

Ausnahmen. Ausgesprochen erklärungsbedürftig
sind unter diesen Umständen einige Spolien, die zu
einer Rippenwölbung gehören und die man aufgrund des runden Rippenquerschnitts für vorgo-
tisch halten muß; sie wurden im weiteren Bereich
des Saalbaues gefunden bzw. befinden sich heute
noch dort.

Der durchbrochene Schlußstein – er wurde
1968 etwas östlich des Saalbaues von mir fotogra-
fiert (Abb. 14) und ist später aus der Ruine verschwunden[23] – gehörte zu einem Gewölbe über
auffällig längsrechteckigem Grundriß. Der Ge-
wölbeanfänger mit dem offenbar gleichen Rippen-
querschnitt (Abb. 15) – es existiert vor Ort noch
ein zweiter, den ich nicht vermessen habe – saß in
einer Ecke, und zwar zwischen zwei Rundbögen,

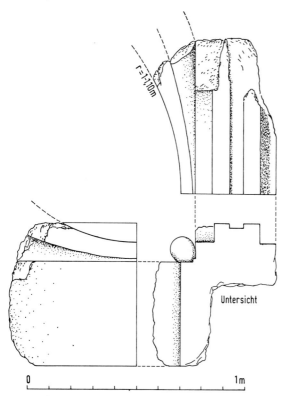

r=1,10 m

Untersicht

0   1m

15. Girbaden, Spolie im Saalbau. Anfänger einer Rippenwölbung, der in einer rechtwinkligen Ecke saß, zwischen einer etwa 2 m breiten Rundbogenöffnung und einer entsprechenden Blende, diese vielleicht mit schiebbaren Verschluß (?)

von denen der eine offen, der andere wohl nur ein Blendbogen war. Die Spannweite beider Bögen kann auf 1,50–2,00 m geschätzt werden.

Wo kann sich die Wölbung befunden haben, die aus alledem im Prinzip rekonstruierbar ist? Anfangs habe ich vermutet, es habe eine gewölbte Kapelle gegeben, die in der bei Pfalzen üblichen Weise direkt an den Saalbau anschloß. Die Durchbrechung des Schlußsteines könnte man in diesem Falle sogar als Hinweis auf ein bedeutungsgeladenes Obergeschoß deuten – man vergleiche etwa den (freilich noch größeren) Schlußring der gleichaltrigen Kapelle des Trifels, über der wohl die Kammer für die Reichskleinodien lag. Gegen die Kapellenthese spricht vor allem, daß es schwerfällt, ihren Platz zu definieren: Im Norden und Westen wäre man außerhalb der Burg, im Süden

schließen die Öffnungen der Giebelwand angrenzende Bauten aus. Eine Kapelle könnte daher nur an den Gang bzw. die Terrasse der östlichen Hoffront angeschlossen haben, wo sie die Hauptansicht des Saalbaues in einer durchaus verbreiteten Art flankiert hätte (vgl. z.B. Goslar, Bamberg, Braunschweig). Aber auch dort gibt es wohl keine Möglichkeit: Im Nordosten dokumentierte noch Kieffer die erwähnten Säulenbasen, die eine Öffnung der Gangarkatur zum Hof belegen und eben kein anschließendes Gebäude. Im Südosten aber, wo die Kapelle sehr sperrig im Zentrum der Kernburg gestanden hätte, fehlen alle Fundamentreste.

Ich denke daher eher – ohne die Frage der Kapelle beim Saalbau wirklich abschließen zu wollen oder zu können –, daß die Valentinskapelle in der Vorburg, die nach Grabungen ein dreischiffiger Bau wohl des frühen 12. Jahrhunderts war[24], im 13. Jahrhundert eine zweite Kapelle direkt beim Saalbau überflüssig erscheinen ließ. Dies würde nämlich auch erklären, warum in der Bauzeit 1219 bis 1226 direkt vor der Südwestecke des Saalbaues ein betont repräsentatives Tor geschaffen worden ist (Abb. 6, 8), das über eine aufwendige Grabenbrücke einen direkten Zugang von der Valentinskapelle bzw. der Vorburg zur Kernburg und zum Saalbau ermöglichte.

Wenn eine Kapelle unmittelbar beim Saalbau aber aus dem Gesamtbefund heraus unwahrscheinlich ist, wo kann sich dann die Rippenwölbung befunden haben, deren Teile uns vorliegen?

Ich halte es für denkbar, daß die Gewölbe gleichfalls zu der hofseitigen Galerie des Saalbaues gehört haben: eine Idee, auf die mich ursprünglich der Schlußstein (Abb. 14) brachte, dessen Form auf einen betont längsrechteckigen, also vielleicht gangähnlichen Raum schließen läßt. Freilich kann es dann nicht bei der Vorstellung einer lediglich erdgeschossigen Galerie mit offenem Altan vor dem Saal bleiben (Abb. 16, rechts) – die lediglich die einfachste, keineswegs aber die einzig denkbare Rekonstruktion ist, die man vom Befund ableiten kann. Denn daß sich über der Erdgeschoßgalerie eine Balkendecke befand, ist durch die Kragsteinreihe an der erhaltenen Wand gesichert. Folglich müßte sich die Rippenwölbung im Obergeschoß befunden haben – d. h. in einer zweiten, oberen Galerie, die hofseitig vor dem großen Saal gelegen hätte[25] (Abb. 16, links).

Damit ist eine Bauform berührt, für die man herausragende Vergleichsbeispiele anführen kann

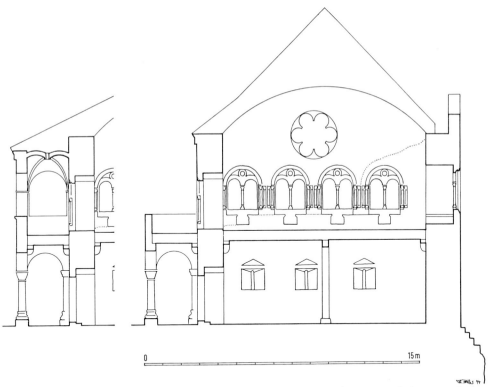

16. Girbaden, Rekonstruktionsversuch des Saalbaues, im Querschnitt mit Blick gegen Süden. Rechts die »Minimalrekonstruktion« mit offener Altane über dem Säulengang, links die Variante mit rippengewölbtem Gang im Obergeschoß. Die Oberkante des Bestandes ist punktiert

– nämlich alle jene Palatien vornehmlich des 12. und frühen 13. Jahrhunderts, die hofseitig eine vorgelagerte, mehrgeschossige Galerie besaßen, welche die eigentliche, zumeist stark durchfensterte Fassade des Baues bildete. Das berühmteste und auch architektonisch bedeutendste Beispiel hierfür ist die Wartburg aus den 1150er Jahren, wie wir neuerdings wissen[26]. Als zeitnäheres und im Erhaltungszustand typischeres Beispiel sei der Saalbau von Wimpfen angeführt; Grabungen haben hier die Fundamente eines ähnlichen Ganges freigelegt, dessen Gestaltung im Aufgehenden freilich absolut offen bleibt[27]. Und auch in Gelnhausen haben wir, um ein weiteres herausragendes Beispiel zu zitieren, grundrißlich etwas ganz Ähnliches, wobei die Hofwand des Ganges durch die erhaltenen reichen Arkaden geöffnet war[28].

Auch der Saalbau von Girbaden könnte also in dieser Tradition stehen, wenn die zweigeschossige Rekonstruktion zuträfe. Die allein gesicherte Säulengalerie im Erdgeschoß wäre in diesem Kontext freilich ein ungewöhnliches Element, dessen Vorbilder man vielleicht im sakralen Bereich und insbesondere im Elsaß selbst suchen mag, vor allem in den säulengetragenen, im Rundbogen sich öffnenden Vorhallen von Bauten wie Maursmünster oder Lautenbach, die in die Zeit um 1150/60 gehören[29].

Freilich bleibt unser Wissen über die hier vorliegende Bauform in jedem Falle eng beschränkt. Denn selbst, wenn man die These der Zweigeschossigkeit und der Einwölbung akzeptiert, so bleibt doch ganz offen, wie dies vom Hof her aussah. Die Säulengalerie im Erdgeschoß muß in Wahrheit nicht über die ganze Fassade gelaufen sein, ebensowenig das gewölbte Obergeschoß. Es kann vielmehr einen Wechsel von geschlossenen und offeneren Fassadenteilen gegeben haben, wie etwa im Falle der Wartburg; Teile der Galerie dürften ohnehin einer Treppenanlage gedient ha-

171

17. Schloßpark Ottrot, Doppelfenster aus Girbaden.
Innenansicht

giebel und erst recht als jene im Südgiebel. Und
was entscheidend ist: Allein die Ostwand des Saales ist heute restlos verschwunden.

Erst vor dem Hintergrund dieser Erkenntnis
fallen einige Merkmale dieser Fenster auf, die sie
von den anderen des Saalbaues unterscheiden. Da
ist zunächst das Fehlen der Seitensitze, so als sei ein
Hinausblicken hier von geringem Interesse gewesen – anders als im Westen und Süden des Saalbaues. Da ist andererseits die Glattheit der Außenansicht – alle anderen Fenster des Saalbaues saßen
außen in profilierten Rundbogenblenden. Bedeu-
ten diese Merkmale, daß diese Fenster nicht in eine
Außenwand gehören? Daß sie vielmehr – wie man
es heute noch auf der Wartburg wohl erhalten
studieren kann – in der Innenwand zwischen Saal
und oberer Galerie saßen und damit weder den
Blick auf den Hof erlaubten, noch selbst von dort
aus sichtbar waren? Ich meine, hier ein weiteres
Indiz dafür zu haben, daß die Galerie zweigeschossig war.

Trotz der Ottrotter Fenster bleibt die Gestaltung der Ostwand des Saales – also der vermutli-
chen Westwand der oberen Galerie – in vielen
Punkten unklar. So zeigt etwa die Zeichnung von
H.-Ch. Muller (Abb. 7) nahe der Südost-Ecke des
Saales einen mehrfach gestuften Gewänderest, der
nahelegt, daß die aufwendige Arkatur des Südgie-
bels um die Ecke herum auf die Ostwand übergriff.
Daß es ferner ein Portal von ungewöhnlichem
Aufwand gegeben hat, das belegt ein säulentragen-
der Löwe, der vor 1876 noch in der Ruine lag[31] –
er läßt auf ein offenbar italienisch beeinflußtes
Portal schließen, dessen genaue Lage völlig offen
bleibt. Zum wiederholten Male kann man hier nur
noch ahnen, welch ungewöhnlich reicher Bau in
Girbaden einmal existiert hat – denn Portallöwen
sind im Elsaß sonst völlig unbekannt.

ben, usw. Hier sind unserem Wissen engste Grenzen gesetzt, die höchstens durch Grabungen, vielleicht auch durch genauere Erfassung der verbliebenen Spolien erweitert werden könnten.

Ein weiteres Element des Saalbaues kann hier
schon heute gewisse Indizien beitragen: 1835 wurden nämlich mehrere Fenster von Girbaden für
eine künstliche Ruine im nahen Schloßpark von
Ottrott verwendet; Grundsubstanz dieser Ruine
ist übrigens ein Wohnturm des späten 12. Jahrhunderts[30]. Es handelt sich um zwei Biforien in
engen Rundbogennischen ohne Seitensitze
(Abb. 17). Die Nischenform, insbesondere die Säulen an den Innenecken, entsprechen dem in situ
erhaltenen Fenster in der Nordwand des Saalbaues. Die Frage, woher diese Fenster genau stammen, ist leicht zu beantworten: offensichtlich aus
der Ostwand des Saales. Denn die Fenster sind von
deutlich anderer Form als das erhaltene im Nord-

5. ZUR DATIERUNG DER ORNAMENTALEN FORMEN

Bestätigen die erhaltenen Einzelformen die Aussagen der Schriftquellen, also die Entstehung des
Saalbaues in den 1220er Jahren? Das Material für
diese Ebene der Betrachtung ist recht begrenzt,
denn weitaus die meisten Werkstücke sind entweder verschwunden oder aber schwer beschädigt.

Was noch beurteilbar ist, kann grob in vier
Gruppen eingeordnet werden. Da sind zunächst
einfache Formen, die man, für sich genommen,

18. Schloßpark Ottrott, Kapitell mit geflügelten Tieren (Greifen)

19. Girbaden, Kelchblockkapitell und Knospenkapitell am westlichen, äußeren Gewände des teilweise erhaltenen Fensters der Südwand des Saales

20. Gebweiler, St. Leodegar, Schallöffnungen des Südwestturmes, um 1220–40

eher in die Zeit um 1160 bis 1180 setzen würde. Insbesondere gilt dies für die Würfelkapitelle und die steilen attischen Basen, die man bei den großen Säulen im Straßburger Museum findet und an den beiden Ottrotter Fenstern. Auch das Tor in der Westwand der Kernburg (Abb. 6, 8) hat seine Vorbilder um 1150/60, etwa im nahen Rosheim[32]; lediglich der Mauerwerksverband beweist, daß es erst der Ausbauphase des frühen 13. Jahrhunderts angehört.

Zweitens gibt es figürliche Kapitelle, die im Vergleich mit der ersten Gruppe deutlich jünger wirken. Die vor Ort befindlichen sind weitgehend zerstört; als besterhaltenes Beispiel muß daher heute die Darstellung eines Greifen aus Ottrott gelten (Abb. 18).

Schließlich gibt es, noch in situ, Kelchblockkapitelle, die durch Rankenwerk charakterisiert sind, und sogar regelrechte Knospenkapitelle, die

endgültig und unabweislich in die Zeit um 1220/30 führen (Abb. 19).

Alle diese Formen gehören, aus dem baulichen Zusammenhang heraus, zu derselben Baumaßnahme und -zeit. Man wird kaum umhin können, nicht nur in der Vielfalt der Formen, sondern vor allem auch in dem Rückgriff auf Formen der Zeit Friedrichs I. (1152 bis 1190) eine propagandistische Absicht zu erkennen –, aber dies führt in eine viel grundlegendere Problematik der südwestdeutschen Spätromanik, die hier nicht vertieft werden kann.

Etwa ins erste Drittel des 13. Jahrhunderts weist schließlich auch die mehrfach gestufte, säulenreiche Arkatur der Südwand des Saales. Man kann sie beispielsweise mit den Schallöffnungen des Südwestturmes von St. Leodegar in Gebweiler vergleichen (Abb. 20), die zwischen 1200 und 1235 datiert werden[33], also zur Bauzeit von Girba-

173

den gut passen. Daß es auch im Burgenbau der Epoche Verwandtes gab, wenn auch nicht eben häufig, belegt die Arkatur des Saales von Wildenberg im Odenwald; nicht nur in der Gestaltung, sondern auch in der Anordnung an der Schmalseite eines Saales auf das engste mit Girbaden verwandt, gehört sie nach ihren Knospenkapitellen auch in die gleiche Zeit wie Girbaden[34].

6. Zusammenfassung

Der Ausbau von Girbaden 1219 bis 1226 erfolgte offensichtlich auf direkte Veranlassung Kaiser Friedrichs II. Der bauliche Aufwand, der hier auch im repräsentativen Bereich betrieben wurde, hebt die Burg weit über den elsässischen Burgenbau jener Zeit hinaus. An ihm gemessen, trägt Girba-

den geradezu die Züge einer kaiserlichen Pfalz. Es scheint in höchstem Grade wahrscheinlich, daß die neu gestaltete Burg als kaiserlicher Aufenthaltsort im Elsaß vorgesehen war, der – nur 25 km von Straßburg – vor allem auch dem kräftig expandierenden Bistum einen sowohl militärisch tauglichen wie repräsentativen Gegenpol setzen sollte.

Daß diese Absichten in nur sieben Jahren kläglich zusammenbrachen, daß die kaum vollendete oder gar unvollendete Burg doch dem Bischof übergeben wurde, hat seine Ursachen in der Geschichte des Reiches, nämlich darin, daß Friedrich II. in eben jenen Jahren seine Interessen mehr oder minder endgültig nach Italien verlagerte und Deutschland – beginnend mit der »confoederatio cum principibus ecclesiasticis« von 1220 – zunehmend den Interessen der kirchlichen und weltlichen Fürstentümer überließ.

Anmerkungen

Abkürzungen von Archiven, Quellen- und Regestensammlungen:

ABR Archives départementales du Bas-Rhin, Strasbourg/Straßburg.

AD *Schöpflin, J. D* (u. *A. Lamey*, Hrsg.): Alsatia Diplomatica, 2 Bde., Mannheim 1772–75.

BMHA Bulletin de la Société pour la Conservation des Monuments Historiques d'Alsace, I/1–4, 1856/57–1860/61; II/1, 1862/63 ff.

Böhmer AIS *Böhmer, Johann Friedrich*: Acta Imperii selecta, 2 Bde., Innsbruck 1870 (posthum).

CAAAH Cahiers alsaciens d'archéologie, d'art et d'histoire, 1, 1957 ff. (1909–1954: CAHA = Cahiers d'archéologie et d'histoire d'Alsace).

Huillard-Bréholles Huillard-Bréholles, J. L. A.: Historia diplomatica Friderici II., 12 Bde., Paris 1852–61.

MGH SS Monumenta Germaniae Historica, Scriptores.

NSD *Würdtwein, S. A.*: Nova subsidia diplomatica, 14 Bde., Heidelberg 1781–1792.

RBS Regesten der Bischöfe von Straßburg, 2 Bde., Innsbruck 1908–28 (1., bis 1202, bearb. v. *P. Wentzcke*, u. 2., 1202–1305, bearb. v. *A. Hessel/M. Krebs*).

RI Regesta Imperii, bearb. v. *J. F. Böhmer* u. a., Tl. I – XI/1–2 (= Heinrich I. bis Sigmund, jedoch mit Lücken).

1 Der Vortrag auf der Tagung der Wartburg-Gesellschaft am 20. 3. 1994 in Kobern wird hier i.w. unverändert wiedergegeben; Fragen, die in der Diskussion aufkamen, sind eingearbeitet.

2 Ich plädiere bekanntlich (vgl. mein Buch »Die Adelsburg in Deutschland – Entstehung, Form und Bedeutung«, München 1993, S. 148–151) für eine klare auch begriffliche Trennung des Wohnbaues auf Burgen von dem (gerade auf Burgen sehr viel selteneren und weit anspruchsvolleren) echten »Palas« mit dem Saal als Kernstück, wie er auf Girbaden zu finden ist. Um insoweit die Verwechslungsmöglichkeiten klein zu halten, verwende ich hier in der Regel das Wort »Saalbau«.

3 Die meisten Fotos von Girbaden, die in diesem Beitrag enthalten sind, stammen daher aus der Zeit um 1968/70.

4 *Bronner, Guy*: Château de Girbaden, son état actuel à la lumière de travaux récents (1968–73), in: Etudes médiévales, III, 1985, S. 95–118.

5 *Kieffer, A.*: Ruine Guirbaden (Selbstverlag, Strasbourg 1968). Bis dahin gab es nur den bei *Felix Wolff*, Elsässisches Burgen-Lexikon, Straßburg 1908, S. 88, publizierten Plan, der auf einer unvermessenen Skizze von 1876 beruht. Der Kieffersche Plan fand, umgezeichnet, wenig später durch das »Handbuch der Kunstdenkmäler im Elsaß und in Lothringen« von *Walter Hotz* (Darmstadt 1970², S. 61) weitere Verbreitung.

6 *Zumstein, H.*: Châteaux forts de l'époque romane tardive en Alsace, in: CAAAH 15, 1971, S. 85–100.

7 Die Untersuchungen fanden im Hinblick auf unser Projekt »Die Burgen des Elsaß – Architektur und Geschichte« statt, das, hrsg. vom Alemannischen Institut, Freiburg/Br., im

Deutschen Kunstverlag erscheint. Bd. III (über die Phase 1250–1300) ist 1995 erschienen; Girbaden wird in Bd. II (1200–1250) behandelt, der in Bearbeitung ist.

8 ABR D 50/1, Ausf.; ebd. (G 1829) vidimus von 1484, nach welchem der Druck in NSD VII 96 f. Nr. 36; RBS I 462.

9 Ann. Marb. MGH SS rer. germ. 5, 50 f.

10 RI V/1 936.

11 ABR G 2722/5; vollst. Druck: *Böhmer* AIS I 279 f. Nr. 319. Unvollst. Druck: AD I 357 f. Nr. 444 aus e. Kopialbuch (danach *Huillard-Bréholles* II 900).

12 Bezugnehmend auf einen Diskussionsbeitrag auf der Koberner Tagung sei ausdrücklich betont, daß *noviter edificatum* mit »neu erbaut« mißverständlich übersetzt wäre, weil es den heutigen Bedeutungsgehalt von »Neubau« impliziert. Nach aller Erfahrung mit derartigen Quellen ist die vorsichtigere Übersetzung »an der in letzter Zeit gebaut wurde« exakter. Es ist einfach davon auszugehen, daß die Unterscheidung, ob ein vorhandener Bau gänzlich niedergelegt oder »nur« durchgreifend umgebaut und erweitert wurde, für die Verfasser mittelalterlicher (und frühneuzeitlicher) Urkunden, Chroniken usw. in aller Regel uninteressant bzw. gar nicht genau feststellbar war. In der Tat ergibt ja auch im vorliegenden Falle die Bauuntersuchung eindeutig, daß die neuen Bauten/Bauteile einer vorhandenen Burg an- und eingefügt worden sind, so daß die Frage eines eventuellen Neubaues »auf grüner Wiese« a priori indiskutabel ist.

13 ABR G 728/1; RBS II 917; Druck NSD XIII 292–295 Nr. 76, nach Kopialbuch. Diese Formulierung ist nicht ganz so eindeutig, denn hier könnte zwar »in der Burg des alten und des neuen Girbaden« gemeint sein, was aber grammatikalisch schief wäre. Auch die Übersetzung »Was er an alten und neuen Rechten an der Burg hatte« ist hier in Betracht zu ziehen.

14 Die Lage wird in der Urkunde mit den Worten bezeichnet, der äußere Teil der Burg läge »gegen den Felsen Valkenstein«. Der Felsen »Falkenstein« liegt westlich des Dorfes Grendelbruch, westlich der Burg.

15 Die Westwand des Palas bzw. die westliche Ringmauer der Kernburg war über dem Graben zusätzlich durch zwei Vorsprünge verstärkt, die man sich vielleicht turmartig überragend vorstellen darf. Der südliche war schmaler und polygonal, der nördliche breiter und im Grundriß rechteckig; die Reste des letzeren sind in den letzten Jahrzehnten größenteils abgestürzt.

16 Freilich ist die Saalgröße in der Straßburger Bischofspfalz (»Fronhof«, südlich des Münsters) unbekannt, die sicherlich der architektonische Hauptkonkurrent von Girbaden war; daß dort ein echter »Palas« bzw. Saalbau stand, ist durch die alten Ansichten belegt.

17 Schon 1426 war die schützende Vorburg aufgegeben, was die Vermauerung der nun an der Angriffsseite liegenden Fenster erklären kann (AMS AA 1426/7; unvollständiges Konzept der Urkunde ebd. 1426/9. Darin findet sich die Formulierung, wenn etwas *an der alten burg zu Girbaden were, das der rehten bürge schadete, daz er das mag tun abebrechen und der vördern vestin und burge zu frommen und zu nutze bringen.* Die »alte Burg« ist hier fraglos die Vorburg, die »rechte« bzw. »vordere« Burg die weiterhin genutzte Kernburg).

18 *Will, R.*: Essai d'une typologie du château médiéval de l'Alsace, in: Châteaux et guerriers de l'Alsace médiévale,

S. 177 (dort ist der Künstler versehentlich falsch angegeben; für die richtige Angabe habe ich Robert Will zu danken. Das Aquarell befindet sich in einem Album mit Zeichnungen Mullers, »Souvenir pittoresque des Vosges«, im Cabinet des Estampes, Strasbourg).

19 *Will* (wie Anm. 18).

20 *Kieffer* (wie Anm. 5), S. 13–14.

21 *Beyer, Victor*: La sculpture médiévale du Musée de l'Œuvre Notre Dame, Catalogue, Strasbourg 1968, Nr. 9bis, S. 12.

22 Eingewölbt, möglicherweise auch mit Rippen, war der (vom Palas relativ weit entfernte) Bergfried der Oberburg; er ist eine Zutat wohl des späteren 13. Jahrhunderts. Da sein Grundriß nicht extrem rechteckig war, kann der Schlußstein nicht von dort stammen.

23 Er wurde auch von *R. Will* skizziert (vgl. Anm. 18, Abb. auf S. 177) und von *G. Bronner* (Anm. 4, S. 104) erwähnt.

24 BMHA I, 3, 1860, 94–95. Man fand 1858 »les fondations d'une ancienne construction romane à trois nefs terminées à l'orient par trois absides«. Der aufgehende Bestand der Kapelle gehört wohl ins mittlere 19. Jahrhundert (oder doch schon ins 18. Jahrhundert?), als sie als Eremitage wiederverwendet wurde.

25 C. Kosch zeigte sich in Kobern überrascht von der These eines romanischen Bauteiles, in dem ein Gewölbe *über* einer Balkendecke angeordnet war. In der Tat ist Derartiges selten; jedoch bieten gerade Burgen in ihren Bergfrieden gelegentlich Vergleichsbeispiele. Statisch betrachtet ist das Gewölbe im Obergeschoß der Galerie jedenfalls kein Problem, weil die rechteckige Grundrißform den Schub auf die Außenwände minimierte.

26 *Eckstein, D./Eißing, Th./Klein, P.*: Dendrochronologische Datierung der Wartburg und Aufbau einer Lokalchronologie für Eisenach/Thüringen, m. e. Nachwort v. *G. Binding* (46. Veröff. d. Abt. Architekturgesch. d. Kunsthist. Inst. d. Univ. zu Köln), Köln 1992, und die Beiträge in Bd. I der »Forschungen zu Burgen und Schlössern«.

27 *Arens, F. V.*: Die Königspfalz Wimpfen, Berlin 1967; *ders.*: Der Palas der Wimpfener Königspfalz, neue Feststellungen zum Grundriß, in: Zeitschr. d. dt. Vereins für Kunstwissenschaft, Bd. XXIV, H. 1–4, 1970, S. 3–12.

28 *Bickell, Ludwig*: Die Bau- und Kunstdenkmäler im Regierungsbezirk Cassel, Bd. 1: Kreis Gelnhausen, Marburg 1901, S. 15–29, Taf. 18–44; *Binding, Günther*: Pfalz Gelnhausen (phil. Diss. Bonn 1963), Bonn 1965 (Abh. z. Kunst-, Musik- u. Literaturwiss., Bd. 30); *Einsingbach, Wolfgang*: Gelnhausen Kaiserpfalz, Amtlicher Führer, Bad Homburg v. d. H. 1980. – Der Gang zumindest im Keller und Erdgeschoß ist durch Grabungsergebnisse belegt.

29 *Kautzsch, R.*: Der romanische Kirchenbau im Elsaß, Freiburg i. Br. 1944, S. 203, 208 (Lautenbach um 1140/50, Maursmünster gleichzeitig); *Will, R.*: Das romanische Elsaß (Alsace romane, dt.), La-Pierre-qui-vire 1966, S. 204 u. 256 (Lautenbach 1145/55, Maursmünster um 1150/60).

30 *Zumstein* (wie Anm. 6).

31 *Woltmann, A.*: Geschichte der deutschen Kunst im Elsaß, Straßburg 1876, S. 197.

32 Vgl. Anm. 29; *Kautzsch* (S. 232) datiert 1150/60, *Will* (S. 227) 1145 bis 1160; *Colsman, E.*: St. Peter und Paul in Rosheim (phil. Diss. Köln), Köln 1991 (Veröff. d. Abt. Architekturgesch. d. Kunsthist. Inst. d. Univ., Bd. 42). Colsmann kommt auf 1135 bis 1150, was insbesondere aus den neuen Daten für Worms herrührt.

33 Vgl. Anm. 29; *Kautzsch* (S. 281) erklärt die Kirche um 1200 für fertig; *Will* (S. 29) meint, die Türme seien erst 1235 fertig gewesen. Inventaire général des monuments et des richesses artistiques de la France, Ct. Guebwiller, Paris 1972, S. 54: Der Südturm sei um 1225 fertig gewesen.

34 *Hotz, Walter*: Burg Wildenberg im Odenwald, Amorbach 1963. Hotz datiert den Saal ohne Anführung von Einzelvergleichen, nur historische Daten zitierend, auf etwa 1219 bis 1226 (S. 77); dem ist zuzustimmen, wobei man vielleicht vorsichtiger »um 1220 bis 1250« datieren sollte.

ABBILDUNGSNACHWEIS

Th. Biller auf der Grundlage des Aufmaßes von A. Kieffer: 1, 2; Foto Th. Biller: 3, 11, 13, 14, 17–20; Aufmaß u. Zeichnung Th. Biller: 4, 9, 10, 15; Zeichnung Th. Biller auf der Grundlage des Planes Abb. 4: 5; Études Médiévales III: 6; Strasbourg, Cabinet des Estampes: 7; Ausschnitt aus der Bauaufnahme von A. Kieffer: 12; Th. Biller: 16.

Tomáš Durdík

Burgen des mitteleuropäischen Kastelltyps

Das Studium böhmischer Burgen hat sich in den letzten mehr als 20 Jahren auf Grund einer neu erarbeiteten komplexen Methodik mit einer beträchtlichen Intensität entwickelt. Es wurde eine Reihe neuer Erkenntnisse gewonnen, die eine neue Einsicht in den Beginn, die Entwicklung und die Zusammenhänge der böhmischen Burgenarchitektur gestatten. Obwohl es nicht möglich war, alle Seiten des Studiums gleichmäßig zu entfalten, zeigt sich schon heute die bisher eher unterschätzte Position Mitteleuropas bei der Entwicklung der europäischen Burgenarchitektur in einem neuen Licht: Als ein erster großer Beitrag für eine »Schatzkammer« der europäischen Burgenarchitektur könnten die neu erkannten und analysierten Burgen des mitteleuropäischen Kastelltyps angesehen werden.

Als Burgen des mitteleuropäischen Kastelltyps werden regelmäßig viereckige und mehrtürmige Stadtburgen mit einer Randbebauung bezeichnet. Ihre meistens eingezogenen viereckigen Türme haben keine Flankierfähigkeit. Die horizontale Kommunikation ihrer Paläste kann in der außergewöhnlich anspruchsvollen Form der Arkadenumgänge gelöst sein. Diese mitteleuropäischen Kastelle finden wir im Königreich Böhmen unter Přemysl Otakar II., in Österreich vielleicht schon unter den letzten Babenbergern und vereinzelt auch in Ungarn.

Alle mitteleuropäischen Kastelle Böhmens sind in Städten anzutreffen und dank der allgemeinen Aggressivität des bürgerlichen Milieus gegenüber einer unerwünschten Königsburg sind sie allgemein (wie alle Stadtburgen – Durdík 1992b) schlecht erhalten geblieben. In vielen Fällen gelang es den Städten bereits im Verlauf des Mittelalters, die Burg in eigene Hände zu übernehmen und vollständig zu liquidieren. Nur in wenigen Ausnahmefällen repräsentieren diese Burgen heute noch eine selbständige urbane Einheit. Hierauf beruht auch das geringe Interesse, das sie erweck-

ten (mit Ausnahme der besterhaltenen Beispiele, z. B. Menclová 1976) und auch die Tatsache, daß sie trotz ihrer Bedeutung und repräsentativen Form erst in den letzten Jahren als selbständiger Typus erkannt worden sind (Übersicht Durdík 1994).

Dank archäologischer und intensiver bauhistorischer Untersuchung der erhaltenen Teile ist die Burg in Písek (Durdík 1993; Abb. 1,5; 2; 3) die bekannteste Vertreterin des mitteleuropäischen Kastells. Die Burg war an der am besten geschützten Seite der Stadt über dem Fluß in den Organismus der Stadt so eingefügt, daß ihre westliche Seite gleichzeitig einen Teil der Stadtumfassung bildete und ihre östliche Seite eine Kante des Stadtplatzes. Gegenüber der Stadt befestigte sich die Burg mit Graben und Zwinger. Eine fast viereckige Anlage bildeten vier Palasflügel mit einem gewölbten Arkadenumgang und einem gewölbten Gang im ersten Obergeschoß auf der Hofseite. Beide westliche Ecken befestigten viereckige Türme, der dritte Turm befand sich über der Eingangsdurchfahrt in der Mitte der Ostseite. Der Grund für diese Lösung dürfte durch die Tatsache, daß die südöstliche Ecke das Presbyterium der Burgkapelle bildete, zu erklären sein. Das Erdgeschoß hatte mit Ausnahme eines Arkadenumgangs und eventuell untergegangener Räume des Eingangsflügels flache Decken. Die wichtigsten Repräsentations- und Wohnräume befanden sich im Obergeschoß. Neben der erwähnten anspruchsvoll gestalteten Burgkapelle finden wir unter diesen Räumen auch zwei große eingewölbte Säle, weitere gewölbte Kemenaten und eine Blockwerkkammer. Das Obergeschoß hatte auch zwei Preveten, die durch zwei Gänge über den Zwinger zugänglich waren. Das zweite Obergeschoß wies bereits den Charakter von Behelfswohnungen und vor allem den eines Verteidigungsbaus auf.

Die Burg in Písek entstand zusammen mit der Stadt spätestens bei Regierungsbeginn von König

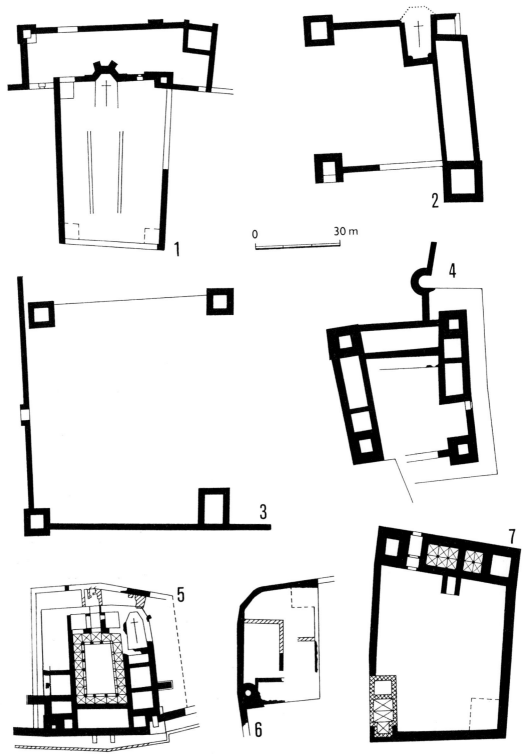

1. Grundrisse ausgewählter böhmischer und österreichischer Kastelle des mitteleuropäischen Typs: 1 – Chrudim, 2 Wien – Hofburg, 3 – Wiener Neustadt, 4 – Kadaň, 5 – Písek, 6 – Domažlice, 7 – Horšovský Týn

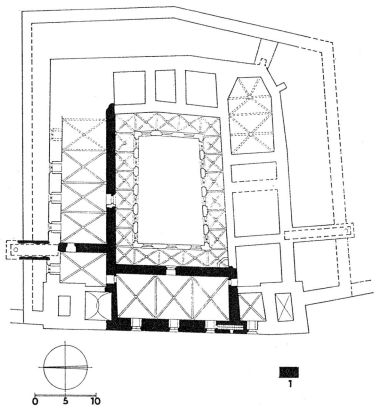

2. Písek. Grundrißrekonstruktion des ersten Stockwerks der Burg im 13. Jahrhundert. 1 – erhaltenes Mauerwerk

Přemysl Otakar II., d. h. zu Beginn der fünfziger Jahre des 13. Jahrhunderts.

Dank archäologischer Untersuchungen ist auch die Gestalt der Burg in Kadaň sehr gut bekannt (Abb. 1,4; 4), die vor 1261 erbaut worden sein muß (Durdík – Lehečková 1977). Ihre Beziehung zur Stadt ist dieselbe wie in Písek – sie steht in der Mitte der dem Fluß zugewandten Seite. Die nahezu rechteckige Burg hat vier viereckige Ecktürme und ist gegen die Stadt mit Zwinger und Graben befestigt. Die Wohnflügel blieben erhalten bzw. wurden auf zweieinhalb Seiten archäologisch nachgewiesen; die Situation der vierten Seite kennen wir nicht. Wenigstens einen dieser Flügel umgab ein Arkadengang. Die innere Gliederung der Flügel ist mit Ausnahme des Souterrains nicht bekannt, ebenso nicht die innere architektonische Gestaltung der oberen Ebenen.

In der Flucht der vorteilhaftesten Stadtseite – diesmal der Stirnseite – stand auch die Burg in Chrudim (Durdík/Frolík 1991; Durdík 1994, Abb. 1,1). Der Stadt gelang es, sie einzunehmen und zu vernichten, dies bereits während der ersten Hälfte des 14. Jahrhunderts. Ihr Neuaufbau sollte verhindert werden durch die Wiederverwendung des Burgkapellenmauerwerks für den Bau der Pfarrkirche Mariae Himmelfahrt. Ein Teil der Burgbefestigung wurde in die Stadtmauern einbezogen. Weitere Teile benutzten einige Häuser der Stadt. Der Rest ist untergegangen. Unsere Kenntnisse sind daher ziemlich fragmentarisch. Bekannt ist der leicht trapezförmige Umriß der Burg mit einem viereckigen Eckturm, weitere können wir voraussetzen. Von der inneren Bebauung sind das polygonale Presbyterium und vielleicht auch Reste der hofseitigen Mauern der Seitenflügel bekannt.

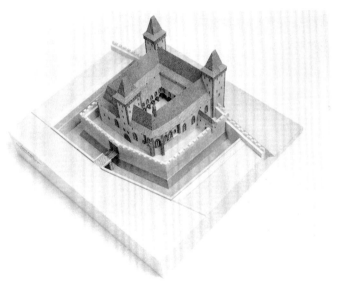

3. Písek. Modellrekonstruktion des Zustandes der Burg um die Mitte des 13. Jahrhunderts

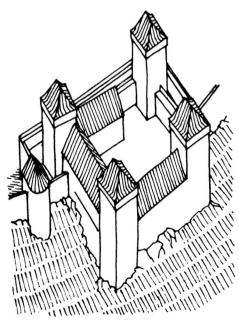

4. Kadaň. Massenrekonstruktion der Burg nach der Mitte des 13. Jahrhunderts

Die Bischofsburg in Horšovský Týn (Durdík/ Krušinová 1996; Durdík 1994, Abb. 1,7; 5) war in der Ecke der Stadt gelegen. Sie entstand an der Stelle eines älteren Bischofssitzes, von dem beim Aufbau der Burg nur die Kapelle mit dem rechteckigen Presbyterium weiterbenutzt wurde. Sie befindet sich in der Ecke der leicht trapezförmigen Burg. Über dem Presbyterium wurde ein vierkantiger Turm errichtet, zwei weitere entstanden in den Ecken der gegenüberliegenden Westseite. Auch in der verbliebenen Ecke wird wahrscheinlich ein Turm aufgeführt worden sein, zwei weitere zudem in den Ecken der gegenüberliegenden Westseite. Die Westseite zwischen den Türmen, von denen der südliche die erwähnte aufwendige Kapelle enthielt, füllte ein prächtiger Palas mit seinen gewölbten Räumen, unter denen sich auch ein großer Saal befand. Ein Spezifikum des Palas ist die komplizierte Lösung seiner vertikalen Kommunikation mittels einer Vielzahl von innerhalb der Mauerstärke gelegenen Treppen. Die Bebauung der übrigen Anlagenseiten kennen wir bisher nicht. Die archäologische Untersuchung unter Leitung von L. Krušinová konnte in neuester Zeit offensichtlich die Reste der Hofmauer des Ostflügels feststellen.

In der Stadtecke wurde auch die Chadenburg in Domažlice angelegt (Durdík 1994; in Druck; Abb. 1,6), von der nur ein Teil der Ringmauer und der schlanke, auf einem viereckigen Sockel stehende

Vor der exponierten Frontseite mit der Kapelle erstreckte sich der rechteckige Burghof mit dem Hauptgebäude und dem erwähnten rechteckigen Eckturm.

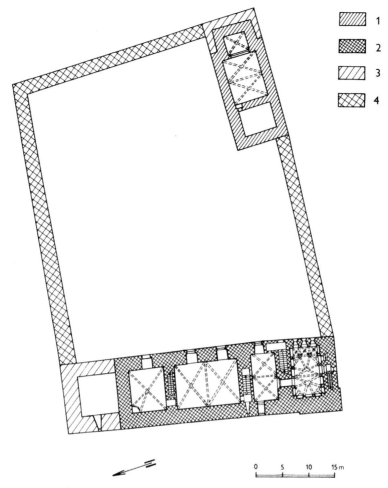

5. Horšovský Týn. Grundriß des frühgotischen Zustandes des ersten Stockwerks. 1 – ältere Kapelle, 2 – erste Phase der Burg, 3 – zweite Phase der Burg, 4 – dritte Phase der Burg

Eck-Rundturm erhalten blieben. Die drei der Stadt zugewendeten Ecken waren rechtwinklig, die letzte, der Stadt abgewandte, war abgerundet.

In einer ähnlichen Position befand sich auch die in der Ausweitung der älteren Stadt Litoměřice liegende Burg (Macek 1989). In den drei bekannten Ecken befanden sich Türme, von denen einer abgerundet war. Nachgewiesen ist ein Palasflügel. Die weitere Entwicklung der Burg, konkret der Anbau eines neuen Palas im 14. Jahrhundert an ihre Umfassung, läßt auf eine Verbauung an allen Hofseiten schließen.

Mitteleuropäische Kastelle konnten auch in an-

deren Städten Böhmens existieren, wobei betont werden muß, daß nicht jede mit der Stadt zusammenhängende Burg diesem Typ angehören mußte (Durdík 1992b), wie z.B. in Slaný, Ústí nad Labem, České Budějovice, Trutnov, Nymburk (Schlan, Aussig/Elbe, Böhmisch Budweis, Trautenau, Neuenburg) und weitere. Von einer möglichen archäologischen Erforschung dieser völlig untergegangenen Objekte können wir sicher einige Überraschungen erwarten.

Burgen des mitteleuropäischen Kastelltyps baute Přemysl Otakar II. auch im österreichischen Teil seines Königreiches (eine Übersicht der Literatur zu den österreichischen mitteleuropäischen Kastellen: siehe Durdík 1994). Die bekannteste unter ihnen ist zweifellos die Wiener Hofburg (Abb. 1,2). Im Areal des heutigen Schweizer Hofes existieren noch ihre vier viereckigen Ecktürme, von denen einer allerdings älter ist und mit dem Stadttor zusammenhing. Von den Innenbauten ist es bisher gelungen, das Mauerwerk eines Palasflügels und des Längsschiffes der Burgkapelle, deren ursprünglicher Abschluß nicht bekannt ist, festzustellen. Vier Türme hatte höchstwahrscheinlich auch die Burg in Marchegg. Das heutige Barockschloß eröffnet in bezug auf weitere Forschungen eine der weitreichendsten Perspektiven auf österreichischem Boden. Lediglich ein Minimum an Informationen haben wir bisher von weiteren Burgen Přemysl Otakars II. wie in Leoben oder Klosterneuburg. Außerhalb einer Stadt finden wir regelmäßige viertürmige Anlagen in Ebenfurth und eventuell anderswo. Jedoch gibt es auch regelmäßige Anlagen in Niederösterreich, wo sich die Burgenentwicklung vom Typ des Festen Hauses durch Addition von Höfen und weiteren Gebäuden in einer eigenen langen Tradition entfaltete.

Bei der Burg in der Wiener Neustadt (Abb. 1,3) konnten bisher im komplizierten Organismus des heutigen Schlosses aus der ersten Phase des Burgbaus nur die Ecktürme innerhalb der älteren Stadtmauer identifiziert werden. Bei einem von ihnen handelt es sich um einen älteren Turm der Stadtmauer, bei einem zweiten ist der Turmcharakter noch umstritten. Falls die österreichischen Literaturquellen den Tatsachen entsprechen (Übersicht Durdík 1994), wäre die Burg in der Wiener Neustadt der älteste Repräsentant des Typs, der noch unter den letzten Babenbergern entstanden ist. Wir können nur bedauern, daß wir weder über die innere Bebauung noch über eine genauere Chronologie informiert sind.

Die mitteleuropäischen Kastelle repräsentieren zweifellos einen außergewöhnlich anspruchsvollen und wirksamen Höhepunkt der mitteleuropäischen Burgenproduktion des 13. Jahrhunderts. Dieses faszinierende Phänomen hatte ein großes Interesse der Forscher zur Folge, die sich bemühten seinen Ursprung und die genetischen Zusammenhänge zu ergründen. Die Erwägungen laufen – in Kongruenz mit dem allgemeinen Dualismus der historischen Erkenntnis – prinzipiell in zwei Richtungen: Die erste sucht eine Antwort eher in der geistigen Sphäre und erklärt die Entstehung des Typs als ein Importprodukt aus dem Gebiet der Herrschaftsideologie und -propaganda, während die zweite darin eine einheimische schöpferische Reaktion auf den konkreten Bedarf unter den gegebenen materiellen Bedingungen sieht.

Die erste Richtung hatte bereits E. Hlaváčková im Jahre 1969 angedeutet und vor allem J. Kuthan bearbeitet, der dies auch weiterhin tut (z. B. 1986, 1993). Basis bildet die Vorstellung, daß sich im Sizilianischen Königtum Friedrichs II. der Typ des regelmäßigen Kastells mit dem Arkadenhof entwickelte und zu einem typisierten verbindlichen »Stigma des Kaisertums« wurde. Diese typisierte und auch anderswo angewandte Architektur hätte danach die Position des Herrschers repräsentiert. Nach Böhmen wäre sie über Österreich vermittelt worden. Ihre Übernahme durch Přemysl Otakar II. wäre eine Art politischer Manifestation gewesen, die seine Bemühungen um den kaiserlichen Thron demonstrieren sollte.

Hier ist nicht Gelegenheit, kritisch auf diese Überlegungen einzugehen (Zusammenfassung: siehe Durdík 1989), dies um so weniger, da ein eingehenderes Studium gezeigt hat, daß im typologisch außergewöhnlich komplizierten sizilianischen Königtum kein verbindlicher Typ entstanden war und sich die dortigen Kastelle von den mitteleuropäischen in vieler Hinsicht und prinzipiell unterscheiden. In den übrigen Teilen des Reiches sind ähnliche Burgenbauten nicht aufzufinden. Sie verbreiteten sich ebensowenig über Italien in nördlicher Richtung. Auch in der österreichischen Architektur der letzten Babenberger finden wir keine süditalienische Orientierung. Selbst die Vorstellung einer starken Imperialidee bei der Akzeptanz des viereckigen Burggrundrisses entspricht nicht der Realität.

Eine andere Hypothese, die den Ursprung des mitteleuropäischen Kastells im Import aus entfernten Gegenden sucht, hatte I. Holl (1984) angedeutet. Auf der Basis vereinfachter Vorstellungen über die Zusammenhänge aller regelmäßigen Burgen in Europa bezeichnete er die Kastelle im Bereich Mitteleuropas als »byzantinisch-orientalen Typ in vereinfachter Ausführung«, der durch die byzantinischen Ehefrauen der letzten Babenberger nach Mitteleuropa vermittelt worden sei. Jedoch auch für diese interessante Hypothese sind keine Beweise zu finden.

Nach heutigem Kenntnisstand erscheint die

zweite Richtung, die eine Entstehung der mitteleuropäischen Kastelle in Mitteleuropa voraussetzt, am wahrscheinlichsten (Durdík 1994). Als bestimmend betrachtet sie die Bindung der mitteleuropäischen Kastelle an den zur gleichen Zeit entstehenden Organismus der Stadt, der in einem rechtwinkligen Parzellierungssysten entworfen wurde (dieser Bindung war sich übrigens auch J. Kuthan bewußt). Die Form des Bauplatzes war durch dieses System determiniert, d. h. im Schachbrett-Grundriß der Stadt wurde für die Burg ein Block bereitgestellt. Wenn die Burg in das Parzellierungssystem der Stadt mit drei Seiten eingebunden war, existierte praktisch keine andere Möglichkeit, als daß sie ebenfalls viereckig war. Wenn sie jedoch in einer Ecke situiert war, mußte nur der zur Stadt zugewendete Teil rechtwinklig sein, während die nach außen gerichteten Seiten auch eine andere, z. B. runde Form haben konnten, wie es in Domažlice der Fall ist. Eine notwendige Voraussetzung zur Entstehung des mitteleuropäischen Kastells ist also die Symbiose der neu gegründeten Burg mit der neu angelegten Stadt auf einem regelmäßigen Parzellensystem. Letzteres war in Mitteleuropa für die Zeit der letzten Přemysliden und letzten Babenberger eine typische Erscheinung.

Der durch die benachbarte städtische Bebauung bestimmte Bauplatz war jedoch vom Standpunkt der Verteidigung überhaupt nicht vorteilhaft, und deshalb mußte der Verteidigungsfähigkeit der Burg besondere Aufmerksamkeit gewidmet werden. Eine der größten Gefahren bestand in der unmittelbaren Nähe der reich gegliederten und unübersichtlichen Stadtbebauung, die den Angreifern reichlich Schutz bot. Die Notwendigkeit, hier bessere Sichtverhältnisse zu erreichen, führte folgerichtig zu einer Vermehrung der Türme, die die empfindlichen Ecken absicherten. Der Zwinger vergrößerte neben den eigenen Vorteilen der Verteidigung auch den Abstand des Hauptores von der Stadt. Wenn die Ansprüche des Königs an die Zahl der Räume der königlichen Burg respektiert werden sollten, so wie wir es von anderen Burgtypen kennen (z. B. Menclová 1976; Durdík 1984; Durdík/Bolina: in Druck), kam eine andere Lösung als der Einbau der Palasflügel an den Rand der Anlage zwischen die Ecktürme praktisch gar nicht in Erwägung. Auch die Ausbildung des Palasinneren und seine Ausstattung sowie – bei Existenz von Arkaden – die zweiflügelige Lösung

fallen vollkommen in den Kontext der übrigen böhmischen Königsburgen.

Die mitteleuropäischen Kastelle sind somit eine komplizierte eigenständige Reaktion der einheimischen mitteleuropäischen Entwicklung auf den qualitativ neuen Bedarf, nämlich die Entstehung der Königsburg in einer neugegründeten königlichen Stadt mit einem rechtwinkligen Parzellierungssystem, Hinweis auch auf die große kreative Intention und Reaktionsfähigkeit des mitteleuropäischen Herrscherhofes. Im Rahmen des großartigen Gründerwerkes von Přemysl Otakar II. spielten die Burgen im Repräsentationssystem des Königs und der machtpolitischen Wirkung natürlich eine große Rolle. Ihre monumentale und außergewöhnlich wirksame Gestalt wurde auch in anderen Ländern zu einer Inspirationsquelle der Burgenarchitektur.

Zweifellos trifft dies für die ungarische Burg Köszeg (Güns – Literaturübersicht: siehe Durdík 1994) zu, die sich nach den böhmischen oder eventuellen österreichischen Vorbildern die Angehörigen des Güssingergeschlechtes (Köszegi) erbauen ließen, die häufig am Hofe Přemysl Otakars II. verweilten und zu Böhmen auch enge Familienbeziehungen hatten. Von ihrer Burg blieb neben der Ringmauer und vier Ecktürmen ein Palasflügel mit einer außergewöhnlich anspruchsvoll gelösten Blockwerkkammer im Obergeschoß erhalten.

Eine viel größere Rolle spielte auch der Anteil der mitteleuropäischen Kastelle bei der Entstehung des bisher meist diskutierten Phänomens der europäischen Kastellologie, nämlich der charakteristischen Burgen des Deutschen Ritterordens im Baltikum (Durdík 1993b). Zwischen diesen regelmäßigen, meist mit Ecktürmen und Arkaden versehenen Burgen existiert eine auffallende Übereinstimmung – sowohl in der gesamten Anlage wie auch in der Innengliederung – mit der Burg Písek. Dies trifft auch für die charakteristische Lösung der Aborte zu. Derartige Überlegungen werden bekräftigt durch die Tatsache, daß die erste regelmäßige Burg des Ordens im Baltikum von Přemysl Otakar II. selbst bei seinem Kreuzzug im Jahre 1255 in Königsberg gegründet worden ist. Die klassische Variante entwickelte sich hier erst am Ende des Jahrhunderts. Die Entstehung der Konventgebäude des Ordens war gewiß ein sehr komplizierter Prozeß, dessen Erkenntnisse – trotz aller bisheriger Theorien, die die Burgenproduktion ganz Europas berücksichtigten – noch lange nicht die wünschenswerte Tiefe erreicht haben. Es scheint jedoch, daß die mitteleuropäischen Kastelle an diesem Prozeß nicht unwesentlich beteiligt gewesen sein dürften.

Wie anfangs angedeutet, stellen die mitteleuropäischen Kastelle einen ersten (und sicher noch lange nicht den letzten) Beitrag der böhmischen Länder zur »Schatzkammer« der europäischen Burgenarchitektur dar. Es bleibt nur zu hoffen, daß es zukünftig gelingt, die bisher in vielen Fällen fragmentarischen Kenntnisse durch weitere Forschungen zu ergänzen.

LITERATURANGABEN

Durdík, T. 1976: Současny stav, potřeby a výhledy výzkumu hradů v Čechách – Gegenwärtiger Stand, Bedarf und Perspektiven der Burgenforschung in Böhmen, in: AR XXVIII, S. 172–180.

Durdík, T. 1984: České hrady, Praha.

Durdík, T. 1989: K původu kastelů středoevropského typu – Zur Herkunft der Kastelle des mitteleuropäischen Typs, in: AH 14, S. 233–255.

Durdík, T. 1992a: Zum gegenwärtigen Stand der Burgenforschung in Böhmen, in: Château Gaillard XV, Caen, S. 127–141.

Durdík, T. 1992b: Castles in bohemian towns in the 13th century. Medieval Europe 1992. Urbanism. Pre-printed Papers, Vol. I., York, S. 89–93.

Durdík, T. 1993a: Die königliche Burg in Písek, Písek.

Durdík, T. 1993b: Mitteleuropäische Kastelle – ein mögliches Vorbild der Ordensburgenarchitektur im Balticum – The Central European Castells – a Possible Model for the Order Castle Architecture in the Baltic, in: Castella Maris Baltici 1, Stockholm, S. 45–50.

Durdík, T. 1994: Kastellburgen des 13. Jahrhunderts in Mitteleuropa, Praha/Wien/Köln/Weimar.

Durdík, T. in Druck: K problematice kastelů středoevropského typu, in: AR.

Durdík, T./Bolina, P. in Druck: Středověké hrady v Čechách a na Moravě, Praha.

Durdík, T./ Lehečková, E. 1977: Stavební vývoj a podoba středověkého hradů v Kadani na základě archeologického výzkumu – Baugeschichte und Gestalt der mittelalterlichen Burg von Kadan aufgrund der archäologischen Ausgrabung, in: AR XXIX, S. 281–292, 359–360.

Durdík, T./Frolík, J. 1991: Ke stavební podobě a disposici městského hradů v Chrudimi – Zur Bauform und Disposition der städtischen Burg in Chrudim, in: AH 6, S. 107–115.

Durdík,T./Krušinová, L. 1996: K počátkům a středověké stavební podobě hradů v Horšovském Týně – Zu den Anfängen und der mittelalterlichen Baugestalt der Burg in Horšovský Týn, in: AH 11, S. 127–142.

Holl, I. 1984: Négysaroktornyos szábalyos várak a középkorban – Regelmäßige Kastellburgen mit vier Ecktürmen im Mittelalter, in: Archaeológiai Ertesitö, S. 194–217.

Kuthan, J. 1986: K otázce geneze kastelů krále Přemysla Otakara II, in: Itálie, Čechy a střední Evropa, Praha, S. 109–121.

Kuthan, J. 1993: Přemysl Otakar II. Král železný a zlatý. Král zakladatel a mecenáš, Vimperk.

Macek, P. 1999: Městský hrad v Litomericích – Stadtburg in Litoměřice, in: CB l, S. 171–183.

Menclová, D. 1976: České hrady 1, 2. 2. vydáni, Praha.

Siglen
AR   Archeologické rozhledy (Praha)
AH   Archeologia historica (Brno)
CB   Castellologica bohemica

ABBILDUNGSNACHWEIS

Zeichnung J. Tájek: 1; Zeichnung V. Durdík: 2; Foto H. Tousková: 3; Zeichnung P. Chotěbor: 4; Zeichnung J. Minarcíková: 5.

KAZIMIERZ POSPIESZNY

Die Bauweise der ritterlichen Klosterburgen in Preußen

Der in den letzten Jahren von M. Arszyński publizierte monographische Schriftenzyklus, der den Deutschordensburgen in Preußen gewidmet ist, ermöglicht durch quellenseitige Vertiefung und Verbreitung neuester Forschungsergebnisse mehrerer Zweige der Geschichtswissenschaften ein seit vielen Jahren erwartetes Studium dieser Denkmälergruppe[1]. Die dargestellte Problematik der Raum- und Machteinwirkung von Kulturphänomenen auf Burgen der Ordenszeit gibt aber auch eine gute Vorstellung über die noch bestehenden Lücken gegenwärtiger Forschung.

Als ein noch nicht erforschter Bereich ist der kunstgeschichtliche anzusehen, hier vor allem der Stand der Ideen- und Symbolgeschichte der Burgenarchitektur, der noch »immer in den Kinderschuhen steckt«[2]. Doch sind diese Probleme in letzter Zeit häufigerer Forschungsgegenstand polnischer Kunsthistoriker[3]. Anderseits sollen in der bereits breit beschriebenen Sphäre der Architekturproblematik noch offen gebliebene Fragen nicht vernachlässigt werden, vor allem gilt dies im Hinblick auf die zu »verknöchern« drohenden Thesen über die Bauweise der Deutschordensburgen und die sich damit verbindenden Planungsbedingungen[4].

Es geht hier nicht um die erste, die »heiße« Zeit der Preußeneroberung – wie es treffsicher Peter Dusburg in seiner Chronik (1326) kurz zusammengefaßt hat (»una manu faciebant opus, altera tanebant gladium«)[5] –, sondern um die nächste Phase, die des Überganges von den Feldlagern der Kreuzritter vor der Mitte des 13. Jahrhunderts bis zu den massiv gebauten Konventsburgen der zweiten Hälfte des 13. und des 14. Jahrhunderts. Unter einer gewissen Vereinfachung hat sich diese Wende in jedem Fall mit Verlassen der Verteidigungsstellung der weltlichen Ritter abgespielt und eine Unterwerfung der Kreuzzugstruppen der Ritterbrüder unter den klösterlichen Lebenswandel bewirkt. Diese Entwicklung, die im Licht damaliger Umstände nicht überschätzt werden darf, weckt in ihrer Wurzel keinen Zweifel: den um die Mitte des 13. Jahrhunderts einsetzenden Wandel im Lebensstil und den Qualitätsumbau, der zur Entwicklung von der Feldschanze zu den Klosterburgen[6] führte, in denen, so nach der Regel wie auch nach architektonischem Aussehen, die zu errichtenden Kirchen und Kapellen die bedeutendste Rolle gespielt haben (Abb. 1)[7].

Die meisten Steinburgen waren anstelle ehemaliger Holz-Erde-Anlagen errichtet worden (mit Ausnahme der Burgen, die an eine neue, nicht weit entfernte Stelle verlegt worden sind, z.B. Elbing, Marienburg). Diese ersten, im dritten Viertel des 13. Jahrhunderts begonnenen massiven Konventshausanlagen hatten einen unregelmäßigen Grundriß, wovon die Burg zu Thorn beredtes Zeugnis ablegt[8]. Ohne Zweifel waren damals noch keine Regeln und Gesetze durch den Orden herausgegeben worden, die die Form und das architektonische Programm der Klosterburgen festlegten[9]. Einzige Rahmenbedingung war die Übereinstimmung des Bauprogramms mit der Ordensregel. Die in der Expansionszeit neu in Preußen bearbeiteten Vorschriften (um 1245) wurden im Verhältnis zu denen der Benediktiner und Zisterzienser reduziert oder, von einer anderen Seite gesehen, spezifisch entwickelt[10]. Nach M. Arszyński hat sie so stark durch Schwund der Ordensmerkmale die Burgenbebauung beeinflußt, daß eine Einführung des Terminus »Klosterburg« eine »fälschende Akzentverschiebung« bewirken könnte[11]. Es scheint aber, daß doch dieses *ritterliche*, auf ein Minimum reduzierte »klassische« Klosterprogramm, eine Anpassung nach der Formel »vita communis« im kompakten Verteidigungssystem einer Burg ermöglicht hat[12]. Im engeren Sinne kann man hier wirklich den Begriff »claustrum« nur in Verbindung mit der militärisch-architektonischen Problematik analysieren[13], weil eine solche Bezeichnung auf den Konventsitzungen niemals beim

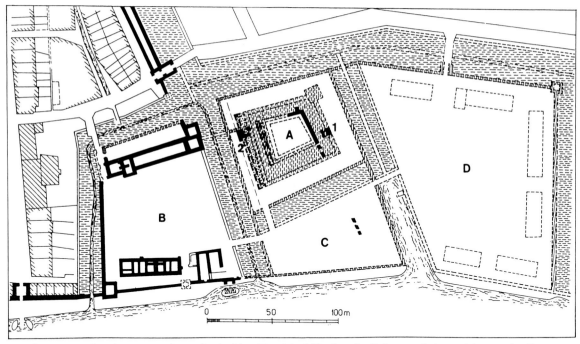

1. Elbing. Lageplan die Burg nach Hauke-Stobbe. Eine Modifikation der Rekonstruktionszeichnung des Konvents-hauses (A) nach Sondierungsgrabungen (1982) von Nawrolski (1, 2); B-D – die Vorburgen

Deutschorden verwendet wurde, obwohl die Or-denshäuser, zwar immer ohne Klausur, doch nicht für alle geöffnet waren[14].

An der Schwelle ihrer Bautätigkeit, d. h. frühe-stens um die Mitte des 13. Jahrhunderts, hatten die neuen Ritterkonvente, obwohl das Modell der Konventsburg nicht kodifiziert war, einen Typisie-rungsbedarf (wohl infolge einer Einwirkung der Ordensdisziplin) mehr im Sinne einer Optimie-rung von Mustern[15]. Die ähnlichen, aber keines-wegs identischen Formen der in charakteristi-schem Ziegelmaterial gebauten rechteckigen Burggebäude haben sich im letzten Viertel des 13. und im 14. Jahrhundert auf den ganzen Bereich der Ordensmacht ausgedehnt[16].

Wo kann man die Quellen dieses Phänomens suchen? Es scheint, daß – neben der gleichzeitigen Verbreitung des rechteckigen Burgentypus in vie-len Regionen Europas und seiner ikonologisch-funktionellen Bedeutung[17] – das Wesen der Archi-tektur der Deutschordensburgen in Preußen hauptsächlich in der Ordensstruktur selbst, im Kultus der eigenen Tradition, auch in einer perma-

nenten Abgeschlossenheit von den äußeren Gesell-schaftstrukturen, in der kraftvollen, im Kampf »mitgeformten« Organisation des Ordenslebens (mit den drei Tugenden: Armut, Keuschheit, Ge-horsam) enthalten ist.

Diese eigenen Ordensmerkmale haben ihren Ausdruck in einer besonderen, wiederholbaren Bauweise der »Häuser«, wo – neben dem Einfluß des immer noch seit dem Altertum verwendeten Plans regulärer Wehrlager, den Erfahrungen aus dem damaligen Mittel-, Süd- und Nordeuropa und – wie manche Forscher meinten[18] – auch aus dem Heiligen Land und dem mauretanischen Spanien sowie Siebenbürgen (Verteidigungs- und Dekora-tionselemente) und anderen Ländern – das ent-scheidende Ereignis, nämlich die Entstehung des Prototyps, in Preußen selbst stattfand. Von einer Anwesenheit und Funktion solcher Muster schon *vor* den siebziger Jahren des 13. Jahrhunderts zeugen die Pläne und der Bau von drei gleichsam modellartig für den geplanten Konventshaustypus stehenden Komtursburgen: Brandenburg, Ma-rienburg und Lochstädt[19]. Nicht möglich scheint

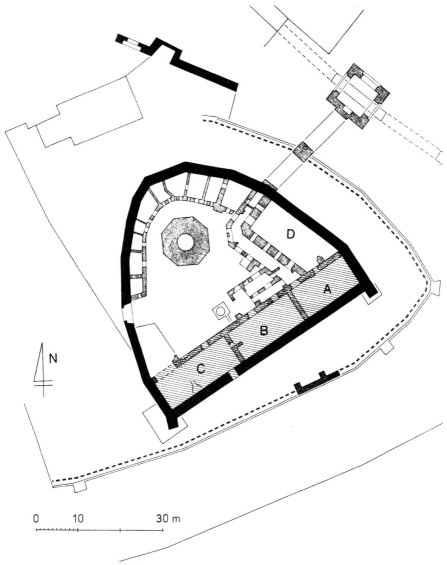

2. Thorn. Rekonstruktion des Entwicklungsplans der Konventsburg nach Frycz. Süd-flügel (1260–1280): A – Kapelle, B – Remter, C – Dormitorum; Kapitelsaal (D) und Hauptturm (E) – um 1310–1340

dagegen die Vorstellung, daß diese Rolle von einer der drei erwähnten Burgen allein ausgeübt worden sein sollte. Wie in jedem anderen Fall, könnte man auch hier die erfolgreiche Wirkung eines Urbildes sehen, wenn es vollständig oder wenigstens in bereits weitgehend entwickeltem Zustand existiert hätte[20].

Das Beispiel der Marienburg, die 1279 oder 1281 angelegt worden ist und nach dreißig Jahren,

1309, nur mit zwei Flügeln als Teil eines Vierecks bebaut ist, lehrt, daß der Ausbau sich über viele Jahrzehnte hinzog. Nach J. Frycz dauerte die Bauzeit in der Regel etwa 50 Jahre[21]. Dasselbe Beispiel beweist auch, daß in besonderen Fällen (hier Fertigstellung der gesamten Bebauung und gründlicher Umbau des Hauptkonventshauses) die Bauzeit auf etwa 30 bis 35 Jahre verkürzt werden konnte.

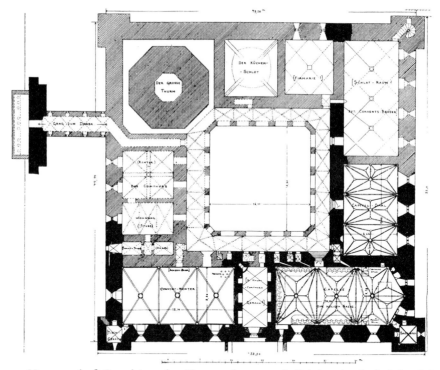

3. Hauptgeschoß-Grundrisse der Konventsburgen: a) Rehden (nach Steinbrecht), b) die Marienburg – eine Rekonstruktion der ursprünglichen Verteilung; A – Kapelle, B – Zwischenraum (Infirmerie ?), C – Kapitelsaal, D – Dormitorium, R – Remter, K – Kreuzgang, T – Treppe

Die einzelne Burg, die in der Frühzeit die Rolle des architektonischen Musters gespielt haben könnte, ist – wie bereits erwähnt – seit 1457 und 1557 nicht mehr existent: Elbing[22]. Die Elbinger Burg wurde nach 1240 angefangen und wohl vor 1260 (?) beendet, seit Mitte des 13. Jahrhunderts bis 1309 dagegen fand dort eine Versammlung des Ordens-Generalkapitels statt. Aus dem Jahre 1246, also gleichzeitig mit der Stadtlokation, stammt eine Quellennotiz von der Tätigkeit einer Ziegelei bei der Dominikanerkirche[23]. Diese Angabe läßt die Absicht einer dynamischen Stadtentwicklung erkennen, ebenso aber gibt sie Auskunft über die technischen Möglichkeiten der Bauführung.

Das Verhältnis zwischen der Deutschordensburg und der Stadt – in der Zeit urbanistischer Gestaltung nach einem regulären Plan – ist heute schwerlich präzise festzustellen. In den vierziger

Jahren des 13. Jahrhunderts war es – das bestätigen die Forscher[24] – eng und könnte einen Enfluß auf die Architektur der Burg gehabt haben, die sich hier, wie bei derjenigen der Dominikaner, von Anfang an des Ziegelsteins bediente.

Seit 1251 hat die Burg in Elbing die Funktion eines Landmeistersitzes erfüllt und war Versammlungsort des preußischen Kapitels. Das hat sie schon gegenüber den anderen Ordenshäusern ausgezeichnet und für eine Spitzenrolle in der Provinz prädestiniert. Sicherlich kurz nach der Mitte des 13. Jahrhunderts mußte der Bereich des Provinzkapitels, also ein Flügel mit zwei Räumen, Kapelle und Kapitelsaal, vorhanden gewesen sein. In jedem Falle hat die Elbinger Konventsburg damals eine solche Ausbaustufe erhalten, wie sie für die Marienburg 50 Jahre später, um 1300, Mindestvoraussetzung war[25].

In den letzten Jahren hat J. Frycz dem zuge-

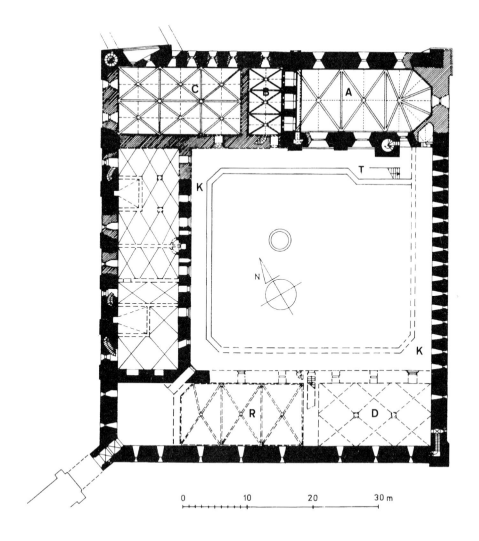

0   10   20   30 m

stimmt, was seit langer Zeit B. Schmid abgeleitet hat, »[...], daß Elbing der künstlerische Mittelpunkt war, von dem aus der Burgbau in Marienburg, Brandenburg und Lochstädt in den Jahren von 1270 bis 1280 und sogar noch später geleitet wurde«[26]. Die These von der Zentralleitung der Burgbauten in Preußen ist schwer – von damals anderen Finanzverhältnissen ausgehend als im 14. Jahrhundert – zu halten[27]. Doch die künstlerische Einwirkung, die durch die archäologischen Funde architektonischer Details bestätigt wird, scheint sicher zu sein[28]. In vollem Umfang könnten dies aber nur komplexere, archäologisch-architektonische Forschungen, die auf dem gesamten Burgbereich durchgeführt werden müßten, bestätigen oder modifizieren. Während der letzten Sondierungsausgrabungen wurde die Nord-Süd-Achse

des Vierecks mit 62,5–65 m gemessen[29]. Es ist dies eine Größe, die man mit derjenigen von Brandenburg (52 65,5 m) vergleichen kann (Abb. 1).

Unabhängig und scheinbar anders gestaltete sich der Ausbau der irregulären Burg zu Thorn. 1255 wurde die Umgangsmauerlinie hufeisenförmig mit einem rechteckigen Flügel von der Südseite – unter Einschluß von Kapelle, Remter und Dormitorium – gefaßt[30]. Wenn also das planerische Anliegen grundsätzlich anders als das Elbinger war, ist doch die Anfertigungsweise als charakteristisch für Preußen anzusehen – wie es aus der baugeschichtlichen Analyse folgt (Abb. 2).

Die Beispiele der erhaltenen preußischen Konventsburgen bezeugen, daß der Ausbau, unabhängig vom Plan, mit der Schließung einer Außenmauer der Burgfläche begonnen worden ist. Sol-

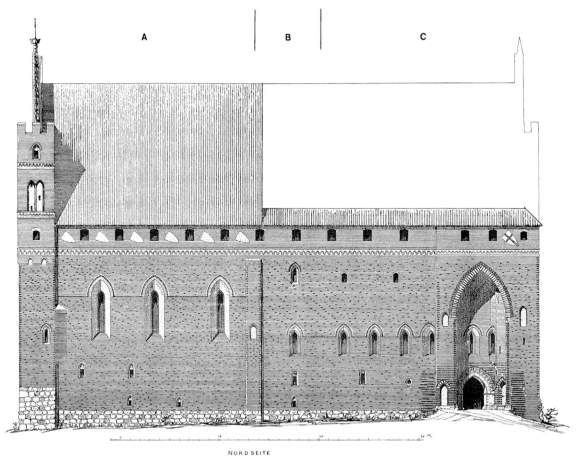

NORDSEITE

4. Marienburg. Rekonstruierter Zustand der Nordfassade um 1300. Modifikation einer Zeichnung von Steinbrecht; A – Kapelle, B – Zwischenraum (Infirmerie ?), C – Kapitelsaal

che stets rechteckige Befestigungsform wird vom römischen Altertum bis zum späten Mittelalter mit dem »castrum« identifiziert. In seinem Wesen entspricht diese Konstruktion einem Entwicklungsschritt der traditionell von den Kreuzrittern in Preußen gebrauchten Methode des Wehrlager-Baus aus Holz und Erde[31].

Im Fall der Ordensburg Elbing wurde diese Feldlageretappe zwar nicht übergangen, aber schnell ein Neubau, erstmalig als Konventsitz, in massivem Material ausgeführt[32]. Dieses als Modell anzusprechende Konventshaus enthielt sicherlich als ein Haupt-Konstruktionsprinzip feudaler Ritterburgen (vgl. den Donjon) eine Einteilung in Herrengeschoß oben (Hauptgeschoß) und Dienergeschoß unten[33]. Auch mußte das Klosterprogramm nach der soeben bearbeiteten Ordensregel

(1247) besonders beim Kirchenflügel beachtet werden. Dieser hatte z.B. insbesondere die Kapelle, einen kleinen Zwischenraum (Infirmerie?) und den Kapitelsaal (oder Remter) aufzunehmen (Abb. 3)[34].

Die Ringmauer bestimmte Lage und Aufriß der inneren Ordenshausbebauung, in den rechteckigen Burgen überdies jedesmal mit dem ganzen »Code« des Funktionsprogramms. Wie es das Beispiel des Marienburger Konventshauses gut zeigt, wurden die Innenwände vertikal und horizontal durch Verzahnung der Querteilungen und Deckenkonsolen festgelegt, die Gewölbeansätze vorbereitet und draußen die Fassaden mit dem Eingang und den Fensteröffnungen markiert (Abb. 4a, b). Das heißt, daß ein kompletter Funktionsplan an den Mauern, die in der ersten Phase errich-

5. Marienburg. Südwandecke des Nordflügels und der Paraventwand des
Ost-Kreuzganges von um 1280; beim Fenstergewände der ersten Kapelle
sichtbare Streben der westlichen Kreuzgangswand und Dachkonstruktions-
ansätze

tet worden sind, vorgezeichnet war, er also von
Anbeginn des Bauprozesses an das Bauen der rit-
terlichen Klosterburgen in Preußen bestimmte
(Abb. 5, 6). Das Beispiel des Marienburger Konventshauses zeigt, daß nicht immer die innere Bebauung bereits von Anbeginn als eine vierflüglige
Anlage vorgesehen war[35]35. Im Fall einer unregelmäßigen Anlage hat nur ein Teil der Umfassungsmauer diese Funktion erfüllt (Abb. 7).

Die am Ausnahmefall Marienburg beschriebene

und dort für eine Rekonstruktion verwendbare
Methode erlaubte zwar eine langjährige Fortführung des einmal angefertigten Plans, beschränkte
aber nachträgliche Korrekturmöglichkeiten (Abb.
8). Plankorrekturen – hier sei noch einmal die
Marienburg genannt, in der nach 1309 ausnahms-
weise eine gründliche Planänderung erfolgte – waren begrenzt und wurden selten durchgeführt[36].
Das beweisen die späteren, aber typischen und bis
heute erhaltenen Deutschordensburgen auf vier-

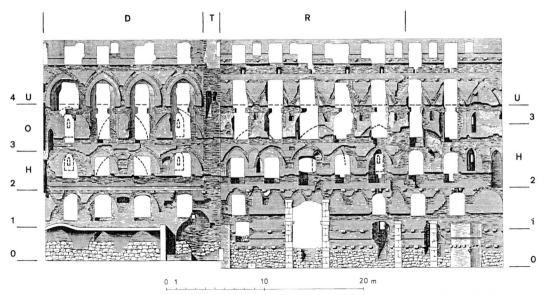

D | T | R

4 U
O
3
H
2
1
0

U
3
H
2
i
0

0 1   10   20 m

6. Marienburg. Zusammensetzung der zwei Inventarisationszeichnungen (1889) der äußeren Südflügelwand (Innenseite) nach Beseitigung einer Bebauung des 18./19. Jahrhunderts; neue Interpretation und Verstärkung (Stichlinie) der dort entdeckten, »kodierten« architektonischen Wandgliederung: 0–4 Geschoßniveaus, H – Hauptgeschoß, O – Obergeschoß, U – ursprüngliche Höhe der Außenwand, D – Dormitorium, R – Remter, T – Trennwand

7. Thorn. Innenseite der Umfassungsmauer (um 1255) beim Eingang zum Danskergang, mit Spuren der nachträglich vorbereiteten Gewölbestützen (14. Jahrhundert)

eckigem Plan, z. B. Mewe, Papau, Rehden, Gollub und Schwetz, sowie, auch architektonisch mit der Marienburg verwandt, die Burg der Pomezanischen Kapitel zu Marienwerder (Abb. 9). Die Burg zu Marienwerder, ein Beispiel des sogenannte Konventshaustypus[37], ist aber auch als ein Beweis dafür anzusehen, daß ab dem zweiten Viertel des 14. Jahrhunderts die Einwirkung eines neuen architektonischen Musters, des Hauptordenshauses zu Marienburg, einsetzte (Kreuzgang, Dansker)[38].

Die oben analysierten Fragen der Bauweise haben noch nicht die Projektierungsetappe sowie die Abhängigkeiten zwischen Bauherr, Architekt und Baumeister berücksichtigt. Die wechselseitigen Beziehungen zwischen diesen genannten Personen haben die Identität eines Bauwerks bestimmt. In der älteren Literatur wurden Planung und Realisierung des Bauprogramms dem Orden zuge-

192

8. Papau. Die an der Natursteinwand präzise aus Ziegelsteinen ausgemauerten Gewölbe-
schilde des Konventdormitoriums (nach 1300)

schrieben, der angeblich eigene Bauhütten unterhielt[39]. Es konnte inzwischen nachgewiesen werden, daß der Orden in Preußen tatsächlich Werkstätten zum Burgenbau, nämlich in der zweiten
Hälfte des 13. und in der ersten Hälfte des 14.
Jahrhunderts, unterhalten hat[40].

Ohne Zweifel waren Nutzungsprogramm und
Planung des Verteidigungssystems der Burg das
Werk des Bauherrn, also des Landmeisters, Kom-
turs oder Hauskomturs. Die Bauform und funktionelle Gliederung wurden vom Architekten bearbeitet. Architektonische Besonderheiten waren
hier jedoch auch von der Persönlichkeit oder dem
Wohlstand des Bauherrn abhängig[41]. Konstruktive und dekorative Details planten, in Abstimmung mit dem Bauherrn, die Baumeister, die die
Werkstatt leiteten[42]. Es stellt sich aber die Frage:
Haben sich die Bauherren, hier nur die Ordensmit-
glieder (!), der Entwürfe oder Planzeichnungen,
die von einem Architekten hergestellt waren, be-
dient oder nicht?

Die Anfertigung von Architekturzeichnungen
ist in Preußen sehr unwahrscheinlich, weil im Falle
zahlreicher und bauarchitektonisch komplizierter
Burgbauten deren Zahl ziemlich groß gewesen

sein und ihre Spuren irgendwo hinterlassen haben
dürfte. Vor allem die Genauigkeit des Ordens bei
der Archivierung selbst widerspricht der Existenz
solcher Zeichnungen, die gewiß bis heute erhalten

9. Marienwerder. Architektonischer »Code« an der
Innenseite der Westwand der Kapitelsburg. Heutiger
Zustand nach Ausräumung der ordenszeitlichen Bebau-
ung im 19. Jahrhundert

10. Marienburg. Ritzlinien auf der Montagefläche der Gewölbeansätze des zweiten Kapitelsaals (um 1320–1325)

geblieben wären. M. Arszyński widerspricht dem, wenn er erklärt: »Die gemauerten Burgen hat man wohl alle nach genauen Entwurfszeichnungen gebaut, die dem bauleitenden Baumeister vom Bauherrn ausgehändigt wurden«[43]. Zur Unterstützung seiner These zitiert er weiter eine Überlieferung von 1406 über den Burgenbau an der Memel, nach welcher der Baumeister dem Hochmeister (Bauherr) eine »Gelegenheit« und eine »Gestalt« übermittelt habe[44]. Als regelrechten Beweis für seine These führt er »die hiesigen Arbeitsverträge an, in denen oft, neben dem Entgelt für ›Arbeit‹ (sprich Bauausführung), auch eine Bezahlung für ›Meisterschaft‹ (sprich Planung) vorgesehen wurde«[45].

Mit dem Begriff »Meisterschaft«, der mit dem der »Arbeit« in den Quellen verbunden ist, sollte man eigentlich die Herstellung von Werkrissen an der Baustelle verknüpfen, die, wie es W. Müller meinte, »für die Einrichtung eines Baues wirklich notwendig waren«[46]. Es ist wenig wahrscheinlich, daß es sich bei ihnen um »die Abmessungen eines Bauwerks auf dem Bauplatz« gehandelt haben könnte, die »mit Meßlatte, Pflock und Schnur« gefertigt worden seien, weil dies Domäne des Architekten war[47]. Nach W. Braunfels entwickelte

man weiter »alles aus dem Grundriß, den man an Ort und Stelle ausmaß, und hielt sich im übrigen für jedes Baudetail an ein Exemplum«[48]. Die Verwendung einer ähnlichen Methode ist in Preußen teilweise – so dank herausgebrochener und auch in situ gefundener Gewölbeansätze des zweiten Marienburger Kapitelsaals (um 1320–1325) sowie von Fundstücken der Kreuzganglisenen (zweites Viertel des 14. Jahrhunderts) – bestätigt worden (Abb. 10)[49].

Im Fall der preußischen Konventsburgen sind nur die Umfassungsmauern als erste massive Baukonstruktion errichtet worden. Solcher Bauweise eines Hauses mit einer sehr komplizierten und beständigen Wohnstruktur entspricht am überzeugendsten die Methode der Bauausführung mit Hilfe der erwähnten »Gelegenheit« und »Gestalt«[50]. Die in der Quelle beschriebenen Bedingungen ihrer Übersendung und der Versuch einer Schriftanalyse zeigen, daß mit dem Begriff »Gestalt« nicht eine Beilage zu einem Brief gemeint ist, auch nicht eine Papier- bzw. Pergamentzeichnung[51]. Man kann vermuten, daß mit »Gestalt« ein räumliches Modell gemeint ist und dieses aus unbeständigem Material gefertigt war, zum Beispiel aus Wachs[52]. Aus der beschriebenen Situation an der Memel folgt, daß hier eine plastische Darstellung der Burg und ihrer Umgebung als ein Entwurfs- und Kontrollmodell verwendet worden sein könnte[53]. Die Herstellung solcher Modelle können uns im Hochmittelalter gut bekannte ikonographische Quellen – nämlich kirchliche Stiftertafeln – bestätigen[54].

Die Hypothese der Herstellungsweise der Konventsburgen in Preußen nach einem von einem Architekten gefertigten Gesamtmodell (aus Wachs) scheint vieles zu erklären[55]. Die Methode einer Modellverwendung deutet plausibel die Unwiederholbarkeit der Burgenform bei gleichzeitiger Wiederholung des Baumusters, z. . auch die Besonderheit der runden Ecktürme der Burg zu Schwetz. Die Musterveränderungen selbst, ebenso die Einpassung des Hauptturms, die im zweiten Viertel des 14. Jahrhunderts erfolgte, zeugen nicht von Baukorrekturen, sondern vielmehr von der Einwirkung eines neuen Musters – desjenigen der Hauptordensburg zu Marienburg.

194

1 *Arszyński, M.*: Der Deutsche Orden als Bauherr und Kunstmäzen, in: Die Rolle der Ritterorden in der mittelalterlichen Kultur, hrsg. v. *Z. H. Nowak*. »Ordines militares III«, Toruń 1985, S.145–168; *ders.*: Die Burgen im Deutschordensland Preußen als Quelle zur Erforschung der Geschichte des Deutschen Ordens und seines Staates, in: Werkstatt des Historikers der mittelalterlichen Ritterorden. Quellenkundliche Probleme und Forschungsmethoden, hrsg. v. *Z. H. Nowak*. »Ordines militares IV«, Toruń 1987, S. 97–110; *ders.*: Die Deutschordensburg als Wehrbau und ihre Rolle im Wehrsystem des Ordensstaates Preußen, in: Das Kriegswesen der Ritterorden im Mittelalter. »Ordines militares VI«, Toruń 1991, S. 89–124; *ders.*: Die Deutschordensburg als Klosterbau, in: Die Spiritualität der Ritterorden im Mittelalter, hrsg. v. *Z. H. Nowak*. »Ordines militares VII«, Toruń 1993, S. 147–164.

2 Arszyński, Die Burgen im Deutschordensland (wie Anm. 1), S. 107.

3 Sztuka Prus XIII–XVIII wieku (Die Kunst in Preußen, 13.–18. Jahrhundert). Vorträge der 1. Tagung 1991, hrsg. v. *M. Woźniak*, Toruń 1994; die Materialien der 2. Tagung 1993: Sztuka Wkręgu zakonu krzyżackiego w Prusach i Inflantach (Die Kunst im Umfeld des Deutschen Ordens in Preußen und Livland), hrsg. v. *M. Woźniak*, Toruń, 1995.

4 Über die organisatorischen und technischen Unternehmungen auf dem Gebiete des Burgbauwesens des Deutschen Ordens in Preußen schrieb *Steinbrecht, C.*: Das Bauwesen der Komturei Marienburg in den Jahren 1410–1420, in: Ausgabebuch des Marienburger Hauskomturs, hrsg. v. *W. Ziesemer*, Königsberg 1911; dgl. *Arszyński, M.*: Das Bauwesen im Wirtschaftssystem des Deutschen Ordens in Preußen, in: Zur Wirtschaftsentwicklung des Deutschen Ordens im Mittelalter, hrsg. v. *U. Arnold* (Quellen und Studien zur Geschichte des Deutschen Ordens, Bd. 38), Marburg 1989, S. 163–179.

5 *Arszyński*, Die Deutschordensburg als Klosterbau (wie Anm. 1), S. 149.

6 Ebd., S. 153–154.

7 In der »Chronik« von P. Dusburg, sind – unter dem Datum um 1240 – einige der ältesten Burganlagen (Engelsburg, Balga) notiert (Scriptores Rerum Prussicarum, Bd. I, Leipzig 1861, S. 63). Nach *C. Steinbrecht* (Die Baukunst des Deutschen Ritterordens in Preussen II. Die Zeit der Landmeister 1230–1309, Berlin 1888, S. 99) ist spätestens damals (nach Analyse der Bauformen) die Burg zu Balga in Stein gebaut worden. Eine frühe Datierung (zweites oder drittes Viertel 13.Jahrhundert) bestätigen architektonische Details dieser Burg im Marienburger Lapidarium.

8 Zu dieser Gruppe gehörten auch Alt Culm (im Culmerland, erster Landmeistersitz), Birgelau, Engelsburg, Graudenz und – im Norden – Balga.

9 *Arszyński*, Der Deutsche Orden als Bauherr (wie Anm. 1), S. 152ff.

10 *Wiechert, G.*: Die Spiritualität des Deutschen Ordens in seiner mittelalterlichen Regel, in: Die Spiritualität (wie Anm. 1), S. 131–146; *Kahl, H.-D.*: Zur kulturellen Stellung der Deutschordensritter in Preußen, in: Die Rolle der Ritterorden (wie Anm. 1), S. 38–63.

11 *Arszyński*, Die Deutschordensburg als Klosterbau (wie Anm. 1), S. 161.

12 Die Unterschiede zwischen der sakralen und profanen Architektur des Deutschordensstaates sind noch heute am Beispiel der Marienburg – hier am Konventshaus und Hochmeisterpalast – gut sichtbar.

13 *Dygo, M.*: Die Architektur der Deutschordensburgen in Preußen als historische Quelle, in: Zeitschr. f. Ostforschung, 36. Jg./1987, H. 1, S. 56. Dygo schrieb, daß »[...] seit Villard d'Honnecourt das System ad quadratum unter dem Begriff ›Clostre‹ bekannt war, denn es diente als Grundlage bei der Anlage eines Klosterkreuzganges«.

14 *Szczućko, W.*: Funkcje zamku krzyżackiego w świetle statutów zakonnych (Funktionen der Deutschordensburg im Licht der Ordensstatuten), in: Średniowieczne zamki Połski Północnej, Muzeum Zamkowe in Malborku 1983, S. 49 – 57.

15 *Arszyński* (wie Anm. 1), S. 149.

16 Die Unterschiede im Rahmen des Typus kann man von verschiedenen Seiten analysieren. Generell waren sie von der Bedeutung jeder Burg abhängig.

17 *Skibiński, S.*: Jeszcze raz w kwestii genezy regularnego zamku krzyżackiego (Nochmals zur Genesefrage der regulären Deutschordensburg), in: Sztuka Prus XIII–XVIII wieku (wie Anm. 3), S. 27–36. Skibiński sah in diesem idealisierten Architekturtypus eine Darstellung der Staatsidee. Als Bekrönung der Staatskonsolidation in Preußen verwies er dagegen auf die Verlegung des Hauptsitzes 1309 nach Marienburg (S. 34). Aus chronologischen Gründen paßt also die Entstehung der großen Haupttürme in schon gebauten Burgen als Verkörperung einer solchen Idee, unabhängig vom Plan, besser.

18 Beschreibung des Forschungstands bei Skibiński (wie Anm. 17), S. 28–29; letztlich auch: *Durdík, T.*: Mitteleuropäische Kastelle – ein mögliches Vorbild der Ordensburgenarchitektur im Baltikum, in: Castella Maris Baltici 1, hrsg. v. *K. Drake*, Ekenäs 1993, S. 45–50.

19 Es scheint, daß, trotz einiger Bedenken in der Datierung (*Powierski, J.*: Chronologia początków Malborka [Chronologie der Anfänge Marienburgs], in: Zapiski Historyczne XLIV [1979], Nr. 2, S. 5 ff.; *Dygo* [wie Anm. 13], S. 54), bisher keine Beweise beigebracht werden konnten, um den Baubeginn der Burgen Brandenburg (1272), Marienburg (1274), Lochstädt (1275) weiter gegen das Jahrhundertende zu verschieben. Es besteht ein großer Unterschied zwischen der Verlegung der Potterburg nach Mewe (1282 oder 1283) und Zantyr nach Marienburg (1279 oder 1281), weil Mewe schnell, dies unter Verwendung des alten Materials, zunächst in Holz und erst nach 1300 in Stein erbaut worden ist. Die Marienburg dagegen, die von Anfang an in Stein errichtet worden ist, hat den Zustand für eine Besiedlung (Umfang der Mauer) bereits nach ein paar Jahre dauernder Bautätigkeit erreicht (siehe *Arszyński*, Das Bauwesen [wie Anm. 4]).

20 Die Baumethode unter Anlehnung an ein Musterobjekt wurde von *O. v. Simson*: Katedra gotycka [The Gothic Cathedral], Warszawa 1989, S. 137–138 u. 192ff., anhand des gotischen Standardbaus, der Kollegiatskirche St. Denis, dargestellt.

21 *Frycz, J.*: Architektura zamków krzyżackich (Architektur der Deutschordensburgen), in: Sztuka pobrzeża Bałtyku,

Warszawa 1978, S. 28–48; *ders.*: Die Burgbauten des Ritterordens in Preußen, in: Mittelalterliche Backsteinbaukunst (Wiss. Zeitschr. d. Ernst-Moritz-Arndt-Universität Greifswald XXIX/1980, H. 2–3), S. 54.

22 »[…] daß man hier, am Sitze des führenden preußischen Ordenskonventes, den neuen Typ der Ordensburg entwickelt und vorbildlich ausgeführt hat«; *Hauke, K./Stobbe, H.*: Die Baugeschichte und Baudenkmäler der Stadt Elbing, Stuttgart 1964, S. 25 – 45.

23 *Gierszewski, S.*: Elbląg, przeszłość i teraźniejszość (Elbing, Vergangenheit und Gegenwart), Gdańsk 1970³, S. 22; *Czacharowski, A.*: Elbing im Ordensland Preußen, in: Archeologia Elbingensis, Vol. 1, 1992, S. 30.

24 Ebd.

25 *Pospieszny, K.*: Gotyckie krużganki Zamku Wysokiego w Malborku (Gotische Kreuzgänge auf dem Hochschloß zu Marienburg), in: Biblioteka Muzealnictwa i Ochrony Zabytkow, Serie B, Bd. LXXXI, Warszawa 1987, S. 79–101.

26 *Frycz*, Die Burgbauten (wie Anm. 21), S. 52; *Schmid, B.*: Zur Baugeschichte der Marienburg, in: Geschäftsbericht des Vorstandes des Vereins für die Herstellung und Ausschmückung der Marienburg 1.1.1936 – 31.12.1937, Königsberg/Pr. 1938, S. 17.

27 Solche Beispiele aus dem 14. und 15. Jahrhundert sind bekannt: z.B. Ragnit und Tilsit; *Clasen-Sandt, K.*: Zur Baugeschichte der Memelburgen Ragnit, Splitter und Tilsit, in: Prussia, Bd. 29, Königsberg/Pr. 1931, S. 196–222.

28 Details, die während der Ausgrabungen 1914, 1919, 1936 und 1938 gefunden worden sind, siehe bei *Hauke, K./Stobbe, H.* (wie Anm. 22), S. 27–36.

29 *Nawrolski, T.*: Probleme archäologischer Untersuchungen der Altstadt in Elbing, in: Archaeologia Elbingensis (wie Anm. 23), S. 45–54.

30 *Frycz*, Die Burgbauten (wie Anm. 21), S. 50–51.

31 Eine ähnlich klingende Hypothese hat *M. Arszyński* (Z badań nad zamkiem pokrzyżackim w Radzyniu, in: Rocznik Grudziądzki, Bd. II, 1961, S.55) dargestellt. Nach der Beschreibung von *J. Frycz* (Die Burgbauten [wie Anm. 21], S. 49) verwies er »[…] auf die Methode der Eroberung von Livland durch die Dänen und die Schwertritter um die Wende vom 12. zum 13. Jahrhundert. Sie legten rechteckige Lager mit einer Ringmauer an (u. a. das Lager des Bischofs Meinhard bei Kirchholm 1186, 40 × 30 m groß, und das Lager von König Waldemar auf der Insel Ösel 1222, 45 × 42 m groß). Da die Ordensritter als Eroberer und Kolonisten in den nördlichen europäischen Gebieten keine Erfahrungen hatten, waren sie anfangs genötigt, aus den früheren Erfahrungen der Dänen und der Schwertritter zu schöpfen. Arszyński ist der Meinung, daß die Vorburgen der Ordensritter in Preußen, in der Regel sind sie älter als die sogenannten Hochschlösser, in ihrer ursprünglichen Form als jene Wehrlager anerkannt werden (»castra«), und daß sie ebenfalls Entwicklungskeim der Konventsburg auf rechteckigem Grundriß sein könnten.

32 *Nawrolski* (wie Anm. 23), S. 49.

33 Der »klassische« Donjon (Wohnturm) des 13. Jahrhunderts war in der Regel viergeschossig mit einem letzten Wehrganggeschossen und zwei Geschossen (für Frauen und für Kinder), die in Preußen natürlich reduziert sind (siehe *Albrecht, U.*: Von der Burg zum Schloß. Französische Schloßbaukunst im Spätmittelalter, Worms 1986, S.9–30). Der Typus des Donjons mit einem inneren Hof

(England, Flandern) ist ebenso bekannt. Eine funktionelle zweigeschossige Gliederung wurde in der Marienburg (14. Jahrhundert) in den schriftlichen Quellen bestätigt: Im Hochmeisterpalast lag das Meistergemach oben, die Kumpanstuben befanden sich unten sowie eine ritterliche »Gästekammer« und Dienerzimmer im Ostflügel des Mittelschlosses.

34 »Das Schloß nahm im 13. und zu Beginn des 14. Jahrhunderts in Preußen die Stellung ein, die später die Marienburg besaß. Demgemäß muß es auch an Umfang und baukünstlerischer Gestaltung die anderen Burgen des Landes überragt und den besonders seit 1270 neu erbauten Burgen als Vorbild gedient haben« (*Hauke, K./Stobbe, H.* [wie Anm. 22], S. 37).

35 *Steinbrecht, C.*: Die Baukunst des Deutschen Ritterordens in Preußen, Bd. II. Die Zeit der Landmeister 1230–1309, Berlin 1888. – Steinbrecht hat die alten, an den Wänden festgestellten Spuren der architektonischen Gliederung der ersten Burg ausschließlich als eine Konsequenz der Bebauung behandelt: »Das Hauptgeschoß, aus den Bauresten ziemlich vollständig reconstruirbar, hatte in drei Flügeln gewölbte Keller und Oberräume: nähmlich im Norden, Westen und Süden. Im Osten dagegen nur eine Wehrmauer, an welche sich nicht unterkellerte und nicht gewölbte, zweigeschossige, mit Pultdach geschützte Bauten anlehnten« (S. 90). In ihrem Wesen hat er genau den ursprünglichen Plan der Burg herausgelesen, der seinerzeit nur in zwei Flügeln realisiert war. Den dagegen niemals fertiggestellten, zweigeschossigen und nicht unterkellerten Ostflügel sollte man als einen Kreuzgangflügel interpretieren.

36 *Sławiński, I.*: Z badań nad zamkami w Golubiu, Radzyniu i Brodnicy (Aus der Burgenforschung zu Gollub, Rehden und Strasburg), in: Komunikaty na sesję naukową poświęconą dziełom sztuki Pomorza, zorganizowaną w 500-lecie Pokoju Toruńskiego, Toruń 1966, S. 50–58. Nach Sławiński gehörten die Veränderungen zur »täglichen« Praxis der Bauwerkstatt. Diese Feststellung wurde nie bewiesen. Die Umbauten häufen sich zwar nach 1410, sie standen aber mit der neuen politischen Situation in Preußen in Verbindung.

37 *Clasen, C.H.*: Die mittelalterliche Kunst im Gebiete des Deutschordenstaates Preußen, Bd. I. Die Burgbauten, Königsberg/Pr. 1927, S. 158–164.

38 Solche Elemente wie Dansker, Kreuzganglisenen in Marienwerder und wohl zahlreiche Haupttürme der Konventshäuser sind seit dem zweiten Viertel des 14. Jahrhunderts unter dem Einfluß der Marienburg entstanden.

39 *Dewischeit, C.*: Der Deutsche Orden in Preußen als Bauherr, in: Altpreussische Monatsschrift, Bd. 36, 1899, S. 145–222.

40 Seit der zweiten Hälfte des 14. Jahrhunderts wurde der Orden von städtischen Zunftmeistern unterstützt.

41 Im Fall der Marienburg ist der Einfluß des quellenmäßig als Bauherr bestätigten preußischen Landmeisters Conrad v. Feuchtwangen auf das architektonische Programm der ersten Burg nicht erforscht; siehe *Powierski* (wie Anm. 19), S. 13.

42 *Arszyński*, Der Deutsche Orden als Bauherr (wie Anm. 1), S. 158.

43 Ebd., S. 157.

44 *Clasen-Sandt* (wie Anm. 27), S. 211: »Der Hauskontur von

Ragnit berichtet darin dem Hochmeister: ›Ich habe Hans dem muwerer [...] undirwisit di gelegenekeit vnde di gestalt [...] ouch sende ich die gestalt in disser ingeslossen zedel [...] Ouch spricht Hans der muwerer, das er mus haben uf beiden wergken‹ (Ragnit und Tilsit) [...] Schubkarren, Eimer, Rüststränge etc.‹.

45 *Arszyński*, Der Deutsche Orden als Bauherr (wie Anm. 1), S. 157.

46 *Müller, W.*: Grundlagen gotischer Bautechnik, München 1990, S. 14.

47 Ebd., S. 25.

48 *Braunfels, W.*: Mittelalterliche Stadtbaukunst in der Toskana, Berlin 1982 5, S. 228–229.

49 *Steinbrecht, C.*: Untersuchungs- und Wiederherstellungs-Arbeiten am Hochschloß der Marienburg, in: Centralblatt der Bauverwaltung, Jg. 1885, S. 6 (382).

50 *Arszyński, M.*: Technika i organizacja budownictwa ceglanego w Prusach w końcu XIV i w pierwszej połowie XV wieku, in: Studia z dziejów rzemiosła i przemysłu, Bd. 9, Wrocław 1969, S. 114–123.

51 Die Architekturzeichnungen wurden mit dem Terminus »Riß« benannt, »Gestalt‹ bezeichnet – im Gegensatz zur Fläche – Ansehen, Aussehen, Beschaffenheit – »Eyn dyng in synem gestalte, [...]« [1504] (*Schiller, K. / Lübben, A.*: Mittelniederdeutsches Wörterbuch, Bd. 2, Bremen 1876, S. 84), sollte also stereometrisch, d. h. räumlich, verstanden werden.

52 *Carstenn, E.*: Geschichte der Hansestadt Elbing, Elbing 1937, S. 306. – Carstenn schrieb über ein Wachsmodell der Brigidakirche zu Elbing im Kontext mit dem Datum 1458. Wachs war das »bevorzugte Material der Antike« und wohl des frühen Mittelalters; »aus dem hohen Mittelalter fehlen Nachrichten über Modelle ganz« (»Architekturmodell«, in: Reallexikon zur deutschen Kunstgeschichte, hrsg. v. *O. Schmitt*, Bd. 1, Stuttgart 1937, Sp. 918–940). Die Verwendung von Gesamtmodellen scheint im hohen Mittelalter nicht gesichert zu sein, weil sie »nicht der Baugesin-nung und Baupraxis hochmittelalterlicher Bauhütten« entsprochen habe (Sp. 923–924).

53 *Reuther, H.*: Wesen und Wandel des Architekturmodells in Deutschland, in: Daidalos, H. 2/1981, S. 98. – Nach Reuther war die Rolle des Architekturmodells für »Planungsabsicht und Entwurfsprozeß« entscheidend. »Dank seiner dreidimensionalen Darstellung trägt es zur Steigerung der Anschaulichkeit, namentlich für den Bauherrn, bei. Es kann fallweise verlorengegangene Zeichnungen ersetzen. In den überkommenen Planbestand eingeordnet, wird es zu einem wichtigen Faktor im Entwurfs- und Baugeschehen, zu einer Urkunde von erheblicher Beweiskraft«.

54 Die Reliefplatten stellen den Stifter mit einem damals wirklich existierenden Gesamtmodell des Baus dar. Oft wurden sie viele Jahrzehnte vor der Beendung des Bauprozesses gefertigt (z. B. an der Kreuzkirche zu Breslau [Wrocław] aus dem 14. Jahrhundert).

55 Diese Methode ist vergleichbar mit der uns gut bekannten Arbeitsweise der Ofenbauer. Ihre Ofenmodelle sind uns, dank ihres Brennens, zahlreich erhalten geblieben; *Strauss, K.*: Die Kachelkunst des 15. und 16. Jahrhunderts in Deutschland, Österreich und der Schweiz, Straßburg 1966, S. 10. Strauss gibt uns ein Beispiel aus dem zweiten Viertel des 15. Jahrhunderts, wo »[...] Modell und Anregungen aus den Werkstätten der Oberlausitz kamen und daß dort von gewandten Laienbrüdern Nachformungen für einen Ofen gefertigt worden sind«.

ABBILDUNGSNACHWEIS

Foto L. Okoński: 5, 9 a u. b; Foto Verfasser: 7, 8 sowie Bearbeitung der Zeichnungen: 1, 2, 3 b), 4, 6.

Marian Kutzner

Gestalt, Form und ideologischer Sinn der Deutschordensburgen in Preußen

Die Burgen des Deutschen Ordens in Preußen stellen sicherlich ein Kulturphänomen des Mittelalters dar. Dieses bestimmen sowohl ihre architektonische Form als auch die in ihr ausgedrückten Inhalte. Sie wurden aber allzu ausschließlich als Wehrklöster betrachtet, die vom Deutschen Orden in seinem neuen Land errichtet worden seien[1]. Aus diesem Grund wurden sie gerne ins Register mittelalterlicher Beispiele sogenannter Ordensbaukunst eingetragen und ihre geschichtlichen Konnotationen, z.B. mit den Kunstdenkmälern anderer Ordenskongregationen, analysiert[2]. Für andere Forscher wieder[3], die nationalistische Ideen von Historikern, wie z.B. Heinrichs von Treitschke[4], pflegten, waren die Ordensburgen in Preußen charakteristische »Ritterkasernen«, mit denen deutsche Ritter, die hier einen neuen »Lebensraum« für ihre Nation erobert hatten, belehnt wurden. Die grenzgebietsgeprägten Lebensverhältnisse in der Ostmark des damaligen »universum mundi« zwangen sie zum Bau spezifischer befestigter Plätze nach ihnen bekanntem deutschen Muster.

Keiner der bisherigen Forscher konnte aber seine Thesen rational begründen oder wenigstens am Beispiel eines analogen Baus deuten. Man war außerstande, ein ähnliches Wehrkloster oder eine ähnliche Burg in Europa zu finden, die irgendeinem Ritterorden, etwa dem der Johanniter oder Templer, angehörte, geschweige denn einem deutschen. Man konnte eine derartige Anlage auch nicht im Heiligen Land antreffen, woher der Deutsche Orden gekommen war und wo ähnliche Frontbedingungen geherrscht hatten[5]. Man hat auch bisher keine ähnlichen Burgen benennen können, die der Deutsche Orden in einer anderen Ballei besessen hätte[6]. Ja man hat auch keine ähnliche Wehrburg im ganzen Deutschen Reich[7] finden können, also in jenem Raum, aus dem sich die Kandidaten für den Ordensdienst rekrutierten.

Aufgrund dieser Tatsache hat sich unter den sich mit diesem Thema befassenden Forschern die

Überzeugung verstärkt, daß wir es hier mit einem ungewöhnlichen, urwüchsigen Kunstphänomen zu tun haben, das aus der deutschen Genese des Ordens und seinen spezifischen Aufgaben in Preußen entstanden sei[8]. Dies ist jedoch eher eine Vermutung, die weder aus geschichtlichen Quellen noch aus der Form der erhaltenen Denkmäler zu beweisen ist. Sie ermuntert allerdings dazu, die bisherigen Interpretationen zu revidieren und nach neuen Forschungsansätzen zu suchen.

Angeregt werden könnten sie von neuesten historischen Arbeiten. Diese legen nämlich die Annahme nahe, daß es nicht nur und ausschließlich die Aufgabe des Deutschen Ordens in Preußen war, das dortige Volk der Pruzzen zu christianisieren oder neue Gebiete für die deutsche Nation zu gewinnen, sondern er hierher gezogen sei, um einen eigenen Staat zu gründen[9]. Der Schöpfer dieses weitgesteckten Ziels war der damalige Hochmeister Hermann von Salza. Er hatte schon vorher versucht, diese Idee zu verwirklichen, zunächst im Heiligen Land und später in Siebenbürgen – allerdings in beiden Fällen erfolglos. Erst die Aktivitäten des Ordens im Kulmerland 1226 brachten ihn dem ersehnten Ziel näher. Er bat Kaiser Friedrich II. umgehend um eine Protektionsbulle. In ihr wurde der verfassungsrechtliche Status des künftigen Staates in Preußen eindeutig mit den Worten definiert: » [...] quod item magister [d.h. der Hochmeister des Ordens] et successores sui iurisdictionem et potestatem illam habeant et exerceant in terris sui, quam aliquis principis imperi habere denoscitur in terra sua, quam habet «[10]. Dieser Plan wird auch 1243 von der anderen Weltmacht akzeptiert, nämlich von Papst Innozenz IV., der den Orden und seinen preußischen Staat in die Obhut des Heiligen Stuhls nahm. Andererseits wurden die inneren Verhältnisse von zwei Dokumenten geregelt: vom sogenannten Lokationspriviles der Städte Kulm und Thorn, das 1233 vom Orden ausgestellt, an alle potentiellen deutschen Kolonisten gerichtet war, und vom

»Christburger Traktat« aus dem Jahre 1249, der den Bereich der Rechte und Pflichten der einheimischen Bevölkerung regelte[11]. In beiden Dokumenten tritt der Deutsche Orden als souveräne territoriale Macht auf. Er organisiert also von Anfang an eine zentralisierte Gebietsverwaltung und verschafft sich energisch die Grundlagen seiner Wirtschaftsmacht. Diese Voraussetzungen ermöglichten es auch, den Sitz des Hochmeisters bereits zu Beginn des 14. Jahrhunderts nach Preußen zu vorlegen und die Marienburg zur Hauptburg des Ordensstaates zu bestimmen.

Unter solchen Gegebenheiten wurde in Preußen ein in Europa außergewöhnlicher theokratischer Staat geschaffen, den der Hochmeister eines Ordens und seinen Beamten regieren. In den Markgebieten der damaligen christlichen Welt organisiert, nahm er den Charakter eines militärischen »Schanzstaates« an[12].

Hierzu bedurfte es natürlich einer doktrinellen Sonderbegründung[13]. Der verfassungsrechtliche Status wurde auf die Konzeption der römischen Kurienvertreter gestützt, insbesondere auf die Abhandlung »De regime civitatum« von Johannes von Viterbo[14]. Die Kurienvertreter behaupteten die Vorrangigkeit des hierokratischen und autokratischen Kirchenstaats. Seine übergeordnete Aufgabe sollte die Ausbreitung des »Gottesreiches« auf Erden sein. Dieser Staat stellte also ein metaphysisches Gebilde dar, das in sich selbst die transzendentale Ordnung der himmlischen »Civitas Dei« widerspiegeln sollte. Seine besondere Rolle wuchs noch mit der Funktion des »Frontstaates«, der – nahezu selbstverständlich – die Kirche und das von Christi Feinden bedrohte Christenvolk verteidigen sollte. Diese Idee hat der Deutsche Orden zusätzlich mit Hilfe der legendären Prophezeiungen der Tiburtinischen Sybille erweitert, die gerade hier – »ab aquilonaris« – die Brutstätte der Gegner des Heiligen Kreuzes lokalisierte, die vom mythischen Volk Goga, den Dienern des Tyrannen Magog, unterstützt würden. Der Orden nutzte dabei die Losungen Bernhards von Clairvaux, die 1146 anläßlich des Frankfurter Reichstags verkündet worden waren und sich auf die Kreuzzüge gegen die Heidenvölker jenseits der Elbe bezogen. Er deutete auch auf den »Norden« als dasjenige Territorium hin, in dem der Satan verstärkt walten sollte.

Das alles schuf die nötigen Grundlagen, um Wesen und ideologischen Sinn der Kreuzzüge vom Heiligen Land auf bewaffnete Handlungen und Kriegszüge in Preußen zu übertragen. Aus diesem Grunde konnte Peter von Dusburg sie folgendermaßen definieren: »Hec sunt illa nova bella, que elegit Dominus«[15]. Diese Kreuzzüge waren nämlich nicht gegen die einheimischen Heiden, sondern gegen die sich in ihrer Gestalt versteckenden »filii diaboli« gerichtet. Unter diesen Bedingungen haben die Pruzzenkriege des Deutschen Ordens einen höheren Rang erworben: »[...] hoc bellum carnale non est, sed spirituale«[16], und seine Ritter – jene metaphysische »militia Christi« – wurden in seinen Statuten zu einer transzendentalen Einrichtung aufgewertet: »Hec enim militia celi et terrae, typo prefigurata solo et precipua esse videtur, que vicem Christi in opprobio sue crucis deleat«[17]. Deshalb auch »magna signa et forcia mirabilia fecit Deus exelsus per dictos fratres in terra Prussie«[18]. Zu diesem besonderen Zweck wurden die Ordensritter nicht nur mit »armis carnalibus, sed spiritualibus« gerüstet[19].

All das erhob deutlich den Ordenstaat – »ordinis regnum« – in den Rang einer metaphysischen Realität mit allen Attributen und Charisma der Herrschaft aus »Gottes Hand«. Seine Herrscher werden zu Beauftragten Gottes: »novi sub tempore gratiae Machabei«[20]. Diese ungewöhnliche Vision, deren Grundlagen das verfassungsrechtliche Vorhaben Hermann von Salzas geschaffen hatte, skizzierte am deutlichsten Kardinal Wilhelm von Modena, ein engagierter Fürsprecher des Ordenstaates in Preußen, der auf dem Konzil im Lateran 1215 als Schöpfer der Idee des Primats der geistlichen Macht über die weltliche auftrat[21]. Diese Herrschaftsphilosophie prägte sich schnell und tief in das Gemeinschaftsbewußtsein des Ordens ein. Sie wurde zum Hauptsinn der Herrschaftsagitation, über die man in der autopanegyrischen Chronik Peters von Dusburg[22] oder aber in den Versen des theologisch-politischen Kommentars zur Apokalypse des hl. Johannes von Heinrich von Hesler[23] ausführlicher lesen kann. Ihre Spuren findet man in zahlreichen Akten der Ordenskanzlei und sogar im Zeremoniell der Inthronisation und Beisetzung des Hochmeisters. Selbstverständlich drang diese Philosophie auch in die Kunst ein, die vom Deutschen Orden in einer für die mittelalterlichen Herrscher typischen Art und Weise in seine Herrschaftspropaganda einbezogen wurde[24]. Diese Themen unterscheiden die ordensstaatliche Kunst wesentlich vom künstlerischen

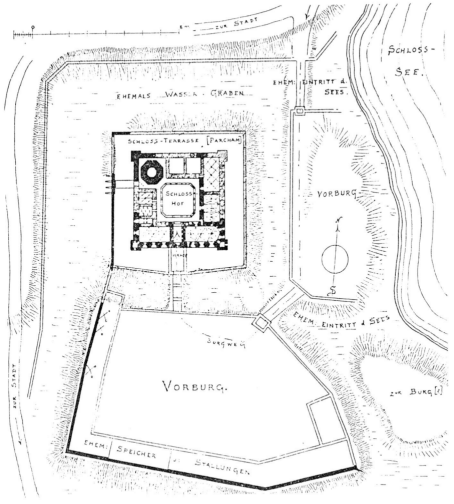

1. Rehden, Schloßanlage mit zwei Vorburgen

Schaffen des Deutschen Ordens in den Häusern der übrigen deutschen Ballei. Dort gab es gängige Devotionsprogramme, die in Preußen verstärkt der Agitation und Glorifizierung der Herrschaft dienten[25]. So scheint es, daß man die Kunstformen und die ideologischen Programme der preußischen Ordensburgen auch in diesem Kontext betrachten kann. Die Ordensburgen waren nämlich in erster Linie militärische Sitze von Feudalherren. Das bringt schon die Namenskunde an den Tag, da überall Namen auftreten, wie »castrum«, »Burg«, »Hause«, »Hus«, »Haus«, was eindeutig ihren Status und ihre Funktion charakterisiert. Damit unterscheiden sie sich von den Ordenssitzen der deutschen Ballei, die im Einklang mit ihrer Funk-

tion und Bestimmung als »curia«, »Hof« oder meist »Hospital« bezeichnet wurden[26]. Ähnlich hat auch die historische Benennung der einzelnen Räume in preußischen Burgen mit der in Klöstern gebräuchlichen Nomenklatur nichts gemeinsam.

Das Burgmodell, das als künstlerisches Aushängeschild für die Idee der neuen Gebietsherrschaft des Deutschen Ordens in Preußen anerkannt werden wollte, erscheint hier bereits um 1260/1265. Erste Schöpfung dieses Modells war sicherlich der Sitz des Landmeisters in Elbing[27]. Früher, d. h. noch während des Krieges, waren hier Warten in Holz-Lehm-Bauweise errichtet worden, die wir aus Grabungen in Alt-Marienwerder, Königsberg, Friedeck-Briesen und Grunenberg kennen[28]. Sie

2. Rehden, Schloß. Ansicht von der Südseite nach Mewe: Verbindung des Schlosses mit der Vorburg und der Stadt

3. Rekonstruktion der ursprünglichen Gestalt des Schlosses in Lochstädt

4. Rehden, heutige Ansicht der Schloßruine von der Südostseite

wurden nach dem Muster der brandenburgischen Burgen gebaut, in denen die Tradition des römischen und karolingischen Grenzwartenbaus überdauert hatte. Die ältesten gemauerten Burgen dagegen, die vom Deutschen Orden 1250/1260 in den eroberten kulmerländischen Gebieten errichtet worden waren und die wir in erhaltenen Fragmenten noch in Thorn, Birgelau, Engelsberg und in Balga im Natangischen sehen können, entlehnten ihre Muster den Rittersitzen in Thüringen und Franken. Diese Burgen wurden aber von Maurern errichtet, die aus den Backstein-Bauhütten der Altmark (Jerichow, Stendal), aus der Mark Brandenburg (Lehnin, Brandenburg [Dom]) und auch aus der Neumark (Landsberg a. d. W., Dramsburg, Friedeberg) kamen. Ihren Platz übernahmen im letzten Viertel des 13. Jahrhunderts Meister, die in den Bauhütten des Klosters in Chorin und der Franziskanerkirche in Berlin gearbeitet hatten[29]. Sie haben – im Widerspruch zu ihrer künstlerischen Erfahrung – mit großem Aufwand und Erfolg in Terrakotta-Material vortreffliche Steinmetzformen nachgeahmt, die sie entweder im

Magdeburger Dom oder – seit etwa 1290 – in den Kirchen des Oberrheingebiets oder Schwabens gesehen hatten.

Sie konnten ungewöhnlich elegante und stilistisch vollkommene Detailformen entwickeln, die dem Burginneren ihren Charakter verliehen. Zugleich führten sie einen neuen Burgtypus ein, der in der Fachliteratur ziemlich unglücklich als »Konventburgtypus« bezeichnet worden ist[30]. Zum ersten Mal scheint dieses Schema – wie bereits erwähnt – in der Burg von Elbing verwirklicht worden zu sein, wurde aber dann beim Bau der Burgen in Brandenburg, Königsberg, Lochstädt, Marienburg, Rehden, Strasburg, Roggenhausen, Graudenz und anderen wiederholt. Bereits vor 1300 wurde dieser Typ so populär, daß man ihn nicht nur beim Bau von Komtursitzen, sondern auch bei der Errichtung der Vogt-, Pfleger- und Kammeramtburgen oder auch bei Grenzwarten anwendete. Selbstverständlich wurde dieses Muster nicht immer im ganzen genutzt. Nach Bedarf wurden Anzahl und Größe der Bauten reduziert, doch die Eigenschaften des Grundtyps änderten sich nicht.

5. Ansicht der Südfassade des Schlosses in Graudenz vom Ende des 18. Jahrhunderts

Und was am wichtigsten zu sein schien: Es blieb immer die Möglichkeit erhalten, die Bauten bis zum vollen Programm zu ergänzen. Beispiele solcher begonnenen und nicht zu Ende geführten Burgen finden wir in Soldau, Osterode, Barten, Rhein und etappenweise errichtete Burgen in Marienburg, Mewe und Gollub. Sie illustrieren die Konzeption der vollen Bauausführung in Abschnitten. Festzustellen bleibt, daß dieses Modell noch sehr lange in Gebrauch war, eigentlich bis zum Ende der Zeit des Deutschen Ordens in Preußen. Es wurde wiederholt, dies unabhängig von Wandlungen im »Stil der Zeit«, vom individuellen künstlerischen Standpunkt und von den Erfahrungen der nächsten Architekturgenerationen. Es war also ein Kanon, eine künstlerische Norm, die den Ansprüchen des Ordensinvestors recht präzise entsprochen haben muß. Er erfüllte sicherlich die Erfordernisse der Verteidigung, des Wohnens und der Repräsentation. Und er verkörperte sicherlich auch geistige Inhalte, die der Orden in seinen preußischen Niederlassungen zum Ausdruck bringen wollte.

Die Form, Funktion sowie das Programm dieser Bauten wurden wahrscheinlich im Kreise des Hochmeisters des Deutschen Ordens in den Jahren 1260/1265 konzipiert und dem Landmeister in Preußen zur Ausführung überwiesen. Zahlreiche Geschichtsquellen, darunter auch die Ordensstatuten, weisen eindeutig nach, daß alle Beschlüsse über den Bau neuer Burgen am Hofe des Hochmeisters und des Ordensmarschalls gefaßt worden sind. Diese Würdenträger beschafften auch die notwendigen Geldmittel, das Baumaterial, ent-

sprechende Arbeitskräfte und schickten Baumeister auf die Baustellen, die in Weisungen und mit einem »Abryss vel Gelegenheit, Gestalt« der Bauten ausgerüstet waren. Die Ordensverwaltung in Preußen besaß bereits seit Anfang der sechziger Jahre des 13. Jahrhunderts eigene Ziegeleien und Bauhütten, mit deren Hilfe sie auch eigene Bauvorstellungen verwirklichen konnte. Dies kam in der Konvention »ex luto castrum« zum Ausdruck. Die Burg wurde gewöhnlich abseits, zwischen Sümpfen oder an einem See errichtet. Der eigentlichen Burg waren meist zwei oder drei befestigte, geräumige Vorburgen vorgeschaltet, von denen sich eine oft zu einer »Burgstadt« entwickelte. Das kompakte, gewaltige Hauptgebäude ragte über die ganze Burganlage und die Umgebung empor. Es stand auf einem kleinen Burghof – hier »Parcham« genannt –, der von einem doppelten Wehrmauerring und einem Graben umgeben war, die die eigentliche Verteidigungsanlage bildeten. Das Wehrsystem des Hauptgebäudes war nämlich auf die Verteidigung »im Turm« oder »von Turm« beschränkt. Dieser Bau hatte die Gestalt eines mäßigen, schlanken, turmartigen Körpers. Seine glatten, rohen Fassaden gliederten unregelmäßig verteilte Fensteröffnungen verschiedener Größe. Hauptakzente der Fassaden bildeten die hohe Torarkade und schwach betonte Eckrisalite. So haben lediglich hohe Dächer mit reich verzierten Giebeln und Ecktürmchen diesen rohen Baukörper belebt. Die Dächer überragte ein schlanker oktogonaler – seltener quadratischer – Turm, der die Funktion eines Bergfrieds erfüllte. In der inneren Ecke der Burg plaziert, war der Turm entweder mit dem Wohnflügel »verschmolzen« (z. B. in Mewe, Königsberg, Lochstädt, Marienburg, Gollub) oder stand separat (z. B. in Rehden, Strasburg, Graudenz). Hinter dem äußeren »Wandmantel« waren die vier Flügel der Wohnbauten versteckt. In der Mitte dieser Anlage befand sich ein kleiner schachtartiger Hof, der von gemauerten Kreuzgängen oder hölzernen Galerien umgeben war. Alle Flügel wurden einheitlich in allen Geschossen durch fluchtende Räume verbunden. Die Geschichtsquellen informieren uns recht genau über die Funktion der einzelnen Räume jedes Stockwerks. In zwei Kellergeschossen und dem Erdgeschoß wurden Lebensmittellager, Rüstkammern, Gefängnis, Küchen, Bäckereien, Brauereien und der Ofen für die zentrale Heizung untergebracht. Im Erdgeschoß befanden sich die Eßsäle, Schlaf-

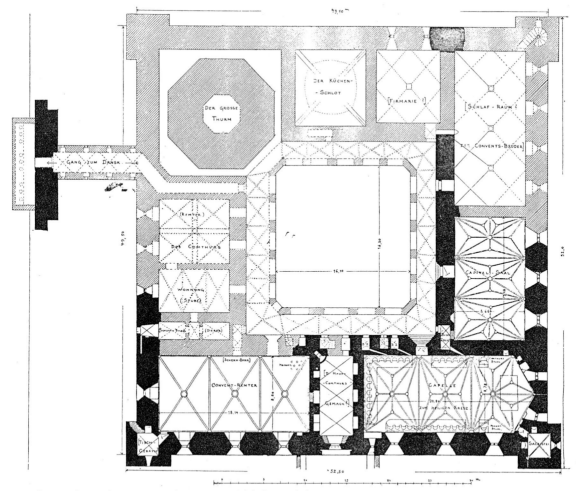

6. Rekonstruktion des Hauptgeschosses vom Schloß in Rehden

räume und die ständigen Aufenthaltsräume für Gesinde, Diener, Knechte und Gästebedienung. Diese einfache Zweckbestimmung hat aber dem Anspruch der Architektur, ihrer Proportionierung und ihrem Stil nicht geschadet. Die genannten Räume unterscheiden sich jedoch erheblich von den aufwendigen Gemächern des ersten Stockwerkes, das als typisches »piano nobile« betrachtet wurde und über dem sich weitere Lager und um das Dachgeschoß laufende Schießgänge befanden. So gab es nur im ersten Stock Hauptsäle und Gemächer, unter ihnen die Aula (in der dortigen Fachliteratur falsch als Kapitelsaal bezeichnet),

der Festsaal (irrtümlicherweise Refektorium genannt), der gemeinsame Schlafsaal der Ordensritter und der Gäste, zahlreiche Kammern und Stuben, darunter auch diejenigen, die ausschließlich dem Burgherrn, seinem Stellvertreter und dem Treßler zur Verfügung standen. In diesem Stockwerk gab es auch Stuben, die für besondere Gäste und ihren kurzweiligen Aufenthalt reserviert waren. Selbstverständlich bestand hier ebenfalls eine Burgkapelle, die sowohl für Ordenspriester, Ordensritter und weltliche Gäste als auch für die Bevölkerung aus benachbarten Städten und Dörfern zugänglich war. Allen diesen Räumen wurde

7. Inneres der Keller im Schloß Marienwerder

eine ungewöhnlich sublimierte architektonische Gestalt verliehen, für die man in anderen damaligen europäischen Residenzen keine Analogie findet. Die Räume wurden bildhauerisch und malerisch reich ausgeschmückt, wovon heute nur geringe Reste erhalten blieben. Gleiches galt für Gegenstände des täglichen Gebrauchs, über die man lediglich in den Geschichtsquellen lesen kann. Das alles verlieh den Innenräumen ein so reiches

Aussehen, daß sie mehr an die höfische Kultur als an das Klosterleben erinnerten: ein Faktum, das bereits seit Ausgang des 13. Jahrhunderts hervorgehoben worden ist. Überdies trugen die in großer Zahl zu den Kreuzzügen eintreffenden Fürsten und Ritter in den preußischen Burgen zusätzlich zum Klima eines Feudalhofes bei[31].

Dieser Lebensstil stand im Widerspruch zu den Ordensregeln, mehr aber noch zu den geistigen

Forderungen eines Bernhard von Clairvaux, jenes inbrünstigen Apologeten des kreuzritterlichen Ethos[32]. Von diesen Wunschbildern blieben im Deutschen Orden in Preußen lediglich Mythos und Legende, die sich in der autopanegyrischen Literatur des 14. Jahrhunderts verewigt haben. Dieser Mystifikation sind auch wir unterlegen, wenn wir die hiesigen Ordensburgen innerhalb der Gruppe der Wehrklöster erörtern.

Mit diesem Kenntnisstand müssen wir zur alten – heutzutage mit Unrecht vergessenen – These von Georg Dehio[33] zurückkehren, die die Form und Funktion der Deutschordensburgen in Preußen auf die Bautraditionen der Residenzen von Kaiser Friedrich II. in Apulien und auf Sizilien zurückführt, bei deren Errichtung der Hochmeister Hermann von Salza keine geringe Rolle spielte haben dürfte[34].

Dieses war aber nicht das einzige Muster, das die Schöpfung des preußischen Burgenmodells ermöglicht hat. Sein Baukörper – hohe Türme, einzeln auf kleineren Höfen errichtet, von Wehrringmauern umgeben – erinnern an die alten normannisch-englischen Donjon-Burgen. Ein einfacher Vergleich der Silhouetten dieser Objekte mit so charakteristischen Beispielen wie den französischen Burgen in Langeois, Loches, Falaise, Niort, Chinon und anderen, oder mit den englischen Burgen in Dover, White Tower in London, Rochester, Newcastle, Richmond[35], erlaubt uns, die Wichtigkeit auch dieser Beispiele im Bauprozeß der preußischen Wehranlagen besser zu verstehen. Ähnlich wie dort bestand hier ein charakteristischer Funktionszusammenhang einzelner Innenräume in den jeweiligen Stockwerken, auch hier dienten die vorletzten Geschosse Wohn- und Repräsentationszwecken. Es lohnt sich, die Aufmerksamkeit auf die zwar nicht sehr zahlreichen, aber doch ungewöhnlich charakteristischen Beispiele englischer Donjon-Burgen mit Innenhof vom »shellkeep«-Typ[36] zu lenken. Auch sie werden – wie die preußischen Burgen – durch kleine Innenhöfe, die von einem durchgehenden Gebäudezug mit fluchtenden Innenräumen miteinander verbunden sind, geprägt. Wie die Forschung feststellen konnte[37], wurde dieses Modell im 12. Jahrhundert auf das Gebiet des Normannischen Königreiches Sizilien übertragen und schließlich zum Muster für die dortigen Residenzen Kaiser Friedrichs II. Es wurde damit in der Folge von der spezifischen Mittelmeerkultur und der Tradition der Antike beeinflußt, die am Kaiserhof der letzten Hohenstaufen besonders gepflegt wurden. Beide entschieden schließlich über die Transformation des rohen, einfachen normannischen Donjons in eine bequeme und repräsentative Kaiserresidenz. Der Entwicklungsschritt hierzu läßt sich am Beispiel der »Innenhof«-Donjons auf Sizilien nachweisen, z. B. in Aderno, in der Zisa in Palermo, in »Turmburgen« dieses Typs in Caronia, Termoli, Lucera und Castel del Monte bis hin zu den apulischen Residenzen vom »castello«-Typ, wie wir sie aus den Beispielen in Foggia, Bari, Trani, Augusta, Catania usw. kennen. In dieser neuen Form wurden sie im 13. und 14. Jahrhundert allgemein bei der Errichtung von Sitzen italienischer Päpste, dortiger Könige und Fürsten und sogar von souveränen Stadtkommunen mit ihrem »palazzo del commune« nachgeahmt[38]. Dieses Modell wurde auch gern in den Residenzen der deutschen und mitteleuropäischen Thronprätendenten kopiert. So in den uns nahe gelegenen Beispielen in Österreich (wie in der Wiener Hofburg und der Wiener Neustadt) oder in Böhmen (z. B. den Burgen von Přemyslav Otakar II. in Písek, Zvíkov, Špilberg in Brünn), die von der ungewöhnlichen Popularität dieses Modells zeugen[39]. In ihnen aber entschied die lokale Wehrbautradition über die unnatürliche Verbindung des regulären Modells des kaiserlichen »castello« mit der Konzeption des irregulären deutschen »Randhausburgtypus«[40]. Dies führte in Konsequenz zur Auflockerung des kompakten stereometrischen Baukörpers des italienischen Schlosses und zu seinem Wandel in einen Komplex von vier zu einem »Quadrat« zusammengesetzten Häusern, die von einer gemeinsamen Mauer umringt waren. Zusätzlich wurde im Bereich der Burg noch ein Bergfried in der Hofecke errichtet. Obwohl viele Modifikationen vorgenommen wurden, hat man nie eine so vollkommene Form erreichen können, wie man sie in Preußen entwickelte[41].

So müssen wir die hiesigen Burgen als individuelle, selbständige Schöpfungen anerkennen, auf die im gleichen Grade die Muster der normannisch-englischen Donjon-Burgen, der Kaiserresidenzen und anderer Sitze der italienischen Feudalherren Einfluß ausgeübt haben, die aber auch um die Tradition der deutschen »Randhausburgen« bereichert wurden. Im Verhältnis zu letztgenannten zeichnen sich die preußischen Schöpfungen aus durch ungewöhnliche Stereometrie des Baukör-

8. Kapitelsaalinneres der Hochburg in Marienburg

pers, Regelmäßigkeit des Plans, außerordentliche Anordnung der Innenräume und durch das besondere Klima »metaphysischer Architektur« der herrlichen und komfortablen Säle, Gemächer und sogar der Wirtschaftsräume. Die Architektur dieser Innenräume sollte man – von evidenten formalen Entlehnungen abgesehen – als beeinflußt von damaligen Klosterbauten in Südwest-Deutschland und von Kapitelsälen der englischen Kathedralen ansehen[42]. Ihr Aufwand diente gewiß dazu, den Innenräumen die Merkmale des »Sakralen« zu verleihen, an denen es in anderen damaligen europäischen Residenzen entschieden mangelte. Diesem Zweck dienten im gleichen Grad sowohl die ideale Form des Raumes als auch das sublimierte architektonische Detail sowie die bildhauerische

9. Die Schlacht der christlichen Herren – unter kaiserlichem Befehl – gegen die Armee der Antichristen (Goga-Magoga Völker). Der Bannerträger der Christlichen Ritter ist ein Deutschordensritter.

und malerische Ausschmückung, die diesen Innenräumen überirdische Züge verlieh. Hierdurch erhielten die Burgen des Deutschen Ordens in Preußen eine besondere semantische Bedeutung.

Das bestätigen auch alte Beschreibungen und charakteristische Benennungen, bei denen sich das Irdische mit dem Himmlischen mischt. Ihre Symbole lassen sich in mehreren Bedeutungsebenen realisieren. Erstens: Durch die Wiederholung der sehr charakteristischen Silhouette der normannisch-englischen Donjons wurde das feudale Recht des »military looks«[43] demonstriert, dessen Sinn sich nach deutschem Verständnis in der Errichtung des Bergfrieds verstärkt, der seinerseits das germanische Privileg der »Schwertmacht«[44] dokumentiert. Indem man diese Türme oder auch die Burgfassaden mit Galerien von Wappen des Ordensstaates und seiner Würdenträger schmückte (so in Schlochau und Marienburg), wurde in pragmatischer Weise die Verbindung der Selbstverteidigungsprivilegien mit konkreter Macht gezeigt. Indem man das italienische Muster

der prachtvollen und luxuriösen Kaiserresidenz zum Vorbild nimmt, artikuliert man auch den Rechtsstatus des Ordenstaates[45], wiederholt eine Machtformel, die dem Orden in Preußen von Kaiser Friedrich II. mit der »Goldenen Bulle«, verkündet in Rimini 1226, verliehen wurde. War dies ein Mandat des ausschließlich irdischen Rechts, so war dem Deutschen Orden in Preußen aber eine Raison höheren Ranges viel wesentlicher, weil sie ihn zum Aufenthalt in den eroberten heidnischen Gebieten der »terra nulla« nicht nur berechtigte, sondern geradezu herausforderte. Deshalb sollte die theokratische Form der hiesigen territorialen Macht betont werden. Diese Symbolik mußte natürlich der offiziellen theologisch-politischen Ordensdoktrin entsprechen, wie sie sich in der Gestalt der augustinischen Idee der »Civitas Dei« ausdrückt, die mit dem apokalyptischen Bild des »Neuen Jerusalem« korrespondiert. Dieser Topos fand bereits im Prolog zu den Statuten über die Gründungsziele und Aufgaben des Ordens in Preußen Erwähnung. Indem man die apokalypti-

10. Das Schloßtor in Birgelau bei Thorn. In einer Tympanonszene Besiegung der Preußen durch Deutschordensritter als »miles Christi«

sche Vision des hl. Johannes auf der Insel Patmos ins Gedächtnis rief, der das »neue Jerusalem« sah, verstand man es im Sinne der »ecclesia militans«, aus der die Scharen der Himmelsritter hinabsteigen, um auf Erden gegen die Ungläubigen im Heiligen Land und die Heiden des Nordens zu kämpfen[46]. Dasselbe Bild finden wir im theologisch-politischen Traktat Heinrich von Heslers. Im letzten Kapitel seines Kommentars erscheint eine ähnliche Vision des »irbuwen Jherusalem die nuwen«, das einer Wehrburg gleicht. Der Autor erklärt weiter, daß dieser überirdische Bau sich auf Erden lediglich in »ein Goteshus, kirche, clus oder unser hus« verwandelt[47]. So wie ihr himmlischer Archetyp sind sie »das maz des menschen genist,

also das man der engele ist«. So verwirklichen sie sich in den idealen Proportionen der transzendentalen Stereometrie: »Maz der Burg geziert in vier gleich gewiert, Wen ihr hoe was glich der lange, Und ir wite was glich der enge«[48]. Dank dem zeigt sich uns diese Visionsburg »in ein hoen groze berg irbuwen [...] mure groz und reich habende«, denn – wie es Hesler besonders betont – soll sie der Verteidigung vor höllischer Macht dienen: »Do Lucifer vorstozen wart, und an das verboten ris«[49].

Selbstverständlich weicht diese astrologisch-metaphysische Auslegung der prophetischen Vision des hl. Johannes nicht weit von anderen ekklesiologischen Kommentaren ab, was bereits

11. Goldene Pforte der Schloßkapelle in Marienburg, mit ekklesiologischem Programm des Kampfes der irdischen Kirche mit dem höllischen Bösen

Curt Schumann bemerkt hat[50]. Heinrich von Hesler hat aber im 13./14. Jahrhundert den symbolischen Sinn dieses Bauwerkes als zur militanten Verteidigung der Kirche und der Christengemeinschaft dienenden Burg gedeutet. Er verlieh diesem allegorischen Bild den Sinn des eigentlichen Wesens und des geschichtlichen Schicksals des Deutschen Ordens in Preußen. Es läßt sich gut verstehen, daß dieser Topos des politischen Ordensmanifestes auch über den Gestaltwandel der preußischen Burgen in ein bestimmtes, verständliches Symbolbild entscheiden mußte. Das vom Orden übernommene formale Muster, das mit bestimmten Bedeutungen belegt war, konnte unter dem Einfluß der Ordensideologie neuen Sinn erlangen und neue Inhalte verkünden. Über diese Metamorphose informieren uns zahlreiche Geschichtsquellen, in denen die hiesigen mittelalterlichen Burgen nicht selten »Gotes Hus« oder sogar »Gottesburg« genannt werden[51]. Die einzelnen Bauten tragen bis heute charakteristische Namen wie »Christburg«, »Marienburg«, »Frauenburg«, »Engelsburg«, »Georgenburg« und »Lanzenburg«. Indem sie auf diese Weise metaphysische Werte hinzugewannen, mußten sie diese auch in ihrer Bauform ausdrücken. In Übereinstimmung mit Heslers Beschreibung wurde die Idee des »himmlischen Jheruslaem die nuwen« in der Idealisierung des stereometrischen Baukörpers und der »Sakralisierung« der Innenräume architektonisch ausgedrückt[52]. Es entstand ein architektonisches Zitat, das Wesen und Mission des preußischen Ordensstaates »ab aquilonaris« explizierte[53]. Dieses Bild stellte zudem eine visuelle Antithese der »Civitas diabolis« dar, die gerade hier im Norden ihre »Weiselzelle« hatte. Das schuf wiederum eine zweite ungewöhnlich ausdrucksvolle Bedeutungsschicht. Die hiesigen Burgen verwandelten sich in metaphysische Festungen, die auf die Verteidigung von Angriffen der höllischen Mächte gerüstet waren. Zu charismatischen Schilden wurden die auf die Dachgiebel der Bauten gemalten Gestalten der Heiligen. Eine ähnliche Funktion erfüllte die kolossale Figur der »Apokalyptischen Jungfrau« an der »Schild-Wand« der Burgkapelle der Marienburg[54]. Das Böse wurde auch von apotropäischen Aufschriften und Zeichen vertrieben, die zahlreich an den Fassaden vieler Burgen vorkommen. Und das Böse schlich in der Gestalt von zoomorphen Gestalten von allen Seiten heran. Es kroch an den Archivolten der Portale empor (z. B. in Marienburg), schaute durch die Fenster hinein (in Lochstädt), versteckte sich unter den Turmdächern (in Marienburg und Strasburg) oder hockte sogar auf den Gewölbekragsteinen der Innenräume (z. B. in Marienburg, Lochstädt, Thorn, Soldau). Man

mußte also gegen Mächte kämpfen, die von der Hölle geschickt worden waren, um das Gotteswerk zu vernichten. Davon zeugt auch deutlich das ikonographische Programm der »Goldenen Pforte« der Kapelle der Marienburg[55].

Die Widerstandskraft gegen das Böse – was so ausdrücklich von Peter von Dusburg in seiner »Chronica terrae Prussiae« beschrieben wird – heiligte wiederum den Orden der Ritter. Als jene metaphysische »militia Christi«, die auf Gottes Geheiß zum Kampf mit den »Teufelssöhnen« ausgeschickt wurde, hatte er das Recht, die halbsakralen Innenräume der Burgen zu bewohnen. Die Ritter genossen dabei das Privileg, das für sie von Bernhard von Clairvaux sozusagen reserviert worden war. Von hier aus konnten sie die Überzeugung gewinnen, sie wären ihren Vorgängern aus den Kriegen im Heiligen Land gleich, wie das in der Malerei der Innenräume der Burg in Lochstädt zum Ausdruck gebracht wurde[56]. Sie konnten auch vermuten, daß sie sich hier auf die endgültige Schlacht vorbereiten, die Christi Heerbanner mit dem Volk des Antichristen auszutragen hatten[57]. Schließlich konnten sie sogar die Portale ihrer Festungen mit den Vorstellungen der die Heiden bezwingenden »militia Christi« stempeln, wie man das im Tympanon der Pforte in der Burg zu Birgelau sehen kann[58].

All das verschafft eine ungewöhnliche Sprache der künstlerischen Überlieferung, die reich an rhetorischen Zeichen und Symbolen ist. Letztere sind selbstverständlich ein Symptom des selbständig gestalteten ideologischen und kulturellen Klimas in diesem seltsamen Ordensstaat, der durch eine Schicksalsfügung am Rande des «universum mundi» so hartnäckig zu kämpfen hatte.

Als exponierten Vertreter eines derart verstandenen Auftrages müssen wir uns den Deutschen Orden mit seiner Kunst in Preußen vergegenwärtigen.

1 Als solche wurden sie angesehen von: *von Quast, F.*: Beiträge zur Geschichte der Baukunst in Preußen, in: Neue Preußische Provinzial-Blätter, IX, 1850, S. 10; *Schnaase, C.*: Geschichte der Bildenden Künste, Bd. 4, Düsseldorf 1878, S. 323; *Töppen, M.*: Zur Baugeschichte der Ordens- und Bischofsschlösser in Preußen, in: Zeitschr. d. Westpreußischen Geschichtsvereins 7, 1882, S. 64–78; *Dewischeit, C.*: Der Deutsche Orden in Preußen als Bauherr, in: Altpreußische Monatsschrift 36, 1899, S. 145–222. – Die Meinung dieser Autoren wird verbreitet durch: *Steinbrecht, C.*: Die Baukunst des Deutschen Ritterordens in Preußen, Bd. 1–4, Berlin 1885–1920; *Becker, F.*: Die Profanbaukunst des Deutschen Ritterordens in Preußen, Diss. Greifswald 1914; *Clasen, K. H.*: Entwicklung, Ursprung und Wesen der Deutschordensburg, in: Jb. f. Kunstwiss., 1926, S. 1–37; *ders.*: Die mittelalterliche Kunst im Gebiete des Deutschordensstaates Preußen, Bd. 1 – Die Burgbauten, Königsberg 1927; *Schmid, B.*: Baukunst und bildende Kunst zur Ordenszeit, in: Deutsche Staatenbildung und deutsche Kultur im Preußenlande, hrsg. v. *P. Blunk*, Königsberg 1931, S. 116–150; *ders.*: Die Burgen des Deutschen Ordens in Preußen, in: Archiv für Landes- und Volksforschung 6, 1942, H. 1/2, S. 80–84; *ders.*: Die Burgen des Deutschen Ritterordens in Preußen, Berlin 1938. – Die Meinung vorgenannter Autoren hat sich bis zum heutigen Tage gehalten. Vgl. z.B.: *Tumler, M.*: Der Deutsche Orden im Werden, Wachsen und Wirken bis zum Jahr 1400, Wien 1955, S. 474; 800 Jahre Deutscher Orden, Katalog der Ausstellung Nürnberg 1990, S. 51–52; *Dygo, M.*: Die Architektur der Deutschordensburgen in Preußen als historische Quelle, in: Zeitschr. f. Ostforschung 36, 1987, H. 1, S. 52–60; *Arszyński, M.*: Der Deutsche Orden als Bauherr und Kunstmäzen, in: Die Rolle der Ritterorden in der mittelalterlichen Kultur, hrsg. von *Z. H. Nowak*, Toruń 1985, S. 145–166; *ders.*: Deutschordensburg, in: Lexikon des Mittelalters, Bd. 3, München 1986, Sp. 914–917.

2 Zuletzt: *Binding, G./Untermann, M.*: Kleine Kunstgeschichte der mittelalterlichen Ordensbaukunst in Deutschland, Darmstadt 1985, S. 321–326.

3 Z. B. Steinbrecht (wie Anm. 1), Bd. 2 – Preußen zur Zeit des Landmeisters, Berlin 1888, S. 1–2; *Piper, O.*: Burgenkunde, Bauwesen und Geschichte der Burgen, München 1912³, S. 599; *Dehio, G.*: Geschichte der Deutschen Kunst, Bd. 2, Berlin/Leipzig 1923, S. 304; hauptsächlich: *Winning, A.*: Der Deutsche Ritterorden und seine Burgen, Königstein 1939, S. 77 ff.

4 *Treitschke, H.*: Das Deutsche Ordensland Preußen, in: Preußisches Jb. 10, 1862, S. 95–151; ebenso: *Ewald, A.*: Die Eroberung Preußens durch die Deutschen, Halle a. d. S. 1872; *Krollmann, Ch.*: Politische Geschichte des Deutschen Ordens, Königsberg 1931; *Maschke, E.*: Der Deutsche Ordensstaat, Gestalten seiner Großen Meister, Hamburg 1931; *Schumacher, B.*: Geschichte Ost- und Westpreußens, Königsberg 1937; *Kasiske, K.*: Der Deutsche Ritterorden. Seine politische und kulturelle Leistung im deutschen Osten, Berlin 1942 u.s.w.

5 Diese These wird formuliert von *F. v. Quast* (wie Anm. 1), XI., 1851, S. 30–40. Ebenso von vielen anderen, hauptsächlich: *Hubatsch, W.*: Montfort und die Bildung des Deutschordensstaates im Heiligen Lande, in: Nachr. d. Akad. d. Wiss. in Göttingen aus dem Jahr 1966, Phil.-Histor. Klasse, 1966, S. 158–159; *ders.*: Zur Typologie von Kreuzfahrerburgen im Orient unter Berücksichtigung des Deutschen Ordens, Bonn 1967, S. 57–64.

6 *Holst, N. v.*: Der Deutsche Ritterorden und seine Bauten, Berlin 1981, S. 94–98, 169–171. – V. Holst meinte, daß das Muster von der spanischen Ballei ausgegangen sei.

7 So *Schuchhardt, C.*: Die Burg im Wandel der Weltgeschichte, Potsdam 1931, S. 286–289; *Lindemann, E.*: Das Problem des Deutschordensburgtypus, Diss. Berlin 1938, S. 7 ff.; *Winnig, A.* (wie Anm. 1), S. 65–86.

8 So *Steinbrecht* (wie Anm. 3), S. 3 ff.; hauptsächlich: *Clasen* 1926 (wie Anm. 1), S. 1–37; *ders.* 1927 (wie Anm. 1), S. 181 ff.; *Schmid* 1938 (wie Anm. 1), S. 5 ff.; *ders.* 1942 (wie Anm. 1), S. 82–83.

9 Z. B.: *Caspar, E.*: Vom Wesen des Deutschordensstaates, Königsberg 1928; *Stengle, E. E.*: Hochmeister und Reich. Die Grundlagen der staatsrechtlichen Stellung des Deutschordenslandes, in: Zeitschr. d. Savigny-Stiftung für Rechtsgeschichte, German. Abt. 85, 1939, S. 178–273; *Forstreuter, K.*: Vom Ordensstaat zum Fürstentum, Kitzingen 1951; *Hubatsch, W.*: Die Staatsbildung des Deutschen Ordens, in: Preußenland und Deutscher Orden, Festschrift für K. Forstreuter, Würzburg 1958, S. 127–152; *Hellmann*: Über die Grundlagen und Entstehung des Ordensstaats in Preußen, in: Nachr. d. Giessener Hochschulgesellschaft 1962, S. 108–124; *Lubenow, H.*: Kaisertum und Papsttum im Widerstreit bei der Gründung des Deutschordensstaates in Preußen, in: Geschichte in Wissenschaft und Unterricht 23, 1972, S. 200 ff.; *Biskup, M./Labuda, G.*: Dzieje Zakonu Krzyżackiego w Prusach, Gospodarka-społeczeństwo-państwo i ideologia, Gdańsk 1986, S. 162 ff.

10 Zitat nach: Preußisches Urkundenbuch, hrsg. v. *M. Perlbach*, Bd. 1, Königsberg 1882, Nr. 56. Staatsrechtliche Analyse durch: *Hellmann, M.*: Zum politischen Aspekt der Goldenen Bulle von Rimini, in: Acht Jahrhunderte Deutscher Orden, Festschrift für M. Tumler, Wien 1967, S. 49–55.

11 *Wenskus, R.*: Das Ordensland Preußen als Territorialstaat im 14. Jahrhundert, in: Der deutsche Territorialstaat im 14. Jahrhundert, hrsg. v. *H. Patze*, Sigmaringen 1970, S. 327–356; *ders.*: Über die Bedeutung des Christburger Vertrages für Rechts- und Verfassungsgeschichte des Preußenlandes, in: Studien zur Geschichte des Preußenlandes, Festschrift für E. Keyser, Marburg 1963, S. 97–118; *Kirsch, G.*: Die Kulmer Handfeste, Sigmaringen 1978.

12 Begriff nach: *Bacon, Roger*: Opus maius, hrsg. v. *J. H. Bridges*, Bd. 3, Oxford 1905, S. 121–122.

13 Die Ideologie des Deutschen Ordens in Preußen war bisher kein Thema historischer Einzeluntersuchungen. Einige Bemerkungen bei: *Schumacher, B.*: Die Idee der Geistlichen Ritterorden im Mittelalter, in: Altpreußische Forschungen 1, 1924, S. 5–24; *Lotter, F.*: Die Konzeption des Wendenkreuzzugs. Ideengeschichte, Kirchenrechtliche und historisch-politische Voraussetzungen der Missionierung von Elb- und Ostsee-Slaven in der Mitte des 12. Jahrhunderts, Sigmaringen 1977; *Hubatsch* (wie Anm. 9), S. 127 ff.; *Küttler, W.*: Charakter und Entwicklungstendenzen des Deutschordensstaates in Preußen, in: Zeitschr. f. Gesch.

Wiss. 19, 1971, S. 1512 ff.; *Boockmann, H.*: Der Deutsche Orden. Zwölf Kapitel aus seiner Geschichte, München 1981, S. 107 ff. u. 181 ff.

14 *Maccarone, M.*: Chiesa a stato nella dottrina di papa Innocento III., Roma 1940, S. 22 ff.; *Ullmann, W.*: Medieval Papalism. The Political Theories of the Medieval Canonists, London 1949, S. 144 ff.; *Kempf, F.*: Papsttum und Kaisertum bei Innocenz III. Die geistige und rechtliche Grundlage zu seiner Thronstreitpolitik, Roma 1954, S. 47 ff.; *Pacaut, M.*: La Théocratie. L'Eglise et le pouvoir au Moyen-âge, Paris 1957, S. 127 ff.

15 *Peter von Dusburg*: Cronicon Terrae Prussiae, in: Scriptores rerum Prussicarum, hrsg. v. *M. Toeppen*, Bd. 1, Leipzig 1861, S. 39.

16 Ebd., S. 22 u. 39.

17 Ebd., S. 29; Die Statuten des Deutschen Ordens nach den ältesten Handschriften, hrsg. von *M. Perlbach*, Halle a. d. S. 1890, S. 24.

18 *P. von Dusburg* (wie Anm. 15), S. 21–22.

19 Ebd., S. 39–46.

20 Ebd., S. 23, 29 u. 39; Statuten (wie Anm. 17), S. 39.

21 *Donner, G. A.*: Kardinal Wilhelm von Sabina, Bischof von Modena, päpstlicher Legat in den nördlichen Ländern, Helsingfors 1929, S. 43 ff.

22 Als politisches Manifest schwach zu erkennen lediglich bei: *Maschke, E.*: Quellen und Darstellungen in der Geschichtsschreibung des Preußenlandes, in: Deutsche Staatenbildung und deutsche Kultur im Preußenlande, hrsg. v. *P. Blunk*, Königsberg 1931, S. 17 ff.; *Bauer, H.*: Peter von Dusburg und die Geschichtsschreibung des Deutschen Ordens im 14. Jahrhundert in Preußen, Berlin 1935; *Pollakówna, M.*: Kronika Piotra z Dusburga, Wrocław 1968, S. 172 ff.

23 Auch schwach nur erkennt dies: *Schumann, C.*: Über Quellen der Apokalypse Heinrich von Heslers, Diss. Giessen 1912, S. 4 ff.

24 Ein bisher in der Literatur nicht aufgegriffenes Thema jüngst bei: *Kutzner, M.*: Propaganda władzy w sztuce Zakonu Niemieckiego w Prusach (in Druck).

25 Ein bisher nicht aufgegriffenes Thema in Randbemerkungen bei: *Domasłowski, J.*: Die gotische Malerei im Dienste des Deutschen Ordens, in: Die Rolle der Ritterorden in der mittelalterlichen Kultur, hrsg. v. *Z. H. Nowak*, Toruń 1985, S. 169–183; *Ciecholewski, R.*: Polityka krzyżacka przełomu 13. i 14. wieku w świetle ikonografii malowideł na skrzydłach pomorskich Madonn Szafkowych, in: Studia Pelplińskie 11, 1980, S. 253–270.

26 Die architektonische Form und Funktion derartiger Anlagen läßt sich an Beispielen wie Nürnberg, Koblenz, Marburg, Würzburg, Regensburg, Frankfurt-Sachsenhausen, Mainz, Halle a. d. S. und auch von Wien, Wiener-Neustadt, Graz, Prag, Troppa u.s.w. kennenlernen.

27 *Hauke K./Stobbe, H.*: Die Baugeschichte und Baudenkmäler der Stadt Elbing, Stuttgart 1964, S. 25–45; *Nawrolski, T.*: Zamek elbląski w świetle nowych odkryć archeologicznych, in: Kwartalnik Architektury i Urbanistyki 31, 1986, H. 1, S. 91–106.

28 *Heym, W.*: Mittelalterliche Burgen aus Lehm und Holz an der Weichsel, in: Altpreußische Forschungen 10, 1933, S. 216–230; *Clasen 1927* (wie Anm. 1), S. 14–18; *Schmid 1938* (wie Anm. 1), S. 3–6; *Arszyński 1985* (wie Anm. 1), S. 147 ff.; *Rzeczkowka-Sławińska, M.*: Zamek w Wąbrzeźnie, in: Rocznik Grudziądzki 4, 1965, S. 8–9.

29 Anders als bei bisherigen Forschern z. B.: *Clasen 1927* (wie Anm. 1), S. 18–30; *Schmid 1938* (wie Anm. 1), S. 7–19; *Frycz, J.*: Architektura zamków krzyżackich, in: Sztuka Pobrzeża Bałtyku, Warszawa 1978, S. 1948.

30 Diesen Begriff führten in die Literatur ein: *Voigt, J.*: Marienburg. Geschichte der Stadt und des Haupthauses des deutschen Ritter-Ordens in Preußen, Königsberg 1824, S. 43 ff.; *v. Quast* (wie Anm. 1), IX, 1850, S. 10; *Steinbrecht 1888* (wie Anm. 3), S. 3. – Begründet wird der Begriff von *Clasen 1927* (wie Anm. 1), S. 13.

31 Hiermit befaßt sich in der Literatur: *Voigt* (wie Anm. 30), S. 49–64, allerdings nur nach den Texten der Statuten und nicht nach anderen hiesigen Geschichtsquellen.

32 Siehe: *Peter von Dusburg* (wie Anm. 15), passim; *Paravicini, W.*: Die Preußenreisen des europäischen Adlers, Bd. 1, Sigmaringen 1989, passim.

33 *Dehio 1923* (wie Anm. 3), Bd. 2, S. 306 u. 304, der die Gründe der Rezeption dieses Modells richtig als architektonisches Symbol der Macht interpretiert.

34 Nicht so, wie er es vermittelt hat: *Kluger, H.*: Hochmeister Hermann von Salza und Kaiser Friedrich II. Ein Beitrag zur Frühgeschichte des Deutschen Ordens, Marburg 1987; *Bering, K.*: Kunst und Staatsmetaphysik des Hochmittelalters in Italien. Zentren der Bau- und Bildpropaganda in der Zeit Friedrichs II., Essen 1982, S. 93–94.

35 Bereits bemerkt von: *Schuchhardt* (wie Anm. 7), S. 285. – Eine Analyse der uns interessierenden Denkmäler bei: *Héliot, P.*: Les origines du donjon residentiel et les donjonspalais romans de France et l'Angleterre, in: Cahiers de civilisation médiévale 17, 1974, H. 3, S. 217–234; *Chatelain, A.*: Donjons romans des Pays d'Ouest, Paris 1972; *Forde-Johnston, J.*: Castles and fortifications of Britain and Irland, London/Toronto 1977, S. 27 ff.; *Allen-Brown, R.*: English castles, London 1974, S. 33 ff.

36 Den wir aus folgenden Beispielen kennen: Windsor, Clifford, Rostermel Castle, Durham, Berkeley, Rothessay, Carisbrooke in England und in Frankreich Montargis.

37 Als erster: *Schuchhardt* (wie Anm. 7), S. 276–283; hauptsächlich: *Krönig, W.*: Il Castello di Caronia in Sicilia. Un complesso normanne del XI seco, Roma 1977, S. 12 ff.

38 *van Moos, S.*: Der »Kastelltypus« als architektonische Würdeform im 14. Jahrhundert, in: Kunstchronik 25, 1972, S. 241–242; *Bering, K./Mönig, R.*: Herrschaftsbewußtsein und Herrschaftszeichen. Zur Rezeption staufischer Architekturformen in der Baupropaganda des 13. und 14. Jahrhunderts, Essen 1988; *Paul, J.*: Die mittelalterlichen Kommunalpaläste in Italien, Freiburg 1963.

39 *Bachmann, E.*: Gotik in Böhmen, München 1969, S. 38–40; *Kuthan, J.*: K otázce geneze kastelů krale Přemysla Otakara II., in: Itálie, Čechy a středni Evropa, v. *J. Homolka*, Praha 1986, S. 109–121.

40 Anders als: *Menclová, D.*: České Hrady, Bd. 1, Praha 1972, S. 203–273.

41 Anders als: *Kuthan* (wie Anm. 39), S. 121; *Bachmann* (wie Anm. 39), S. 40 und letztens: *Durdík, T.*: Mitteleuropäische Kastelle – ein mögliches Vorbild der Ordensburgarchitektur im Baltikum, in: Castella Maris Baltici 1, 1993.

42 In der künstlerischen Sphäre wurden diese Zusammenhänge dargestellt bei: *Clasen 1927* (wie Anm. 1), S. 189–207; *ders.*: Deutsche Gewölbe der Spätgotik, Berlin 1958, S. 31–56.

43 *Tuulse, A.*: Burgen des Abendlandes, Wien/München 1958, S. 37.

44 *Revesz, A.*: Der Turm als Symbol und Erlebnis, Haag 1953, S. 26 ff.; *Bornheim gen. Schilling, W.*: Rheinische Höhenburgen, Bd. 1, Neuss 1964, S. 100.

45 Sie wurden nämlich als »castell iustitia vel templum iustitae« anerkannt. Zit. n. *Kantorowicz, E.*: The King's two Bodies. A Study in Medieval Political Theology, Princeton/New-Yersey 1957, S. 106–107; *Willemsen, C. W.*: Die Bauten Kaiser Friedrichs II. in Süditalien, in: Ausstellungskatalog: Die Zeit der Staufer, Bd. 3 – Aufsätze, Stuttgart 1977, S. 143 ff.

46 Die Statuten (wie Anm. 17), S. 24.

47 *Helm, K.*: Heinrich von Hesler. Apokalypse aus der Danziger Handschrift, Berlin 1907, vers. 22261–22262.

48 Ebd., vers. 21070–21072.

49 Ebd., vers. 22374–22375.

50 *Schumann* (wie Anm. 23), S. 44–54.

51 Das Programm der Sakralisierung von Architektur der preußischen Burgen war sicherlich an die Symbolik damaliger Papstresidenzen angenähert; z.B. Palast im Lateran: *Elze, R.*: Das sacrum palatium Lateranense, in: Studii Gregoriani 40, 1956, S. 40 ff.

52 Die strenge Stereometrie des Baukörpers war das Symbol »Heiligkeit« nach der Doktrin des hl. Augustinus und typisch für die Zeit vom 12. bis 14. Jahrhundert: *Obrist, B.*: La figure géometrique dans l'œuvre de Joachim de Fiore, in: Cahiers de civilisation médiévale 31, 1988, H. 4, S. 297–321.

53 *Erdmann, C.*: Die Entstehung des Kreuzzugsgedankens, Stuttgart 1935, S. 97 ff.; *Bredero, A.*: Studien zu den Kreuzzugsbriefen Bernhards von Clairvaux und seiner Reise nach Deutschland im Jahre 1146, in: Mitt. d. Inst. f. Österr. Geschichtsforschung 66, 1958, S. 331–343; *Boockmann* (wie Anm. 13), S. 107 ff.

54 Dieselbe Deutung hatte die Inschrift über dem östlichen Fenster der Burgkapelle in Lochstädt, die verkündete: »Maria gute habe uns in diner hute«, zit. n. *Steinbrecht* (wie Anm. 1), Bd. 2, S. 119. – Das ging wohl aus der Tatsache hervor, daß seit den Zeiten des Hochmeisters Dietrich von Altenberg (1335–1341) der Marienkult als »howbtfrawe und beschirmerinne unsere ordens« gestärkt wird.

55 Anders als: *Jakubowska, B.*: Złota Brama w Malborku, Malbork 1989.

56 Besprochen von: *Steinbrecht, C.*: Schloß Lochstädt und seine Malerei, Berlin 1910, S. 21–26; *Domasłowski* (wie Anm. 25), S. 149.

57 Die Miniaturen des Apokalypsekommentars von Heinrich von Hesler sind bis jetzt aus Sicht der Ordenspropaganda unzureichend analysiert worden. Vgl. u. a.: *Herrmann, T.*: Der Bildschmuck der Deutschen Ordensapokalypse Heinrichs von Hesler, Königsberg 1934; *Karłowska-Kamzowa, A.*: Ilustrowane Apokalipsy krzyżackie z wieku XIV, in: Studia z działalności i zbiorów Biblioteki Uniwersyteckiej M. Kopernika w Toruniu 5, 1991.

58 Das Objekt ist in seiner ikonographischen Schicht kaum erkundet, zuletzt durch: *Jurkowlaniec, T.*: Gotycka rzeźba architektoniczna w Prusach, Warszawa 1989, S. 24, 56–60.

ABBILDUNGSNACHWEIS

Carl Steinbrecht, Die Baukunst des Deutschen Ritterordens in Preußen, Bd. 2: 1, 5, 6; Foto W. Górski: 2, 4, 7, 10, 11; Carl Steinbrecht, Die Baukunst des Deutschen Ritterordens in Preußen, Bd. 4: 3; Foto vom Ende des 19. Jahrhunderts in der Museumssammlung der Marienburg: 8; Darstellung aus dem Apokalypsekommentar des Heinrich Hesler aus dem Königsburger Codex (heute in der Sammlung der Universitätsbibliothek Thorn, sig. rek. nr. 44): 9.

Dankwart Leistikow

Burgkapellen auf Kreuzritterburgen in Syrien und Palästina

Die im Laufe des frühen 12. Jahrhunderts begründeten Kreuzfahrerstaaten in Syrien und Palästina gliedern sich (von Nord nach Süd) in das Fürstentum Antiochia, die Grafschaft Tripoli und das lateinische Königreich Jerusalem sowie in die (hier nicht behandelten) Gebiete der Grafschaft Edessa und des Königreichs Kleinarmenien. In diesen Staaten entstand im 12. und 13. Jahrhundert eine große Zahl von Burgen und burgähnlichen Anlagen, die gewöhnlich als Kreuzfahrer- oder Kreuzritterburgen bezeichnet werden, und dazu eine noch weitgehend unbekannte Infrastruktur. Eine umfangreiche Literatur widmet sich diesem historischen Phänomen des hohen Mittelalters[1].

Schon um die Mitte des 19. Jahrhunderts hat sich die Forschung dieser Bauten angenommen, und es ist das Verdienst des französischen Gelehrten Emmanuel Guillaume Rey, mit seinem grundlegenden Werk »Etude sur les monuments de l'architecture militaire des Croisés [...]« (1871) die Aufmerksamkeit auf dieses faszinierende Gebiet der Architekturgeschichte gelenkt zu haben[2]. Kaum zwanzig Jahre später folgte ihm in Deutschland August von Essenwein, der die Ergebnisse von Rey in seine Darstellungen »Die Kriegsbaukunst« (1889) und »Der Wohnbau« (des Mittelalters, 1892) einarbeitete und dabei im zweiten dieser Werke sogar ein kleines Unterkapitel »Die Kapellen auf den Kreuzfahrerburgen« brachte, in dem er sich mit den Beispielen von Safita, Giblet, Krak und Montfort beschäftigte[3].

Erst mit der fortschreitenden Bearbeitung dieser Burgen, namentlich durch Camille Enlart (1862 bis 1927) und Paul Deschamps (1888 bis 1974) in der ersten Hälfte des 20. Jahrhunderts, konnten der Überblick intensiviert und die wissenschaftliche Basis bedeutend verbreitert werden[4].

Grundsätzliche Fragen zu den Burgkapellen stehen am Anfang: Besitzen die Kreuzritterburgen – wie gewöhnlich im Abendland – fest im Bauprogramm verankerte Kapellen? Unterschieden sich die Burgen der führenden Adelsgeschlechter hierin von denen der geistlichen Ritterorden (der Johanniter, Templer und des Deutschen Ordens)? Gab es ausgesprochene Herrschaftskapellen, Memorialbauten oder Grablegen in solchen Kapellen? Welche waren ihre Patrozinien? Gibt es Bezugnahmen auf das Heilige Grab in Jerusalem oder andere heilige Stätten? Welche Rolle spielten die Kapellen im Leben auf den Burgen, bei besonderen Anlässen und auch im Kriegsfalle? Woher stammen stilistische und künstlerische Einflüsse? – Fragen, die sich in Fülle stellen, die aber bis heute nicht zusammenfassend untersucht oder gar beantwortet worden sind[5]. Daher soll zunächst ein erster Schritt zur Erkundung der Objekte und zur baulichen Beurteilung der wichtigsten Denkmäler unternommen werden.

In den drei untersuchten Kreuzfahrerstaaten ist bisher (bei über 100 Burgen allein im Königreich Jerusalem) ein reichliches Dutzend Burgkapellen nachzuweisen oder zu vermuten. Es sind dies (von Nord nach Süd): *Saone*/Sahyun, *Margat*/Marqab, *Tortosa*/Tartus, Chastel Blanc/*Safita*, Krak des Chevaliers, Tripoli, Beaufort, Montfort, Chastel Pèlerin/'*Atlit*, Belvoir, *Bethgibelin*/Beit Govrin, Le Crac (Petra Deserti)/*al-Kerak, Montréal*/Shaubak, Li Vaux Moysi/*el-Wu'eira*. Hinter mehrere dieser Namen sind allerdings vorläufig noch Fragezeichen zu setzen[6].

Grundsätzlich kann man davon ausgehen, daß zumindest alle größeren Kreuzritterburgen, insbesondere die der geistlichen Ritterorden, Burgkapellen besaßen. Damit wurde nicht nur eine Gepflogenheit des Abendlandes nach dem Orient übertragen, sondern auch an die Überlieferung des Landes angeknüpft: Schon die umaiyadischen Paläste und Wüstenschlösser weisen zumeist Moscheen in ihren Mauern auf, aber auch spätere arabische Burgen besitzen solche, wie z. B. die Zitadelle von Aleppo[7]. Auch nach der Eroberung durch die Muslime wurden in Kreuzritterburgen

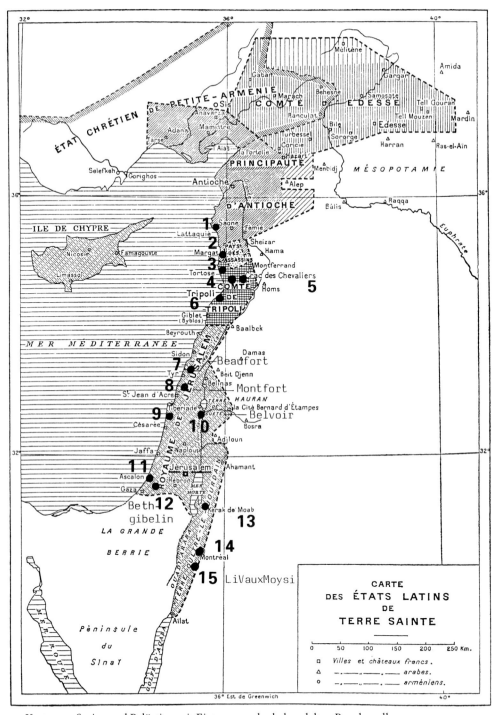

1. Karte von Syrien und Palästina mit Eintragung der behandelten Burgkapellen.
1 – Saone, 2 – Margat, 3 – Tortosa, 4 – Safita, 5 – Krak des Chevaliers, 6 – Tripoli, 7 – Beaufort, 8 –
Montfort, 9 – ʾAtlit, 10 – Belvoir, 11 – Ascalon, 12 – Bethgibelin, 13 – al-Kerak, 14 – Montréal,
15 – el-Wuʾeira/Li Vaux Moysi

Moscheen errichtet, z. B. in Saone, oder christliche Burgkapellen in Moscheen verwandelt, wie z. B. in Margat und auf dem Krak mit dem Einbau einer Gebetsnische (Mihrab) in der Südwand deutlich wird[8]. Offensichtlich war also auch hier der Gebetsraum unverzichtbarer Bestandteil der Burganlagen und wurde dort – wenn möglich – realisiert.

Sucht man nach einer beispielhaften Bauvorstellung für diese Burgkapellen, so zeigt sich, daß langrechteckige, einschiffige Bauten beträchtlicher Größe, aber schlichten Erscheinungsbildes vorherrschen und daß vor allem die großen Ordenssitze stattliche Kapellenbauten aufweisen, die treffender als Burgkirchen zu charakterisieren wären. Gewöhnlich handelt es sich um in zwei bis vier Joche untergliederte Säle mit halbkreisförmiger (zuweilen in der Mauerstärke verborgener) Apsis, die öfter (aber nicht durchweg) mit Tonnen-, Grat- oder Rippengewölben bedeckt waren. Ihre Lage im Burgbezirk und ihre Ausrichtung nach Osten weisen sie, ebenso wie auch ihre Grundform, in vielen Fällen ganz eindeutig als Kapellen aus. Ihr Erhaltungszustand ist sehr unterschiedlich.

Eine Besonderheit der Grundrißdisposition bezeugen die sogenannten Pastophorien, die bei den Kapellen von Margat, Safita und 'Atlit anzutreffen sind. Diese aus der frühchristlichen Architektur Syriens übernommene Anordnung von sakristeiähnlichen Räumen beiderseits der Apsis, der »Prothesis« nördlich und des »Diakonikons« südlich des Altarraumes, hat einen im Kult begründeten Ursprung. Die erstere diente vorwiegend zur Vorbereitung des Abendmahls, das letztere als Rezeptorium für den Bischof sowie als Schatzraum für Geräte und Bücher. Die Grundform dieser Nebenräume ist rechteckig, polygonal oder auch unregelmäßig, ihr Zugang vom Chor oder vom Kirchenraum her angelegt. Sie finden sich auch in der Sakralarchitektur der Kreuzfahrerzeit, z. B. in ausgeprägter Form an der Abteikirche von Belmont und an der Kathedrale von Tortosa[9].

Die bereits genannten Beispiele für Burgkapellen in Syrien und Palästina sollen im folgenden näher charakterisiert werden: *Saone*/Sahyun war schon eine byzantinische Festung, später in der Hand großer fränkischer Geschlechter, wurde vermutlich noch vor der Mitte des 12. Jahrhunderts erbaut und 1188 von Saladin erobert. Die durch Freilegung der Grundmauern und einzelne aufragende Mauerteile erkennbare Kapelle beachtlicher Größe (Außenmaß 24,60 × 10 m) liegt im westlichen Teil der Kernburg unterhalb der Ruinen des byzantinischen Innenkastells. Sie ist mit einer wahrscheinlich älteren, kleinen, nördlich direkt anschließenden Kapelle verbunden[10]. Ihr langgestreckter Grundriß ergibt einen einschiffigen Raum von drei rechteckigen Jochen mit stark in den Raum vortretenden Pfeilervorlagen, deren vorgestellte Säulen vermutlich grätige Kreuzgewölbe trugen. Das vergrößerte Joch des Vorchores öffnet sich zur schwach eingezogenen halbkreisförmigen Apsis, die sich außen frei herauswölbt. Das durch Rücksprünge gegliederte Portal liegt in der am besten erhaltenen Westwand, ein weiteres an der Südseite. Fenster öffnen sich – geländebedingt – nur nach Süden hin.

Angesichts der wahrscheinlich frühen Erbauungszeit könnte es sich hier um die älteste monumentale Burgkapelle im betrachteten Gebiet handeln. Eine weitere »fränkische« Kapelle bescheidener Abmessung und ebenfalls einschiffig mit halbrunder Apsis, ist auch in der Unterburg als Ruine festzustellen und aus ihren Resten zu rekonstruieren.

Auf *Margat* und *Krak* trifft man auf die größten und bedeutendsten Kapellenbauten, beide vermutlich im späten 12. Jahrhundert entstanden bzw. auf Krak nach einem Erdbeben von 1170 neu errichtet. Beide sind in ihrer Bausubstanz im wesentlichen erhalten und in verhältnismäßig gutem Zustand.

Der Bau zu *Margat*/Marqab, das seit 1186 dem Johanniterorden gehörte, stößt in Ostrichtung etwa rechtwinklig aus der kompakten Baumasse von Donjon und Saalbau nach der Talseite hin vor, hat ein Portal im Westen und ein weiteres in der Nordwand. Die halbkreisförmige Apsis wird von Pastophorien begleitet. Die Außenmaße betragen ca. 27,5 16 m[11]. Der inneren Länge von 22,5 m entspricht eine Breite von 10 m. Zwei Joche mit grätigen Kreuzgewölben werden durch Gurtbögen geschieden, wobei sich ein gleichartiger, aber gestufter Bogen, der zudem durch abwechselnd schwarze und weiße Quadersteine betont wird, zur großen Apsis hin öffnet. Nach Osten, in der Konche (unter aufgewölbtem Gesims), und nach Westen weisen Spitzbogenfenster. Besonderer Schmuck wurde dem Westportal zuteil, das in hellem Kalkstein ausgeführt ist und beiderseits durch eingestellte Marmorsäulen geziert war. Auch das Nordportal läßt eine aufwendige Ausführung in vollendeter Steintechnik erkennen. In

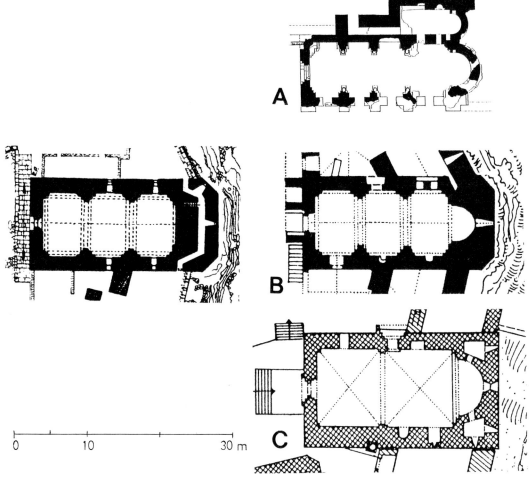

2. Zusammenstellung der Kapellen von A – Saone, B – Margat, C – Krak des Chevaliers

der hier voll ausgebildeten Prothesis haben sich wertvolle Wand- und Gewölbemalereien in Resten erhalten, die freilich unaufhaltsamem Verfall entgegengehen, wenn nicht bald Maßnahmen zu ihrer Rettung unternommen werden.

Den Höhepunkt der Burgkapellen im Heiligen Land bezeichnet die der bekannten Johanniterfestung *Krak des Chevaliers*[12]. Ihre turmartige, rechteckig ummantelte Apsisfront mit abgeschrägten Ecken tritt aus dem Ring der inneren Umfassung nach Osten vor und ist vollständig mit Buckelquadern verkleidet. Ihre Außenmaße ergeben ca. 26 × 12 m. Das dreiachsige Innere von 21,5 m Länge und ca. 7,6 m Breite, mit Spitzbogentonne zwischen Gurtbögen, bleibt an Wirkung nicht hinter Margat zurück, gewinnt vielmehr ei-

genen Charakter noch durch die spitzbogige Blendengliederung der Wände und das auf halber Höhe umlaufende Gesims. Je ein Fenster durchbricht die Ost- bzw. Westwand; das Tonnengewölbe wurde außerdem durch (z. T. vermauerte) eingeschnittene Rechteckfenster aufgehellt. Der ursprüngliche Zugang von Westen erscheint durch eine spätere, auf die Wehrplattform führende Treppe verbaut und durch einen vorgezogenen Eingangsbau mit Portal im Süden in merkwürdig plumpen Bauformen beeinträchtigt.

Im Inneren, das durch seine schlichte Würde überzeugt, sind die in der Südwand ausgehöhlte Gebetsnische (Mihrab) und der steinerne Kanzelaufbau (Minbar) mit Baldachin und Treppe Zutaten aus der Zeit nach der Eroberung der Burg von

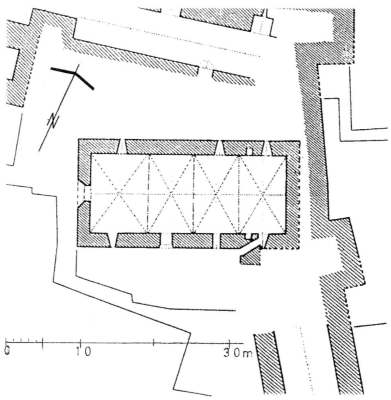

3. Tortosa, Kapelle hinter der östlichen Wehrmauer der Zitadelle

1271. Spärliche, aber wertvolle Reste von dekorativen Wandmalereien, u. a. in den Bogenlaibungen der gestuften Wandnischen, geben Zeugnis von der einstigen Ausstattung, die hier sicher besonders reich war. Im Obergeschoß führt der Wehrgang der Kernburg oberhalb der Apsis um das Kapellenhaupt als ein innenliegender Gang herum und ist dort mit zwei Schartenöffnungen ausgestattet, eine besonders bezeichnende Einrichtung zur Einbeziehung der Kapelle in das Verteidigungssystem.

Eine dicht neben der Burg gelegene kleine, mit figürlichen Darstellungen ausgemalte Kapelle wurde 1935 entdeckt. Teile dieser Malereien konnten abgenommen und in das Museum in der Kathedrale von Tortosa überführt werden. So ist wenigstens an diesem Orte ein Begriff von der einstigen Ausstattung der Burgkirchen und -kapellen des Heiligen Landes zu gewinnen, denn zumindest für die großen unter ihnen ist eine vollständige Ausmalung vorauszusetzen[13].

Zur Herkunft der Bauformen hat Deschamps für den Krak u.a. auf einschiffige romanische Kirchen der Provence und Burgunds verwiesen, für Margat auf Details an Kirchen der Ile-de-France aus dem dritten Viertel des 12. Jahrhunderts, Enlart außerdem auf die Abteikirche von Montjoie in Palästina. Diese Spuren wären weiter intensiv zu verfolgen[14].

Im (heute völlig verbauten) Burghof von *Tortosa*/Tartus, der wohl stärksten Templerfestung von legendärem Ruf, steht im Schutz des gewaltigen Donjons und der einstmals durch zwei Gräben gesicherten landseitigen Umfassungsmauer die große, leider nur in schlechtem Zustand überkommene Burgkapelle[15]. Wieder handelt es sich hier um einen langrechteckigen, einschiffigen Saalbau von ca. 30 × 14 m Außenmaß und ca. 10,80 m innerer Höhe ohne erkennbare Apsis, der nach Osten ausgerichtet und mit einer Schmalseite dicht hinter die Wehrmauer gestellt ist. Nach den Untersuchungen von Braune waren die vier unterschied-

221

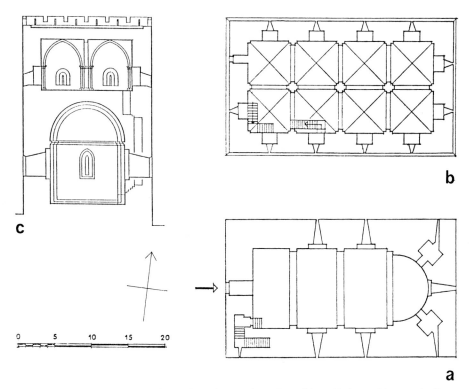

4. Safita, Donjon mit Kapelle und Saal, a u. b – Grundrisse Erd- u. Obergeschoß, c – Querschnitt

lich bemessenen Joche von (überwiegend einge-stürzten) Rippengewölben mit Schlußsteinen überdeckt. Die Lichtzufuhr erfolgte durch (heute vermauerte) Lanzettfenster. Das große, einst re-präsentative Westportal ist durch ernste Beschädi-gung und Steinraub leider schwer betroffen, auch wenn gerade diese Fassade dank des besonders sorgfältig gesetzten Quaderverbandes noch bis ca. 6,50 m Höhe aufrecht steht. Der Innenraum muß allein infolge seiner bedeutenden Höhe von beson-derer Wirkung gewesen sein.

Der Burgbau von Chastel Blanc/*Safita*, als wuchtiger Kapellen-Donjon in einer heute leider weitgehend zerstörten Ummauerung mit Begleit-bauten angelegt, übertrifft als ein Werk der Temp-ler an Originalität der Konzeption alle anderen erhaltenen Burgkapellen im Lande[16]. Den Donjon von ca. 31 × 18 m Abmessung und ca. 28 m Höhe nimmt auf der gesamten Fläche des Erdgeschosses eine Kapelle ein, die bis heute als orthodoxe Kirche genutzt wird und in ihrer Substanz gut erhalten ist.

Der mit einer Spitztonne eingewölbte Sakralraum wird durch Gurtbögen in drei Joche unterteilt und endigt in einer halbkreisförmigen, in der Mauer-dicke ausgesparten Apsis, die wieder beiderseits von Pastophorien flankiert wird. Die Raumwir-kung des nur spärlich durch kleine Schartenfenster und von der Apsis her beleuchteten Raumes ist sehr eindrucksvoll und von zwingender Authenti-zität.

Auch der zweischiffig konzipierte Oberge-schoßsaal zeigt sich von großartigem Zuschnitt. Mauertreppen und solche auf Wandbögen vermit-teln den Aufstieg dorthin und auf die obere Wehr-plattform mit überwältigender Fernsicht. Die Bau-zeit dieser singulären Anlage wird vermutungs-weise zu Ende des 12. oder Anfang des 13. Jahr-hunderts angenommen.

Vor dem Glanz, den Margat, Krak und Safita ausstrahlen, verblassen die übrigen mehr oder we-niger erhaltenen Burgkapellen ganz erheblich, auch wenn sich zweifellos einige bemerkenswerte

Bauten darunter finden oder in Resten feststellen lassen.

Die einstige Residenzburg der Grafen von *Tripoli* auf dem »Mons Peregrinus« entstand nach der Eroberung der Stadt im Jahre 1109 unter Bertrand, dem Sohn Raimunds von Saint-Gilles († 1105). Nur noch schwer begrenzbare Abschnitte der imposanten Burganlage (vor allem große Partien von deren Unterbau) gehen auf die Kreuzfahrerzeit zurück[17]. Schon früher waren an der hofseitigen Wand des (in arabischer Zeit veränderten) Südtraktes der Burg Teile von Wandvorlagen mit Halbsäulen als Relikte des 12. Jahrhunderts erkannt und mit einem Saalbau oder einer Kapelle in Verbindung gebracht worden. Im Zuge von Ausgrabungen um 1970 f. kam dann auf einem 6,5 m tieferen Niveau des abfallenden Geländes die Ruine eines kleinen, unregelmäßig achteckigen Zentralbaues zutage, die als eine (Memorial-?)Kapelle oder auch als Grablege Raimunds von Saint-Gilles gedeutet wurde[18]. Bei einem inneren Durchmesser von 5,5 m, mit einer spitzbogigen Nischengliederung der Wände und Schlitzfenstern und einst von einem steinernen Zeltdach überdeckt, erscheint hier ein kryptenähnlicher Raum, der von dem westlich anschließenden Fundamentbereich eines Gebäudes durch einen früher 2,90 m breiten (Verteidigungs-?)Gang abgetrennt ist. Die Raumbeziehung der Bauteile ist evident, aber im einzelnen ungeklärt.

Die Rekonstruktion der darüber gelegenen baulichen Reste ergab schließlich den Grundriß einer ausgedehnten Burgkirche – zum Heiligen Grab – der Kreuzfahrerzeit, einen einschiffigen dreijochigen Gewölbebau von ca. 32,5 m äußerer Länge und einer nach Osten von ca. 13 m auf 11 m verminderten Breite, wobei die halbrunde Apsis dieser Kirche über dem Krypten-Oktogon zu liegen kommt, das auch von dort aus über eine Treppe zugänglich war.

In jedem Falle muß an dieser Stelle somit eine der größten Kreuzfahrer-Burgkirchen gesucht werden, die aus einem Längsbau und einem in dessen Achse darunter gelegenen Zentralraum bestand. Auch wenn die Zweckbestimmung des letzteren nicht gesichert ist, könnte diese Bauform, verbunden mit dem Patrozinium des Heiligen Grabes, vielleicht als Reminiszenz an die Kombination von Martyrion und Anastasis der konstantinischen Grabeskirche in Jerusalem aufgefaßt werden[19].

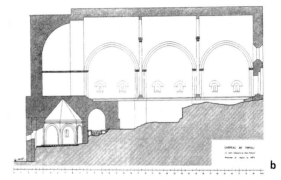

5. Tripoli, Le Saint-Sépulchre du Mont-Pèlerin, (Grab?-) Kapelle und Kirche, Schnitte, a – nach Ergebnis der Ausgrabung, b. Rekonstruktion der Burgkirche

Auf *Beaufort* (auch Belfort) haben die etwa 10 × 5,5 m großen Fundamentreste eines Rechteckbaues im Bereich der fränkischen Oberburg Anlaß zur Lokalisierung eines ehemaligen Kapellenbaues an dieser Stelle gegeben, ohne daß dies gesichert wäre[20].

Auch auf der großen Festung des Deutschen Ritterordens in *Montfort* gelang es bisher nicht, eine Burgkapelle nachzuweisen. Jedenfalls lassen mehrere publizierte (voneinander abweichende) Grundrißpläne und vor allem die verschiedenen Rekonstruktionsversuche über den einstigen Aufbau der Hauptgebäude keinen überzeugenden Aufschluß in dieser wichtigen Frage erkennen[21]. Der zwischen zwei vermutlich donjonartige Türme eingespannte, in Ost-Westrichtung verlaufende Saalbau war nach Ausweis der stark zerstörten Baureste in sechs Achsen zweischiffig ausgebaut, mindestens zweigeschossig und mit Rippengewölben bedeckt. Zumindest gilt dies für das allein noch erkennbare Untergeschoß, während für das einstige Obergeschoß im Hinblick auf Unterteilung und Zweckbestimmung der Räume noch weniger Anhaltspunkte bestehen. So muß es

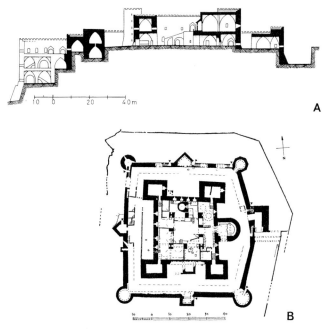

A

B

6. Mögliche Burgkapellen im Obergeschoß der Tortürme: Belvoir und Paphos, A – Belvoir, Johanniterfestung, Schnitt nach Süden, B – Paphos (Zypern), Kastell »Saranta Colones«, Grundriß

durchaus zweifelhaft bleiben, ob innerhalb dieser Raumstrukturen auch nur andeutungsweise eine Kapelle ausgewiesen werden kann, zumal diese, wie die vorangegangenen Beispiele zeigen, gewöhnlich in einem eigenen Gebäude lag. Hier aber wird im Saalbereich in Plänen der Burg immer wieder ein Raumteil als »chapel« bezeichnet. Ob wirklich allein aus Funden von farbigem Glas durch die amerikanischen Ausgräber von 1926 innerhalb der Ruinen eine Kapelle ausgegrenzt werden kann, muß fraglich bleiben.

Mit Montfort vergleichbar sind die Verhältnisse auf der großen Burg des Johanniterordens in *Belvoir*, erbaut in der zweiten Hälfte des 12. Jahrhunderts, einem der Höhepunkte der Kreuzfahrerarchitektur überhaupt[22]. In ihrem kastellartigen Kernbau nahm der nach Westen vorspringende Torturm möglicherweise im Obergeschoß die Burgkapelle auf, die sonst in diesem Ensemble schwerlich Platz findet. Hier sind es neben der im Abendland durchaus bekannten Anordnung von Kapellen in solcher Situation wiederum bedeutende Fundstücke, diesmal jedoch figuraler Skulp-

tur, die für die Lage der Kapelle in diesem Bereich geltend gemacht werden.

Zusätzlich kann auch der Vergleich mit der (freilich späteren) Kreuzritterburg von *Paphos* auf Zypern, die auch sonst deutliche Übereinstimmungen mit der von Belvoir erkennen läßt, diese Vermutung durch Rückschluß in überzeugender Weise erhärten[23].

Durchaus anders liegen die Verhältnisse in Chastel Pèlerin/*'Atlit*, einer wuchtigen, aber im Detail überaus sorgfältig durchgebildeten, nach 1217 erbauten Templerfestung. In deren innerem Burggelände hat der Ausgräber C. Johns einen höchst beachtlichen Zentralbau mit Mittelstütze als Burgkirche nachgewiesen und publiziert[24]. Diese Anlage beeindruckt allein schon durch außerordentliche Größenverhältnisse, die mit ca. 24 m Innendurchmesser erstaunlich sind, ebenso wie die Baugestalt im einzelnen, die an die konstituierende Rotunde drei Apsiden und dazwischen, beiderseits der Hauptapsis, wieder die Pastophorien anschließt. Hier waren offenbar Baugedanken bestimmend, die in der zentralen Grundform auf

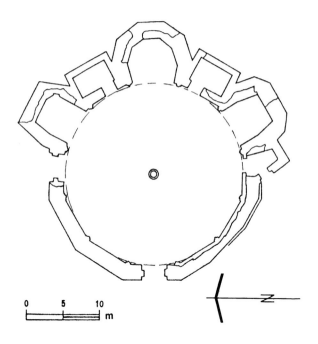

7. 'Atlit, Templerburg, Grabungsgrundriß und rekonstruierte Innenansicht der Kapelle

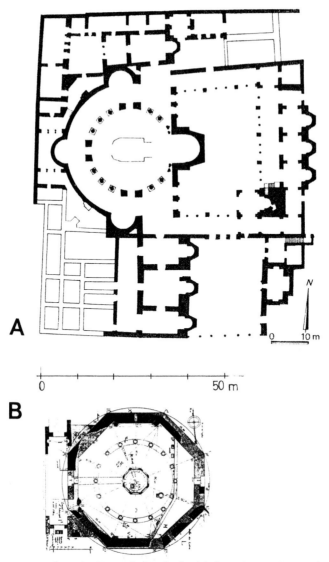

8. Jerusalem, A – Rotunde der Grabeskirche (»Anastasis«) nach dem Wiederaufbau durch Konstantin Monomachus (1948), B – Himmelfahrtskapelle (»Ascansion«) auf dem Ölberg. Im Zentrum Rest der Achteckkapelle der Kreuzfahrerzeit

Vorstellungen vom Heiligen Grabe, in der Übernahme der Chornebenräume auf ältere syrische Beispiele zurückgehen. Das hier rekonstruierte Gewölbesystem dagegen weist – akzeptiert man die Vorstellungen des Ausgräbers – auf fortgeschrittene gotische Raumstrukturen des 14./15. Jahrhunderts hin, wie sie (auch in den Abmessun-

gen) erst in den Remtern der Marienburg in Preußen begegnen. Daß in 'Atlit Außerordentliches angestrebt wurde, unterliegt angesichts der überwältigenden Gesamtanlage keinem Zweifel, über die Zweckbindung dieser Burgkirche liegen jedoch keine weiterführenden Nachrichten vor.

Um die Möglichkeiten und Grenzen von baugeschichtlichen Ableitungen anzusprechen, ist hier ein kurzer Exkurs auf die so oft als vorbildhaft zitierten Heiligen Stätten in *Jerusalem* angezeigt. Da die Kapellen von Tripoli und 'Atlit die bisher einzigen bekannten Fälle von Rund- bzw. Polygonalkirchen sind, sollte zunächst der Gedanke ausgeschlossen werden, daß sich eine solche Bauform auf Kreuzritterburgen öfter findet. Zudem sollten Vergleiche und Ableitungen im Hinblick auf die Heiligen Stätten nur mit Zurückhaltung betrieben werden[25]. Die konstantinische Grabeskirche des 4. Jahrhunderts bestand in ihrer Urform aus der durch Grabungen ermittelten Verbindung von »Martyrion« und »Anastasis« sowie weiteren heiligen Stätten. Von diesen war das »Martyrion« eine fünfschiffige, nach Westen gerichtete Basilika mit östlich vorgelegtem Atrium, während in der Achse nach Westen die über ein weiteres, großes Atrium angeschlossene »Anastasis« als mächtige Rotunde folgte. Deren Kuppel mit ca. 21,5 m Spannweite ruhte auf acht Pfeilern und zwölf Säulen und besaß einen äußeren Umgang von ca. 5 m Breite, der den Durchmesser des Rundbaues auf ca. 36 m erhöhte. Diese Rotunde umfing das in einem eigenen, kleinen Baukörper bewahrte Grab Christi und wurde erst nach der Basilika zwischen 337 und 348 vollendet. Beim Wiederaufbau der durch den Kalifen El Hakim zerstörten Kirche durch Konstantin Monomachus von 1048 war nur die Rotunde wiedererstanden, die Basilika dagegen wurde nicht restauriert. In dieser reduzierten Form fanden die Kreuzfahrer die Grabeskirche im Jahre 1099 bei der Eroberung Jerusalems vor. Ihr nach Osten an die Rotunde angesetzter großer Neubau wurde im Jahre 1149 geweiht[26].

Im Zentrum der Rotunde stand und steht das eigentliche Heilige Grab, dessen bauliche Gestalt im Lauf der Jahrhunderte Veränderungen erfuhr und auch dokumentiert wurde. Dabei spielen Zentralbaugedanken stets eine wichtige Rolle, ohne daß für dieses Monument eine gesicherte typologische Formvorstellung, sei es runder oder polygonaler Grundform, abzuleiten wäre. Auch hier findet sich meist eine Kombination von Rechteck- und Zentralbau in einem Baukörper.

Klar zu trennen von den Gebäuden über dem Grab Christi ist die sogenannte Himmelfahrtskapelle auf dem Ölberg oberhalb der Stadt, die auf eine ähnlich bewegte Baugeschichte zurückblickt. Von ihrer Bausubstanz aus der Kreuzfahrerzeit ist

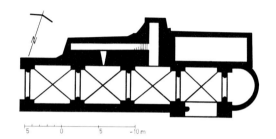

9. Bethgibelin, Burgkapelle (?) der Kreuzfahrerburg (Südflügel)

nur der innere oktogonale Kern als kleiner, später überkuppelter Achteckbau innerhalb des größeren, umfassenden Achtecks der byzantinischen Epoche bewahrt geblieben[27]. Damit erscheint die Achteckform (und damit das Polygon) jedenfalls an diesem Monument für die Kreuzfahrerzeit gesichert. Andererseits zeigt dieser Exkurs hinreichend deutlich, daß sich auf den Kreuzritterburgen in Syrien und Palästina bisher keine direkten Anlehnungen an die Bauformen der Heiligen Stätten nachweisen lassen. Für die beiden, im Jerusalem der Kreuzfahrerzeit genutzten bzw. ausgebauten Festungsbereiche, die herodianische Zitadelle und die Bauten der Al-Aksa-Moschee als Quartier der Templer, können im heutigen Bauzustand keine spezifischen Kapellenbauten erkannt werden[28].

Weitere letzte Beispiele für Burgkapellen der Kreuzritter finden sich südlich der Hauptstadt und in der »Terre d'oultre le Jourdain«. Zunächst ist auf *Bethgibelin*/Beit Govrin zu verweisen, obwohl es sich hierbei um einen strittigen Fall handelt. Diese möglicherweise erste Kreuzritterburg wurde schon 1136 im Vorfeld von Askalon zu dessen Bedrohung errichtet und war nach glaubwürdigen Quellenaussagen als ein Quadratbau von ca. 58 × 58 m mit vier Ecktürmen geplant – das frühe Beispiel einer »castrum«-Anlage[29]. Eine aus vier kreuzgewölbten Jochen bestehende, geräumige Halle mit innen vorgesetzten Säulen (z. T. byzantinischen Spolien) ist in ihrer Lage zum Gefüge der einstigen Burgräume nicht eindeutig gesichert, weshalb die sehr verfallene Ruine auch als Kreuzgang, Refektorium o.ä. angesprochen wurde. Erst nach der Entdeckung einer direkt anschließenden östlichen Apsis wird der Charakter der Anlage als

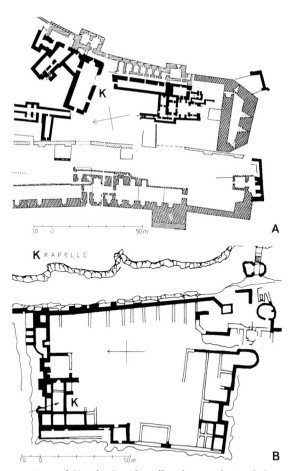

K KAPELLE

A

B

10. A – al-Kerak, Burgkapellen hinter der östlichen Wehrmauer der Kernburg (Ausschnitt aus dem Gesamtplan); B – el-Wu'eira/Li Vaux Moysi. Gesamtgrundriß mit vermuteter Kapelle

liers und Tortosa realisiert: Die (halb unterirdische) Kapelle steht mit ihrer Schmalseite geostet hinter der Burgmauer, ein langrechteckiger Bau von ca. 30 × 13,5 m Außenmaß, mit westlichem Zugang und einer in der Mauerdicke verborgenen Apsis[30]. Die einstige Wölbung mit einer Rundtonne zwischen Gurten ist eingestürzt. Über die frühere Detailausbildung ist trotz Bearbeitung durch Deschamps nichts Sicheres bekannnt. Noch im vergangenen Jahrhundert waren in der Kapelle Reste von figürlichen Wandmalereien, im Jahre 1929 nur noch ornamentale Spuren vorhanden. Älteren Berichten zufolge sollen in der Kapellenwand sogar antike Skulpturen eingemauert gewesen sein, die freilich auch nicht mehr festgestellt werden konnten[31]. Die Bauzeit dürfte ab 1142 zu datieren sein.

Über die baugeschichtlichen Zusammenhänge der Ruinen auf der Burg *Montréal/Shaubak* liegen bisher wenig gesicherte Erkenntnisse vor, zumal (selbst bei Deschamps) keine Aufmaßpläne publiziert wurden. Mit einiger Gewißheit kann allerdings gesagt werden, daß im Burgbereich vermutlich zwei Kirchen bzw. Kapellen bestanden[32]. Eine größere, dreischiffige Anlage von ca. 20 × 12 m Abmessung wurde als »Kathedrale« qualifiziert. Eine kleinere, einschiffige Kapelle von ca. 15 m Länge mit rundbogigem Tonnengewölbe endigt in einer eingezogenen, fensterlosen Apsis, die seitlich von rundbogigen Wandnischen flankiert wird. Hier kann man die Burgkirche vermuten, auch wenn weitere Untersuchungen noch ausstehen.

Eine ähnliche Disposition verrät schließlich Li Vaux Moysi/*el-Wu'eira*. Dort hat erstmals eine italienische Grabungskampagne ab 1979 einen brauchbaren Grundriß dieser schwer zugänglichen Felsenburg geliefert, der in einem rechteckigen Bau auf dem steinigen Plateau eine Kapelle mit in die Ostwand eingebauter Apsis in der Größe von ca. 19 × 8 m Außenmaß zu identifizieren erlaubt[33].

Auch hier finden sich also Bauvorstellungen in der Art verwirklicht, wie sie für die betrachteten Gebiete von Syrien und Palästina als typisch erkannt wurden.

Schließlich seien hier drei Beispiele für die immer wieder vermuteten Wechselwirkungen zwischen den Kreuzfahrerstaaten und dem Abendland geltend gemacht.

In *Paphos*, im Südwesten Zyperns, ließ vermutlich vor 1200 Richard Löwenherz ein Kreuzfahrerkastell errichten, dessen Ruine heute »Saranta

Kapelle wahrscheinlicher, wenn auch vielleicht nicht in voller Länge von mehr als 30 m (die bei der geringen Breite befremdlich wirken müßte). Das bemerkenswerte Denkmal führten bereits Conder und Kitchener vor. Leider haben Kriegszerstörungen von 1948 die Chancen für eine weitere Bearbeitung des Baues noch vermindert.

Jenseits des Jordantals sind noch drei Beispiele für Kapellen auf Kreuzritterburgen, nämlich in Le Crac (Petra Deserti)/*al-Kerak*, in *Montréal*/Shaubak und in Li Vaux Moysi/*el-Wu'eira* namhaft zu machen.

Auf *al-Kerak* finden sich ähnliche Prinzipien der Lage und Größe wie in Margat, Krak des Cheva-

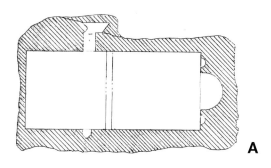

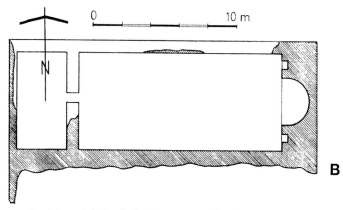

11. A – Montréal/Shaubak, (Burg-?) Kapelle der Kreuzritterburg;
B – el-Wu'eira: Burgkapelle

Kolones« genannt wird. Diese Anlage wiederholt
auf frappierende Weise die Grundrißform von
Belvoir, so daß mit hoher Sicherheit an eine Abhängigkeit zu denken ist. Bezeichnend erscheint
auch, daß sich hier manche byzantinischen Eigen-
heiten finden, die ähnlich bei den normannischen
und ebenfalls bei den staufischen Kastellbauten
Apuliens wiederkehren (z. B. in Bari). Auch im
Grundriß von Paphos vermißt man – wie erwähnt
– einen eigenständigen Kapellenbau. Der Ausgräber Megaw wie auch der Bearbeiter Perbellini
vermuten diesen mit gutem Grund im Halbrund-
turm oberhalb des Burgeinganges[34].

Einen weiteren Beleg für die mögliche Einwirkung des Heiligen Landes in Richtung auf Süditat-
lien liefert die Konzeption der Burgkapelle von
Lagopesole (Basilicata), deren Lage im Burgbezirk
und deren Baugestalt in vieler Hinsicht überra-

schend mit derjenigen der Kreuzritterburgen Krak
und Margat korrespondieren. Die Kapelle dürfte
aus der Zeit Karls I. von Anjou stammen, zumal
Friedrich II., dem man sie auch zusprechen
möchte, in seinen Kastellen üblicherweise keine
Kapellen einrichtete[35].

Der nüchterne, nicht gewölbte, aber eindrucksvolle Bau, vielleicht in einen schon bestehenden
Turm der Außenmauer eingefügt, ragt über die
Burgmauer um ca. 3 m nach Osten hervor und ist
dort – wie auf dem Krak – mit Buckelquadern
verkleidet. In seiner Westwand liegt das spitzbogige Zierportal mit umlaufendem Zackenorna-
ment. Südlich der im Mauerwerk verborgenen
Apsis ist wie bei syrischen Beispielen als eine der
Pastophorien das Diakonikon ausgespart[36]. Die
Abhängigkeit von den morgenländischen Burgkapellen dürfte hier in jedem Falle deutlich werden.

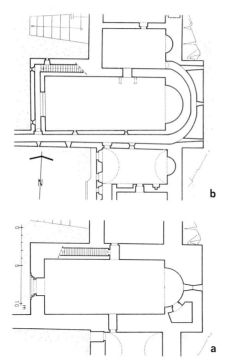

12. Lagopesole (Basilicata), Grundrisse der Burgkapellen im Erd- und Obergeschoß, im Obergeschoß mit beiderseits anschließenden Oratorien

Erstaunliches zeigt sich darüber hinaus noch im Obergeschoß, wo das im zweischaligen Mauerwerk um das Kapellenhaupt herumgeführte Gangsystem – wie auf dem Krak – die Sicherheitsaspekte deutlich unterstreicht. Von diesem Gang aus sind auch zwei die Kapelle beiderseits begleitende, ebenfalls mit eingebauten Apsiden versehene Oratorien zugänglich, von denen das nördliche eingewölbt ist und sich zu einem erhöhten Sitz auf Konsolen (für den König?) nach dem Kapellenraum hin öffnet. Diese im Abendland wohl singuläre Anlage verdient auch über die Frage der Kontakte zum Heiligen Land hinaus hohes Interesse[37].

Der Blick auf ein wenig bekanntes, der Sakralbaukunst in den Kreuzfahrerstaaten in starkem Maße verpflichtetes Bauwerk in Deutschland sollte die Betrachtung der Burgkapellen beschließen. Die Stiftskirche der Chorherren vom Heiligen Grabe in Jerusalem in *Denkendorf* (Württemberg) bewahrt in ihrer vermutlich nach 1200 entstandenen Krypta ein unvergleichliches Denkmal der Kreuzzugszeit und der Beziehungen des Westens zum Orient, das in seinem Charakter, seinen Bauformen und seiner Raumstimmung den untersuchten Burgkapellen unmittelbar an die Seite gestellt werden kann. Trotz der begrenzten Abmessungen (ca. 15 m Länge, 5,8 m innerer Breite und fast 6 m lichter Höhe) vermittelt dieser zweijochige Raum mit hoher Spitztonne zwischen Gurtbögen eine nachhaltige Impression vom Geist der Kreuzfahrerzeit und ihren überragenden baulichen Zeugnissen. Zwar sind die historischen Bezüge hier erschöpfend aufgearbeitet worden, die architekturgeschichtliche Einordnung und Deutung steht aber noch aus[38].

Anmerkungen

1 Aus der Fülle der Literatur zu den Kreuzzügen und zur Kreuzritterarchitektur seien hier als grundlegend nur einige Werke zitiert:
Allgemeines und Geschichte: *Mayer, Hans Eberhard*: Geschichte der Kreuzzüge, Stuttgart 1965, 1989[7]; *Setton, Kenneth M.* (Hrsg.): A History of the Crusades, Vol. I–V, Madison 1955–1985, insb. Vol. IV, 1977; *Atlas of Israel*, Jerusalem/Amsterdam 1960, 1970[2]; *Prawer, Joshua*: The Latin Kingdom of Jerusalem, European Colonialism in the Middle Ages, London 1972, insb. S. 280–351; *Benvenisti, Meron*: The Crusaders in the Holy Land, Jerusalem 1970, 1976[2]; *Riley-Smith, Jonathan*: Großer Bildatlas der Kreuzzüge, Freiburg i. Br. 1992.

Baugeschichte: *Rey, Emmanuel Guillaume*: Etude sur les Monuments de l'Architecture militaire des Croisés en Syrie et dans l'Ile de Chypre, Paris 1871; *Enlart, Camille*: Les Monuments des Croisés dans le Royaume de Jerusalem, 2 Textbde., 2 Atlasbde., Paris 1925–1928; *Deschamps, Paul*: Les Châteaux des Croisés en Terre Sainte, Bd.I: Le Crac des Chevaliers, Paris 1934, Bd. II: La défense de Royaume de Jérusalem, Paris 1939; Bd. III: La défense du Comté de Tripoli et de la Principauté de Antioche, Paris 1973, je 1 Text- u. Tafelbd.; *ders.*: Romanik im Heiligen Land, Würzburg 1992; *Müller-Wiener, Wolfgang*: Burgen der Kreuzritter im Heiligen Land, auf Zypern und in der Ägäis, München/Berlin 1966; *Smail, Raymond C.*: The

Crusaders in Syria and the Holy Land, London 1973; *Encyclopedia of Archeological Excavations in the Holy Land*, Bd. I–IV, Oxford 1975–1978, London 1993²; *Eydoux, Henry-Paul*: Les Châteaux du Soleil, Paris 1982; *Leistikow, Dankwart*: Kreuzritterburgen im lateinischen Königreich Jerusalem, in: Istanbuler Mitt. 39, 1989, S. 341–372; *ders.*: Defensive lines of Crusader Castles in the Holy Land, in: IBI Bulletin 48, Verona 1994, S. 45–50; *Pringle, Denys* (Hrsg.): Crusader Castles by T.E.Lawrence, a new edition, Oxford 1988; *ders.*: Crusader Castles: The First Generation, in: Fortress 1,1989, S. 14–25. *Hofrichter, Hartmut*: Kleinarmenische Burgkapellen, in: Burg- und Schloßkapellen, in: Veröff. d. Dt. Burgenvereinigung, Reihe B, Bd. 3, Marksburg/Braubach 1995, S. 31–40.

2 Obwohl das Werk von Rey in weiten Teilen überholt ist, bleibt sein dokumentarischer Wert unbestritten.

3 *Essenwein, August von*: Die Kriegsbaukunst (Hdb. d. Arch., 2. Tl., 4. Bd., 1. H.), Darmstadt 1889, S. 96–111; *ders.*: Der Wohnbau , 2. H., Darmstadt 1892, S.162.

4 *Enlart* (wie Anm. 1) und *Deschamps* I–III (wie Anm. 1).

5 *Deschamps* I (wie Anm. 1), S. 95–96 widmet den Kapellen in seiner Einleitung ein kurzes Kapitel. Er stützt sich dabei vor allem auf die Kapellen der syrischen Großanlagen Margat, Krak und Safita, ohne aber ins Detail zu gehen. – Zur möglichen inneren Gliederung der Burgen: *Pringle* (wie Anm. 1), S. 22/23. Der Autor nimmt an, daß in den Burgen mit zwei Verteidigungslinien im »inner ward« die Räume der Ritter, im »outer ward« die der nicht religiös gebundenen Garnison lagen.

6 Der Vielzahl von Versionen der historischen Orts- und Burgnamen der Kreuzfahrerzeit einerseits und der arabischen bzw. israelischen Benennungen andererseits kann hier nicht entsprochen werden, zumal sich in der Literatur unzählige Varianten finden. Im Falle der Angabe zweier – d. h. »fränkischer« und arabischer – Namen wurde die jeweils bevorzugte Version im Druck hervorgehoben. Einzelne Burgstätten wären im Hinblick auf Kapellen erneut zu überprüfen, was freilich auf beträchtliche Schwierigkeiten stößt.

7 *Müller-Wiener* (wie Anm. 1), S. 67–69 m. Plan Abb. 18. Dort sind sogar zwei Moscheen von 1162 bzw. 1210 anzutreffen; zu Saone, S.46–47 u. Abb. 19.

8 Margat: *Deschamps* III (wie Anm. 1), Album Pl. XLIX, A.; Krak: *Müller-Wiener* (wie Anm. 1), S. 103 u. Abb. 81; *Deschamps* I (wie Anm. 1), S. 199.

9 *Enlart* (wie Anm. 1), Album Pl. 60; *Deschamps* 1992 (wie Anm. 1), S. 269–278 m. Pl. S. 276.

10 *Müller-Wiener* (wie Anm. 1), S. 46–47 m. Plan/Abb. 2; *Deschamps* III (wie Anm. 1), S. 217–247, hier S. 243–244, Album: Plan Saone und Pläne 1–3 sowie Pl . XXVII , C. u. XXX, A. u. B. Die Nebenkapelle bezeichnet Deschamps als byzantinisch; *ders.* 1992 (wie Anm. 1), S. 35–69 m. Plan u. Abb. (ohne Kapelle).

11 *Müller-Wiener* (wie Anm. 1), S. 58–60 m. Plan/Abb. 12, Bilds. 56–59; *Deschamps* III (wie Anm. 1), S. 259–285, hier S. 277–278, m. Album: Plan Margat 2, Pl. XLVII, B. XLVIII, A.–D., XLIX, A.–D.; *ders.* 1992 (wie Anm. 1), S. 169–186 m. 2 Plänen u. Abb. 43–44 (Plan der Kapelle mit Mängeln).

12 *Deschamps* I (wie Anm. 1), S. 95–96, S. 197–202 m. Abb., Album Pläne 4 u.5, Abb. XLV, XLVI, XCII, CII, A.–C.; *ders.* 1992 (wie Anm. 1), S. 91–151 m. Plan u. Abb.

37–39.; *Müller-Wiener* (wie Anm. 1), S. 61–63 m. Plan, Abb. 14 u. Bilder 76, 80–81; *Saadé, Gabriel*: Histoire du Château de Saladin, Studi medievali IX, 2, 1968, S. 980–1060; *Eydoux* (wie Anm. 1), S. 96–98 m. Abb.

13 *Deschamps* 1992 (wie Anm. 1), S. 151 m. Abb. 40; *Folda, Jaroslaw* u.a.: Crusader frescoes at Crac des Chevaliers and Marqab Castle, in: Dumbarton Oaks Papers 36, 1982, S. 177ff.

14 *Deschamps* I (wie Anm. 1), S. 198 m. Anm.(1) nach *Enlart* II (wie Anm. 1), S. 281 u. Album Pl. 123, fig. 387 sowie II, S. 98 mit Hinweis Enlarts auf Zusammenhänge mit der Kathedrale von Tortosa; weiterhin S. 198–199 m. Anm. (6).

15 *Braune, Michael*: Die mittelalterlichen Befestigungen der Stadt Tortosa/Tartus, in: Damaszener Mitt. 2, 1985, S. 45–54 m. Plan; *Deschamps* III (wie Anm. 1), S. 287–291 m. Plan; *ders.* 1992 (wie Anm. 1), S. 187–188; *Enlart* II (wie Anm. 1), S. 395–430, Atlas Pl. 174, Fig. 547 u. 548.

16 *Müller-Wiener* (wie Anm. 1), S. 53–54 m. Plan, Abb. 7, Bilder 36–39; *Deschamps* I (wie Anm. 1), S. 249–258, Album Pläne 1–3 u. Pl. XXXI–XXXV; *von Essenwein* 1892 (wie Anm. 3), S. 163, Fig. 155, Schnitt nach Rey (mit ungenauer Höhendarstellung).

17 *Salamé-Sarkis, Hassan*: Contribution a l'Histoire de Tripoli et de sa Région à l'Epoque des Croisades (Inst. Franç. d'Archéol. du Proche Orient, Bibl. archéol. et histor., T. CVI), Paris 1980; *Jidejian, Nina*: Tripoli through the Ages, Beirut 1980; *Müller-Wiener* (wie Anm. 1), S. 44–45 m. Plan, Abb. 1, Bilder 9–11; *Deschamps* III (wie Anm. 1), S. 293–295 u. S. 367–371 m. Abb., Album Pl. XCV–XCVI; *ders.* 1992 (wie Anm. 1), S. 188–189.

18 *Salamé-Sarkis* (wie Anm. 17), S. 57–91, setzt sich ausführlich mit Deschamps' These über die angebliche Grabstätte Raimunds von Saint-Gilles und die Bewertung des oktogonalen Baues auseinander.

19 Vgl. hierzu die folgenden Ausführungen im Exkurs zu den Heiligen Stätten in Jerusalem im Anschluß an 'Atlit.

20 *Deschamps* II (wie Anm. 1), S. 176–208, insb. S. 197–208; *Müller-Wiener* (wie Anm. 1), S. 64–65 m. Plan/ Abb. 15, siehe dort 6. »Unterbau der Kapelle (?)«; Ähnliches wurde (nach M. van Berchem) auch für Qal'at Subeibe vermutet, von Deschamps aber nicht bestätigt; *Deschamps* II (wie Anm. 1), S. 172. Im Plan bei *Müller-Wiener*, S. 48, Abb. 3, nicht verzeichnet.

21 *Benvenisti, Meron* (Hrsg.): The Crusaders' Fortress of Montfort, Jerusalem 1982 [Nachdr. v. *Dean, B.*: The exploration of a Crusaders' Fortress (Montfort) in Palestine, in: BMetrMus 1927, 2, S. 1–46]; *ders.* (wie Anm. 1), S. 331–337. Der Autor gibt für die Kapelle eine Länge von 23 m und ca. 8 m Breite bei zweischiffiger Teilung in drei Jochen an; *Leistikow* 1989 (wie Anm. 1), S. 354–355 m. Plan; 800 Jahre Deutscher Orden, Kat. German. National-Mus. Nürnberg, Gütersloh/München 1990, 15–17 m. Abb.

22 *Biller, Thomas*: Die Johanniterburg Belvoir am Jordan, in: architectura 19, 1989, S. 105–136; *Leistikow* 1989 (wie Anm. 1), S. 356–359, jeweils mit Literaturangaben. Ben Dov rekonstruierte in Belvoir anfangs zur Kapelle einen hohen Glockenturm. *Ben Dov, Meir*: The excavations an the Crusader Fortress of Kokhav-Hayar den (Belvoir), in: Quadmoniot (hebr.), Vol. II, No. I (5), 1969, S. 22–27.

23 *Megaw, Arthur H.S.*: The strategic Role of the third Cru-

sade Castle at Paphos, in: IBI Bulletin 48, Verona 1994, S. 17–22; *Perbellini, Gianni:* Outline of fortified networks in Cyprus, in: IBI Bulletin 48, Verona 1994, S. 5–16; *ders.:* Il Castello delle Quaranta Colonne in Paphos nell' Isola di Cipro, in: Castellum 25–26, Roma 1986, S. 5–24; *Leistikow, Dankwart:* Hohenstaufenbauten in Apulien – Forschungsgeschichte, Diskussionsstand und Ausblick, in: Burgen und Schlösser in Sachsen-Anhalt 3, Halle/Saale 1994, S. 5–32.

24 *Johns, C. N.:* Guide to ʼAtlit, Jerusalem 1947; *ders.:* ʼAtlit, in: Encycl. of Archeol. Excav. in the Holy Land I (wie Anm. 1), S. 130–140 m. Abb. S. 137; *Müller-Wiener* (wie Anm. 1), S. 73 m. Plan Abb. 22; *Leistikow* (wie Anm. 1), S. 359–360 m. Plan Abb. 10.

25 Nicht selten werden abendländische Sakralbauten runder oder polygonaler Form ohne Kenntnis der Heiligen Stätten sowie der einschlägigen Literatur mit der Grabeskirche oder dem Grab Christi in Zusammenhang gebracht. In jedem Falle bedürfen diese Fragen gewissenhafter Prüfung.

26 *Coüasnon, Charles:* The Church of the Holy Sepulchre in Jerusalem, London 1972; *Corbo, Virgilio C.:* Il Santo Sepolchro di Gerusalemme, Aspetti archeologici dalle origini al periodo crociato, 3 Bde. (Stud. bibl. francisc., Coll. major, 29), Jerusalem 1981; allg.: *Otto, Eckart:* Jerusalem – die Geschichte der Heiligen Stadt, Stuttgart 1980, S. 176–183, 211–226.

27 *Vincent, Hugues/Abel, F. M.:* Jerusalem, Recherches de Topographie, d'Archéologie et d'Histoire, 2. Bd. Jérusalem Nouvelle, Paris 1914, S. 360–373 m. Fig. 155, »L'Ascension«.

28 *Benvenisti* (wie Anm. 1), S. 64–66; *Johns, C. N.:* The Citadel, Jerusalem, A summary of work since 1934, in: The Quarterly of the Department of Antiquities, Jerusalem, 14/1950, S. 121–190 m. Plan; *Leistikow* (wie Anm. 1), S. 352–353 m. Plan Abb. 5.

29 *Deschamps* II (wie Anm. 1), S. 1–12. Der Autor hält die Begründung der Burg i. J. 1134 für möglich; *Langè, Santino:* Architettura delle Crociate in Palestina, Como 1965, S. 142–143 m. Fig. 62–64, 179; *Benvenisti* (wie Anm. 1), S. 187–188 m. Pl. u. Abb. Die Anlage wurde bereits von *Conder, Claude R./ Kitchener, Horatio H.:* Survey of Western Palestine, London 1881–1883, III, S. 270–271 m. Plan u. Foto 29 unter der Bezeichnung ›El Kulah‹ als Teil der Kreuzfahrerburg vorgestellt.
In der vermuteten Zitadelle von Ascalon wurden die Reste einer Kreuzfahrerkirche, möglicherweise einer Burgkapelle, ausgegraben, *Leistikow* 1989 (wie Anm. 1), S. 349, 351 m. Abb. 4.

30 *Deschamps* II (Anm. 1), S. 34–98, Kapelle S. 87–88, Album Plan 1 u. Pl. XVIII, A.; *ders.* 1992, S. 71–88 m. Plan S. 74–75 u. Abb. 15 u. 16; *Müller-Wiener* (wie Anm. 1), S. 49–50 m. Plan Abb. 4 u. Bilds. 23–27; *Eydoux* (wie Anm. 1), S. 142–146; *Mayer, Hans Eberhard:* Die Kreuzfahrerherrschaft Montréal (Sobák)/Jordanien im 12. Jahrhundert (Abhandlgn. d. Dt. Palästinavereins 14), S. 115–129.

31 *Deschamps* (wie Anm. 1), S. 88 m. Anm. (2).

32 Bei *Deschamps* und *Müller-Wiener* (wie Anm. 1) nicht behandelt. *Eydoux* (wie Anm. 1), S. 134–136; *Langendorf, Jean-Jaques/Zimmermann, Gérard:* Trois monu-

ments inconnus des Croisés (Bull. du Musée d'art et d'histoire de la Ville de Genève XII), Genova 1964, S. 123–165; La chapelle du château de Montréal (Jordanie): S. 125–143 m. Pl. III; *Mayer* (wie Anm. 30), S. 38–45.

33 *Marino, Luigi u. a.:* La Fortezza di Wu'eira a Petra: Osservazioni sullo stato di Conservazione. Siti e Monumenti della Giordania (Restauro archeologico 2) a cura di Luigi Marino, Firenze 1994; *ders. u. a.:* La fortezza crociata di Wu'eira (Giordania), Indagini sulla struttura e sui materiali, in: Castellum XXIX–XXX, Roma 1989, S. 105–107; *Berretti, Riccardo:* Al-Wu'eira, un esempio di rioccupazione, in: Ricognizione agli impianti fortificati di epoca crociata in Transgiordania. Prima relazione, in: Castellum XXVII–XXVIII, Roma 1987, S. 35–38 m. Plan Abb. 53; *Eydoux* (wie Anm. 1), S. 138–141. Schon 1964 hatten Langendorf und Zimmermann den Grundriß der Kapelle vorgestellt. *Langendorf* (wie Anm. 32), S. 139–141 m. Pl. IV.

34 Vgl. Anm. 23, bes. *Leistikow* 1994 (wie Anm. 23), S. 20–22 m. Abb. 11 u. 12. Die Frage der Herkunft des regelmäßigen »Kastell«-Grundrisses in Süditalien im Zeitalter der Normannen und Staufer könnte in dieser Sicht neue Aspekte gewinnen.

35 *Borghini, Alfredo:* Il Castello di Lagopesole, Storia, architettura e leggende, Rionero 1994²; *Murro, Mariolina:* Il Castello di Federico, Note storico-architettoniche sul Castello di Lagopesole, Textbd. u. Planmappe, Roma 1987; *Willemsen, Carl A.:* Die Bauten Kaiser Friedrichs II. in Süditalien, in: Die Zeit der Staufer, Bd. 3, Stuttgart 1977, S. 143–163, hier S. 146–148 m. Plan. u. Abb.; *ders.:* Die Bauten der Hohenstaufen in Süditalien, in: Neue Grabungs- und Forschungsergebnisse, Köln/Opladen 1966, S. 22–25, Abb. 30.

36 Gleichzeitig mit der vorliegenden Arbeit hat Herr Kai Kappel (Mainz) in einer Untersuchung zur Kapelle von Lagopesole denselben Weg der möglichen Beziehungen zum Heiligen Land gefunden und in einem Aufsatz zum Druck vorbereitet: Die Burgkapelle von Lagopesole, vorgetragen beim Kolloquium »1194–1250, Kunst im Reich Kaiser Friedrichs II. von Hohenstaufen« in Bonn, Dez. 1994. Verfasser dankt Herrn Kappel für die kollegiale Abstimmung in dieser Frage, die weiter zu diskutieren und zu präzisieren bleibt. Das gilt ebenso für die vom Verfasser in diesem Zusammenhang angesprochene Fragestellung, inwieweit die doppelschalige Ausbildung der Ostbauten apulischer Kathedralen und deren Nebenräume auf Einflüsse aus dem syrischen Kirchenbau zurückgeführt werden können.

37 Herrschersitze haben in Burgkapellen ihren Standort gewöhnlich auf Westemporen, hier dagegen seitlich. Ob auch in anderen Fällen die Hauptkapelle begleitende Privat-Oratorien vorkommen, bleibt zu untersuchen.

38 *Elm, Kaspar:* St. Pelagius in Denkendorf, die älteste deutsche Propstei des Kapitels vom Heiligen Grab in Geschichte und Geschichtsschreibung, in: Festschr. f. Otto Herding, Stuttgart 1977, S. 80–130; Die Kunst- und Altertumsdenkmale im Königreich Württemberg, bearb. von *Eduard Paulus*, [1] Neckarkreis, Stuttgart (Neudr.) 1906, Textbd. S. 216–223, Atlas: u. a. 3 Pläne der Krypta.

P. Deschamps, Les Châteaux des Croisés …, Bd. III, nach S. X mit Eintragungen des Verfassers: 1; Saone: P. Deschamps, Les Châteaux des Croisés …, Bd. III, Album, Pl. 2; Margat: W. Müller-Wiener, Kreuzritterburgen …, S. 59, Abb. 12 (Ausschnitt); Krak des Chevaliers: P. Deschamps, Les Châteaux des Croisés …, Bd 1, Album, Pl. 4 u. 5 (Ausschnitt), Montage des Verfassers: 2; M. Braune, Die mittelalterlichen Befestigungen …, Tortosa, Gesamtplan (Ausschnitt): 3; P. Deschamps, Les Châteaux des Croisés …, Bd. III, Pl. Safita, S. 2: 4; H. Salamé-Sarkis, Contribution à l'Histoire de Tripoli …, Pl. 11 u. 12: 5; Belvoir: D. Leistikow, Kreuzritterburgen … 1989, S. 357, Abb. 8, Zeichnung B. F. Weber nach Ben-Dov, Crusader Castles in Israel, Christian News from Israel 25, 1975/76, S. 214; Paphos; A. H. S. Megaw, The strategic role … at Paphos, S. 19, Pl. 2: 6; C. N. Johns, 'Atlit, Encycl. of Archeol. Excavacations in the Holy Land I, Abb. S. 137: 7; Grabeskirche: J. Murphy-O'Connor, Das Heilige Land, München 1981, S. 63, Abb. 11, nach Coüasnon; Himmelfahrtskapelle: Vincent et Abel, Jerusalem Nouvelle, S. 361, Fig. 155: 8; S. Langè, Architettura delle Crociate …, S. 142, Fig. 82 u. M. Benvenisti, The Crusaders …, Abb. S. 187: 9; al-Kerak: W. Müller-Wiener, Kreuzritterburgen …, S. 49, Abb. 4; el-Wu'eira: R. Berretti, Al-Wu'eira …, Castellum XXVII–XXVIII, S. 36, Abb. 53: 10; abweichend von 10B nach Langendorf/Zimmermann, Trois monuments inconnus …, Montréal, S. 138, Pl. III; el-Wu'eira, S. 141, Pl. IV: 11; M. Borri, Il Castello di Lagopesole …, Planmappe, Ausschnitte aus den Grundrissen, Zeichnung A. Rosa; Montage des Verfassers: 12.

REZENSIONEN

DIETER PLANCK (Hrsg.): **Archäologie in Baden-Württemberg.** Das archäologische Landesmuseum, Außenstelle Konstanz. Konrad Theiss: Stuttgart 1994. 332 Seiten, 435 farbige und 122 schwarzweiße Abbildungen.

Bei diesem Buch handelt es sich um eine Begleitpublikation für das neu entstandene Landesmuseum in Konstanz. Es gibt einen breiten Überblick über alles, was aus Bodenfunden zu schließen ist. Dabei stehen die Erkenntnisse der letzten wenigen Jahrzehnte im Vordergrund; besonders in Baden-Württemberg ist viel ergraben und bearbeitet worden.

Der allgemeine Aufbau des Buches ist klassisch: Einleitung, Methoden, die aufeinanderfolgenden Epochen, inhaltliche Kapitel. Jeder dieser Abschnitte ist durch mehrere Kapitel vertreten; auch die Epochen haben Schwerpunkte, so das Frühmittelalter die soziale Gliederung.

Baugeschichtliche Kapitel gibt es zu Rottweil, Breisach, Konstanz und Ulm. Vor allem aber wird anhand differenzierter Grabungsbefunde die Bau- und Funktionsgeschichte der nordwürttembergischen Schildmauerburg Amlishagen dargestellt. Die reichen Befunde kommen auch dadurch zustande, daß dies ein Großprojekt innerhalb des Schwerpunktprogramms der Denkmalpflege war.

Bedauerlich ist, daß man den Quellencharakter dieses sehr gut ausgestatteten Buches reduziert hat: Fast stets fehlen Herkunftsangaben zu den Abbildungen (»Rechte beim LDA« ist keine Angabe), die erste Abbildung eines jeden Kapitels hat überdies keinerlei inhaltliche Erklärung, keiner der Texte ist einer der 29 Kollektivautoren zuzuordnen, und das Literaturverzeichnis ist sehr dünn. So muß der weiter Interessierte stets nachfragen, die nächste Literaturbank konsultieren oder (wie bei Amlishagen) auf eine vollständige und solide Publikation hoffen.

FRIEDRICH W. RÖSING

UWE ALBRECHT: **Der Adelssitz im Mittelalter.** Studien zum Verhältnis von Architektur und Lebensform in Nord- und Westeuropa. Deutscher Kunstverlag: München/Berlin 1995. Zugl.: Kiel, Univ., Habil.-Schrift 1989. ISBN 3-422-06100-2. 279 Seiten, 309 schwarzweiße Abbildungen, 4°, Leinen mit Schutzumschlag.

Die Einleitung beginnt mit einer erfreulichen Ankündigung, derzufolge im Mittelpunkt der Publikation das »Leben und Wohnen« des Adels steht, mithin eine durchaus volkskundlich geprägte Fragestellung, die in der bau- und kunstgeschichtlichen Diskussion der letzten Jahre deutlich zu kurz gekommen ist (die Mehrzahl aller Vorträge und Aufsätze beschränkt sich auf die Bebilderung mit Grundrissen von Gesamtanlagen, die immer wieder – nur – pauschal miteinander verglichen werden). Zwar überwiegen im Bildmaterial die Gesamtaufnahmen ebenso bedeutsamer wie fotogener Burganlagen, doch im Text versucht Albrecht, diesem Vorsatz wirklich treu zu bleiben, indem er immer wieder auf die Räume und Raumnutzungen zurückkommt. Wenn im Zusammenhang mit spätmittelalterlichen Anlagen etwa der Papstpalast in Avignon, der Louvre in Paris, aber auch weniger bekannte große französische Schlösser angeführt werden, impliziert dies die Annahme, die Bauten seien vorbildhaft auch über Frankreich hinaus gewesen und tatsächlich wird sich manche ungelöste Frage zur Raumstruktur (etwa norddeutscher Burgen) ganz gut an diesen »Vorbildern« einordnen lassen, man denke nur an die Bibliothek im Schloßturm.

Die Veröffentlichung ist überaus großräumig angelegt, denn sie beinhaltet einen Vergleich und Überblick zu Frankreich, Norddeutschland, Dänemark und partiell auch England, ein überaus ehrgeiziges Unterfangen also, das in der Gesamtschau als ausgesprochen gelungen bezeichnet werden darf. Auf den ersten Blick ist der Vergleich

Norddeutschlands mit Frankreich ungewöhnlich, doch das Ergebnis bestätigt die Annahme. Dabei vermeidet Albrecht das Postulat unmittelbarer Vorbilder (lange hat die Kunstgeschichte daran gekrankt, Kirchen in Deutschland von irgendwelchen französischen Pfarrkirchen aufgrund zufälliger Ähnlichkeiten abzuleiten, ohne zu fragen, wie man auf das Vorbild gekommen sein kann), doch der typologische Vergleich weist den Weg für künftig notwendige historische Untersuchungen über etwaige direkte Beziehungen einerseits oder allgemeine (persönliche) Kontakte andererseits. Zeitlich reicht der Überblick bis zum Beginn der Renaissance, die sich erstmals deutlich im Schloß Gottorf manifestiert.

Der Rückgriff des Autors auf zahlreiche regionale Beispiele, nicht nur im Norden und Westen Europas, bedingt fast zwangsläufig, daß im einen oder anderen Fall verstecktes neueres Schrifttum nicht mehr eingearbeitet werden konnte, wobei das Abschlußjahr des Manuskriptes der Habilitationsschrift 1989 war. So möchte ich den Wohnturm der Schelenburg (S. 72 f.) kaum schon in das 12. Jahrhundert datieren – vielmehr fehlen für eine Entstehung vor dem 14. Jahrhundert bislang gesicherte Belege. Der Dachausbau des Wohnturms (mit Ecktürmchen) ist dendrochronologisch in das Jahr 1495 datiert. Beides belegt allerdings die von Albrecht gemachte Feststellung der »Kontinuität einfacher Motten«. Mit diesen beide Daten, von denen die ältere auch noch (archäologisch) zu überprüfen wäre, schließt sich wiederum der Kreis der von Albrecht festgestellten Vorbildhaftigkeit Frankreichs – es fallen nämlich Donjons bzw. feste Häuser mit Ecktürmchen im Dachbereich auf, etwa Masse (Aveyron; S. 94), die als Typ Einfluß auf westfälische Bauten wie die Schelenburg gehabt haben können. Im Spätmittelalter bereichern etliche Einzelaspekte die Gestaltung ebenso wie die Raumgliederung. Albrecht nennt die Polychromie und faßt hier vor allem den bewußten Materialwechsel Backstein-Naturstein (-Quader; brique et pierre), bildet aber auch Ornamente durch andersfarbigen Backstein ab. Dieses Problem stand übrigens jüngst am Rande der Tagung castella maris baltici in Malbork/Marienburg anläßlich der Besichtigung einzelner Deutschordensburgen des 13./14. Jahrhunderts zur Debatte. Eine räumliche Erweiterung dürfte die Kammer über dem Treppenturm sein (chambre haute, S. 105/107), für die es auch in

zeitlicher Nachfolge zu den französischen Bauten norddeutsche Gegenbeispiele der Renaissancezeit gibt.

Immer wieder führt Albrecht patrizische Bauten in der Stadt zum Vergleich an und beschreibt das enge Verhältnis zwischen adliger und städtisch-patrizischer Architektur, wobei zeitweise die Bauten in der Stadt innovativer sind als die des Adels auf dem Lande. Allerdings ist anzumerken, daß das in der Burgenforschung bedeutsame Buch mit einem gerafften hauskundlich geprägten Kapitel beginnt, das in dieser Form einer grundlegenden Überarbeitung bedarf, zumal es ausgerechnet am Anfang des Buches steht. Albrecht versucht, anhand eines in der Hausforschung längst überholten Begriffes von der »Halle« als vermeintlichem Kern niederdeutscher Häuser eine bauliche Kontinuität von der Vorgeschichte bis in das späte Mittelalter zu postulieren. Trotz zunehmender archäologischer Befunde begibt sich Albrecht damit nicht weniger auf das Glatteis als die Forschung der vergangenen Jahrzehnte. Ein ausgesprochener Speicherboden sei für hochmittelalterliche niederdeutsche Hallenhäuser typisch (S. 7) – doch leider hat die Hausforschung bis 1996 solche hochmittelalterlichen Häuser noch gar nicht gefunden! Der hauskundliche Kulturraum entspreche weitgehend dem Einzugsbereich der niederdeutschen Dialekte. Diese ohne Quelle angegebene Feststellung ist angesichts der heftigen Diskussionen der Volkskunde und Germanistik für einen Fachfremden zumindest sehr mutig, wenn auch vielleicht im Augenblick nicht widerlegbar. Die im gleichen Absatz getroffene Feststellung, daß sich das Verbreitungsgebiet des niederdeutschen Hallenhauses etwa mit dem des niederdeutschen Dielenhauses decke, meint vermutlich wiederum die Kontinuität vom frühen Hochmittelalter zum Spätmittelalter (dazu darf man aber bitte die u. a. vom Rezensenten herausgegebene Publikation des Arbeitskreises für Hausforschung nicht als Beleg angeben, dort steht nämlich etwas ganz anderes). Es klingt aber so, als sei es verwunderlich, daß alle Burgen mit einem Bergfried über einen Turm verfügten – das niederdeutsche Hallenhaus und das niederdeutsche Dielenhaus sind nicht ähnliche Begriffe für unterschiedliche Objekte, sondern unterschiedliche Begriffe für die gleichen Objekte. Der von Josef Schepers eingeführte Begriff des niederdeutsche Hallenhauses wurde von Konrad Bedal in einer Arbeit an der Universität Kiel (Ländliche

Ständerbauten des 15. bis 17. Jahrhunderts in Holstein und im südlichen Schleswig, Neumünster 1977, hier S. 181 ff.) zum (Mittellängs-)Dielenhaus korrigiert, dies ist der aktuelle Forschungsstand. Es schmälert die Bedeutung der Arbeit kaum, daß dem Autor hier ein für die Hausforschung durchaus gravierender Fehler unterlaufen ist, es handelt sich nur um wenige Absätze des umfassenden Gesamtwerkes, doch angesichts der Vorgeschichte dieser Kontinuitätsfragen möchte ich doch darauf eingehen. – Nochmals kommen Aspekte der Hausforschung zur Geltung beim Hinweis auf die »Wehrspeicher«, die auf manchem niederdeutschen Schultenhof zu finden sind. In der Anmerkung (Nr. 428) erfolgt der Hinweis auf den Begriff des »gesunkenen Kulturgutes«, also die Übernahme höfischer Bauformen in niedrigeren gesellschaftlichen Gruppen, hier etwa den bäuerlichen Schulten. Dies genau ist der Kern der gegenwärtigen hauskundlichen Diskussion: Handelt es sich um symbolische Bauten der Schulten oder sind es nicht vielmehr Bauten des Adels oder der Klöster, die als Eigentümer der Schulten- und Meierhöfe anzutreffen sind? Doch selbst wenn Albrecht hier die Forschung nicht weiter bringen kann (und es auch gar nicht beabsichtigt), ist schon die Behandlung des Themas in diesem Zusammenhang bemerkenswert und geradezu innovativ (es werden mehrere Beispiele ausführlich abgebildet).

Grundlegende, auch in der Hausforschung immer wieder behandelte Begriffe sind »Saalgeschoßhaus« und »Wohnturm«, die sich im Bereich der Adelsarchitektur als konstitutiv erweisen. Insgesamt betritt der Autor mit der Jahrtausendwende und den Erläuterungen zum Saalgeschoßhaus sicheren Boden, deren Definition er gleichwohl ebenfalls aus der Hausforschung übernimmt. Hier lassen sich in der erhaltenen Bausubstanz genügend Beispiele finden, die – zunächst in Frankreich und England, bald auch in Deutschland – die Entwicklung der Burg und ihrer Bestandteile und speziell einzelner Teile der Wehranlage verdeutlichen, auch Aspekte des Wohnens übrigens, das in der Folge wandelnder Wehrgewohnheiten gleichfalls Änderungen unterworfen ist. Wenn auch Albrechts Ausflug in die Hausforschung nicht immer ganz perfekt ist, so ist dieser Ausflug doch neuartig und für die künftige Forschung eine gute und zudem unverzichtbare Grundlage, denn das Gattungsdenken (vor allem

die unselige Trennung zwischen Forschungsbereichen der Volkskunde und der Kunstgeschichte) hat allzu lange Erkenntnismöglichkeiten behindert. Die Offenheit Albrechts, dies aus Sicht der Kunstgeschichte zu überwinden und die damit schon jetzt verbundenen Ergebnisse verdienen hervorgehoben zu werden.

G. Ulrich Grossmann

Maria Stella Calò Mariani: **Archeologia, storia e storia dell'arte medievale in Capitanata.** Mario Adda Editore: Bari 1992. 115 Seiten mit zahlreichen Plänen und Abbildungen.

Die Autorin, Professorin an der Universität Bari, ist in den letzten beiden Jahrzehnten durch engagierte Forschungen und Publikationen, vornehmlich auf den Gebieten der Architektur, Archäologie und Skulptur des 12./13. Jahrhunderts in Apulien hervorgetreten. Die Denkmäler aus der Zeit Kaiser Friedrichs II., vorwiegend die in der Capitanata, standen dabei im Vordergrund, wie zahlreiche ihrer qualifizierten Arbeiten ausweisen. Diese Kunstlandschaft deckt sich mit den von Arthur Haseloff seit der Jahrhundertwende betriebenen Forschungen, die im ersten Band seines unvollendeten Werkes von 1920 erschienen sind.

Unter diesen Voraussetzungen war es eine glückliche Wahl, für die italienische Übersetzung und Neuausgabe des Buches (mehr als 70 Jahre nach seinem Erscheinen!) den Übersetzer L. Bibbò aus Foggia und für die wissenschaftliche Betreuung und Einleitung gerade diese bestens ausgewiesene Autorin zu gewinnen[1].

Die Aufgabe lautete, eine Aktualisierung des grundlegenden Werkes zu erreichen, ohne dieses in der Substanz anzutasten. Ein umfassendes »aggiornamento«, wie es z.B. beim Nachdruck des Bertauxschen Werkes[2] durch die Ecole Française de Rome mit Erfolg praktiziert wurde, war hier nicht möglich. Der nun beschrittene Weg besteht in einem detaillierten Fachbericht der Autorin mit dem angezeigten Titel, der inzwischen als selbständiges Buch erschienen ist und der als dankenswerter Beitrag zur mittelalterlichen Architekturgeschichte und zu den Bauten Friedrichs II. in Apulien vorgestellt werden soll.

Im einführenden Text beleuchtet die Autorin die Forschungen von Haseloff in ihrem Kontext und dem der nachfolgenden Arbeiten zur Kunst- und Baugeschichte und neuerdings auch der Archäologie des Mittelalters in der Capitanata, die als »Regierungsprovinz« Friedrichs II. in der ersten Hälfte des 13. Jahrhunderts ihre große Blütezeit erlebte.

Mit der bekannten Aussage des Alain de Lille »Deus mundi elegans architectus« führt die Autorin in die geistige Welt des Mittelalters ein und läßt im folgenden ihre besondere Neigung und Kennerschaft zur Architektur und Skulptur sichtbar werden. Deutlich wird auch, daß für die Architektur in der Capitanata nach Haseloff (1920) erst wieder die Arbeiten von Körte (1937), Willemsen (1944), Krönig (1948/50), Jacobs (1968) und des Verfassers (1974) neue Ausgangspunkte vorgaben und daß für den ganzen Süden Italiens das Werk von R. Wagner-Rieger (1957) Maßstäbe setzte. Es bedürfte weiterer Ausführungen, um auch den Werken italienischer Kollegen gerecht zu werden.

Entscheidend für die gezielte Weiterarbeit wurde nun auch die Archäologie, die sich im 19. Jahrhundert noch ausschließlich auf den Spuren antiker Monumente bewegte. Jetzt aber wurde unter französischer und belgischer Beteiligung begonnen, byzantinische und mittelalterliche Denkmäler und Ruinenstätten systematisch zu erschließen. Die Karten der Grenzstädte (um und nach 1000) im Nordwesten der Capitanata benennen diese Orte, die von Civitate über Dragonara, Fiorentino, Lucera und Montecorvino bis nach Tertiveri und Troia reichen, unter diesen verlassene Stätten (zum Teil mit mittelalterlichen Ruinen), die noch im 12. und 13. Jahrhundert als Bergstädte bzw. Burglagen namhaft zu machen sind.

Unter diesen nimmt hinsichtlich seiner Bedeutung und der bisherigen Grabungsergebnisse Fiorentino eine Sonderstellung ein, die schon evident war, bevor es Friedrich II. mit einem »palatium« bzw. einer »domus« auszeichnete und das 1250 sein Sterbeort werden sollte. Hier gelang es, neben anderen bemerkenswerten Gebäuden im Stadtbereich und dem Sockelbau des schon von Haseloff untersuchten »Pyramidenturms«, vor allem das »palatium« Friedrichs II. zu ergraben und auch in teilweise beachtlichen Einzelfunden, u. a. auch der Bauskulptur, zusammenfassend vorzustellen. Diese Ergebnisse sind, wie fast alle behandelten Orte, mit instruktiven Abbildungen und Plänen

belegt. Echte »Entdeckungen« sind z. B. die Skulpturen der Kirche S. Nicola in Torremaggiore, die in ihrem hohen künstlerischen Standard auf die Kathedrale von Foggia verweisen. Außer in Fiorentino wurde noch eine weitere »domus« eigenen Charakters in Ordona freigelegt. Dort scheint das kaiserliche Jagdschloß in den Baukörper einer (damals verfallenen!) byzantinischen Kirche hineingesetzt worden zu sein, ein für Friedrich II. außerordentlich bezeichnendes Vorgehen.

Auch wenn noch keine Auswertung der langjährigen Grabungsvorhaben im Mauerring von Lucera vorliegt, bringt die Autorin außer dem bekannten Teilplan der Ausgrabungen eine hervorragende Luftaufnahme des ganzen Festungsgeländes (1964) mit den damals sichtbaren Freilegungen, unter denen besonders die große Zisterne, die Bedienstetenwohnungen, römische Ruinen hinter dem großen Rundturm, der Palast Karls I. von erstaunlich rationaler Konzeption (mit Innenhof) und die schon seit langem bekannte königliche Kapelle ins Auge fallen. Großartige Reste von Bauskulpturen, u. a. ein prachtvoll ornamentierter Schlußstein und Kapitellfragmente, die denen von Castel del Monte zumindest nahestehen, belegen die einst überragende bauplastische Ausstattung ebenso wie die Kopf-Skulpturen im Museum (im Vergleich zu Beispielen aus Troia). Sonst hat bisher nur die sehr beachtliche Keramik, ebenfalls im Museum, eine erste wissenschaftliche Bearbeitung erfahren.

Überhaupt wird die Kenntnis über die »architettura residenziale« durch Funde und Nachrichten erweitert. Grundlegende Feststellungen zur Klassifizierung der »castra« und »domus« führen zu den nun in den Mittelpunkt des Interesses rückenden Stätten San Lorenzo und Salpi, von denen offenbar letztere eng mit der Falkenjagd verbunden war. Dort erinnerte ein erstmals gezeigtes (heute leider verschwundenes) Bruchstück eines Bogenfeldes von einem Doppelfenster an die entsprechenden Bauteile an den Obergeschoßfenstern von Castel del Monte.

Weitere »domus«, meist in Ruinen, sind im »Atlante delle locazioni dela Capitanata« der Brüder Michele di Rovere (spätes 17. Jahrhundert, Staatsarchiv in Foggia) dargestellt. Inwieweit Überreste der Architektur und deren bildliche oder beschreibende Überlieferung wenigstens gewisse Aufschlüsse zu geben vermögen, versucht der Verfasser am Palast von Foggia zu klären, den die

Autorin in kurzer Betrachtung zusammen mit dem Lustschloß von San Lorenzo in pantano und seinem »vivarium« erwähnt, um von dort – über die Gärten – eine geistige Brücke nach Palermo und bis zum abbassidischen Bagdad zu schlagen.

Im Hinblick auf die Kultivierung des Landes eröffnet die Autorin für die Capitanata mögliche Rückbezüge auf frühere (z. B. römische) Vorgängerbauten, Landsitze, Villen und Masserien und weist auf Reste von Ölmühlen , Einrichtungen der Viehhaltung, Pferdeställe, Taubenhäuser und schließlich auf Anlagen für die Falkenzucht und -jagd hin, welch letztere ja des Kaisers bevorzugte Leidenschaft wurde. Hier ist noch intensive Weiterarbeit gefragt.

Den herrscherlichen Architekturen standen andererseits, in Wechselwirkung zu diesen, die Werke der Sakralarchitektur gegenüber, deren herausragenden Zeugnisse, den Kathedralen von Foggia und Troia, die Fassade von Termoli an die Seite zu stellen ist. Ferner sind die bedeutenden Reste der Zisterzienserabtei von Ripalta am Fortore sowie die Abteien von Pulsano im Gargano und San Leonardo di Siponto hier zu nennen. Auch für diese bekannteren Bauten gibt es neue Einsichten und Vergleiche, bis hin zu den erhellenden Gegenüberstellungen von (freilich ungleichwertigen) Skulpturen von Ripalta mit solchen aus Castel del Monte, und schließlich auch von dem Bartolomeo di Foggia zugeschriebenen Fries an der Foggianer Kathedrale mit Skulpturen an seiner Kanzel von Ravello. Aber auch zu den Funden der Bauplastik von Fiorentino sind Verbindungslinien zu ziehen.

Weitere Studien der Autorin führen zu den Bauaufträgen der Anjou und deren markantesten Ergebnissen, dem achteckigen Glockenturm von Monte Sant' Angelo und zu den Kirchen von Lucera.

Das letzte Kapitel des Buches ist den laufenden Untersuchungen und Vorhaben in der Capitanata gewidmet. Neben den schon genannten Plätzen tritt hier das Kastell von M.S. Angelo hervor, dessen bisher nicht sicher gedeutete »torre quadrata« außer mit Teilflächen von hervorragenden Spiegelquadern am Außenbau im Inneren mit flach skulptierten, seltsamen Gesichtsmasken auf den Quadern eines Türgewändes aufwartet.

Schließlich wird auch ein aufwendiges deutsch-italienisches Gemeinschaftsprojekt angesprochen, das seit einigen Jahren vom Germanischen Natio-nalmuseum Nürnberg betrieben wird und das den außerordentlich bedeutenden Überresten des Benediktinerklosters auf dem Monte Sacro (Gargano) gilt. Teilberichte des Museums haben bereits Eindrücke von den laufenden Arbeiten vermittelt. Die Untersuchung soll Licht in die weitgehend unbearbeitete Geschichte und Baugestalt der Klosteranlage bringen und hat – außer einem klärenden Gesamtgrundriß – schon mannigfaltige Einzelergebnisse vorzuweisen. Hier wird sie in den Zusammenhang der Forschungen zur mittelalterlichen Architektur in der Capitanata eingebunden.

Im Verein mit dem instruktiven, klaren Text erschließt der umfangreiche Anmerkungsapparat ein wertvolles, in Deutschland weitgehend unbekanntes Material und verarbeitet die Ergebnisse intensiver Forschung, an der auch die Autorin hervorragenden Anteil hat. Das Literaturverzeichnis, auf der Basis von Haseloff, ist nun erschöpfend aktualisiert und bildet somit eine unerläßliche Quelle für die weiteren wissenschaftlichen Arbeiten in der Provinz.

Das Buch von Frau Calò Mariani bietet über Haseloffs Kenntnisstand hinaus eine ausgezeichnete, auch ins Detail gehende Information auf dem neuesten Stand der Forschung und besitzt damit eine besondere Aktualität – ein fachlich qualifiziertes, anregendes Buch auf hohem wissenschaftlichem Niveau.

1 *Haseloff, Arthur*: Die Bauten der Hohenstaufen in Unteritalien, Text- u. Tafelbd., Leipzig 1920; neu: L'Architettura Sveva nell' Italia Meridionale, Adda Editore, Bari 1992, traduzione di Leopoldo Bibbò, con prefazione e a cura di M. S. Calò Mariani, present. di C. A. Willemsen.

2 *Bertaux, Emile*: L'art dans l'Italie meridionale, Paris 1903/04.

3 *Wagner-Rieger, Renate*: Die italienische Baukunst zu Beginn der Gotik, 2 Bde., Graz/Köln 1957.

DANKWART LEISTIKOW

Neue Literatur zum Burgenbau Böhmens

1.

Castellologica bohemica, 3. Hrsg.: Archeologický ústav AVČR Praha (Archäologische Abteilung der Tschechischen Akademie der Wissenschaften,

Prag), Redaktion: Tomáš Durdík, Praha 1993. ISBN 80-901026-6-2. 396 Seiten mit zahlreichen Plänen und Fotos. Bezugsadresse: Knihovna ARÚ ČSAV, Letenská 4, CZ-118 01 Praha 1.

Die »Castellologica bohemica« erscheinen nun schon zum drittenmal in grundsätzlich unveränderter Form, und als Deutscher kann man nur neidlos anerkennen, daß Tschechien damit über etwas verfügt, was dem ungleich größeren und reicheren Deutschland nach wie vor fehlt: nämlich eine regelmäßig erscheinende, streng wissenschaftlich aufgebaute und durchaus voluminöse Publikation, durch die man einen Überblick über neue Forschungen erhalten kann, und in der auch bibliographisch über die wichtigsten anderen Erscheinungen Tschechiens und der angrenzenden Länder informiert wird. Nicht ohne Beschämung erkennt man an den Details wie Papier und Einband, unter welch schwierigen ökonomischen Bedingungen derart Wichtiges hier verwirklicht wird, während sich die inhaltliche Verarmung mancher deutscher Produkte, die den Ansatz zu Entsprechendem durchaus hätten haben können, durch immer bunteres Hochglanzpapier (erfolglos) zu tarnen versucht. Ein hoher Qualitätsanspruch, mit einfachen Mitteln verwirklicht, sticht derartiges mühelos aus: eine Erkenntnis, die freilich nicht so recht im Zug der Zeit zu liegen scheint.

Die Mehrheit der größeren Artikel behandelt monographisch bzw. unter ausgewählten Aspekten einzelne Burgen, unter denen als größere und bekanntere Anlagen vielleicht Ledeč an der Sasava, Cuknštejn, Litomyšl und der Karlstein genannt seien. Jedoch liegt die Wichtigkeit der Publikation eben nicht primär in der gesamthaften Darstellung herausragender Bauten, sondern gerade in der methodischen Stringenz, mit der auch begrenzte Ergebnisse an wenig bekannten und schlecht erhaltenen Bauten erzielt und hier vorgelegt werden. Den Aufsätzen sind, wie bisher, stets deutsche Resümees beigegeben, ebenso sind die Abbildungstexte generell ins Deutsche übersetzt.

Der Wert der »Castellologica bohemica« als anspruchsvolles wissenschaftliches Periodikum über eine der wichtigen mittelalterlichen Regionen Europas wird sich vor allem dann beweisen, wenn es gelingt, sie zur dauerhaften Erscheinung zu machen. Den engagierten Herausgebern, die in einem wirtschaftlich noch immer schwer belaste-

ten Lande leben und arbeiten, ist auch insoweit das Beste zu wünschen.

2.

Tomáš Durdík: **Die königliche Burg in Písek,** hrsg. vom Prachiner Museum in Písek, Písek 1993. 49 Seiten.

Die Bedeutung der Burg in Písek, 90 km südlich von Prag, liegt vor allem auf zwei Ebenen. Einerseits wurde sie in den letzten dreißig Jahren mit den Methoden von Bauforschung und Archäologie eingehend erforscht, so daß ihre durch Umbauten sehr verunklärte Baugestalt nun wieder greifbar ist. Andererseits gehört eben diese Baugestalt des mittleren 13. Jahrhunderts in einen größeren Zusammenhang, dessen gesamteuropäische Relevanz erst in diesen Jahren ins Bewußtsein auch der deutschen Forschung tritt: in jenen der »Kastelle des mitteleuropäischen Typus«, deren Feststellung und Definition die Leistung von T. Durdík ist (ein deutsches Buch darüber ist im Druck). In der Tat war Písek einer der wichtigsten Vertreter dieser Art von Burg: Etwa rechteckig um einen Hof mit doppelgeschossigen, gewölbten Arkaden, war es durch drei Rechtecktürme akzentuiert, zwei Eck- und einen Torturm. Die vorliegende Veröffentlichung, formal scheinbar ein kleiner Führer mit größerem Literaturverzeichnis, enthält eine detaillierte Darstellung der verschiedenen Ebenen der Forschung, die dieses Ergebnis möglich machten – Grabungen, die die Lage des einen Flügels erst wieder klärten, Freilegung zahlreicher Spuren in den Wänden, Auswertung alter Zeichnungen, des historischen Gesamtzusammenhanges usw.; Baualterspläne und Rekonstruktionen veranschaulichen die geleistete Arbeit, auch bei der Restaurierung. Dem Typus der Burg ist ein Kapitel gewidmet, das die wichtigsten Vergleichsbeispiele anspricht.

3.

Tomáš Durdík: **Burgen Nordböhmens.** Hrsg.: Propagační tvorba für das Institut für Denkmalpflege in Ústí nad Labem, Praha 1992. ISBN 80-85386-50-X. Etwa 80 ungezählte Seiten.

Der knappe Führer in deutscher Sprache stellt 49 der wichtigsten Burgen des nördlichen Böhmen vor. Auf je einer bis drei Seiten wird ein knapper, mit Fotos, Grundrissen, Rekonstruktionen und historischen Darstellungen illustrierter Überblick über Geschichte und Baubestand gegeben. Das analytische Niveau der Darstellung ist ungewöhnlich hoch – kein Wunder angesichts des Verfassers. Eine ebenfalls dreiseitige Einleitung vermittelt die Grundzüge der Entwicklung des böhmischen Burgenbaues, einige Erläuterungen von Fachausdrükken und etwas (meist tschechische) Literatur runden das gelungene Heft ab. Eine höchst empfehlenswerte Anschaffung für den interessierten Touristen, die jedoch auch für jene nicht seltenen Wissenschaftler von Interesse ist, die leider kein Tschechisch können!

THOMAS BILLER

ULRICH SCHÜTTE: **Das Schloß als Wehranlage.** Befestigte Schloßbauten der frühen Neuzeit im alten Reich. Wissenschaftliche Buchgesellschaft: Darmstadt 1994. Zugl. Frankfurt (Main), Univ., Habil.-Schrift 1988. ISBN 3-534-11692-5. 430 Seiten, 216 Abbildungen.

Die mittelalterliche Höhen- oder Wasserburg als unwohnliche befestigte Wehranlage, das Schloß der Renaissance- und Barockzeit als wohnliche, kaum verteidigungsfähige und insbesondere den Kanonen nicht gewachsene Residenz – dies ist das geläufige Bild, mit dem wir geneigt sind, den Unterschied zwischen Burg und Schloß, letztlich zwischen Mittelalter und Neuzeit zu umschreiben. Daß alles bei genauerem Hinsehen ganz anders war, ist für die Forschung letzten Endes nicht mehr wirklich überraschend.

Die Verteidigungsfähigkeit des Schlosses, mehr noch die Einplanung der Verteidigungsfähigkeit in das bauliche Konzept des Schlosses, ist das Ziel der Beweisführung von Ulrich Schütte. Diese Beweisführung ist plausibel, vor allem, wenn man auf Pläne (im Falle Dresdens von Ulrich Schütte abgebildet) verweisen kann, die die möglichen Schußbahnen von Kanonenkugeln darlegen, die aus dem schmächtigen Ecktürmchen des Stallhofs am Dresdener Schloß die Mauerflanken bestreichen können sollten (nach 1596). Aspekte sind im Gesamten der Veröffentlichung aber nicht nur die der Verteidigung dienenden Bauten und Bauteile, die in der Zeit des späten Mittelalters und derjenigen der Renaissance entstanden, sondern auch die

Verbauung älterer Wehranlagen bei Erweiterungen der Burgen bzw. Schlösser. Das Überschreiten der Festungsmauern läßt sich etwa am Beispiel Heidelbergs zeigen, doch auch die isenburgische Ronneburg nahe Gelnhausen und selbst das französische Blois ließen sich als Vergleichsbeispiele anführen.

Schütte bearbeitet das Thema vornehmlich anhand von alten Stadt- und Schloßansichten und historischen Plänen sowie Archivalien, gelegentlich greift er auf Grabungspläne und vergleichbare Unterlagen zurück, die aber vielfach schon älter sind. Von der aktuellen baulichen Situation und von Baubefunden wird nicht ausgegangen, doch ist dies für die Beweisführung auch nicht unbedingt erheblich, selbst wenn man im Detail Fehlinterpretationen nicht ganz ausschließen kann. Namentlich die Einbeziehung des Elements »Verteidigung« in die Planung früherer Schloßbauten ist durchaus anhand von älterem Material zu behandeln und bedarf nicht unbedingt bauarchäologischer Autopsie. Dabei zeigen die Unterlagen über die im Sinne des vorerwähnten Vorurteils »wohnlich« gestalteten Residenzschlösser (z. B. Kassel, Aschaffenburg), daß diese Bauten so sehr mit festungsartigen Wehranlagen umgeben waren, daß ihre reiche Durchfensterung kaum im Widerspruch zur etwaigen militärischen Nutzung der Anlage stand. Vielmehr muß man auch ein solches übliches Renaissanceschloß für einen etwaigen Gegner als schweres Hindernis ansehen, um das Fazit für gerechtfertigt zu halten, auch einem Schloß Verteidigungsfunktionen zuzuerkennen.

Ein Kapitel zu den Architekturtraktaten benennt die Ideen der jeweiligen Autoren von Dürer bis Goldmann (interessant die ausdrückliche Bemerkung Specklins, 1589, daß sich die Festung des Landesherren auch gegen den Bürger richten soll!), muß allerdings hinsichtlich der Wirkung offen bleiben. Das Umsetzen der Traktate verfolgt Schütte nicht, auch nicht die Frage, in welcher Adelsbibliothek die von ihm behandelten Werke vorhanden waren (Dürer und Specklin standen beispielsweise in der Bibliothek Simons VI. zur Lippe in Brake, während Simon auf den Erwerb klassischer Architekturtraktate durchaus verzichtet hat).

Bei dem Kapitel zur Typologie der wehrhaften Schlösser und ihrer Einzelelemente fällt auf, daß sich Schütte kaum auf eine Diskussion des Forschungsstandes einläßt. Gelegentliche Anmerkungen zeigen zwar, daß er die jeweilige Literatur zur Kenntnis genommen und auch ausgewertet hat, doch streckenweise wirkt der Text so, als beschreibe er die Bedeutung des Turmes, des regelmäßigen Grundrisses, des Kastelltyps usw. zum ersten Mal und sammelt dementsprechend ausführlich und subtil Einzelbelege für an sich längst Bekanntes und Anerkanntes. Spannender wäre in diesen Fällen der Text bei einer Diskussion des Forschungsstandes geworden, bei einem akzentuierteren Widerspruch da, wo der Widerspruch notwendig ist. Nur einmal erscheint ganz zaghaft eine Kritik an den »Ableitungsreihen« deutscher Schloßbauten von entlegenen französischen und italienischen vermeintlichen Vorbildern, wobei »häufig genug die Voraussetzung für die Rezeption vorbildlich wirkender Werke nicht (zu) benennen« ist – eine dezente Ohrfeige (eigentlich eine schallende) nicht nur für manches Produkt der Kunstgeschichte.

Die Beispiele wehrhafter Schloßbauten und Bauteile reichen weit in das 17. Jahrhundert hinein und über den Dreißigjährigen Krieg hinaus. Angesichts der Vielzahl der Beispiele und der Schlüssigkeit der Argumentation kann der Rezensent seine eigene Vermutung, die Spitzbastionen am lippischen Schloß Varenholz, oberhalb der Weser gelegen, seien nur symbolisch und hätten kaum der Verteidigung dienen können, zurücknehmen. Vielmehr scheint man die Wehrhaftigkeit solcher Bauteile durchaus in Erwägung gezogen zu haben.

Letztlich tragen sogar die kriegerischen Ereignisse im Europa der 1990er Jahre dazu bei, selbst solchen für die Kriegsführung scheinbar weniger geeigneten Baulichkeiten sehr wohl ihren militärischen Charakter beizumessen. In einem »konventionellen« Kampf während der frühen Neuzeit ist ein Bauwerk wie Schloß Varenholz trotz seiner durchfensterten Fassaden sicher leichter verteidigungsfähig gewesen als 1932 der Karl-Marx-Hof in Wien oder gar 1995 ein (fast) beliebiges Hochhaus in Sarajewo oder Grosnj.

Bei allem ist ein Aspekt zu berücksichtigen, der für die Architektur der Renaissance gleichfalls von grundlegender Bedeutung ist: Die Suche nach interessanten geometrischen Grundrißlösungen führt immer wieder zu eindrucksvollen Bauformen, die sich mit wehrhaften Elementen sehr wohl paaren können. Hierzu gehören etwa die Wewelsburg oder das gerade genannte Schloß Varenholz, aber auch das nur in Plänen überlieferte Schloß Philippseck bei Hanau (Schütte verwendet einen Grundriß aus dem Staatsarchiv Darmstadt, weitere Pläne dieses spannenden Schloßbaues befinden sich im Staatsarchiv Marburg). Doch diesem bisher immer wieder behandelten traditionellen kunsthistorischen Aspekt den Gedanken der militärischen Grundlage der Architektur gleichgewichtig zur Seite zu stellen, ist die Aufgabe und sicher auch die Bedeutung der Publikation Ulrich Schüttes.

G. Urich Großmann

THORSTEN ALBRECHT, Dr. phil., geb. 1963 in Celle. 1985–1992 Studium der Kunstgeschichte, Volkskunde und Ur- und Frühgeschichte in Münster, Bonn. 1992 Promotion über die Hämelschenburg (Weserrenaissance). 1993–1994 Volontär im Museum für Kunst- und Kulturgeschichte der Hansestadt Lübeck. Übernahme eines Möbelforschungsprojekts »Truhen vom Mittelalter bis in die Neuzeit im ehemaligen Fürstentum Lüneburg«.

Auswahlbibliographie: Landesherrliche Baumaßnahmen im 16. Jahrhundert am Beispiel der Grafschaft Schaumburg im Spiegel archivalischer Quellen, in: Renaissance im Weserraum, Aufsätze, hrsg. v. G. Ulrich Großmann (Schriften des Weserrenaissance-Museums Schloß Brake, Bd. 2), München/Berlin 1989, S. 159–190. – Der Schaumburgische Hof in Bückeburg, in: Schaumburg-Lippische Mitt., H. 29/30, Bückeburg 1991, S.59–104. – »Deutsche Renaissance« in Schaumburg-Lippe. Historismusarchitektur in Bückeburg und Stadthagen, in: Renaissance der Renaissance. Ein bürgerlicher Kunststil im 19. Jahrhundert, Aufsätze hrsg. v. G. Ulrich Großmann und Petra Krutisch (Schriften des Weserrenaissance Museums, Bd. 6), München/Berlin 1992, S. 331–350. – Der Reliquienschrein aus St. Walburgis in der Soester Wiesenkirche, in: Beiträge zur Kunstgeschichte der Wiesenkirche zu Soest, hrsg. von Hilde Claussen, Münster 1992, S. 41–51. – Die Grabpyramide in Hämelschenburg (1854–1856) – Ein Bauwerk von G. L. F. Laves, in: Hannoversche Geschichtsblätter, Bd. 47, 1993, S. 85–94. – Clemens August von Vagedes (1760–1795). Architekt und Landbaumeister. Begleith. zur Ausstellung im Westfälischen Landesmuseum für Kunst und Kulturgeschichte Münster, Münster 1994. – Pläne und Bauten, C. A. von Vagedes. Architekt und schaumburg-lippischer Landbaumeister, 1760–1795, Bückeburg 1995. – Katalognummern für Ausstellungsobjekte in mehreren Ausstellungskatalogen.

Anschrift: Lohstraße 119, 23617 Stockelsdorf.

THOMAS BILLER, Dr.-Ing., Dr. phil., geb. 1948. Diplombibliothekar (1973), Studium der Architektur (Architektur und Baugeschichte/Diplom 1977), Promotion 1984; Studium Kunstgeschichte, Promotion 1990. 1978–1983 Wissenschaftlicher Assistent am Institut für Architektur- und Stadtgeschichte der TU Berlin; anschließend Lehraufträge TU Berlin, seit 1982 eigenes Büro für Baugeschichte und Bauforschung (u. a. Altstadt Spandau, Festung Wülzburg, Kloster Chorin).

Auswahlbibliographie: Zahlreiche Publikationen zum Burgenbau, Festungsbau der Renaissance, zur Hausforschung und zum mittelalterlichen Städtebau, u. a.: Der »Lynarplan« und die Entstehung der Zitadelle Spandau im 16. Jahrhundert, Berlin 1981. – Das »bastionierte Schloß« als Bautypus des 16. Jahrhunderts, in: Schriftenreihe Festungsforschung, Bd. 3, Wesel 1984. – Die Entwicklung des Bürgerhauses in Berlin und in der Mark Brandenburg vor dem Dreißigjährigen Krieg (12.–16. Jahrhundert), in: Berlin-Forschungen, Bd. 1, Berlin 1986. – Mit B. Metz, Anfänge der Adelsburg im Elsaß in ottonischer, salischer und frühstaufischer Zeit, in: Burgen der Salierzeit, Bd. 2 (RGZM, Monographien, Bd. 26), Sigmaringen 1991. – Architektur und Politik des 16. Jahrhunderts in Sachsen und Brandenburg/Rochus Guerini Graf zu Lynar (1525–1596) – Leben und Werk, in: Der Bär von Berlin, 40, 1991. – Die Adelsburg in Deutschland – Entstehung, Form und Bedeutung, München/Berlin 1993. – Mit B. Metz, Die Burgen im Elsaß – Architektur und Geschichte, hrsg. vom Alemannischen Institut Freiburg/Br., Bd. III: Der frühe gotische Burgenbau im Elsaß (1250–1300), München/Berlin 1995. – Die mittelalterliche Stadtbefestigung in Deutschland (in Vorb. für die Wiss. Buchges. Darmstadt).

Anschrift: Rubensstraße 102, 12157 Berlin.

THOMÁŠ DURDÍK, PhDr., geb. 1951 in Prag. Studium an der Karls-Universität Prag (Urgeschichte – Geschichte). Seit 1971 am Archäologischen Institut der Tschechoslowakischen Akademie der Wissenschaften (heute Archäologisches Institut der Akademie der Wissenschaften der Tschechischen Republik). Seit 1970 Beschäftigung mit der Burgenforschung. Lehrtätigkeit an der Philosophischen Fakultät der Karls-Universität Prag (Lehrstühle für Kunstgeschichte und Kulturgeschichte) und der dortigen TH, Fakultät für Architektur (Lehrstuhl Architekturgeschichte). Bearbeitet vor allem Entwicklung, Typologie, genetische Zusammenhänge und Baugestalt böhmischer Burgen sowie die materielle Kultur des Mittelalters. Mitglied des Wissenschaftlichen Rates Europa Nostra/IBI und des Comité permanent Castrum Bene. Präsident der 1888 gegründeten Gesellschaft der Altertumsfreunde und Mitglied der Denkmalkomission des Kultusministeriums der Tschechischen Republik.

Auswahlbibliographie: Mehr als 250 Publikationen einschließlich mehrerer Bücher, insb.: České hrady (Böhmische Burgen), Prag 1984. – Burgen Nordböhmens, Prag 1993. – Die königliche Burg in Písek, Písek 1993. – Kastellburgen des 13. Jahrhunderts in Mitteleuropa, Prag/Wien/Köln/Weimar. – Encyklopedie českých hradů (Enzyklopädie der böhmischen Burgen), Prag 1995. – Středověké hrady v Čechách a na Moravě (Mittelalterliche Burgen in Böhmen und Mähren), mit P. Bolina, Prag, im Druck.

Anschrift: Archeologický ústav AVČR, Malá Strana, Letenská 4, 11801 Praha 1/Tschechien.

KLAUS FRECKMANN, Dr. phil., Dipl.-Kfm., geb. 1941 in Wittlich. Studium der Betriebswirtschaftslehre, später der Kunstgeschichte, Volkskunde und Geschichte in Köln und Bonn. 1975 Promotion über »Das Fachwerkhaus an der Mosel«. Seit 1976 Direktor des rheinland-pfälzischen Freilichtmuseums Bad Sobernheim.

Auswahlbibliographie: Das Bürgerhaus an der Mosel, 1984. – Untersuchungen mittelalterlicher Profanbauten an der Mosel, in: Jb. f. Hausforschung 1985 und Sonderbd. Mittelalter III (1988). – Julius Carl Raschdorffs Bauten an der Mosel, in: Renaissance der Renaissance. Ein bürgerlicher Kunststil im 19. Jahrhundert, Aufsätze hrsg. v. G. Ulrich Großmann und Petra Krutisch (Schriften des Weserrenaissance Museums, Bd. 6), München/Berlin 1992, S. 378–388. – Die Belagerung der Festung Rheinfels bei St. Goar im Jahre 1692 auf französischen Karten, in: Hunsrücker Heimatblätter, Nr. 87/1992, S. 282–289. – Die kurtrierische Festung Ehrenbreitstein aus französischer Sicht, in: Koblenzer Beiträge zur Geschichte und Kultur, N.F. 2, 1992, S. 133–153. – Hausforschung und Wirtschaftsgeschichte in Rheinland-Pfalz, in: Jb. f. Hausforschung, Bd. 44 (Mithrsg.), Marburg 1993. – Das »Familienhaus des Herrn Eduard Puricelli zu Lieser a. d. Mosel«, in: Renaissance der Renaissance. Ein bürgerlicher Kunststil im 19. Jahrhundert, Nachtrag, Aufsätze hrsg. v. G. Ulrich Großmann und Petra Krutisch (Schriften des Weserrenaissance Museums, Bd. 8), München/Berlin 1995, S. 106–112.

Anschrift: Rheinland-pfälzisches Freilichtmuseum Bad Sobernheim, Postfach 18, 55560 Bad Sobernheim.

DIETER GROSSMANN, Dr. phil., geb. 1921. Studium der Kunstgeschichte, Geschichte und Archäologie an den Universitäten Marburg, Göttingen, München und Paris; Promotion 1952 in Marburg bei Professor Hamann-MacLean über die Abteikirche in Hersfeld. 1952–1959 Assistent am Kunstgeschichtlichen Seminar Marburg, danach Forschungsstipendium; 1961–1963 Leiter der Inventarisation des Landes Niedersachsen, 1963–1986 Referent für Kunstwissenschaft und Leiter des Bildarchivs am J. G. Herder-Institut Marburg, daneben Lehraufträge an der Archivschule (1976 ff.) und der Philipps-Universität Marburg (1980 ff.); Tätigkeit an der Volkshochschule seit 1951.

Auswahlbibliographie: Alsfeld 1960[1], 1976[2]. – Schöne Madonnen 1350–1450, Salzburg 1965. – Stabat mater, Salzburg 1970 (Katalogbearbeitungen). – Reclams Kunstführer IV, Hessen, Stuttgart/Ditzingen 1989[6]. – Zahlreiche kleinere Arbeiten zum Thema »Protestantischer Kirchenbau« in verschiedenen Zeitschriften. – Mitherausgeber der Hessischen Heimat.

Anschrift: Heinrich-Heine-Str. 20B, 35039 Marburg/Lahn.

G. ULRICH GROSSMANN, Dr. phil. Dr. ing.habil., geb. 1953 in Marburg/Lahn. 1973–1979 Studium der Kunstgeschichte, Europäischen Ethnologie und Christlichen Archäologie an den Universitäten Würzburg und Marburg. 1994 Habilitation am FB Architektur der Universität Hannover. 1980–1986 Bauhistoriker am Westfälischen Freilichtmuseum Detmold, 1986–1994 Direktor des Weserrenaissance-Museums Schloß Brake, Lemgo; seit 1994 Generaldirektor des Germanischen Nationalmuseums Nürnberg; Vorsitzender des Arbeitskreises für Hausforschung und der Wartburg-Gesellschaft.

Auswahlbibliographie: Mitarbeit an Reclams Kunstführer IV, Hessen, Stuttgart 1978[5]. – Der Schloßbau 1530–1630 in Hessen, phil. Diss. 1979, Marburg 1980. – Der spätmittelalterliche Fachwerkbau in Hessen, Königstein i. T. 1983. – Der Fachwerkbau, Köln 1986. – Die Bockwindmühle im Westfälischen Freilichtmuseum Detmold, Detmold 1986. – Renaissance entlang der Weser, Köln 1989. – Nördliches Hessen (DuMont Kunstreiseführer), Köln 1991. – Einführung in die historische Bauforschung, Darmstadt 1993. – Aufsätze zur Malerei und (modernen) Buchgraphik. – Herausgeber bzw. Mitherausgeber des Jahrbuchs für Hausforschung, der Berichte zur Haus- und Bauforschung sowie der Schriftenreihen des Germanischen Nationalmuseums.

Anschrift: Germanisches Nationalmuseum, Postfach 119580, 90105 Nürnberg.

CHRISTOFER HERRMANN, Dr. phil., geb. 1962 in Mainz. 1983–1993 Studium der Kunstgeschichte und Promotion an der Johannes Gutenberg-Universität Mainz, Thema der Dissertation (bei Prof. D. von Winterfeld): »Wohntürme des späten Mittelalters auf Burgen im Rhein-Mosel-Gebiet«. Ab 1993 Tätigkeit als freiberuflicher Bauforscher und Kunsthistoriker. Seit 1995 außerordentlicher Professor an der Pädagogischen Hochschule in Allenstein/Olsztyn (Polen). Ab 1996 Durchführung eines Forschungsvorhabens zur vollständigen Erfassung der Burgen im ehemaligen Deutschordensland.

Auswahlbibliographie: Die Deuernburg (Burg Maus) bei Wellmich nach einem Inventar von 1578, in: Nassauische Annalen 104, Wiesbaden 1993. – Die Donjons der Grafen von Sponheim in Gemünden und auf der Grevenburg, in: Landeskundliche Vierteljahresblätter 39, Trier 1993. – Räume und Einrichtung der Zollburg in Oberlahnstein im 15. Jahrhundert, in Burgen und Schlösser I/1994. – Kapellen in spätmittelalterlichen Wohntürmen, in: Burg- und Schloßkapellen (Veröffentl. d. Deutschen Burgenvereinigung, Reihe B: Nr. 3), Stuttgart 1995. – Burg Haneck im Wispertal, in: Nassauische Annalen 106, Wiesbaden 1995. – Wohntürme des späten Mittelalters auf Burgen im Rhein-Mosel-Gebiet (Veröffentl. d. Deutschen Burgenvereinigung, Reihe A: Forschungen, Bd. 2), Espelkamp 1995, zugl. Diss. Univ. Mainz 1993. – Fensterbekrönungen an Profanbauten von 1250 bis zum Ende des 16. Jahrhunderts in der Region Trier, in: Fenster und Türen (Veröffentl. d. Deutschen Burgenvereinigung, Reihe B: Nr. 4), Stuttgart 1995.

Anschrift: Langgasse 19, 55433 Gau-Algesheim oder ul. Zolnierska 14c/313, 10561 Olsztyn/Polen.

HARALD HERZOG, Dr. phil., geb. 1947 in Hannover. Studium der Kunstgeschichte, Archäologie und Vorgeschichte an der Universität Köln. 1979 Promotion zum Dr. phil. Seit 1979 am Rheinischen Amt für Denkmalpflege, dort 1986 Einrichtung der Grundlagenforschung für Burgen und Schlösser im Rheinland.

Auswahlbibliographie: Rheinische Schloßbauten im 19. Jahrhundert = Arbeitsh. 37 d. Landeskonservators Rheinland, Köln 1981. – Monographien zu den Burgen und Schlössern Odenhausen (1978), Lüftelberg (1979), Cromford (1983), Langendorf (1986), Miel (1991), Wohnung (1995). – Burgen und Schlösser. Typologie und Geschichte der Adelssitze im Kreis Euskirchen, Köln 1989.

Anschrift: Rheinisches Amt für Denkmalpflege – Abtei Brauweiler, 50250 Pulheim.

MARIAN KUTZNER, Prof. Dr. hab., geb. 1932 in Zbąszyń/Polen. 1951–1955 Studium der Kunstgeschichte und der Klassischen Archäologie an der Universität Posen. 1955 Promotion bei Prof. Szczesny Detloff und Gwido Chmarzyński über »Gotische Architektur des Zisterzienserklosters in Lad a. d. Warthe«, 1959–1960 Aufbaustudium in Centre d'Études Supérieures de Civilisation Médiévale an der Universität in Poitiers. 1969 Habilitation mit dem Thema »Zisterzienserarchitektur in Schlesien in den Jahren 1200 bis 1330«, Thorn 1969. 1960–1965 wiss. Assistent am Kunstgeschichtlichen Institut der Breslauer Universität, 1965–1982 an der Nicolaus-Copernicus-Universität in Thorn, ab 1982 Professor und Inhaber des Lehrstuhls für Mittelalterliche Kunst im Kunsthistorischen Institut der Universität Breslau.

Auswahlbibliographie: In polnischer Sprache: Drei Bücher und mehrere Beiträge zur polnischen Kunst, zur gotischen Architektur in Schlesien und im Ordensland Preußen, über die Symbolik der mittelalterlichen Kirchenbauten und die Bedeutung der historischen Denkmäler für das Nationalbewußtsein im 19. Jahrhundert. Zwei Kunstdenkmäler-Inventarbände: Kreis Chodzież in der Woiwodschaft Posen, Kreis Braunsberg – mit Frauenburg – in Ostpreußen.

In deutscher Sprache: Der gotische Umbau der Klosterkirche in Trebnitz, Künstlerische Beziehung Sachsens und Thüringens zu Schlesien, in: Kunst des Mittelalters in Sachsen, Festschr. f. Wolf Schubert, Weimar 1967, S. 107–116. – Theologische Symbolik deutscher spätgotischer Hallenkirchen, in: Wiss. Zeitschr. d. Ernst-Moritz-Arndt-Universität Greifswald, Bd. XXIX, H. 2/3, S. 37–43. – Der Lübische Stil und die Jakobskirche in Thorn, in: Mittelalterliche Backsteinarchitektur und Bildende Kunst im Ostseeraum, Greifswald 1987, S. 31–40. – Der Kult der Historischen Baudenkmäler im Großherzogtum Posen, in: Kunst im Ostseeraum, Mittelalterliche Architektur und ihre Rezeption, Greifswald 1990, S.114–119. – Wie wurden schlesische Stadtpfarrkirchen im 14. Jahrhundert gebaut? Ein Beitrag zur Erforschung der Finanzierung und Organisation der Arbeit an städtischen Sakralbauten im Spätmittelalter, in: Festschr. f. Heinrich Magirius, Leipzig 1995.

Anschrift: ul. Palacza 133, 60279 Poznań/Polen.

MAX LANGENBRINCK, Dipl.-Geograph, geb. 1957. Bauforscher. Studium der Geographie und Kunstgeschichte 1976–1983 an der Philipps-Universität in Marburg. Ab 1980 Mitglied in der »Marburger Arbeitsgruppe für Bauforschung und Dokumentation«. 1984 Gründung des »Freien Instituts für Bauforschung und Dokumentation e.V.«, Marburg.

Auswahlbibliographie: Mehrere Veröffentlichungen und Mitveröffentlichungen in der »Marburger Schriftenreihe zur Bauforschung«. Mit U. Klein über das Dachwerk der Marburger Elisabethkirche, in: Zur Bauforschung über Spätmittelalter und frühe Neuzeit (Berichte zur Haus- und Bauforschung, Bd. 1, 1991).

Anschrift: Freies Institut für Bauforschung und Dokumentation e. V., Barfüßerstr 2A, 35037 Marburg/Lahn.

DANKWART LEISTIKOW, Dr.-Ing., geb. 1926 in Ludwigshafen am Rhein; in Halle/Saale bis 1945. Nach Praxis im Baufach Studium der Architektur an der TH Karlsruhe (Diplom Professor Egon Eiermann, 1953), der Baugeschichte (Professor Oscar Reuther) und Promotion (Professor Arnold Tschira, 1956). Architekt in der Industrie, 1960–1989 Bayer AG. Leverkusen, seit 1976 als Hauptbevollmächtigter im Bereich Zentrales Ingenieurwesen. Stipendiat der Studienstiftung des Deutschen Volkes; Mitglied der Koldewey-Gesellschaft für baugeschichtliche Forschung und des Wissenschaftlichen Beirats von IBI/Europa Nostra.

Baugeschichtliche Arbeitsgebiete: Architektur des Mittelalters (Europa, Vorderer Orient, Süditalien), spez. Wehrbau; Geschichte des Krankenhausbaues (bis 19. Jahrhundert); Mittelalterlicher Baubetrieb, Werkzeuge und Geräte der Steinmetzen; Architektur des Antoniterordens; Industriebau der Chemie im 19. und 20. Jahrhundert.

Auswahlbibliographie: Burg Krautheim und die Architektur des 13. Jahrhunderts in Mainfranken (Diss.), Württemberg, Franken 43, 1959. – Hospitalbauten in Europa aus zehn Jahrhunderten, Ingelheim a. Rh. 1967. – Burgen und Schlösser in der Capitanata im 13. Jahrhundert, in: Bonner Jahrbücher 171, 1971. – Aufbewahrungsorte der Reichskleinodien in staufischer Zeit, in: Burgen und Schlösser 15, 1974. – Der Palast Kaiser Friedrichs II. in Foggia, ebd. 18, 1977. – Bauformen der Leproserie im Abendland, Deutsches Medizinhistorisches Museum Ingolstadt, 1982[4]. – Kreuzritterburgen im lateinischen Königreich Jerusalem, in: Istanbuler Mitteilungen 89, 1989. – Castel del Monte, Baudenkmal zwischen Spekulation und Forschung, in: Staufisches Apulien, Göppingen 1993.

Anschrift: Moltkestraße 2, 41539 Dormagen.

UDO LIESSEM, geb. 1944 in Bonn. Im Schuldienst tätig; Lehrbeauftragter für Baugeschichte an der FH Koblenz. Mitglied des Wissenschaftlichen Beirates der Deutschen Burgenvereinigung.

Auswahlbibliographie: Das Mittelrhein-Museum in Koblenz und seine Bauten (Rheinische Kunststätten 201), Neuß 1977. – Ludwig Arntz, Architekt und Dombaumeister 1855–1941 (Mittelrheinische Hefte 4), Koblenz 1980. – 50 Jahre Stadtgeschichte Koblenz 1890–1940 unter besonderer Berücksichtigung der städtebaulichen Entwicklung, Koblenz 1983. – Studien zum Werk von Johann Claudius von Lassaulx (Koblenzer Beiträge zur Geschichte und Kultur 5), Koblenz 1989. – Die Florinskirche in Koblenz (Große Baudenkmäler 291), München/Berlin 1988[2]. – Die Herz-Jesu-Kirche in Koblenz (Große Baudenkmäler 317), München/Berlin 1986[2]. – Mit H. Dellwing, Stadt Koblenz Südliche Vorstadt und Oberwerth (Denkmaltopographie Bundesrepublik Deutschland, Kulturdenkmäler in Rheinland-Pfalz 3.1), Düsseldorf 1986. – Die »Alte Burg« in Koblenz, Eine bau- und kunsthistorische Studie, in: Burgen und Schlösser 1/1975, S. 21–33. – Bemerkungen zur Synagoge und Mikwe im mittelalterlichen Andernach, in: Andernacher Juden im Mittelalter, Andernach 1990, S. 35–62. – Bemerkungen zu einigen Burgen der Salierzeit im Mittelrheingebiet, in: H. W. Böhme (Hrsg.), Burgen der Salierzeit, Bd. 2, Sigmaringen 1991, S. 81–111. – Eine Burgendarstellung im Palazzo della Ragione in Mantua, in: Burgen und Schlösser 2/1992, S. 85–87. – Bemerkungen zu zwei unbekannten Burganlagen in Koblenz-Moselweiß und Ransbach-Baumbach, in: Jb. f. westdt. Landesgeschichte, Bd. 19 (1993) (Festschr. f. Franz-Josef Heyen), S. 173–187. – Zur Architektur der mittelalterlichen Bauwerke in: Geschichte der Stadt Koblenz, Bd. 1, Stuttgart 1992, S. 383–408. – Bauten des 19. Jahrhunderts, in: Geschichte der Stadt Koblenz, Bd. 2, Stuttgart 1993, S. 409–450.

Anschrift: Rizzastraße 45, 56068 Koblenz.

KAZIMIERZ POSPIESZNY, Mgr., geb. 1953 in Miasteczko Kr. (Polen). 1976–1981 Studium der Kunstgeschichte und Denkmalpflege an der Nicolaus-Copernicus-Universität in Thorn (Toruń). Seit 1982 am Schloßmuseum zu Marienburg (Malbork), 1992 Kurator für Architektur der Marienburg und der Burg zu Marienwerder (Kwidzyn).

Auswahlbibliographie: Mehrere Beiträge über die Marienburg, u. a.: Die gotischen Kreuzgänge des Hochschlosses, in: Biblioteka Muzealnictwa i Ochrony Zabytków S. B., Bd. LXXXI, Warszawa 1987, S. 79–101. – Die Gotische Ausmalung des Hochmeisterpalastes, in: Acta Universitatis Nicolai Copernici, Zabytkoznawsto i konserwatorstwo XVII, Toruń 1991, S. 232–247. – Die Farbigkeit der Hochmeisterresidenz, in: Putz und Farbigkeit an mittelalterlichen Bauten, Veröffentl. d. Deutschen Burgenvereinigung e.V., Reihe B, S. 78–84, Stuttgart 1993. – »Karwan«, das Ausrüstungs- und Ackergerätemagazin in der Vorburg, in: Castella Maris

Baltici 1, Archeologia Medii Aevi Finlandiae I, Stockholm 1993, S. 169–176.

Anschrift: Muzeum Zamkowe w Malborku, ul. Starościnska 1, 82–200 Malbork/Polen.

ALBRECHT SEUFERT, Dr. phil., geb. 1956 in Kork (Kehl/ Rhein). 1976–1982 Studium der Germanistik und Kunstgeschichte an der Universität Heidelberg (Magister Artium mit einer Arbeit »Zum Problem sozialkritischer Tendenzen im spätmittelalterlichen Totentanz«). 1983–1989 Forschungen und Arbeit an der Dissertation über »Die Geschichte der Wewelsburg bis zum Anfang des 20. Jahrhunderts. Über ein westfälisches Renaissance-Schloß bei Paderborn«. 1990 Promotion an der Philosophisch-Historischen Fakultät der Universität Heidelberg. 1990–1991 wissenschaftlicher Assistent am Gerhard Marcks-Haus in Bremen bei der Ausstellung »Roß und Reiter in der Skulptur des XX. Jahrhunderts«. 1991–1993 Erarbeitung der Konzeption zum Ausbau einer denkmalgeschützten stillgelegten Kornbrennerei als Brennerei-Museum der Stadt Telgte.

Auswahlbibliographie: Mit Martina Rudloff: Roß und Reiter in der Skulptur des XX. Jahrhunderts (Katalog zur Ausstellung vom 21. April bis 4. August 1991 im Gerhard Marcks-Haus in Bremen), Bremen 1991. – Beitrag in: Irmhild Katharina Jakobi-Reike: Die Wewelsburg 1919 bis 1933, Kultureller Mittelpunkt des Kreises Büren und überregionales Zentrum der Jugend- und Heimatpflege (Schriftenreihe des Kreismuseums Wewelsburg, Bd. 3), Paderborn 1991. – In Form eines Triangels, in einer wahrlich sehenswerten und prachtvollen Gestalt. Die Geschichte der Wewelsburg bis zum Anfang des 19. Jahrhunderts (Materialien zur Kunst- und Kulturgeschichte in Nord- und Westdeutschland, Bd. 3), Marburg 1992, zugl. Diss. Univ. Heidelberg 1990.

Anschrift: Lammerbach 12, 48157 Münster.

ULRICH STEVENS, Dr. phil., geb. 1948. Studium der Kunstgeschichte, Archäologie sowie Ur- und Frühgeschichte in Köln und Basel. Promotion 1978. Anschließend wissenschaftlicher Referent beim Landeskonservator Westfalen-Lippe. Seit 1980 Gebietsreferent im Rheinischen Amt für Denkmalpflege.

Auswahlbibliographie: Beiträge insb. zu rheinischer Kunstgeschichte und Denkmalpflege, u. a.: Burgkapellen im deutschen Sprachraum, Köln 1978. – Zur Neuss-Düsseldorfer Eisenbahnbrücke, in: Almanach für den Kreis Neuss 1983, S. 12–16. – Das Viersener Kaiser-Krieger-Denkmal, in: Heimatbuch des Kreises Viersen 35, 1984, S. 190–195. – Mit K.-L. Thiel: »Des Verfassers schüchterne Reiseskizzen«. Zu den Zeichnungen Paul Clemens, in: Jb. d. Rhein. Denkmalpflege 35, 1991, S. 251–290. – Der Benrather Schloßpark – Bedeutung, Zustand, Gefährdung, in: Denkmalpflege im Rheinland 10, 1993, S. 8–14 u. 53–61. – Garten und Landschaft – Gegenstand der Denkmalpflege, in: Jb. d. Rhein. Denkmalpflege 36, 1993, S. 247–274. – »Unglücklich das Land, das Helden nötig hat« – Kriegerdenkmäler zwischen Heldenverehrung und Totengedenken, in: Heimatbuch des Kreises Viersen 46/1995, S. 257–266 u. 47/1996, S. 236–249.

Anschrift: Römerstraße 364, 50321 Brühl.

HARTMUT G. URBAN, Dipl.-Ing., geb. 1937 in Wernigerode/Harz. 1955–1958 Studium des Hochbaus an der FH Trier. 1961–1965 Studium der Architektur und des Städtebaus an der HBK Hamburg. Mitarbeiter u. a. im Büro Prof. Graupner, Hannover und im Büro Prof. Nissen, Hamburg. Seit 1970 Stadtplaner in Koblenz. Dissertation zum Thema »Gewölbe im Burgenbau des Mittelrheingebiets« in Bearbeitung.

Auswahlbibliographie: Beitrag über die Nutzung der Festungsanlagen in Koblenz, in: Zeitschr. f. Festungsforschung 1/84, Marburg 1984. – Burgen Kurfürst Balduins von Luxemburg im Raum Koblenz, in: Festschrift Martin Graßnick, Kaiserslautern 1987.

Anschrift: Legiastraße 7, 56073 Koblenz.